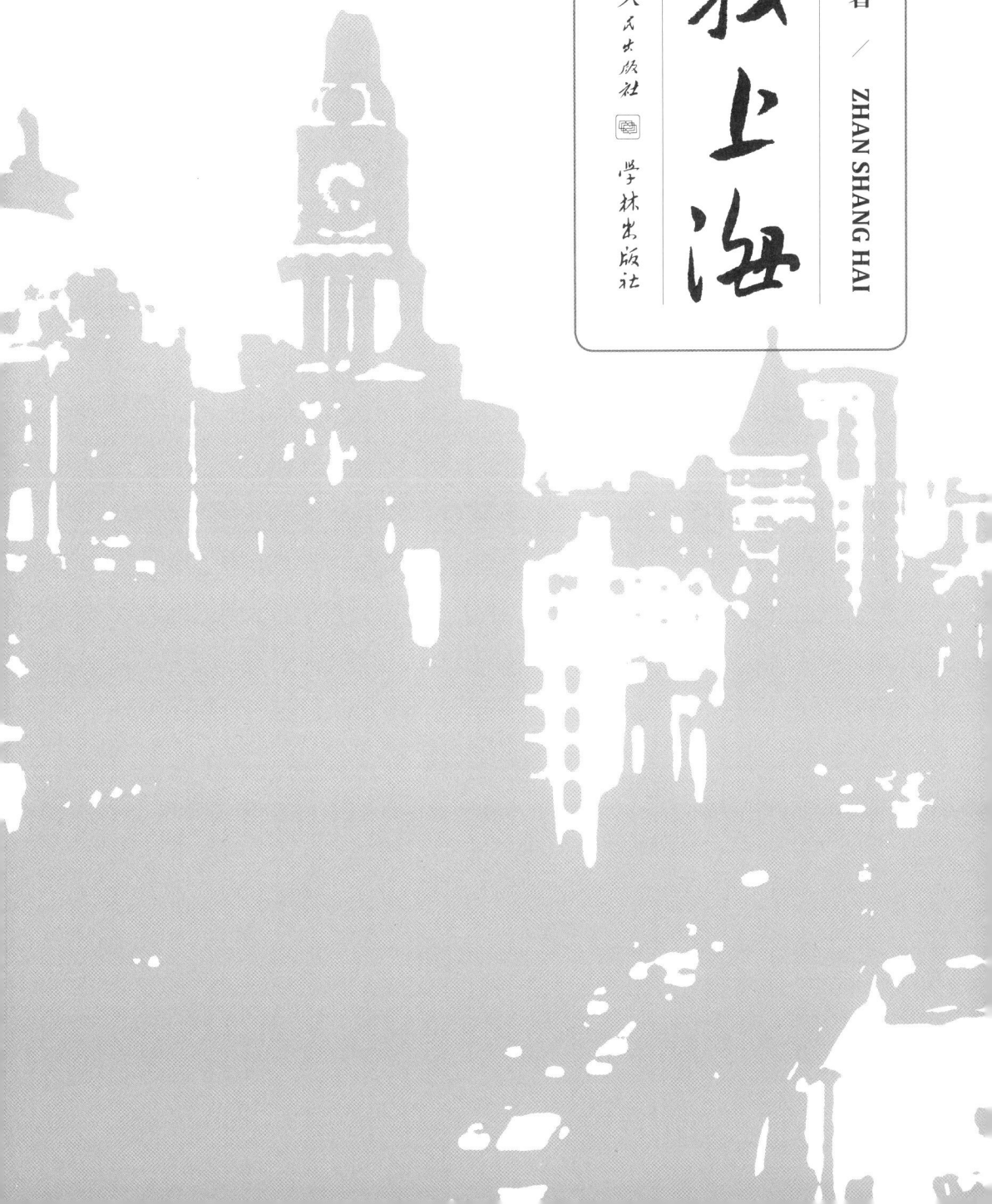

刘统 著

ZHAN SHANG HAI

战上海

上海人民出版社

学林出版社

目 录 | CONTENTS

第1章 | 谋划解放大上海

- 《将革命进行到底》
- 蒋介石被迫下野
- 密谋转移台湾
- 中共七届二中全会
- 百万雄师过大江
- 南京解放
- 城市接管与纪律
- 陈毅主持丹阳整训
- 给战士普及《城市常识》
- 接管上海的各项准备

1949 年 1 月 1 日，对于中国人民来说，是个具有历史意义的时刻。

中共中央毛泽东主席在河北西柏坡发表了气壮山河的新年献词《将革命进行到底》，开门见山地宣告："中国人民将要在伟大的解放战争中获得最后胜利，这一点，现在甚至我们的敌人也不怀疑了。"

毛泽东宣布了中国共产党 1949 年的任务："中国人民解放军将向长江以南进军，将要获得比一九四八年更加伟大的胜利。""一九四九年将要召集没有反动分子参加的以完成人民革命任务为目标的政治协商会议，宣告中华人民共和国的成立，并组成共和国的中央政府。"①

同一天，蒋介石在南京发表元旦文告，承认"戡乱"的失败，转而呼吁和平。他表示："只要和议无害于国家的独立完整，而有助于人民的休养生息；只要神圣的宪法不由我而违反，民主宪政不因此而破坏，中华民国的国体能够确保，中华民国的法统不致中断，军队有确实的保障，人民能够维持其自由生活方式与目前最低生活水准，则我个人更无复他求。中正毕生革命，只知为国效忠，为民服务，实行三民主义，从而履行一革命者之神圣任务。和平果能实现，则个人的进退出处，绝不萦怀。而一惟国民的公意是从。"

---

① 《毛泽东选集》第四卷，人民出版社 1991 年版，第 1372—1379 页。

　　已经过去的 1948 年，是中国两个命运的决战之年。辽沈战役结束，50 万精锐的国民党军被消灭在关外。淮海战役已经到了最后阶段，杜聿明集团被包围，被彻底消灭已成定局。平津战役大局已定，华北国民党军 50 万人被围困在北平、天津两大城市，傅作义正在谋求和平解决。蒋介石的精锐主力已大部丧失。总兵力只剩下 204 万人，其中能用于机动作战的兵力有 146 万人。京沪杭地区的汤恩伯集团虽然兵力最多，但其中许多部队都是被我军歼灭后重新组建的，战斗力不强。

　　长期的战争和国民党政府的腐败，使国民党统治区的经济陷入总崩溃。物价飞涨，工商凋敝，财政枯竭。军事上的失败和经济形势的恶化，使蒋介石焦头烂额，心力交瘁。不仅国民党内，就是美国人也对蒋介石丧失了信心。淮海战役刚开始的时候，美国军事顾问团的巴大维将军就看透了国民党军失败的原因。他在 1948 年 11 月 16 日致美国政府的报告中说："自从我到职以来，没有一次战役是因为缺乏弹药或装备而失败的。据我看来，他们的军事崩溃，完全可以归因于世界上最拙劣的领导，以及其他许多足以破坏士气的因素，这些因素引起了战斗意志的完全丧失。"巴大维明确地告诉美国政府："蒋委员长已经丧失了他在政治上的和他的群众的支持。"巴大维建议停止对蒋介石军队的援助并撤回美国军事顾问团，美国驻华大

○ 1949年1月1日，毛泽东发表新年献词《将革命进行到底》

使司徒雷登也是这个态度。①

　　司徒雷登在幕后支持桂系李宗仁、白崇禧取代蒋介石。白崇禧在武汉连续发出议和电报，逼迫蒋介石下野。他甚至威胁蒋介石，如果蒋坚持不下野，桂系军队将退出华中，将长江开放给共军，实现局部和平。1月19日，蒋介石约见张群、张治中、孙科等人，当众宣布下野。蒋介石愤怒地

① 参见美国国务院：《美国与中国的关系》白皮书，载《中美关系资料汇编》第1辑，世界知识出版社1957年版，第398—399页。

说："我现在不是被共产党打倒的，而是被国民党人打倒的。"①

1949年1月21日，蒋介石发布"引退"文告。李宗仁以"代总统"身份接管南京政府的权力。下午，蒋介石乘飞机离开南京回奉化老家。国民党新闻报道："总统今着长袍马褂，临行前对此紫金山之革命都城，颇示恋恋，而送行人员亦多神色黯然。"②

当时人们认为：蒋介石的政治生涯结束了，他已经退出了历史舞台。这未免太表面化了。蒋介石一生追求权力，绝对不会轻易言败。在大局不利的形势下，他可以暂时退却，这样的"下野"他已经不是第一次。暗地里，他在酝酿新的计划。蒋介石清醒地意识到，国民党在大陆的统治是败局已定，无力回天，只好另寻出路了。他的长子蒋经国在1949年1月1日的日记中写道："父亲近曾缜密考虑引退问题，盖以在内外交迫的形势之下，必须放得下，提得起，抛弃腐朽，另起炉灶，排除万难，争取新生。"③

蒋经国所说的"另起炉灶，争取新生"，是蒋介石思考的一个重大举措。1948年10月间，蒋介石曾召集亲信秘密会议，商讨一旦战败，国民党的政权迁往何处。有人建议模仿抗战时期，迁往大西南。反对的人认为迁往大西南，很难躲避解放军的凌厉攻势。国民党军兵败如山倒，首要之举是先躲避解放军的进攻，保存实力，以图再起。退往西南，不仅不能躲避解放军，反而会陷于全军覆没的绝境。

蒋介石的同乡、浙江大学史地系教授张其昀主张撤往台湾。他分析：台湾海峡海阔浪高，可以暂时阻止没有海空军的解放军乘胜追击。台湾地区物产丰富，有日本人建立的工业基础，交通也很发达。最重要的是，共产党在台湾没有什么基础，国民党很容易镇压反抗，取得稳定的统治。他

---

① 程思远：《白崇禧传》，北方文艺出版社2011年版，第306页。
② 《申报》1949年1月22日。
③ 《蒋经国自述》，湖南人民出版社1988年版，第201页。

的分析很合蒋介石的心意，一个重大决策在蒋的心中酝酿。

1948年10月6日，蒋介石的亲信陈诚从上海飞到台北，声称是来"养病"。他的行踪十分隐秘，当地的行政官员都不知道。12月24日，蒋介石在没有征询任何人意见的情况下，突然下令改组台湾省政府，任命陈诚为台湾省主席。次日，国民党中央常务委员会任命蒋经国为台湾省党部主任委员。这样，蒋介石在下野之前，已经把台湾的党政大权紧紧抓在自己手里。人事安排妥当后，蒋介石开始秘密实施他的撤退计划。

接替蒋介石任代总统的李宗仁上台后，力主和平。他通过各方面的关系寻求与共产党谈判，目的是为了阻止解放军渡江，形成划江而治的"南北朝"。3月26日中共中央正式通知南京政府，4月1日将在北平举行和平谈判。中共方面以周恩来、林伯渠、林彪、叶剑英、李维汉为代表，以中共1月14日所提八条为谈判基础。李宗仁则派张治中、邵力子、章士钊、刘斐等组成"南京政府和平商谈代表团"，赴北平与中共谈判。

蒋介石积20多年的政治经验，深知毛泽东绝对不会半途而废，共产党是一定要过江的。3月24日，他在溪口接见宋希濂、关麟征，对他们大发感慨："我们自黄埔建军以来二十多年中，遭受过许多挫折，但从未失败到像今天这样的严重。抗战胜利后，我们的军事力量，较以往任何一个时期都要强大得多，为什么在短短三年时间里，会弄到今天这个地步呢？军事上失败的最主要原因，就是我们军队的战斗意志太薄弱了！一个师甚至一个军，一被共军包围，只有几个小时或顶多一天工夫，就被共军完全消灭了。""我们过去统一两广和北伐时期，能以少击众，以一当十，是因为官兵具有不贪财、不怕死的革命精神。但抗战胜利后，很多部队完全丧失了这种精神，许多中上级军官利用到各大城市接收的机会，大发横财，做生意、买房产、贪女色，骄奢淫逸，腐败堕落，弄得上下离心，军无斗志。这是我们军事上失败的根本所在。"他对宋希濂说："如果和谈不成，共军必然渡江。今后西南地区极其重要，你指挥的部队，可转移到鄂西一带的山地去，以巩固川东门户。"①

蒋介石在溪口遥控指挥，一方面调集兵力，部署长江防线，力图阻止解放军渡江，至少给自己提供更多的时间以便转移物资。另一方面，他背着李宗仁秘密部署向台湾的战略转移，企图搬走国民党政权的所有资产。

淮海、平津战役结束后，1949年2月11日，毛泽东通知各大区和野战军负责人到河北平山西柏坡开会。粟裕因病在济南住院，刘伯承在商丘主持渡江准备工作，邓小平、饶漱石、陈毅、谭震林等匆匆上路。

为了制定夺取全国胜利和胜利后的各项方针政策，中共中央于3月5日至13日在西柏坡召开了七届二中全会。毛泽东作重要报告，阐述了党的工作重心从农村向城市转移的问题，今后党在政治、经济、外交方面应当采取的基本政策。毛泽东严肃地告诫全党：

"我们很快就要在全国胜利了。""夺取这个胜利，已经是不要很久的时间和不要花费很大的气力了；巩固这个胜利，则是需要很久的时间和要花费很大的气力的事情。资产阶级怀疑我们的建设能力。帝国主义者估计我们终久会要向他们讨乞才能活下去。因为胜利，党内的骄傲情绪，以功臣自居的情绪，停顿起来不求进步的情绪，贪图享乐不愿再过艰苦生活的情绪，可能生长。因为胜利，人民感谢我们，资产阶级也会出来捧场。敌人的武力是不能征服我们的，这点已经得到证明了。资产阶级的捧场则可能征服我们队伍中的意志薄弱者。可能有这样一些共产党人，他们是不曾被拿枪的敌人征服过的，他们在这些敌人面前不愧英雄的称号；但是经不起人们用糖衣裹着的炮弹的攻击，他们在糖弹面前要打败仗。我们必须预防这种情况。夺取全国胜利，这只是万里长征走完了第一步。""中国的革命是伟大的，但革命以后的路程更长，工作更伟大，更艰苦。这一点现在就必须向党内讲明白，务必使同志们继续地保持谦虚、谨慎、不骄、不躁的

---

① 宋希濂：《和谈前夕蒋介石的幕后操纵和李宗仁的备战部署》，载《文史资料选辑》第32辑，第110—111、113页。

作风，务必使同志们继续地保持艰苦奋斗的作风。""我们不但善于破坏一个旧世界，我们还将善于建设一个新世界。"①

根据战争形势的发展，中共中央和中央军委规定了1949年解放军的任务：打过长江去，解放全中国。毛泽东指出："人民解放军永远是一个战斗队。"在向全国进军过程中，解放军又要执行工作队的任务，建设新区。解放军"不但是一个战斗队，而且主要地是一个工作队"。军队干部应当全体学会接收城市和管理城市，必须学会在城市中向帝国主义、国民党、资产

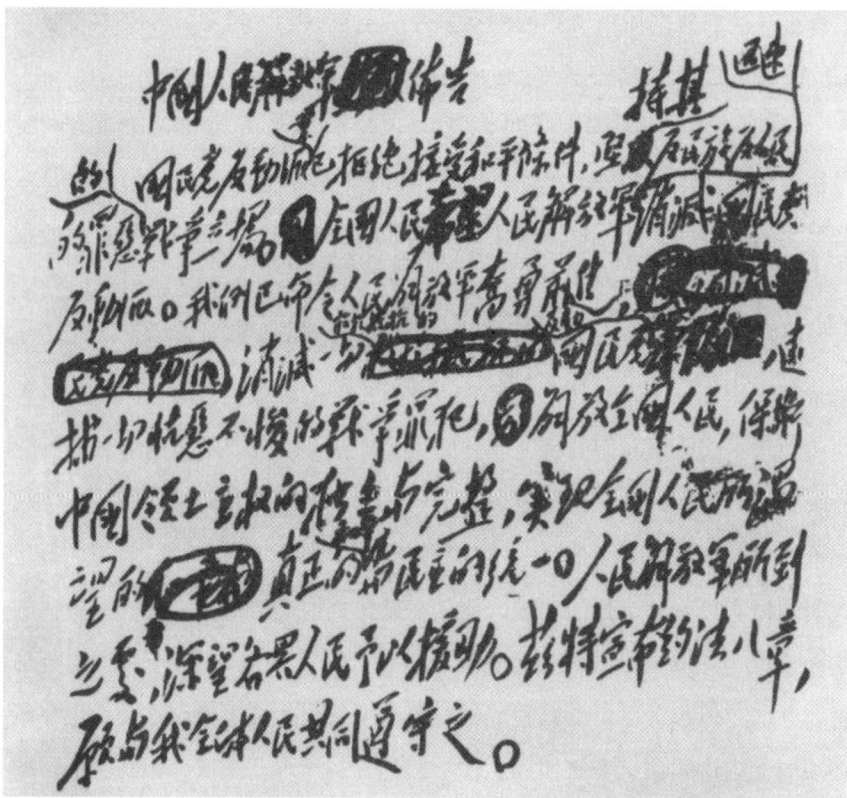

○ 毛泽东起草的《中国人民解放军布告》手迹

① 《毛泽东选集》第四卷，人民出版社1991年版，第1438—1439页。

◦ 《中国人民解放军布告》张贴件

阶级作政治斗争、经济斗争和文化斗争，并向帝国主义者作外交斗争。善于领导工人和组织工会，善于动员和组织青年，善于团结和训练新区的干部，善于管理工业和商业，善于管理学校、报纸、通讯社和广播电台，善于处理外交事务。善于处理各民主党派、人民团体的问题，善于调剂和乡村的关系，解决粮食、煤炭和其他必需品的问题，善于处理金融和财政问题。总之，过去军队干部和战士们所不熟悉的一切城市问题，今后均应全部负担在自己身上。

4 月 25 日，毛泽东、朱德发布了《中国人民解放军布告》，提出了约法八章：保护全体人民的生命财产。保护民族工商农牧业。没收官僚资本。保护一切公私学校、医院、文化教育机关、体育场所和其他一切公益事业。

除怙恶不悛的战争罪犯和罪大恶极的反革命分子外，凡属国民党各级政府的大小官员，凡不持枪抵抗、不阴谋破坏者，人民解放军和人民政府一律不加俘虏，不加逮捕，不加侮辱。为着确保城乡治安、安定社会秩序的目的，一切散兵游勇均应向当地人民解放军或人民政府投诚报到。有准备、有步骤地废除农村中的封建的土地所有权制度。保护外国侨民生命财产的安全。

七届二中全会闭幕后，中央决定以邓小平、刘伯承、饶漱石、陈毅、康生、谭震林、粟裕等17名委员组成中共中央华东局，邓小平为第一书记，饶漱石为第二书记，陈毅为第三书记。以饶漱石等11人组成中共上海市委，饶漱石为书记。决定陈毅将出任上海市市长。毛泽东与邓小平、陈毅、谭震林等研究了渡江作战的问题，定下4月10日为渡江战役发起时间。3月21日，总前委、华东局负责人陆续到达蚌埠南郊的孙家圩子，研究渡江战役的详细方案。

1949年4月的国共北平和谈，与1945年的重庆谈判相比，真是此一时彼一时。这一次，国民党是打着白旗来求和的。毛泽东、周恩来对张治中等以礼相待，但在原则问题上寸步不让。13日中共方面拿出了《国内和平协定草案》，作为正式谈判的基础，交国民党代表团研究。第一条就是惩治以蒋介石为首的战争罪犯。周恩来强硬地表示：无论和谈成功与否，解放军都要如期渡江。张治中无可奈何，委托黄绍竑、屈武携带文件回南京请示。

李宗仁、白崇禧、何应钦等看到《和平协定》的最后文本，众人面面相觑，情绪极为低沉。后来还是白崇禧打破沉默，说："这样苛刻的条件能接受吗？"李宗仁不发一言，让何应钦17日到溪口去见蒋介石。蒋介石气得拍案大骂张治中："文白无能，丧权辱国！"完全拒绝了这个文件。在最后关头，李宗仁违背了诺言，否决了《和平协定》。会后，白崇禧飞回汉口布防。

20日深夜，张治中等才收到南京李宗仁、何应钦来电，拒绝在《和平协定》上签字。21 日，毛泽东、朱德发出《向全国进军的命令》，命令各野战军全体指战员"奋勇前进，坚决、彻底、干净、全部地歼灭中国境内一切敢于抵抗的国民党反动派，解放全国人民，保卫中国领土主权的独立和完整"。声势浩大的渡江战役正式展开。

22 日的南京已是一片混乱。京杭国道上拥挤着国民党的溃军，向上海、杭州方向争先逃命。南京政府的官员都纷纷登上飞机逃往广州。这一夜，南京四郊炮声隆隆，李宗仁彻夜未眠。23 日早晨，他带领少数随从乘最后一架专机起飞，先在上空盘旋两周，似恋恋不舍，然后向桂林方向飞去。而美国大使司徒雷登拒绝与国民党政府南逃，留在南京不走，以窥测动向。

1949 年 4 月 24 日是一个具有历史意义的日子。外电报道："共军于今晨 3 时 45 分接收南京。军队系由西北门开入，由军官乘吉普车一辆开路，士兵沿中山路向焚烧之司法院大厦开进。共军进城后，迅速占据各要点，并接收各政府机关、银行与公用事业。共军入城未遇抵抗，早起之市民均在街头，用好奇眼光观看共军。共军散布城内后，即分组排齐坐定，唱歌并听官长训话。"

第三野战军的 35 军 104 师 312 团首先进入"总统府"，将红旗插在"总统府"门楼上。三个师划分了防区，张贴我军城市政策的"约法八章"布告。以陈修良为首的中共南京地下党组织和金陵大学校长吴贻芳等民主人士组成的南京市民"维持会"，协助维护城内秩序，并与我军接洽接收。守卫中山陵的国民党军一个营护陵部队向我军投诚，将中山陵完好地转交到我军手中。

第三野战军渡江之后，以摧枯拉朽之势迅速解放了南京、杭州、镇江、无锡、苏州等江南城市。渡江战役第三阶段的任务，是解放和接管上海。

上海是亚洲最大的城市，有 500 万人口，也是中国工业、商业中心。能否完好无损地占领这个大城市，是一项艰巨、复杂的任务。陈毅曾对三野干部说:"进入上海是中国革命的最后一个难关,是一个伟大的考验。"①

解放上海难在哪里?

第一,上海是帝国主义利益最集中的地方,美国、英国的军舰还停在黄浦江中不走。如果我军进攻上海,会不会引起帝国主义武装干涉,使国际局势复杂化?第二,在上海作战,犹如"瓷器店里打老鼠"。如果打烂了上海,新中国的经济建设就要蒙受重大损失。第三,如果我军接管工作做不好,导致上海停工停电,发生混乱,变成一座"死城",我军就可能在上海站不住脚。

这些问题,是中共中央和总前委时刻考虑的大事。因此在部署渡江战役时,中央就提出对上海要"慎重,缓进",要充分做好一切接管的准备工作。4月27日毛泽东指示总前委和粟裕、张震:"你们不但要部署攻击杭州,而且要准备接收上海,以便在上海敌人假如迅速退走,上海人民要求你们进驻的时候,不致毫无准备,仓卒进去,陷于被动。""为着多有一些准备时间,不使国民党过早退出上海,我军仓促进入上海,请粟张注意不要使我军过于迫近上海。同时,争取在数日内完成进驻上海的准备工作,以便在国民党迅速退出上海时,我军亦不至毫无准备地仓卒进去。"毛泽东强调:"何时进驻上海,须得我们批准。"②

刘、邓、陈首长来到南京后,耳闻目睹我军进入大城市后发生的一些事情,感到最紧迫的是对部队进行城市政策教育。尽管过江前各部队都进行了不同程度的城市政策教育,但绝大部分干部战士是第一次进大城市,新鲜好奇,闹了不少笑话。陈毅和邓小平到南京后,住在蒋介石的"总统府"里。4月28日早晨他们在东园散步,发现地上漫着水,走廊上的地毯也泡在水里。一问才知道是战士不会用自来水龙头,把它扳坏了,到处跑

---

① 《入城纪律是给新区城市人民的见面礼》,载《陈毅军事文选》,解放军出版社1996年版,第500页。
② 《毛泽东军事文集》第五卷,军事科学出版社、中央文献出版社1993年版,第560页。

水，好容易才堵住。陈毅很生气，命令住在这里的警卫部队马上打扫干净，除站岗值勤人员外全部撤出"总统府"。陈、邓也随即迁移到原国民党"行政院"办公。①

23军68师进入杭州后，因不习惯城市生活，也出了一些问题。有些同志看了电灯、自来水就好奇，浪费水电现象很普遍，几天就损坏了40个灯泡。203团战士在蒋介石公馆里搞坏了三个抽水马桶。站岗的哨兵站在马路中央，看到汽车经过就阻拦询问，妨碍了交通。军师领导对纪律抓得很紧，68师政委陈茂辉在武康县城发现卫生队的骡马拴在一间小洋房里拉屎，在行军路上就对该团政委指出；入杭州后发现一个排长在街上买香烟，陈茂辉当场阻止，并让排长回去作检查。入城那天军长、师长仅吃到一顿饭，宁可饿肚子也不去街上买食物和香烟。有的同志对城市纪律很不习惯，说："城市里真难，动不动就犯错误。"有个营从城里撤到乡下住，大家都高兴地说："这下可到解放区了！"②

看到部队的报告，总前委领导感觉到城市接管确实是很复杂的问题。由于战线推进太快，许多准备工作来不及或不细致。后方的物资和接管干部尚未到达，部队入城纪律和政策教育还不深入，如果这样稀里哗啦开进上海，非乱套不可。4月30日总前委报告军委，要求推迟进占上海。电报说："根据南京经验，在我党我军未作适当准备，仓卒进入大城市，必然陷于非常被动的地位。就军事上说，杭州、上海很快即可拿下；就政治上说，我们许多重要准备都未作好。加以上海、杭州干部尚在长江北岸，人民币因火车拥挤（据说薛暮桥处很难交涉到车厢）不能及时运到，煤的问题因缺运输工具则更难克服。粮食在南京无大问题，估计杭州无多大问题，上海还不知道有无存粮；而在部队本身困难亦多，政策及入城守则尚未深入教育，连续行军作战尚未整理，大批俘虏尚未处置，如不经过十天左右

---

① 刘树发主编：《陈毅年谱》，人民出版社1995年版，第560页。
② 《23军入杭州后部队思想及城市纪律执行情况报告》，1949年5月15日。

的整训，进城之后一定会发生许多问题。卅五军因非主力兵团，骄气较少，故该军在南京虽然出了不少乱子，但纪律还算比较好的。其他主力军如不训练，不会比卅五军的情况更好。我们考虑以尽可能推迟半月到一月入上海为好。"①

5月3日，毛泽东批准了总前委的请求，复电说："上海在辰灰（作者注：5月10日）以前确定不要去占，以便有十天时间作准备工作。在辰灰以后，则应作两方面的计划：甲、即去占领上海。这是假定汤恩伯在十天内由海上退走，上海成了无政府状态，迫使你们不得不去占领。你们的准备主要地应放在这点上。否则，你们将陷入被动。过去，你们在三个月准备渡江期间，没有抽出一个月时间令军队学习政策和接管城市事项，没有作很快占领诸城的精神准备和组织准备，吃了亏。现在只好在十天内补足此种缺点。乙、拖长时间至半个月或二十天或一个月再去占领。只要汤恩伯不走，就应如此。占领浏河的时间亦可推迟。"②

小小的丹阳县城突然热闹起来。陈毅、饶漱石于5月3日到达这里，主持解放上海的准备工作。5月10日，陈毅在丹阳城南的"大王庙"里，向几百名县团级接管干部作入城纪律的报告。一开口他就声色俱厉地批评两件违犯纪律的事：

"8号下午我和饶政委到街上散步，走到戏院门口，有几个穿黄军服的同志，没拿票硬要进去。老百姓拿着票子反而进不去了。那时逼得我不得不亲自出马干涉，他们才走了。如果没有我们去干涉，那天戏院一定要被打烂。为什么无票非要进去看戏？是不是老子革命几十年，进戏院还没有资格？这就是违犯纪律！"

"第二件，今天早晨我到丹阳简易师范学校，问校长、教员有没有解放军进来破坏纪律。他们说：'一般地很好。前天有位解放军来摘去一个电灯

<hr />

① 中国人民解放军历史资料丛书编审委员会编：《渡江战役》，解放军出版社1995年版，第246页。
② 《毛泽东军事文集》第五卷，军事科学出版社、中央文献出版社1993年版，第573页。

○　为了顺利接管大上海，1949 年 5 月初，从各地抽调 5000 余名干部汇集丹阳，图为渡江战役总
　　前委旧址

○　1949 年 5 月 10 日，陈毅在"大王庙"就入城问题发表丹阳讲话

泡，昨天又有两个同志带着摘灯泡的同志来还灯泡。'这是人家不满意中的满意，这是很严重的破坏纪律。"

陈毅从这两件小事，谈到接管上海的大事。他说："一切打仗我们都胜了，可是上海的经济建设、文化建设、与外国人打交道等，我们不一定样样都行。上海很复杂，我们都不大懂。我们不能自大、吹牛。上海一个月要烧 20 万吨煤，600 万人这张大口又要饭吃，要解决几百万人的粮、煤及生活问题。单是每天大小便问题不解决就不得了。每天的垃圾不解决，几天就堆成一座山。我们会演戏唱歌，人家佩服。我们管理不好上海，就无法向老百姓说话。上海是最现代化的城市，是帝国主义反动派的窝巢，是百年来发展起来的各式各样、奇形怪状的复杂的城市，我们没有经验是很难进行工作的。因此除了具有信心以外，必须要有谨慎小心、'临事而惧'的态度，这样才能多考虑问题。否则是低级的幼稚的，就一定会栽筋斗。进入上海是中国革命的最后一个难关，是一个伟大的考验。上海搞得好不好，全中国全世界都很关心。我们搞得好，世界民主力量就会为我们高呼、庆祝、干杯；搞不好就会使他们失望。"

怎样才能接管好上海，陈毅强调："必须强调入城纪律，入城纪律是入城政策的开始，是和市民的见面礼。纪律搞得好，政策就可以搞得好，搞不好就会影响政策的推行。上海人民对我们的希望很大，把我们看成'圣人'，如果一进去就搞乱了，他们就会大失所望，再去挽回影响就要费很大的劲。"①

陈毅指出："对进占上海，要有两个正确态度：一方面接管上海大城市要有革命胜利信心；一方面要有虚心谨慎的态度。上海的工人有革命传统，上海有地下党，有各阶层民主人士。大批民主人士到北平，就是要欢迎我们去上海。我们欢迎他们就是要他们帮助我们搞好上海的接管工作。有他

---

① 《入城纪律是给新区城市人民的见面礼》，载《陈毅军事文选》，解放军出版社 1996 年版，第 500 页。

们配合我们，帮助我们，加上我们自己努力，上海没有搞不好的。没有这点信心，要犯右倾机会主义错误。他最后强调："上海是个帝国主义的吞吐港，有青洪帮、反动势力等，很复杂。对敌人、特务、帝国主义的阴谋破坏和暗杀分子，我们要作斗争；另一方面，对开明士绅、资本家、外国人要很客气，要团结，要争取。"

遵照陈毅的指示，各部队在整训期间，都进行了深入细致的城市政策教育。第三野战军政治部专门编写了一个小册子《城市常识》，下发到每个连队，分为五课，由指导员给战士们讲解城市知识。

在城市里首先要分清阶级，我们进入城市要依靠的基本群众——工人、其他劳动者、知识分子，究竟是什么样的人物，他们有些什么特点，好帮助大家去认识他们。

○ "丹阳讲话"的讲话记录（上海市档案馆藏）

产业工人：工人多数住在城郊工厂附近或工业区。一到早、午、晚上下班的时候，我们可以看到他们一群一群的去上工或是回家。晚上休息的时候或是歇班的日子，他们也到城里玩玩，买些要用的东西。少数有钱的有时也到三等的电影院或其他娱乐场看看戏。男的工人多数穿工装、中式裤褂和制服，少数生活比较好的工人也有穿西装的，但是衣料式样均较差，穿戴也不很整齐，大都不打领带。女工一般穿城市妇女常穿的旗袍或短褂裤，比男工要穿得好些整齐些，但质料也较差。工人们的身体比较健壮，也有的因劳苦不得饱暖而表现肌黄瘠疾的，有些工人双手皮肤磨得很粗，被油垢弄的又脏又黑，甚至手心上磨出了很厚的老茧。他们内心高兴或不高兴很容易表现在脸上。他们一般都很直爽坦白，有什么说什么，不会虚伪，不讲客套，不耍手腕，讲交情，讲义气，很友爱，很团结。工人阶级是中国最进步和受苦最深的阶级，具有许多优良特性，其中一部分可能曾在我们党领导教育影响之下，阶级觉悟较高，斗争性较强；但也有的人还沾染一些流氓习气，可是在本质上，他们一般都是纯洁的。

学生：学生的外貌比较文弱，谈吐举动比较有礼貌，服装一般地比较朴素。男学生穿长袍、学生装或西装的都有，但极少穿中式短装的，女学生一般都穿旗袍。夏天的时候，他们的服式很简单，许多男学生只穿一件西式衬衫，一条西式长裤或短裤，女学生也有不少穿西式衬衫和短裙子的。有很多小学生甚至中学规定学生穿一定颜色和一定式样的学校制服，那就更容易辨认了。又有很多城市因为美帝国主义的军队住了一个时期，有很多的美军制服偷着在外面公开出卖，价钱便宜，衣料坚实，所以很多人买来穿，尤其是青年人穿的最多，学生穿的当然也不少。最普遍的是卡叽布制服，也有夹克（短外套）和呢大衣，穿在身上看去很像国民党的官兵，但是他们不带武器，不戴军帽，又不打绑腿，这是跟国民党军官兵不同的地方，我们可不要弄错了。

资本家：资本家靠着剥削别人得来的大批钱财，多数住着洋房，出门有汽车，穿着整齐的西装或是好料子的中式衣裳，吃的是很精美的饭菜，家里有男女佣人、厨子、车夫等。有的还有姨太太（小老婆）。他们常常进出在大饭店、跳舞场和赌场等场所，生活有的很腐化。这些人平常总是指挥别人，自己除了管理监督以外什么也不做，鄙视劳动，看不起劳动人民。

《城市常识》告诉战士：

我们过去进入城市，关于应该依靠谁的问题，往往很糊涂、很笼统的说是依靠穷人，而且，还往往拿农村的生活水平来看城市，这是不正确的。因为穷人或贫民里面包括有好多阶级、阶层，当然绝大多数是我们所要依靠的工人阶级和其他劳动人民等，但是其中不务正业、不事劳动的游民或其他人物也有不少，如靠偷窃、抢劫、欺骗、敲诈、讨饭、贩卖毒品、摆赌摊子等等维持生活的人们。虽然很穷，却不是我们所要依靠的，而需要我们去教育改造他们。至于富人中间，也包括好几种阶级、阶层，有的依附着帝国主义或国民党反动派，有的在今天也同情于革命或者能够参加革命。其中还有我们的一部分基本群众如技术工人、工程师、资本家家庭出身的进步知识分子等，他们的生活可能比较好，也应该团结争取他们。所以，片面的贫富观点是不对的，必须从阶级上来区分。

《城市常识》中专门用一节课的时间给战士讲城市里的游民和流氓，告诫大家进城后要警惕这些人的骗术，千万不要上当：

一、扒手：就是乘你不留心时（如在公共场所、上下电车等场合），用很巧妙的手法，把你的钱物摸去。这种人有少数是受国民党特务利用的，他们就负有扒窃我们的公文密件的任务。所以我们同志在外出时，无论如何在口袋里不能随便放秘密文件。我们同志习惯把钢笔插在上衣的口袋里，如不注意也有很大的可能被扒去。

二、妓女：妓院里面有很多被迫卖淫为生的妇女，这就是妓女，她们每到黄昏以后就在路上拉客人，故又被叫作"野鸡"。这种现象是旧社会的罪恶，但在我们刚解放城市时，不可能马上完全加以改变。因此我们同志到了大城市里，若遇到这种情况，要站稳立场，以极严肃的态度拒绝此种活动。假使我们同志遇到这种妇女，采取嬉皮笑脸的态度，甚至跟去腐化，不仅要花钱不少，又犯了纪律，破坏了解放军的政治影响。特别是这些妇女都有极严重的梅毒，如传染了这种病，就等于自杀。同时反动派为了要破坏革命，也一定会布置一些女特务来勾引与腐蚀我军，因此我们更应该百倍的提高警惕。

三、骗子：大都市里骗局之多，也是无奇不有。我们对做这个行当的，一般称之为"骗子"。详细情形，分述如下：

1. 在马路上常摆着很多棋摊，多半是象棋，主持人当是江湖上的老手，对棋术很精，若当你真的比他强时，他会向你打招呼，不与你比高下。但当他可以胜你时，你就一定要输钱。这是骗局，也是一种赌博，因此我们同志不应参加。

2. 在轮船码头、火车站、汽车站上有一种人，专门冒充搬运夫，拐偷乘客行李，所以单身出发的同志特别要注意。在京沪杭铁路的各站均有头戴红帽身穿制服的正式搬运夫，交其运物时不需认其面貌，但必须记着他衣服上的号码。以便失物时，根据号码，报告车站，可收回失物。

3. 有一种卖东西的摊子，周围围着一大群的人在挑拣货物，装得好像东西很便宜，生意很好。假使你看到这种情形，也会买的话，就会上当。因为他卖的都是假货，引你买东西的人，都是他们的同伙。

4. 在马路上，常是遇到卖零星东西的人（钢笔、皮鞋等），在看货色、讲价钱的时候，你所要买的东西并不孬，当你付过后，他用偷龙换凤的方法，把好的换成孬的给你，使你当时不能发觉，等你发觉时他已不知去向。所以，到大城市里，一般不准随便购买东西，买东西时也切不能贪图小便宜而吃亏。

最后，《城市常识》还给战士讲了一些要注意的问题：

一、在都市里不要轻易跑到居民家里去，找人时也不要冒失，门口有电铃，应先按电铃，或者在门上轻敲几下。下雨天进屋或房间时要在门外用脚擦去鞋底上的泥，再进去。

二、都市里买卖货物，新式的大公司，是按照牌示，没有还价，除非大廉价，有一定折扣。普通布店、洋货店都可稍有还价，但要做到公买公卖，决不能因为可以还价而不经同意而强买。

三、都市人民是没有借物给我们部队的习惯的。因此，我们进住都市以后，如须要借必要的用具，应找一定的机关统一解决。或者暂时由市区交涉统一筹借。不能像我们在乡村一样随时借用和筹集。我们如把乡村的习惯搬到城市去，就会引起市民不满的。

四、江南的大都市，在马路上往往可以看到男人和女人，手挽着手的走着，这在他们已经成了习惯。我们看到不要惊奇、好笑，也不应去侮辱他们。

五、城市人民长期处在和平环境，对于鸣枪是最忌讳和不习惯的，在城市里只有发生盗劫事件才会有枪声。因此我们住在城市，不论何人绝对禁止打枪，这是一条严格的城市纪律。

从《城市常识》的小册子可以看到：解放军政治工作是非常严谨的，把进城后可能遇到的问题都事先进行了教育，使这些淳朴的农村战士们长了心眼，提高了警惕，因此避免了许多不愉快的事故。

中共中央华东局领导在丹阳彻夜召开会议，讨论接管上海诸多问题：（1）人事、组织安排；（2）入城政策纪律；（3）人民生活安排，主要是米、棉、煤"二白一黑"的供应问题；（4）统战政策，主要是如何稳定民族资产阶级，以利于恢复生产的问题。①

为了接管上海，数千名干部从各解放区、北平、香港日夜兼程赶来，

---

① 《中共上海党史大事记（1919.5～1949.5）》，知识出版社 1989 年版，第 761 页。

投入接管上海的集中整训。他们当中有许多人是著名的"上海通"，如上海地下党负责人刘晓、从事文化工作的夏衍、从事秘密工作的潘汉年、从事经济工作的许涤新。南下干部纵队按专业分为几个部分：有曾山、许涤新、刘少文为首的财经队伍，以周林、曹漫之为首的政法队伍，以梁国斌、李士英、胡立教、扬帆为首组成的公安队伍，以钱俊瑞、范长江、戴伯韬为首的文教队伍。各路精英汇集一堂，分头进行调查研究和准备工作。有关上海的政治、经济、社会、文化等多方面的资料，有从敌人那里缴获的、有上海地下党调查的、有上海来人报告的。大家根据这些材料和中共中央的有关政策，研究接管上海的具体方针措施。如上海的官僚资产阶级和民族资产阶级如何区别对待，外国人的企业如何接管，国民党政府机构如何处理，金融如何稳定，流氓帮会怎么办，市民的粮、煤等生活必需品如何保证供应，等等。事无巨细，都要考虑周全才行。陈毅、饶漱石不分昼夜地与分管各方面的干部研究情况，听取汇报。单是财政接管纵队的汇报，陈毅就听了两天两夜，对于如何紧急调运粮食、棉花、煤炭保证上海市民的需要，作了周密部署和应急准备。

上海地下党也提供了大量情报。为了确保解放后接管工作迅速有序地进行，上海市委通过各级党组织发动各界群众，对各部门、各系统、各行业的情况展开深入细致的调查研究。规定全党每一单位、每一党员和群众干部，都要开展具体的调查工作。各级党委、支部、群众团体、公开出版物的党组织，均设立调研组，收集和研究资料，定期向上级报告。

1949年四五月间，党组织让复旦、交大等校学生组织"春游"。宝山的大八寺、五角场到吴淞镇一带，都有复旦的男女同学，三三两两，漫步田头。远看他们是在春游，其实是在调查地形，绘制地图。哪里是碉堡和军事设施，哪里是厂房和仓库、码头，都一一详细画下来，汇总后送交有关部门。

根据中共上海地下党组织安排，隐蔽在国民党警察局黄浦分局的党员们建立了秘密党总支，发展了一批新党员。至解放前夕，党员人数增至80

人左右。党组织在警察中开展了"攻心战",争取了一般员警。他们利用各种方法广泛收集情报,调查警官、警员政治面貌,思想动态,经济情况,家庭地址;调查辖区内国民党军队番号、驻地、人数、武器装备及区内驻卫警察的人员枪支分布情况等。他们搞到敌人内部的人事档案,仿绘了国民党上海警备司令部印发到警察局督察处的绝密件——国民党军上海防区的军事布防图(敌方取名为"木城图")及时交给上级组织。①

经过紧张而周密的工作,中共上海局在解放军渡江之前就完成了任务,得到了达百万余字的调查材料。在调研过程中,这些材料按系统、按单位,做成一式数份:一份由单位保存,准备上海解放就立即由支部交给接管单位;一份送往丹阳,华东局社会部根据这些资料,按照机关、部门、产业等分类编印成《上海概况》《伪中央各院部会驻沪机关系》《伪上海市政府各局》《伪上海市政府及各区保甲概况》《上海蒋匪军事机关》《上海各团体》以及金融、证券交易所、官僚资本企业等30册的上海调查材料。

这些调查材科极为详细,不但收集到国民党中央各部、委驻沪机构和上海市驻军、政府机关、经济团体、文化团体、宗教团体和外国在沪机构以及京沪杭警备总司令部、淞沪警备司令部、陆海空驻沪司令部、吴淞要塞、国民党军事委员会、军政部、国防部等驻沪机构的地址、电话等,而且还收集到上至李宗仁、宋子文、孔祥熙、张群等国民党委员的公馆地址和电话号码,下至上海市政府各局各区保甲的保长以至科员、办事员的姓名、籍贯、学历、政治背景等信息。除文字资料外,还绘制了江湾、龙华两个军用机场图。

与此同时,华东局社会部副部长扬帆率领60余名干部经淮阴南下到达丹阳。接着派出工作组,对上海和江南其他敌区城市进行情报和策反工作。同时,在华中工委所属江南工委领导下,组织了一批干部,将上海党组织送来的情报、战争中缴获的档案、战俘写的材料以及国民党统治区的报刊

---

① 《中共上海党史大事记(1919.5～1949.5)》,知识出版社1989年版,第745页。

等研究整理，汇编了上海、南京和苏杭地区国民党的组织机构资料，由华中工委书记陈丕显指定印刷厂赶印出版，其中《上海调查资料》26 册，为接管干部了解上海敌情和社会情况提供了比较系统的资料。

陈毅审阅了这批珍贵资料中的主要部分，特别称赞"这批材料将为上海接管工作立大功"。这些详尽的材料下发后，立即成为各口接管人员的必读文件。它使各军管机构及接管人员在进入上海前就具体地掌握了上海各方面的材料，如历史沿革、主要负责人员和组织机构、业务情况，甚至连地址、特征都做到了心中有数，为接管部门制定接管计划提供了可靠的依据。

时任三野参谋长的张震回忆："就在我们积极完成各项战役准备，战斗在敌人心脏的上海地下党的同志们，也在为上海的解放夜以继日地工作。除组织工人、学生护厂护校、保护民主人士、组织对国民党军的策反外，还为我军送来了敌军的军事防御要图，我深深地感谢他们，可以想象，为搞到这些情报，他们要冒多么大的风险！我和司令部同志研究后，将其送给了两个兵团司令部。"①

20 天的丹阳整训，为接管上海的各项工作打下了坚实的基础。如果说解放军不打无把握之仗，不打无准备之仗，那么在解放上海之前，各级干部更是做好了方方面面的准备。

---

① 中共上海市委党史研究室编：《浴火新生：上海解放图录》，上海辞书出版社 2009 年版，第 56 页。

第 2 章 │ **黎明前的黑暗**

蒋介石确定了迁往台湾的战略决策后，背着李宗仁在奉化溪口老家遥控指挥，将国民党政权的资产和物资源源不断地通过海上运往台湾。上海是运输的起点，也是蒋介石劫掠的重点。

　　首先就是搬运中央银行的黄金储备。1948 年 11 月，蒋介石密令中央银行总裁俞鸿钧将库存的黄金储备运往台湾。而主管银行的国民政府行政院和财政部对此均不知情。俞鸿钧亲自组织一个机密工作小组，将金银装箱。同时联系由英国人控制的海关总税务司署，请求派船和放行。11 月 30 日夜里，上海外滩全面戒严，工人从外滩 15 号中央银行大楼的金库中搬运了 774 箱，共计 2004459 两黄金。这时，住在隔壁华懋饭店的一个英国记者要去《字林西报》馆上夜班，惊讶地发现了这个秘密行动。他在第二天的《字林西报》上写道："黑夜里，苦力们一面挑着沉重的担子，一面不断有节奏地发出哼呦声。每个人都用一根扁担挑两件包裹，在照亮银行通往缉私艇的弧光灯投射下之道路上，这些苦力格外显得阴森可怕，中国的黄金正在用传统的方式——苦力——逐步逐步运走。"

　　当然，这位记者并不知道黄金将运向何方。海关的缉私艇"海星号"装载着这批黄金，在负责押运的中央银行专员看管下，由国民党海军登陆舰"美盛号"护送，12 月 2 日到达台湾的基隆港。台北海关派专车立即把黄金运走，藏在秘密的地点。

　　接着，仍由"海星号"运输，将 151 箱，共计 572899 两黄金和 1000 箱的 400 万银元运到厦门。

　　第二次秘密运输黄金是 1949 年 1 月 10 日。蒋经国日记记载："今日父亲派我赶至上海访俞鸿钧先生，希其将中央银行现金移存台湾，以策安全。"① 俞鸿钧照办了。这一次是更大规模的运输，动用了军舰、民轮和飞机。2 月 8 日，蒋介石派秘书前往中央银行了解黄金运输的情况。银行负责人答复：目前黄金储备，运到台北 260 万两，厦门 90 万两，存在美国 38 万两，上海仅存 20 万两。此外还有数千万银元也转运到台湾。蒋介石这才定了心。有了黄金，他在台湾的经济基础就有了。蒋经国在 1949 年 2 月 10 日的日记中写道："中央银行金银之转运于安全地带，是一个重要的工作。但以少数金融财政主管当局，最初对此不甚了解，故经过种种之接洽、说明与布置，直至今日，始能将大部分金银运存台湾和厦门，上海只留二十万两黄金。"②

　　在运输黄金的过程中，发生了一起国民党海军"昆仑"舰起义未遂事件。"昆仑"舰是一艘英国货轮改装的军用运输舰，1949 年 4 月承担向台湾运输物资的任务。舰上有个中尉书记官陈健藩，由同学沈勋介绍上船。

---

①② 《蒋经国自述》，湖南人民出版社 1988 年版，第 207、224 页。

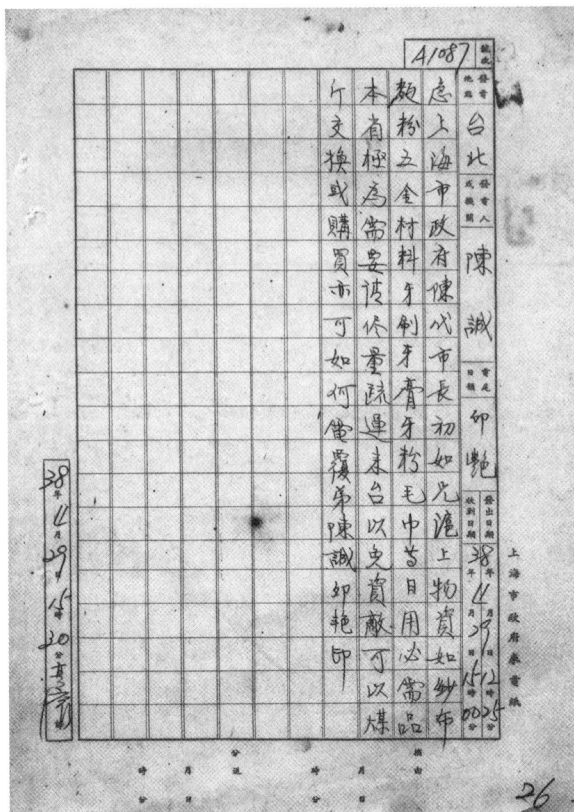

○ 1949年4月29日，国民党台湾省主席陈诚致电上海市代市长陈良，要求将纱布、面粉、五金材料等物资尽速运往台湾（上海市档案馆藏）

两人都是中共地下党员，受命组织"昆仑"舰起义。他们争取了沈勋的父亲、舰长沈彝懋，还有 10 个船员，做好了起义的准备。3 月底，"昆仑"舰奉命搭载上海海军机械学校师生员工 200 多人前往福州。没想到开船之前，突然上来海军总司令桂永清的一个海军陆战队警卫排。个个荷枪实弹，控制了前舱。情况变化，起义的困难增大，但陈健藩坚持照原计划起义。4月 4 日开船后，陈健藩召集舰上军官开会宣布起义，要改变航向开往烟台解放区，但遭到多数军官的反对。说船上这么多士兵，起义不可能成功。

这些军官掌握船上的技术和要害部门，他们不合作，"昆仑"舰仍按原定方向开往福州。6 日到了马尾港，陈健藩和起义的士兵离舰躲避。但沈彝懋父子没有离船，很快就被当局逮捕，押往台湾枪杀。①事后知情人透露，船上之所以突然上来海军陆战队警卫，是押运了国库的黄金。因为转运黄金属高度机密，船长也不知道，还以为是他们带的私货。

就这样一批接一批，国民政府国库的黄金、白银和外汇，分别用军舰、飞机运到台北。蒋介石尽一切可能，将各方面的财富攥在自己手里。1949年 5 月 17 日，汤恩伯眼看上海守不住，命令中央银行将最后库存的黄金20 万两、银元 129 万元"即刻移送安全地点"。国民政府存在菲律宾的价值 1000 万美元的银元被提取出来运到台湾，日本归还战争期间从中国掠夺的白银 18 吨，也应蒋介石的要求运到台湾。因为担心国民党政府垮台后美国冻结其在美财产，蒋介石命令空军副司令兼驻美办事处主任毛邦初将采购军火的 1200 万美元汇款从银行提出，以其个人名义存入美国新泽西银行和瑞士银行。将公款化为私有，用蒋介石自己的话说，是"为国家保存一线生机"。

从 1948 年 11 月到 1949 年 5 月，蒋介石持续不断地指挥将大陆的黄金、白银储备和外汇运往台湾，究竟总数有多少，没有人能完全统计出来。据李宗仁估计："国库库存金钞共值三亿三千五百万美元……库存全部黄金为三百九十万盎司，外汇七千万美元和价值七千万美元的白银。各项总计约在美元五亿上下。"②李宗仁名为"代总统"，实际上完全不知情，被蒙在鼓里，当他得知消息时，国库已经空空如也。国民政府成了分文没有的穷光蛋，维持军饷、开支，全靠大量印发金圆券。李宗仁先找陈诚要求提取部分存台黄金，陈诚装聋作哑，以沉默抗命。5 月初，李宗仁找蒋介石要求运回台湾的黄金，蒋的答复是："前在职时，为使国家财富免于之劫持，

---

① 《昆仑舰在上海起义与失败》，中国人民解放军历史资料丛书编审委员会编：《解放战争时期国民党军起义投诚·海军》，解放军出版社 1995 年版，第 106—109 页。

② 李宗仁口述、唐德刚撰写：《李宗仁回忆录》，广西师范大学出版社 2015 年版，第 670 页。

曾下令将国库所存金银转移至安全地点。引退之后，未尝再行与问。一切出纳、收支皆作常规进行，财政部及中央银行簿册俱在，尽可稽考。任何人亦不能无理干涉，妄支分文。"蒋介石釜底抽薪，更加速了国民党政权的经济崩溃和在大陆的垮台。

蒋介石与其亲信拟订了全盘的撤退计划。首先是转运资金，然后还要逐步转移物资、工业设备、政府和文化机构。这些运输都要靠海空军来完成。从1948年秋天，国民党海军和空军率先在台湾建立基地。空军总司令部通知所属各训练机关、学校、航空工业研究和制造机构先行迁台，作战和空运部队的机关也先迁到台湾。迁移过程中对人员进行了精简，淘汰老弱，不愿意迁移的发给遣散费。物资贵重又为台湾所缺者优先转运。为配合更大规模的转运，先期到达的人员积极整修台湾的松山、桃园、新竹、台中、嘉义、台南、冈山以及东南沿海的定海、金门和岱山空军基地。

先后迁往台湾的国民党航空机构有：航空工业局、航空研究院、昆明的第一飞机制造厂、广州的大定发动机制造厂、杭州的降落伞制造厂、上海的气体制造厂以及第一器材库等。其中上海器材库中的进口飞机发动机是在解放军解放上海前夕才匆忙用运输机运走的。空军作战部队从1949年下半年开始陆续迁台。国民党空军共有8个飞行大队、1个侦察中队，拥有 B-24 型和 B-25 型轰炸机、P-47 型和 P-51 型战斗机等约300余架。除少数起义，多数迁到台湾。运输机负责运输航空汽油和弹药，昼夜不停。值得注意的是，在抗战中援助国民党政府的美国陈纳德"飞虎队"，此时以"美国民间运输有限公司"的名义，为蒋介石运送人员和物资。北方国民军队和官员被解放军包围或隔断，国民党飞机不敢去，就是陈纳德公司的飞机负责接运的。

蒋介石不仅命令空军机构迁台，也命令民航机构迁往台湾。很多人出于对国民党的痛恨和失望，不愿意再追随蒋介石。在共产党的争取和策动下，争取各种机会举行起义。1949年4月15日，国民党空军伞兵3团2500余人乘一艘坦克登陆艇从上海启程去台湾。在地下党的策动下，团长刘农畯宣布起义，命令船长改变航向，开往解放区的连云港。1949年9月到1950年初，各地机场共有25架飞机、62名空地勤人员单独驾机或随机起义，脱离国民党空军投奔解放区。

与空军同时，国民党海军也奉命迁往台湾。国民党海军原有2个海防舰队、1个江防舰队以及8个炮艇队、4个海军基地。共有舰船428艘，总吨位20万吨。编入战斗序列的275艘，舰艇和陆地官兵4万多人。1949年5月，海防第1、第2舰队30多艘主力舰艇先后迁往台湾，部分驻扎舟山和海南基地。海军学校、海军第1工厂以及上海江南造船所、青岛造船所的部分技术员工和设备也先后迁到台湾。由于迁移计划主要依靠海上运输，蒋介石下令大量征用民用货轮。1949年初，陈诚将招商局货轮99艘及其员工家属迁到台湾，后来又征用了各民营轮船公司的货船124艘，总计吨位70万吨。这些货轮在一年时间内，运输了大量物资及30万国民党陆军、20万民众到台湾，为蒋介石在台湾的统治，奠定了基础。

国民党军队从大陆撤退时，海军总司令桂永清基本上将能用的军舰、登陆艇和运输船都搬到了台湾和舟山等沿海岛屿，还征用了招商局下属各民营轮船公司的几十艘货轮，为接运国民党陆军和政府机构到台湾发挥了重大作用。桂永清扬言：留给共军的只能是"一堆废铁"。渡江战役后，三野虽然从国民党第二舰队等起义及投诚者的手中接收25艘舰船、45艘小艇，在上海等地接收了"接5""接12""接13"及"江流"等10艘舰船，但国民党军利用空中优势，对起义投诚的舰艇及各造船厂狂轰滥炸。长江下游的各造船、修船厂也在国民党军撤退时被洗劫一空。上海江南造船所及浦东造船厂的设备大多被搬往台湾，还包括总工程师等200多名技术骨干。

凡是能搬走的物资，国民党绝不会留下一点。1949年2月1日，上海市长吴国桢致电台湾省政府主席陈诚，通报行政院长孙科来沪，命令各机关对其存沪物资予以紧急处理。如为后方（台湾）需用者，应赶速运往。吴国桢告诉陈诚：农林部肥料二千余吨，已由他提议决定运台。台湾银行上月已汇款六亿元，在沪购运棉纱，估计存台棉纱可供两年之用，主张不再运棉纱进台。请陈诚查明是否仍有需要，以便提会云云。①

根据旧上海市政府机要室统计，1949年5月5日前，从上海运到台湾的物资有如下各项：

（1）中纺公司及该公司已交国防部尚未运出之纱布。

（2）中信局之敌伪珠宝及中央银行寄存该局之日本赔偿铜元。

（3）中央银行业务局之德孚颜料。

（4）中央造币厂之铜块及日本赔偿铜元。

（5）交通部之通讯器材及铁道器材。

（6）资委会之化学原料、金属器材及矿属油料。

（7）物资供应局之紫铜锭及其他贵重物资。

（8）美援花纱布联营处之纱布。

（9）卫生药二百吨及吉普车。

（10）社会部国际儿童奖金救济物资五百余吨、布十六万匹及卡车二十辆。

（11）善后事业保管委员会之重要物资。②

实在搬不走的，就彻底毁坏。1949年5月20日，国民党军队在逃跑之前，桂永清派工兵对江南造船厂进行大爆破。《人民日报》记者采访现场所见，6月1日发回了《战犯桂永清罪恶滔大，严重破坏江南造船所》的报道：

"在伪海军总司令战犯桂匪永清的指挥下，上海国民党匪军破坏了全国规模最大的江南造船所。据初步调查，该厂在远东著名的三个大船坞的水闸抽水机，被炸毁三分之二以上。系在水闸上的三只拖轮均被炸毁。全所的主要设备内燃焊厂、新发电厂全部厂房、油漆厂及四部柴油发电机，

---

① 上海市档案馆编：《上海解放》，档案出版社1989年版，第226页。
② 上海市档案馆编：《上海解放》，档案出版社1989年版，第329—330页。

全遭毁坏。机器厂起重设备，修械所外钳间、锻工部、铅工厂、木工厂等损毁甚重。其他办公室、宿舍、船体厂、电焊部等处，均为匪军大肆劫掠破坏。全所卡车、吉普车、电话机等被盗一空。记者前往时，亲见所内尚有未及爆炸的日本陆军用爆破炸药二十箱，箱上昭和十八年造等字样清晰可见。国民党匪帮原企图将该厂拆卸迁移台湾，但被工人的英勇斗争所阻止。"

江南造船厂职工在中共地下党沪南区委领导下，从2月起开展以"反搬运、反疏散、反破坏"为中心内容的护厂斗争，将100多台电焊机分散至各个角落。当国民党军官强制工人在破坏机器的炸药旁埋上12桶汽油，工人以清水代汽油。修船关键设备三座船坞，工人全部放满水。国民党工兵的大爆破中，江南造船所的电气厂、船坞等主要设备被炸毁，工厂遭受一定损失。但极为重要的总方棚间、氧气车间等重要设备和厂房仍无损，三座船坞闸门炸沉，船坞未受破坏。26000余张贵重图纸已转移到厂外。厂里的工程技术人员绝大部分留下，并争取了原厂长中立、国民党海军少将代厂长和新任少将厂长在关键时刻站在人民一边。①

军事方面，淞沪警备司令汤恩伯在上海集结了8个军、23个师的正规军。加上空军和海军总共20万人部署上海防御。4月26日，蒋介石从奉化乘军舰到上海，亲自部署上海防御。他在复兴岛连续召见团以上军官，训话打气。表示自己留在上海不走，"要和官兵共艰苦，和上海共存亡"。他预测国际形势：不出三个月，就会爆发第三次世界大战，到时候美国就会恢复援助。上海战略和经济地位重要，守备的兵力雄厚，军用物资充足，阵地也是坚固的。只要守上三个月到半年，形势一定会朝有利的方向转化。他不断对军官们重复这些话，其实都是欺骗。蒋介石向汤恩伯交的底是：尽可能坚守一个时期，待上海的资金和物资全部转运台湾后，就可以放弃上海。当时顾祝同在上海召开作战会议，国防部三厅厅长蔡文治认为

① 《中共上海党史大事记（1919.5～1949.5）》，知识出版社1989年版，第769页。

几十万大军守上海是死路一条，前无出路，后有大海，守不住大家只好跳海，与汤恩伯大吵大闹。汤恩伯镇不住场，只好宣读蒋介石的密令，宣布："总裁无意久守上海牺牲实力，只要金银运完就了事，这责任由我来负。你们这些长官、同事们请到广东去吧，免得在这里碍手碍脚，必要时我还要保护你们。"顾祝同等面红耳赤，只好登上飞机走路。①

当时国民党军队集结在上海的兵力，计有 37、52、75、12、54、123 军，以及 21、51 军残部。暂 8 师、95、99、204 师，共计 8 个军，23 个师。此外，还有周至柔、桂永清亲自指挥的空军和海军第一舰队，以及炮兵、工兵、通信兵、装甲部队、保安旅团、交通警察总队和宪兵等，共约 20 万人。这些军队在淞沪地区的防御工事分为外围阵地、主阵地和核心阵地三道设防地带，这些阵地工事，自 1949 年 1 月起加工赶修。其分布是：

一是外围阵地：自浏河、罗店、嘉定、南翔、华漕镇、七宝镇至华泾镇之线，为浦西外围阵地；以川沙城至北蔡镇之线，为浦东外围阵地。

二是主阵地：由宝山城西北之狮子林向南，分经月浦、杨行、刘行、大场、真如、北新泾、虹桥、龙华，直至黄浦江边之线，为浦西之主阵地；由高桥向南，经高行、洋泾镇至唐桥之线，为浦东之主阵地。

三是核心阵地：利用主要市区内高大的建筑物国际饭店、四行仓库、海关大楼、百老汇大厦（今上海大厦），作为强固的抵抗据点。1949 年 5 月 6 日淞沪警备司令部司令陈大庆下令："本市市区内在军事上有价值之坚固高楼大厦，不论属于何人之产业，着即派兵确实占领，并构筑工事。"②在各街道要冲堆积沙袋，布置木马、铁丝网。其兵力部署是以 6 个军 20 个师防守黄浦江以西地区，以 2 个军 5 个师防守浦东，海空军实施机动支援。

上海外围在抗战前就修筑了不少坚固的碉堡，侵华日军也修筑过永久

---

① 唐文：《国民党统帅部关于京沪杭作战的决策和争吵》，载《文史资料选辑》第 32 辑，第 60—61 页。

② 上海市档案馆编：《上海解放》，档案出版社 1989 年版，第 335 页。

性工事。1948 年以来，国民党军在上海加紧构筑新的工事和配套设施。在外围阵地和主阵地中的各集镇，皆作为抵抗重点，每点筑成集团工事。主阵地距市区三千米，在此三千米纵深内，密布钢骨水泥的碉堡群。主阵地向后，有数道交叉的阵地。各重点的空隙，还有许多野战半永久性掩体及钢骨水泥活动堡，作为卫星工事。这些大小碉堡周围有蛛网式的河沟、电网、地雷阵、铁丝网、竹签、篱笆等副防御设施。在主阵地纵深的车站、飞机场，皆筑有独立的据点工事。到 1949 年 5 月前，上海外围有 4000 多座碉堡，1 万多个野战工事。配上地雷、铁丝网、鹿寨等，形成了严密的防线。但是部队进入阵地时，发现许多碉堡和居民的房屋建在一起或距离很近，严重影响射击和视线。上海地区人口稠密，这是难免的事。汤恩伯命令将阵地周围 1000 米以内的民间建筑物一律拆除，以扫清射界。对阻拦的群众格杀勿论。上海市长吴国桢在 1949 年 4 月 13 日传达了汤恩伯的命令："查淞沪区阵地之扫清射界，对于发挥筑城价值特为重要，已由上海工事构筑委员会……以申工总字第 890 号代电饬遵在案。经查各部队进行迟缓，实不足以配合时间之要求，兹限于 4 月 20 日以前彻底完成是项工作，倘有玩忽，即以贻误戎机论罪。仰即遵照。"①

在国民党淞沪警备司令部和上海市政府的命令下，一场大拆迁开始了。对于被拆迁的百姓，汤恩伯还不许进入市区，而是朝远郊驱逐疏散。第一期疏散的人口为 80 万，原来富庶繁华的上海郊区村镇，变成了可怕的地狱。百姓怨声载道，哭声震天。国民党官兵本来就人无斗志，面对群众的悲惨景象，有的不忍心下手。但在汤恩伯的严厉督令下，还是执行了。②

在逃离上海之前，国民党特务机关对中共地下党员、爱国人士及无辜市民进行了大逮捕和大屠杀，主要指挥者是国民党保密局局长毛人凤的部下毛森。

---

① 上海市档案馆编：《上海解放》，档案出版社 1989 年版，第 243 页。
② 《解放大上海战役经过》，《解放日报》1949 年 6 月 5 日。

毛森（1908—1992），原名毛鸿猷，浙江江山人。早年是小学教员，抗战期间跟随戴笠、毛人凤，成为军统骨干。抗战期间，他曾冒险潜伏在上海，两次被日本人逮捕，都机智逃脱，甚得戴笠欣赏。1946年，他成功破获荣德生（荣毅仁之父）绑架案，得到蒋介石的赞赏。1949年初，他调任上海警察局局长。此人面貌儒雅，内心却凶狠，杀人如麻，绰号"毛骨森森"。

解放军渡江解放南京后，毛森知道在上海时日无多，于是声称："上海是只玉瓶，在我临走的时候，我一定要打碎它，毁灭它。"4月至5月期间，他指挥军警特务，在上海搜捕中共地下党员、进步人士。为了配合毛森，国防部保密局又派来近300人，扩大行动规模。当时国民党特务设计了"飞行堡垒"侦查系统，这是配备了最好的电讯侦听设备、照明设备的武装汽车队，其高度机动程度，可以达到接警后20秒钟即可出动，15分钟即可到达全市的每一个角落。

在上海解放前被毛森杀害的共产党员中，最重要的是中共上海秘密电台台长李白，中共上海市委机关负责人、秘密电台负责人张困斋以及中共上海局和上海市委秘密电台报务员秦鸿钧。他们的事迹后来被拍成电影《永不消逝的电波》。

李白，1910年出生于湖南省浏阳县一个贫苦农家。1930年红军攻打长沙，李白参加红军。此后到瑞金被培训成为红军电台收发报员，经历了二万五千里长征。1937年秋国共合作，李克农出任八路军驻上海办事处处长，将李白带到上海。八路军办事处撤退后，李白成为党设在上海的三个秘密电台中的一个，向延安传递军政情报，保证上海地下党与中央的联系。

李白在上海多次搬家，躲避日本和国民党情报机关的追捕。1948年7月，国民党的测探网已伸到李白电台所在地的虹口，并实施分区停电，以测定秘密电台所在的电波区域。上级决定李白电台暂停联络。但随着战事吃紧，许多重要情报急需上报。8月，李白不得不重启电台。从他手中送出去的有国民党军通过海运在葫芦岛、营口登陆增援东北战场，淮海战役时黄维、刘汝明、李延年等兵团由华中地区北上增援淮海战场，以及长江防务、江阴要塞、吴淞口防御等重要情报。1948 年 12 月 29 日晚，李白在向党中央拍发长江防务等情报时，被敌人测出电台位置。李白镇定地发送完情报、销毁密码、处置电台后被捕。敌人在黄渡路上的淞沪警备司令部刑讯室对李白进行了连续 30 多个小时的刑讯，使用了多种酷刑。李白坚贞不屈，使地下党的备用电台得以迅速启用，继续发挥作用。

另一位秘密电台报务员秦鸿钧，山东沂南县人，1927 年加入中国共产党。1936 年派去苏联学习无线电通信技术。翌年回国后，到上海建立秘密电台并任报务员，负责与第三国际远东局联系。1943 年赴新四军军部驻地苏北盐城，受命返沪建立电台，负责与党中央的通信联络。1945 年后，电台迁入打浦桥新街新南里 315 号的阁楼上。为防止夜间透出的灯光和电键声响，他用双层窗帘遮住天窗，用层层厚纸密封木墙缝隙。1949 年 3 月 17 日深夜 11 时，他工作时突然听到妻子的报警信号，当即通知对方停止发报，拆毁机器，烧毁文件。一群特务破门而入，将夫妇两人逮捕关进监狱。他受尽种种酷刑，双腿折断，肺部受重伤，始终坚贞不屈。

1949 年 5 月 7 日，蒋介石亲批"坚不吐实，处以极刑"。李白、张困斋、秦鸿钧等共产党员被毛森的特务秘密杀害于浦东戚家庙。上海解放一个月后，烈士们的遗体才被发现。

5 月 10 日，毛森将所谓"京沪暴动案"（在京沪两地起义）的要犯孟士衡、吴士文、萧俭魁 3 人，杀害在上海宋教仁公园。12 日又杀害国民党三战区少将参谋长陈尔晋和妻子王曼霞（皆为共产党员，王其时怀有身孕）。黄炎培先生的儿子黄竞武被活埋在牢里。毛森先后杀害 400 多人。

在黎明前的黑暗时刻，上海地下党仍然坚持隐蔽斗争。1948 年夏天，鉴于国民党在上海加紧搜捕和破坏中共地下党的各级组织，中共中央做出撤回中共中央上海局和留沪人员分散隐蔽的决策。1949 年 4 月下旬，刘晓到达江苏丹阳，进行接管上海的准备工作，钱瑛也于 4 月去北平，上海局成员只留下刘长胜。3 月 17 日上海秘密电台被国民党破坏，张困斋、秦鸿钧被捕，中央及华东局十分担心留沪人员的安全。要刘长胜、张承宗等暂时撤退。刘、张考虑上海已面临最后决战的时刻，他们最熟悉上海的情况，要求留在上海迎接解放。为了安全起见，刘长胜搬到许彦飞家。张承宗转移到了五原路上国民党陆军总司令张发奎的公馆中。

今五原路大华新村 7 号这幢三层小洋楼，是国民党陆军总司令张发奎在上海的公馆。1946 年中共上海地下党员莫振球因病到广东老家休养，利用父亲与广州行营主任张发奎的老同学关系，成为张发奎的秘书。1948 年初张发奎被蒋介石调职，心里不满，便带着秘书莫振球等三名随从来到上海，住进了五原路这幢小洋楼。1949 年 3 月张发奎任陆军总司令，临去广州前，张发奎将房子交莫振球代管。从此这座公馆就成了上海市委的秘密机关。3 月，张承宗住进这里，沙文汉等也常来躲避。身穿国民党少校军服的莫振球成了交通员。地下党上海市委在这里部署解放前保卫上海的工作，并对国民党军队和机关内部人员进行策反。[①]

国民党军将领张权密谋起义，在上海解放前几天被毛森杀害，是国民党特务残杀进步人士的又一重大罪行。

张权，字栩东，河北武强县人，18 岁入保定军官学校，毕业后被保送日本士官学校攻读炮科专业，1923 年学成归国后赴广东投身国民革命，参加北伐战争，以战功晋升师长。抗战全面爆发后，张权被任命为国民党军队唯一的装甲车团团长。因军队训练有方，1941 年晋升中将。战车防御部队参加了滇缅会战，屡建战功。因不满国民党政府消极抗战，他在重庆期间，与周恩来、董必武建立联系，并接受周恩来的介绍，让共产党员王亚文当了他的秘书。

1948 年底，张权到了上海，王亚文担任中共上海地下党策反工作组的组长。1949 年春，张权应党组织请求，调查了江阴要塞全部江防情况，与

<hr>

① 中共上海市委党史研究室编：《浴火新生：上海解放图录》，上海辞书出版社 2009 年版，第 57 页。

○　中共中央上海局负责人在上海解放后的合影。左起，前排：王尧山、沙文汉（张登）、刘长胜、刘晓、潘汉年、刘少文、吴克坚；后排：赵先（女）、张毅（女）、刘人寿、张承宗、王清（女）、黄景荷（女）

王亚文绘成图纸交给了上海地下党，对我军攻克长江防线，解放南京起了至关重要的作用。

1949 年 5 月初，张权又奉中共上海局的指示，在国民党军队中进行策反。他对朋友说："蒋介石不顾人民的死活，淮海战争，如此精锐的部队，如此丰富的物资，美国人装备如此新式的武器，尚且打不过解放军，一败涂地。上海一隅，虽号称数十万之众，均残余渣滓，还欲逞其兽性，作最后挣扎，徒然多害死些老百姓。余为拯救上海六百万人民，必求缩短战争时间，减少人民死亡，故必身许人民解放事业。"驻在复旦大学的 132 师师长李锡佑，和张权结拜兄弟。经过张权说服，李锡佑等都愿意弃暗投明。他们策划发动起义，由张权任总司令，打算配合解放军切断市区与吴淞的陆路交通，封锁吴淞水面，并强攻北四川路敌警备司令部，然后直扑复兴岛，活捉蒋介石。

中共上海地下党负责人沙文汉对张权在策反上取得的进展，深感满意。他说："现在万事俱备，只欠东风。这个东风就是时机。一定要选择一个合适的时机，要和包围上海的几十万解放大军步调一致，互相呼应，密切配合，里应外合举行市区武装起义。张权将军再亲率一部精兵，配合解放军，围攻复兴岛，那时，蒋介石上天无路，入地无门，必将为我所活捉！"

但是，蒋介石到上海后，毛森亲自主管安全警卫工作，森严壁垒，难以下手。蒋介石召集高级将领开会，恩威并施。下令将团以上军官的家眷送往台湾，名为"保护"，实质是做人质，迫使军官们不得不为他拼死卖命。

原先答应张权起义的一些将领动摇了。两个主力师师长中途变卦，张权又气又急，立即向地下党作了汇报。沙文汉召开秘密会议，传达了上海地下党的决定：任命张权为上海市起义军司令，王亚文为政委，并部署了起义的具体方案。

5月13日上午，张权派人送交李锡佑将军写给132师中校情报科长张贤的一封亲笔绝密信件，通知了起义部署。15日下午4时许，张权想回家看看夫人转移了没有。他刚刚走到弄堂口，被守候在那里的国民党特务抓住，关进吉普车，直送上海市警察局。起义功败垂成。

原来，事情就出在张贤身上。他一方面向李锡佑表示愿意参加起义，回到师部后却立即向师长告了密。师长大吃一惊，迅速报告了汤恩伯。汤让张贤带路，15日上午抓捕了李锡佑。下午张权又被捕。这时距起义、捉蒋行动只有半天了。

张权被捕后，先送到警备司令部，后被转移到警察局。特务多次对他进行审讯，甚至叫张贤、李锡佑当面对质。张权大义凛然地说："不可侮辱我，给我一死好了，好汉有事好汉当。"①

国民党军两位中将要起义，汤恩伯、毛森感到非常难堪。气急败坏之

---

① 《痛悼张权烈士》，《解放日报》1949年6月10日。

下，竟然伪造罪名，于 1949 年 5 月 21 日，将张权、李锡佑以扰乱金融、破坏治安罪枪决于南京路大新公司门前。外界不明真相，上海《申报》5月 22 日新闻："市警局昨呈准汤总司令，于午后六时，分别在南京路大新公司门口、西藏路大世界前，及林森中路陕西南路三处枪决屡犯窃案，及散布谣言，抬价收兑银元，企图扰乱金融，破坏治安之匪犯曾克平、黄保全、王富祥、徐荣生、李锡佑、张权六名。"

中共上海市委对张权给予了高度评价："张权虽非中共党员，但在思想、行动、工作、作风上都与共产党靠近。烈士对于国民政府统治具有深切的仇恨，对中国人民胜利则抱充分信心，在共产党领导下瓦解国军士气，迎接上海解放，都有相当功绩。"经陈毅批准，1949 年 8 月 24 日中共上海市委、上海市人民政府决定授予张权革命烈士称号。举行了隆重的追悼大会。出卖张权的罪犯张贤虽然受到国民党的厚奖，却被抛弃未能逃往台湾。解放后，他隐姓埋名，还是没有逃过法网，于 1957 年被判处死刑。

在上海解放前夕，国民党当局和特务机关对进步人士和学生的逮捕达到高潮。1949 年 4 月 1 日，国民政府和谈代表团到北平进行和平谈判。南京六千多学生举行示威游行，要求国民政府接受中共提出实现和平的八项条件。结果遭到当局的血腥镇压，死 3 人，重伤百余人。"四一血案"引起了上海学生的无比愤怒，复旦、交大召开了控诉大会，决定 4 月 7 日罢课一天，发表宣言，并募捐慰问南京受伤同学。

上海国民党当局十分恐慌，警备司令部的特务头子到各大学"巡视"，种种迹象表明反动派要下毒手了。根据中共地下党市委指示，为了保存力量，迎接解放，必须灵活掌握斗争策略和活动方式，不组织全市性的罢课、示威游行。地下党组织采取紧急措施：凡是已经暴露的同志，暂时转移隐藏起来，组织上派人单线联系；凡是工作中出头露面而又不十分暴露的，晚上规定住到市区，白天来校工作；平时工作较隐蔽的，坚持在校工作。如果组织上得到有关大逮捕时间的情报，就用"吴玉章遗失印鉴"为名登广告，见到这种广告，就是当晚要进行大逮捕。如果组织上得到黑名单的情报，就通过学校附近的面馆送一碗阳春面为暗号，通知黑名单上有名字的同志隐蔽（当时复旦学生宿舍附近有小面馆，平时可送外卖到宿舍）。

1949年4月26日，上海淞沪杭警备总司令部汤恩伯、陈大庆强令疏散交大等十五校师生。一是为了驻军作战，二是为了避免学生里应外合迎接解放军。命令说："查共党迷信武力，好战性成，对上海发动军事攻势，事所必然。我军事当局对大上海之保卫战已具最大决心，不惜任何牺牲，以争取光荣之胜利。将来战事之发展自必万分惨烈，为保存国脉，爱惜青年，避免无谓牺牲，特规定本市各学校紧急疏散。在军事区域以内之大学，如复旦、交通、同济、大夏、暨南等校，应限令提前放假，以便驻军。各校学生在本市有家者回家；无家可归者集中住宿，由警备部商同杭（立武）部长办理。特密达。"①

根据命令，国民党军队进驻各大学，宣布紧急疏散，限令学生两天内离校。这15所学校包括全部国立大学和几所主要私立大学和中学，是学生党组织的主力所在。

与此同时，国民党当局在酝酿一场大逮捕。在4月25日，淞沪警备司令部分别给各大学校长发函，点名要将有共产党嫌疑的学生"集中管理"，让各校把学生交出来，但无人理会。借疏散各大学的机会，4月26日深夜，淞沪警备司令部和警察局出动万余军警特务包围全市各大学，进行大搜捕。

这天凌晨，军警包围了复旦、交大等大学宿舍，学生被赶到广场上排队，由特务逐个查看学生证，核对黑名单。许多同学被押上了囚车。同学从广场到饭厅去集中时，要经过一个洗衣房。洗衣房的窗户下隐藏着两个特务学生，在暗中窥视指认，指着谁，谁就被逮捕押上囚车。女生宿舍也是一间一间地搜捕。26日当天被捕学生约350人，其中党员70名。第二天被捕学生总数达500余人。被逮捕的复旦同学多达83人，是解放前国民

---

① 上海市档案馆编：《上海解放》，档案出版社1989年版，第305页。

党几次大逮捕中人数最多的一次。①

　　交通大学学生穆汉祥、史霄雯，就是在这次大搜捕中被捕的。

　　穆汉祥，1924 年 6 月出生于湖北武汉。抗战时随家迁往重庆，先后就读于复旦中学、中央工业专科学校；1943 年入四川长寿兵工厂做工。1945 年 10 月考入重庆交通大学电信管理系，次年随学校复员到上海。穆汉祥接受革命思想，积极投入反内战斗争，创办民众夜校，筹建进步学生组织，1947 年 7 月加入中国共产党，1948 年起先后担任中共交通大学总支委员会组织委员、中共徐龙区委委员。1949 年开始分管学生自治会工作，组织工人协会及人民保安队，为迎接解放做准备。

　　史霄雯，1926 年生，江苏常州人，1938 年进入上海澄衷中学，1945 年考入上海交通大学化学系，先后担任化学系级长、化学会会长。同年冬，国民党特务在昆明暗杀李公朴、闻一多，使他打破"工业救国"幻想，他于是投身学生运动，并成为"学运"骨干。1948 年春，在校被地下党发展为新民主主义青年联合会会员，并被选为学生自治会理事。1949 年春，参加党领导的秘密宣传小组，收听新华社广播，将解放战争形势编印成《每日文摘》《每周新闻》在校内散发。

　　1949 年 4 月，国共正在举行和谈。交通大学举办了一场"真假和平辩论会"。当时穆汉祥担任正方主辩人，史霄雯主持会议。因为在公开场合发表反蒋言论，穆、史二人都被列入黑名单。4 月 26 日大逮捕，他们提前得到消息，离开学校。但是没有走远，穆汉祥在学校附近小饭馆吃饭时被特务抓捕，史霄雯于 5 月 2 日在外出的电车上遭敌逮捕。②

　　穆汉祥和史霄雯被捕后，被铐上了沉重的脚镣，关在警察总局的死牢中。在狱中特务三番五次酷刑逼供。穆汉祥身体受到严重摧残，肋骨被磨

①　袁冬林、梅蒸棣：《解放前夕复旦大学的学生运动》，《文史资料选辑》1979 年第 6 辑，上海人民出版社 1979 年版，第 58 页。
②　马飞海：《回忆沪南徐龙地区迎接解放和准备接管的情况》，《上海解放三十五周年文史资料纪念专辑》，上海人民出版社 1984 年版，第 225 页。

得又青又肿，两条腿在老虎凳上由于受刑太重，膝关节不能弯曲。史霄雯满身伤痕，仍顽强挺住。为了安慰家人，他写了一张纸条通过看守转给母亲："一切平安，请您放心。"各方为营救他们想尽办法，王之卓校长亲自打电话给毛森，但他矢口否认有这两个人。5月20日，上海即将解放时，穷凶极恶的特务把穆汉祥、史霄雯押到宋公园（今闸北公园）秘密杀害。

在上海解放前的疯狂大搜捕中，国民党特务在阳光照射的马路上捉人，在阴暗的弄堂里捉人，在高楼大厦的被窝里捉人，在工厂、学校、商店、机关、公共场所到处莫名其妙地搜查、捕捉。一个犯了"嫌疑"的教员，当警察去捉他的时候，有两位学生正在向老师请教，于是学生也以"同党"的罪名一同被捕。一个等八路电车的乘客，因久等不至，抱怨："八路为啥还不到？"于是又以"通匪"罪被捕。

学生被逮捕后，交给淞沪警备司令部政工处负责审查处理。政工处的人办事过程中，发现根本就是无头案。这些学生名单是中统局上海办事处、市文教委员会青年运动会（学校中监视学生的特务机构）的人提供逮捕的，但此时这些人都已经逃离上海去台湾了。逮捕行动没几天，就有人到老闸警察局稽查队去捞人，说暨南大学唐启宇、李大年等四人是"吾人工作同志"（特务线人），怎么也被抓了，请求保释。而且中统方面又没有提供任何学生的具体证据，让政工处的人怎么审？5月16日，政工处的朱逸竞给陈大庆司令上了个签呈，大诉其苦：

"查此次逮捕各校匪嫌学生，于4月26日依据（附表一之各单位）提名而分别执行，计逮捕人数为356人，现羁押建国西路达仁中学。职科于4月26日奉谕接管处理该批就逮匪嫌学生，于4月29日召请各原提名单位，共商如何侦讯与搜集罪证资料等事宜。计因中统局上海办事处及文教会青运组人员已全部撤离上海，其余均参会列席研讨。经商定，该两单位之提名而就逮学生，由本处派员先行初步个别谈话，其余各单位由原提名人负责审讯。职科于4月30日起，即派员开始侦谈，计于五日内侦讯合校员生315人。兹唯以事前并无丝毫罪嫌记录与可供侦讯之资料，仅凭借谈话记载，实难侦得其罪嫌之轻重。虽速经职派员或亲访各方，征集有关各生匪嫌罪证资料及平时行为记录，终难获得。乃于不得已中，复于 5 月 8 日续请有关单位，再度商讨处理办法。经会议决定，关于此次就逮之各校匪嫌学生，仍应由各原提名单位负责造送罪行记录，送部汇呈核办。"①

经过审问，基本上没审出东西来，没一个学生承认自己是共产党。政工处的人觉得提交逮捕名单的"青运会"的人简直就是一帮混蛋。同一个学生，前面说应该枪毙，后面又说证据不足。前面说应该逮捕，后面又来保释。政工处干脆不审了，直接把皮球踢给陈大庆。5 月 16 日，政工处的签呈说：

"此次所提名之单位中，以文教会青运组提名最多。惟该处负责人已全部撤离，……名册中对各生之罪嫌根据，实未妥善。例如同一姓名者，前者曰犯罪重大应处极刑，而后者曰罪嫌不足，应准交保，如是者达二人；并亦有青运会提名而就逮者，现该组请求交保。由是可见，其对此次逮捕匪嫌学生，事前无缜密审查，平时又无罪嫌记录可举，即凭借个人意气，大部均签注处死、枪决、杀头、活埋等字句。职以为应如何处理，诚难解决，拟恳钧座指示原则，遵照处理。"②

上海马上就要开战，陈大庆自己都准备逃跑，谁还顾得上管这些事？5 月 21 日，陈大庆发了一个代电，不了了之：

"行动工作告一段落后，本部即于 4 月 29 日召集原提名单位商讨处理办法。经商定，由本部派员先行个别谈话，再由原提名单位提供罪行记录。经初步整理审核，并参照谈话经过，认为未经提名而就逮之学生与有关人员张金镠等 190 名，似无长期拘押之必要，已于本月 21、22 两日先后交保开释。其余各犯，为避免军事影响，已于本月 22 日夜自建国西路达人中学迁至中州路上海商学院集中，并派员管训，继续查讯。"③

① 上海市档案馆编：《上海解放》，档案出版社 1989 年版，第 297 页。
② 上海市档案馆编：《上海解放》，档案出版社 1989 年版，第 300 页。
③ 上海市档案馆编：《上海解放》，档案出版社 1989 年版，第 301 页。

但是，毛森有"活阎王"之称，落在他手里很少有幸免于难的。中央银行稽核处稽核黄竞武，解放前夕在外滩24号被伪警备司令部稽查处逮捕，行务委员会虽曾向谷正纲及伪市长陈良交涉，均无效果。解放后才发现已被他们杀害。

当解放军即将攻入上海市区的时候，毛森匆忙地在他办公室后面的空坪上焚毁一切犯罪的痕迹。上海究竟有多少人被杀害，一直没有准确的统计。解放后，我方获得了一本幸存的"生死簿"（上海警察局抓捕处决犯人的名册）。在这本鲜血淋漓，朱笔点点的生死簿上，记载了被杀害的革命战士和无辜百姓的名字。从4月下半月开始到解放上海时止的一个半月内，单这一本生死簿上记载的，被杀害者竟达336名之多。这些被杀害者的罪名，包括匪嫌、政治、不详、匪谍、可疑、冒充军人等等，而其中罪名为"不详"者，竟过半数。被捕者为何被捕，被杀者为何被杀，特务们自己也有些莫名其妙。在一个地方竟有一百余无辜人民因犯"不详"罪而被杀害。三百多被害者的职业，包括工人、农民、学生、教授、小贩、水手、车夫、店员、演员、教员、商人、茶房、职员、理发匠、警察等等。[①]

上海解放后，解放军迅速占领了提篮桥监狱和各警察局。上海市委工人运动委员会把40多位被国民党关押在提篮桥监狱里的同志接了出来。5月29日，陈毅得知把这些同志接出来时，工委没举行大型的仪式，很不满意。批评前来汇报的工委书记张祺："乱弹琴！这些同志都是被国民党反动派抓进监狱的，现在我们把他们解放出来，怎么能这样无声无息？要敲锣打鼓，放鞭炮。对这件事要好好做文章，搞得有声有色，热热闹闹。"张祺根据陈毅的指示，赶紧把已经回厂、回家的受难同志找回来，重在监狱里集合，同时组织各界人士敲锣打鼓地前来欢迎。这个生动场面还拍了电影、照片。后来苏联编导的历史文献片《解放了的中国》中的一些镜头，就是

<hr>

① 高岩、艾煊：《最后的一次秘密大屠杀：记蒋匪毛森大搜捕和大屠杀的几个片断》，《解放日报》1949年6月8日。

从这里剪辑的。①

6 月 3 日的《解放日报》发表专稿《迎受难者》：

一辆装满男女工人的卡车驶过热闹的中华路，车上的人狂热地舞着小旗子，高喊着："欢迎蒙难同志出狱！"

车在十字路口停了，人群涌过来，大家欢庆由人民解放军从反动派底黑牢里抢救出来的失去过自由的弟兄！车上尽是福新卷烟厂底男女工人，他们迎接被捕的同志毛云卿出狱。车上另有黄浦、韩志良等六位立信会计学校的同学，这些斗士们，为着莫须有的"罪名"，先后同遭国民党反动派底非法逮捕。他们在威海卫路伪警备司令部、蓬莱分局忍受过无比的苦刑。

在国民党匪特底黑牢里，匪特们曾经得意地宣布，他们底刑法共有七十二种，普遍地有"坐老虎凳""电刑""灌水（辣椒水、汽油）""夹手""上飞机""上十字架"。然而，禁闭了斗士们底肉体，禁闭不了斗士底心！国民党反动派黑暗监牢底铁锁，现已给人民解放军底铁手扭断了。这些斗士被释出蓬莱分局底牢监时，解放军有一百多人，跟福新卷烟厂底工人们以及被难者底家属亲友，热烈迎接他们走出牢监，解放军帮助被难者扛行李衣物，送了他们老远的一段路。

与此同时，大家开始寻找受难者的遗体。6 月 4 日的《解放日报》发表了两条消息：

[本报讯] 本市宋公园，中正公园，虹桥公墓，国民党国防部保密局，伪警察总局等地，最近不断发现大批尸体，其中有学生、工人、教员、教授、商店职员、警士、电讯员、银行科长等二百余具。这些被害者身体均

---

① 刘树发主编：《陈毅年谱》，人民出版社 1995 年版，第 565—566 页。

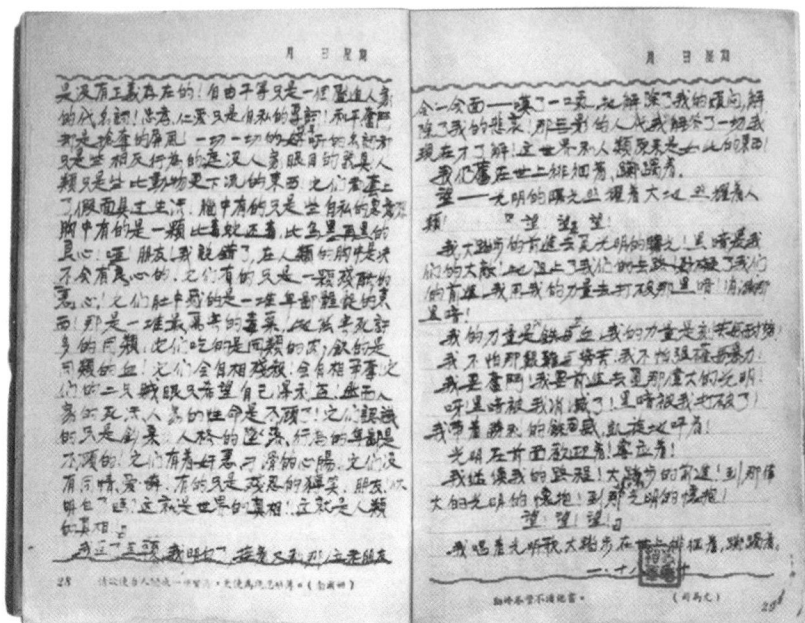

○ 史霄雯在日记中写下誓言："我大踏步的前进去觅光明的曙光！"

遭受残暴酷刑，大多头颅碎裂四肢残缺，甚至有被挖坑活埋者（投掷黄浦江中淹毙的更无法统计）。据总局警士说：元凶毛森在上海解放前，曾恶毒表示"我要杀死三千人才离开上海"。单单总局被杀害的政治犯就有336人。当他最后逃跑时，在总局办公室前，还亲自用枪杀死九个青年，十足表露他的兽性和暴行。听说24日清晨，他还命令飞行堡垒在虹口公园分三批扫死三百多人，不过尸体尚未发觉。这些被害者年龄最幼的只十七岁，最大不超出四十岁，多半廿余岁青年，被杀害前，双眼被手帕紧扎，口中亦被用棉花塞住。两臂被悬空反吊在卡车铁棍上，开往郊外秘密刑场集体残杀后，马上命令前来的普善山庄掩埋卡车拖走，多在黑夜中埋掉，致姓名均无法得知。

[本报讯] 本市虹桥路虹桥公墓右侧所挖出的在解放前（5月19日前后）被国民党匪帮杀害的市民的尸首，其中除已认出有交大学生史霄雯及

穆汉祥二名外，连日续认出被害者名单一批如下：1. 陆新民（又名徐明，上海火油公司主任秘书），2. 杨新（思源中学教员），3. 梁玉言（女，光明小学教员），4. 崔太灵（河南大学助教，两路局南京办事处职员），5. 冯瑞祥（中纺七厂人事课长），6. 田芥平（邮政局专员），7. 许建民（第三编练司令部副主任），8. 陈尔晋（第三编练司令部参谋长），9. 王曼霞（陈尔晋之妻），10. 秦步云（陈尔晋之勤务兵），11. 方守（伪警备部稽查），12. 吴浦泉（国民党沪党部干事），13. 莫相霖（海军），14. 范福堂（职业未详）。上述各被害市民尸首由本市"工商研究会"购买棺木装殓，暂寄于四明公所。

　　1949 年 5 月 29 日，上海解放第三天，交通大学学生自治会的学生在工人的指点下，到普善山庄寻找烈士的遗体。经过反复辨认，终于在尸体的衣袋里一条领带中找到一张小纸，上面写着史霄雯的名字，另外从衣着与牙齿的特征上辨出穆汉祥烈士的遗体。6 月 5 日，全校师生员工 2000 多人怀着十分悲恸的心情，赴上海殡仪馆迎回两位烈士的灵柩，在新文治堂隆重举行追悼大会。6 月 11 日《解放日报》发表通讯《血是不会白流的：记交大穆汉祥史霄雯二烈士追悼会》，文中沉痛地写道：

　　我以静穆而沉痛的心情，参加了穆、史二烈士的送葬行列。

　　天下着雨，我们十一点钟出发，每个人都带上一朵白的纸花，有的臂上还缠着黑布。行列慢慢地走着，人们都低下了头，哼着挽歌，歌声沉痛而悲愤。阴沉的天，凄凉的雨，每个人的心胸都都积住了，这是国民党反动派卑鄙罪行在我们心上留下的永不磨灭的痕迹。

　　我们到了上海殡仪馆，大家默默地走向灵前致敬。红漆的棺木内陈着烈士的遗骸，灵前放着二位烈士的遗像。这时，每个人的脚步都放轻了，不少人忍不住地流出了眼泪；烈士的家属在痛哭着，史伯母更是泣不成声。谁无父母？谁无弟妹？这仇恨怎能叫人忘记！

在庄严的军乐声中，我们抬起了烈士的灵柩。行列从建国西路、金神父路、霞飞路、向徐家汇前进，下午三点钟，大队到达了追悼会场。新文治堂的每个角落都挤满了人。王之卓校长主祭后，接着史烈士的伯父致辞，他是太伤心了，只能简单的介绍史烈士的生平。第二个是青树代表致辞，他告诉我们史烈士的家境非常清贫，完全靠奖学金读书。但史烈士却时常把奖学金帮助别人。第三个是流亡同学周蔚云致辞。她一上台就泣不成声，她告诉我们穆烈士如何创办了交大的民众夜校，如何关心那些劳苦弟兄，帮助他们解决困难。接着是新青团，上海学联，上海总工会的代表致辞，他们除对死难烈士致崇高的敬礼外，并指出我们应如何的向二位烈士学习。

台下唱起了《国际歌》，五千多条手臂同时举了起来，巨大的声音像山洪暴发："我们要替烈士复仇!"走出会场已经五点五十分了，天又在下雨，但大家仍然庄严地完成了二位烈士的落葬。雨在下着，但复仇的火焰在燃烧。烈士们安息吧! 血不会是白流的!

穆汉祥、史霄雯烈士墓，至今还在交通大学徐汇校区的校园中。为了表达敬意，继承革命传统，学校在校园内建起一座烈士纪念碑，1950 年 5 月 6 日，校务委员会主任吴有训写信给陈毅市长，请他为二烈士墓碑题词，陈毅第二天就寄来题词："为人民利益而光荣就义是值得永远纪念的"。题词镌刻在墓碑上，教育着一代又一代前来瞻仰和纪

◎ 位于上海交通大学内的穆汉祥、史霄雯烈士纪念碑，碑文由陈毅题写

念的师生。

1949 年 5 月 24 日晚，解放军向上海发起总攻，毛森在吴淞口登上军舰退往厦门。不久撤到台湾。1949 年 7 月，蒋介石听从蒋经国意见，对特工系统进行大调整，取消原来的军统和保密局，建立"政治行动委员会"。蒋经国夺取了特工系统领导权。

蒋经国的第二步，要毛人凤交出潜藏在大陆的特务人员名单。毛人凤又气又急，不久就患肺癌而死。蒋经国再逼毛森，要他交出东南沿海地区"游击队"的关系，所谓"游击队"纯属子虚乌有之事，毛森无法向蒋经国交代，只好逃出台湾。台湾发出了通缉令，毛森开始了流亡，直到 1968 年移居美国。这只为蒋介石卖命的鹰犬，最终被蒋家抛弃。

第 3 章 | 上海战役

粟裕、张震率三野前委机关渡江后，进驻苏州，筹划上海战役。5月2日粟裕返回丹阳，与陈毅、饶漱石等研究作战方案。粟裕提出了三种设想：第一是长围久困。这样可以以逸待劳，减少部队伤亡。但上海有600万居民，粮食和煤全靠外地输入，长期围困，人民的生活将陷入绝境。而敌军有海上通道，我们围不死，所以长期围困的办法不可取。第二是选择敌人防御薄弱的苏州河以南实施突击。这样虽然避开了敌军设防的重点地区，伤亡也可能减少，但主战场将放在市区，城市会被打烂，也不可取。第三是把攻击重点放在吴淞，暂不攻击市区。这样可以封锁敌军的海上退路，阻止敌人抢运上海物资。敌军为了保护其海上退路，必将与我军决战。这种战法将是硬碰硬的攻坚战，我军要付出较大的代价。但是为了保全上海这座大城市，第三方案应该是最佳方案。①

当时三野负责人有这样的想法：我军渡江之后，国民党军溃不成军，士气低落，上海有和平解放的可能。因而在"文进"还是"武进"的选择上，他们认为"文进"的可能性大。5月6日军委指示三野："请粟张即行部署于辰灰（5月10日）以后、辰删（5月15日）以前数日内先行占领吴淞、嘉兴两点，封锁吴淞江口及乍浦海口，断绝上海敌人逃路，使上海物

---

① 《粟裕战争回忆录》，解放军出版社1988年版，第622—623页。

资不致大批从海上逃走（据上海吴文义几次报告，汤恩伯正在运走物资），并迫使用和平方法解决上海问题成为可能，请粟张以具体部署电告。""占领吴淞、嘉兴并不放弃推迟占领上海的计划。何时占领上海，仍须依照我方准备工作完成的程度来作决定。最好再有一个月左右的时间，充分完成准备工作。但是你们仍须准备在不可避免的情况下，早日去占领上海。你们的准备工作愈快愈好。"①

粟裕、张震回到苏州，部署进攻上海的行动。7日上报了作战方案：以29军配属两个炮兵团攻占吴淞、宝山，以28军控制太仓、嘉定，由第10兵团司令叶飞指挥。以30军攻占嘉兴、乍浦、金山，进入浦东。预定于12、13日发起攻击。经军委批准后，5月10日粟裕正式下达了淞沪作战命令：

决以九、十兵团并二十六军首先包围上海，截断敌之一切逃路，封闭上海物资之窃运，进而全歼该敌或迫敌投降，求得和平解决上海，待命进入上海市区。兹将各部任务区分如下：

甲、十兵团（欠三十一军）并指挥二十六、三十三军，附特纵炮五团、

---

① 《毛泽东军事文集》第五卷，军事科学出版社、中央文献出版社 1993 年版，第 575—576 页。

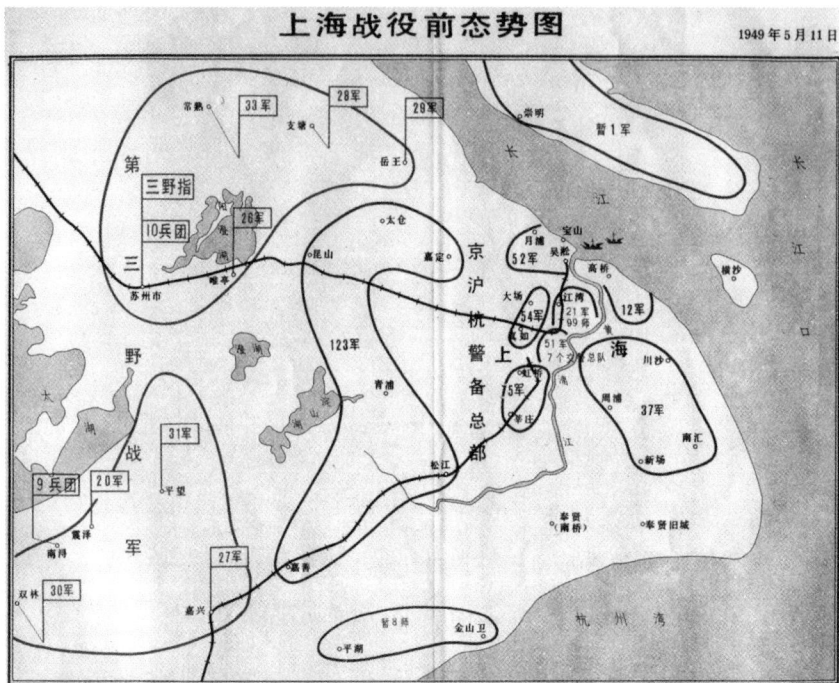

○ 上海战役前态势图

炮六团并工兵一个营，应首先以主力攻占吴淞、宝山，封锁黄浦江口，阻截
敌之出口船只运输，其余应分割歼灭昆山、安亭镇、太仓、嘉定地区之敌，
尔后即控制该带阵地，待命由上海西北地区协同九兵团会攻上海。内定：

（1）以二十九军（欠一个师于吴兴地区开辟地方工作）、二十八军（欠
一个师担任苏州城防）主力附炮五、六团，应于十二日晚由吴塔（二十八
军）、常熟、支塘（二十九军）地区出动，于十四日拂晓前攻占吴淞、宝
山。如吴淞、宝山一时难以攻占，暂以一部监视之，而应以得力一部
配合炮火由吴淞与江湾之间楔入黄浦江边攻占殷行镇，切实封锁黄浦江
（二十八军并派一部控制太仓、嘉定、田湾、殷行镇及其以北地区），尔后
待命配合二十六军向上海攻击。

（2）二十六军第一步应于十三日控制昆山、安亭镇（并首先以一部抢

占昆山东大铁桥），策应二十八军主力作战，掩护其侧背之安全，尔后待命沿京沪路苏州河左岸向上海攻击。

（3）三十三军应于十五日集结常熟地区，准备接替担任太仓、嘉定、宝山、吴淞之警备任务，以便二十八、二十九军参加攻沪，或开赴吴兴、吴江、苏州地区开辟地方工作。

以上各部具体部署，统由叶（飞）司令、陈（庆先）参谋长决定之。

乙、九兵团（欠三十三军）并指挥三十一军附炮四团，应首先以一部攻占平湖、金山卫、奉贤、南汇、川沙沿线阵地，断敌由沪向东向南之逃窜退路，并割歼嘉善地区之敌。其余主力视机控制青浦、松江（均不含）以西地区，尔后待命由东、南、西三面协同十兵团会攻上海。内定：

（1）二十七军应于十四日晚集结嘉善（有敌则袭歼之），并控制大东浜铁桥，监视松江、青浦之敌。如该敌撤走时（确实逃走），应即进至青浦以东、泗泾镇以西地区，待命沿苏州河以南攻占上海。

（2）二十军应于十四日攻歼平湖、金山卫之敌，并以一部控制待交三十一军接替，尔后即集结松江以南、黄浦江右岸。如松江敌逃走，应即控制松江，待命沿铁道向老法租界及以南及南市攻击。

（3）三十一军应于十五日接替二十军之平湖、金山卫地区之防务，封闭沪敌南逃退路，其主力（担任三十军二梯队）应适时尾三十军之后，加入浦东作战。

（4）三十军应沿嘉兴、金山卫以北、黄浦江右岸向奉贤、南汇、川沙攻击前进，攻歼该地区之敌，确实控制该线阵地，截断上海敌之海上一切逃路，其先头部队力求十六日晚占领川沙。

以上各部具体部署，由宋（时轮）司令、郭（化若）政委、覃（健）参谋长决定之。

丙、作战分界线：苏州河（不含）以南及浦东属九兵团；苏州河（含）以北及闸北、吴淞属十兵团。①

---

① 《粟裕文选》第二卷，军事科学出版社 2008 年版，第 825—827 页。

叶飞对作战计划有异议。他回忆："解放上海各方面的准备工作，特别是如何接管好这个城市的准备工作都很充分，却疏忽了军事上的准备以及作战部署很不周密。战前，既未规定各部队的作战任务，使各部队能作充分准备；临战又没有召集参战部队首长参加的作战会议，研讨作战方案，就下达了作战部署和作战命令。"当时 10 兵团部队驻在常熟一带，距离吴淞 120 多公里。就是不打仗，强行军一天也只能走六七十公里。为什么会下这样的命令呢？"就是因为轻信了情报，说是敌军准备起义，因而认为从常熟到吴淞口，不会有什么仗打。"

当时叶飞也有轻敌思想，匆匆召集军师干部开了会，28 军、29 军就分头出发了。当时三野自上而下都没把敌人放在眼里，认为不费劲就能拿下上海。28 军在淮海战役后发展壮大到 7 万人，每个团就有五六千人，武器装备是三野最好的。渡江之后，部队在追击过程中普遍滋长了骄傲情绪，认为敌人"一切不行了"，"过江过江，没放一枪；追击追击，不堪一击"。有的同志抱怨打不上仗，带的弹药多，负担太重，愿意打仗不愿意行军。所以接到命令后，各部队都情绪高昂，但没有做细致的战前准备。兵团政治部主任刘培善在总结上海战役初期受挫的教训时说："本质的问题是突破长江后战役指导思想上重视不够，有轻敌思想。有人说：上海不是打的问题，而是接收的问题。攻上海时三野命令，我们一天走 100 里也走不到。我当时不知道上海是否有工事。"①

5 月 12 日，淞沪战役发起。28 军、29 军一路急进，在几乎没有遇到抵抗的情况下占领浏河、太仓、嘉定。当天晚上，叶飞率兵团部进驻嘉定，进展之顺利出乎意料。叶飞想："国民党军队再不能打，也是有作战经验的部队，浏河这个地方总该守啊。为什么不在浏河设防？这是上海的第一道防线嘛！如果真是驻守上海的敌军要起义，为什么又没有人来联系呢？如

---

① 南京军区司令部战史编辑室：《采访意见选录》，1962 年 4 月。

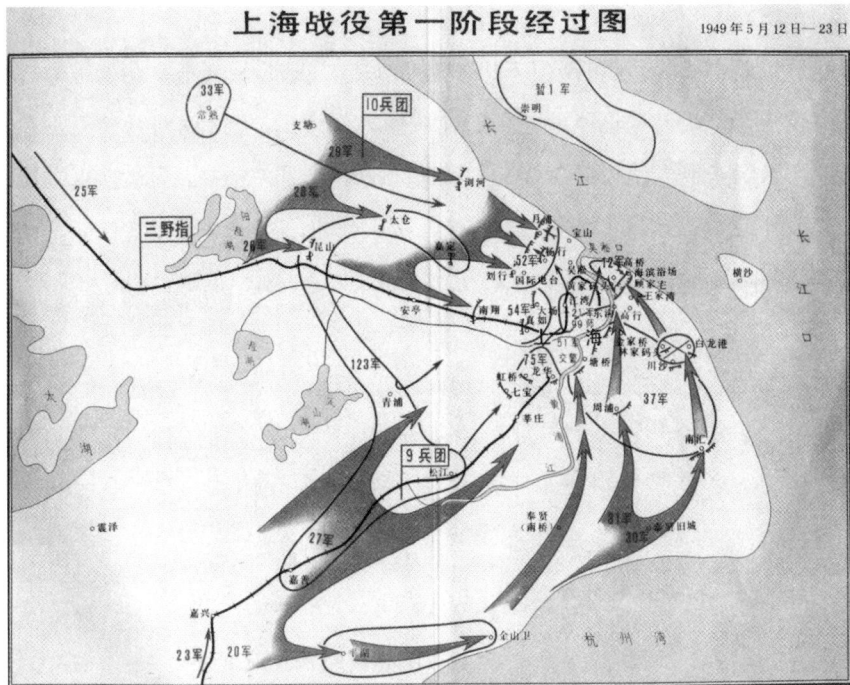

○ 上海战役第一阶段经过图

果真没有仗打，如果当面的敌军真的起义了，该多好！"可是第二天形势就变了，战斗之激烈使我军受到重大挫折。①

13 日，29 军向月浦发起攻击，86 师、87 师沿着公路并排前进。月浦、刘行的守敌国民党第 52 军是辽沈战役中从营口撤退的一个主力军，建制完整。军长刘玉章曾与我东北野战军多次作战，对付我军比较有经验。敌 52 军凭借严密的地堡、工事防御系统，顽强阻击，给 29 军造成重大伤亡。据 29 军战斗总结说："13 日上午，87 师 253 团抵月浦西边公路上，沿公路两侧向月浦攻击。260 团抵月浦北开始攻击。259 团向狮子林、月浦间插入，

_____

① 《叶飞回忆录》，解放军出版社 1988 年版，第 559 页。

261团于259团左侧向月（浦）宝（山）公路楔入。各团均与敌军接触，因地形情况不了解，同时敌人碉堡伪装成坟包，既隐蔽又低。在上级号令下不顾一切坚决地、迅速地向指定地域插入与攻击，253团对月浦西头地堡攻击二次未成，伤亡近300人。第三次接受教训，组织火力，连克碉堡三座，歼敌100余人。其余各团均以几次大代价之穿插、硬攻，仅夺下几座。260团在月浦北边攻击两次，遭敌密集炮火压制，伤亡近700人。"当天86师的攻击也几次受挫，干部经过前线观察，发现敌军工事坚固，守备沉着，我军不宜使用猛插的战术，因而停止了进攻。①

国民党军为什么顽强防守了？原来汤恩伯下达了严厉的命令。原来传说是"十杀令"，根据1949年4月25日汤下达的《战令》，应该是"七杀令"：

坚决完成任务，放弃阵地者处死。

确实掌握部队，混乱作战秩序者处死。

确守战斗岗位，擅离职守者处死。

随时保证行动之迅速准确，迟疑畏缩者处死。

确守爱民军纪，扰害人民者处死。

绝对服从命令，自由行动者处死。

忠觉爱国坚定信心，造谣惑众者处死。②

据当年参战的干部说：后来国民党军投降了，在地堡射击口上挥着白旗，半天不见人出来。我们绕到地堡后边一看，原来门被反锁了，狠毒的军官就是让士兵当炮灰的。

29军的干部回忆："上海战役，我们29军先打的，去两个师（86师、87师），第一仗打月浦很大程度是轻敌。上面一轻敌，造成下面更轻敌。

---

① 《第10兵团淞沪战役战斗要报》，载《华东军区·第三野战军第三次国内革命战争战史资料选编——渡江战役》。

② 上海市档案馆编：《上海解放》，档案出版社1989年版，第287页。

上海有多少敌人，我们知道的。月浦敌人是一个团，上级要求 12 时打下来，掩护 86 师攻吴淞口。浦东用 30 军攻高桥，企图把上海围起来喊话。上面讲没有什么工事，就是几个土地堡。我们讲要注意，脑子里还是轻敌的。中午出发到浏河，捉到几个俘虏说有工事，我们不相信，上边也不相信。后来摸掉敌人一个排哨，了解工事是坚固的，但上面不相信，下死命令几个小时打下来。段（焕竞）副军长跟我们师行动，听到宝山公路上汽车响，说：'快啊，你们听，敌人跑了！'结果攻不下，一天一夜伤亡 2000 多。"①

○ 图为胡文杰烈士，为上海战役中牺牲的指战员中军职最高

28 军进攻刘行、杨行战斗同样受挫。据 28 军战史记载：14 日 83 师 244 团、247 团由东西两面分别包围攻击刘行，248 团由左翼包围国际无线电台，经一夜激战，部队伤亡较大。247 团 1 营只夺取一个地堡，伤亡百余人；248 团伤亡 200 余人，未彻底完成任务。244 团了解了敌情，采取小群战术，接连夺取了十几个地堡，攻入刘行村内。15 日中午全部占领刘行，歼敌 52 军一个营。"泰安连" 2 排在敌人火力封锁下通过两道水沟、三道铁丝网，首先突破敌军阵地，表现出高度的英勇机智。

同日，84 师也向刘行方向进攻。252 团攻占杨行西边的朱家宅后，15 日越过公路，占领了几个村庄，切断了杨行和大场、江湾间的联系。敌 52 军调集一个师的兵力，在炮火和坦克支援下向 252 团阵地反扑。由于该团过于突出，立足未稳，阵地被突破。252 团陷于混乱，在撤退中损失 600 余人。敌军得手后，下午又向 248 团阵地发起两次反击，均被 248 团战士

---

① 南京军区司令部战史编辑室：《采访意见选录》，1962 年 4 月。

击退。15 日以后，杨行、刘行、月浦一线，双方进入相持阶段。①

14、15 日两天战斗，28 军、29 军伤亡较大，战斗处于胶着状态，部队前进困难。这时叶飞才明白敌人不仅没有投降的征兆，而是要凭借永久性工事顽抗到底。这样，猛进穿插战术就不适宜了，想迅速攻克吴淞口也是不可能的。叶飞决定改变战术，采取淮海战役中的近迫作业攻坚战术，逐段、逐点攻击。他把情况和想法报告野战军司令部，粟裕表示同意。

5 月 16 日，粟裕、张震指示各兵团，要求改变战术。指示说：敌守备特点，"吴淞、月浦、杨行、刘行、大场线，均为既设阵地，碉堡林立之永久性筑垒地带。部队为沪敌守备之精华，战斗力为蒋军之最强者"。"敌图以地堡群为核心，配以炮兵火力网，实行阵地前面积射击。故我在攻击前与突入后伤亡大，两天来，我歼敌一个营，要付出 1000 人代价。"

粟裕、张震指出："目前我作战不同于野战，亦不同于一般攻坚战，已为我济南战役后再次之攻坚战。因此，对永久设防阵地攻击，应慎重周密组织。"其战术是"对主阵地攻击应绵密侦察，选择敌突出部或接合部与较弱的敌攻击，楔入敌之纵深。尔后由敌侧背，或由内向外打，来撕破敌之防御体系"。"集中兵力（应是小群动作），尤应集中火力与发射筒轰击一点，以炸药来软化敌钢骨水泥工事，轮番不停的攻击。""交通壕作业，迫近敌人。可采用淮海战役歼灭杜聿明时钳形作业交替攻击，力求歼敌于阵地内。""发挥孤胆攻击与守备精神，发挥爆破威力，以炸药开辟冲锋道路。"②

第 10 兵团接受了教训，改变了战术，稳扎稳打。他们调整部署，以 28 军主攻杨行，29 军主攻月浦。调 33 军上来配合作战。当时连日阴雨，战士们夜以继日地挖交通沟。上海郊区水田多，挖下去 1 米就见水，近迫作业比淮海战场要困难得多。大家不顾雨水和泥泞，在敌军炮火下挖出一条条纵横交叉的交通沟，接近敌军阵地。17 日以后，部队以单人爆破，先

---

① 《中国人民解放军第 28 军军史》，1951 年初稿。
② 中国人民解放军历史资料丛书编审委员会编：《渡江战役》，解放军出版社 1995 年版，第 296—297 页。

打孤堡，后打群堡的方法，逐步推进。大大减少了伤亡，增强了部队的信心。19 日，28 军攻克国际无线电台，俘敌 1500 人。

第 9 兵团奉命进攻浦东。兵团政治部在动员时说："蒋匪帮决心将上海打烂搬空，破坏完才走。我们有攻占上海及接收淞沪警备之任务。我各军均曾创造出许多光荣的战绩，此次必须协同兄弟兵团，在国际观瞻所在的上海，演一出有声有色的全武行来，给国内外朋友和敌人看。必须充分表现出我军军事上的威力与艺术，表现出人民军队执行政策与纪律的本色，使朋友鼓舞，使敌人胆寒。"5 月 12 日，9 兵团的 20 军首先由浙江北上，先后占领了金山、奉贤，进至松江地区集结。27 军占领松江、青浦后，在泗泾地区集结。30 军在 20 军之后迅速推进到川沙境内，矛头指向敌军海上通道和防御重点的高桥。汤恩伯急忙抽调市区的 51 军到川沙白龙港，阻止我军北上。51 军是东北军，南逃后只有两个师编制，在渡江战役中被我军消灭了两个团，败退到上海的残部仅 6000 多人。军长王秉钺怕汤恩伯治罪，虚报有 1 万人，汤恩伯就拿 51 军当主力使用了。13 日 51 军到达川沙，只见当地秩序混乱，根本没有什么像样的工事。王秉钺估计共军的主攻方向在西边，浦东不会有大的战斗。再说共军离得还远，最快也要三天后才能到达。所以他不着急，14 日部队才进入阵地，开始修筑工事。①

谁知 30 军动作非常迅速，他们 14 日占领奉贤旧城后，连夜北上，15 日中午以急行军速度到达川沙，消灭了留守的保安部队，占领了川沙县城。30 军仍然没有休息，继续大胆北上，切断敌 51 军与高桥方面的联系。王秉钺接到报告，说共军大部队正向正面压来，他胆战心惊，16 日急忙找手下两个师长商量对策。一个师长说："共军大部队已经超越我军阵地向北急进，要把我们包围在海滨，我部弹药不多，粮食只够吃两天，就是战斗也不能持久，还是想法躲一躲吧。"另一个师长说："我们的阵地都在水田里，并不坚固，还是早想办法好。"王秉钺同意他们的意见，说："最怕共军把

①　金钺：《蒋军五十一军上海被歼记》，载《文史资料选辑》第 32 辑，第 51—53 页。

我们包围在白龙港海滨狭小地区，一举歼灭。我们苦战也没用，还是先向高桥撤退。"于是他下达命令，当天夜里沿公路向高桥撤退。不料天不作美，傍晚下起雨来。敌51军士兵在泥泞中艰难行进，速度很慢。半夜时他们到了顾家宅东北的高桥公路上，突然四下枪声大作，30军向敌军发起了攻击。敌51军顿时陷于混乱，四散逃命。30军大胆穿插，仅用两个小时就将51军击溃，军长王秉钺也当了俘虏。逃回去的残部仅千余人，被收容重编为两个团，在市区苏州河驻守，以刘昌义为代军长。

同日，31军也从金山向北进军，16日攻占周浦后，与30军并行北上，夺取高桥。18日拂晓，我军占领高桥外围尹家桥、王家码头、顾家宅一线，切断了高桥守敌12军与浦东市区守敌37军的联系。上海防区司令石觉对高桥格外重视。为保障出海的通路，石觉紧急调遣75军的95师增援高桥。从19日起，国民党军依靠三面环水的有利地形，在海空军配合下，与30军、31军展开激烈的争夺战。国民党军以优势炮火轰击我军阵地，并组织多次反冲锋。我军就地坚守，予敌军重大杀伤。因为高桥地形狭窄，河流纵横交错，桥梁多被破坏。我军部队展不开，特纵炮兵上不来，在敌军火力压制下伤亡较大。30军、31军白天击溃敌军进攻，加固工事，晚上组织进攻，与敌军争夺地堡。这样你来我往，形成相持状态。高桥之战是上海战役中打得最艰苦的战斗，记者专门写了一篇报道《高桥之战》，文中写道：

高桥是上海外围国民党军主要防御阵地之一。国民党利用了日寇所修建的工事，并参照了阎锡山在太原用的"反共模范堡垒"，在这一地区构筑了星罗棋布的永久性与半永久性的堡垒群。这种堡垒的外墙，厚者达两英尺，最薄者也有一英尺。在堡垒周围又构筑有广射掩体和纵横的墙沟，互为联络。堡垒群之外，又设有木栅、竹签、铁丝网等四五道副防御工事。匪军利用高楼，组织两层火力瞰射，结合地面地堡群的火力，构成严密立体火网，加上匪空军、海军的不断轰击，使其火力更加集中。解放军克服了水网地区又加上连日阴雨所造成的困难，在泥浆过膝的战壕和掩蔽体里，忍受了数日夜的疲劳、饥渴，有的指战员就挂着木棍站在壕沟里睡着了，许多指战员的腿都泡肿了。在土工作业中，由于是水田，脚踏下去就拔不出来，铲子也不好使，战士们就用手扒土，某团就这样在四天之内挖了一千多米长的战壕。一面战斗一面挖，终于充分做好了最后攻击准备，保证了战斗的胜利。

从 21 日起，解放军即对高桥地区的国民党军发起进攻，逐步压缩敌人。23 日夜，解放军某团六连一个排配合四连两个排，向高桥镇南独立房屋前的大地堡进攻。这座地堡里有敌人一个排驻守，附有三门六零炮，一挺重机枪，九挺轻机枪。解放军首先突入敌人附防工事，用火力封锁住了地堡的枪眼，六连七班就乘机冲上地堡顶，从枪眼里塞进手榴弹去，敌人惨叫着缴了枪。解放军就这样楔入敌阵，逐一占领敌人的地堡，进行艰苦的土工作业，逐步向前发展，从 22 日到 24 日由高桥以南的林家宅、杨家宅一线，直逼到离高桥国民党军前沿阵地三十米远处。国民党匪军为挽救其行将覆灭的命运，曾不断进行疯狂的反扑，但均被击退，以后就无力再作困兽之斗了。

25 日晚七时，解放军分两路对高桥发起总攻。一路由镇西南突破。突击队的战士们涉过泥浆及腰腿的交通沟和水壕，占领当面的北极楼，并分头向纵深发展，乘胜抢占了大桥。另一路"济南第二团"由镇东南突破。神炮手邓成德首先以两发炮弹摧毁敌人的红楼制高点，又以全部命中的三发炮弹摧毁镇南头的一座大楼，替步兵开辟了突破口。突击队在炮弹硝烟中接连占领四座地堡，随即以五分钟时间突入镇内。后续部队迅速涌入，另一部解放军则直插入镇的北头，切断敌人逃路。该团九连沿大街将敌分割包围，迫使残敌向解放军投降，攻入高桥的各路解放军遂在街上胜利会师，高桥镇乃告攻克。①

① 《解放日报》1949 年 6 月 1 日。

在 10 天的外围作战中，我军的主攻方向是吴淞和高桥，从两面钳击国民党军出海口。汤恩伯被迫拆了东墙补西墙，从市区调出 3 个军增援浦东和吴淞方向，造成市区兵力空虚。这正符合我军争取在市郊与敌军决战，保全上海市区的作战意图。总前委鉴于吴淞、高桥战斗进展缓慢，17 日指示粟裕、张震："在敌固守上海的情况下，在部署上似应由南向北实行攻击，因苏州河南为敌防御守备较弱部分。且多面攻击，才能分敌之势，使我易于奏效。" 18 日粟裕、张震报告总前委："如对沪攻击不受时间、地区限制，我们意见如四面八方向市区发起攻击，北线力求楔入吴淞，而以九兵团主力先解决苏州河南与南市之敌，尔后会攻苏州河北。如此实施，则我楔入敌之纵深不致被动。""我们完全同意对淞沪全面攻击，惟不知接管准备与其他方面是否已准备完毕？" ① 当日总前委复电："我们进入上海的政治准备业已初步完成，你们攻占上海的时间不受限制。"

毛泽东密切关注上海战役的进展，他接到总前委的报告后，20 日指示总前委和粟裕、张震："据邓、陈、饶电，接收上海的准备工作业已大体就绪，似此只要军事条件许可，你们即可总攻上海。""攻击步骤以先解决上海，后解决吴淞为适宜。如吴淞阵地不利攻击，亦可采取攻其可歼之部分，放弃一部分不攻，让其从海上逃去。" ② 先攻市区和允许吴淞之敌逃跑的决策，使三野放开了手脚，采取灵活战法，加速了解放上海的进度。

三野前委根据中央指示和当面敌情，决定抽调第 7 兵团的 23 军、第 8 兵团的 25 军和特纵主力参战，加强第 9 兵团、第 10 兵团力量。上海战役解放军参战部队达到 10 个军、30 个师和特纵炮兵，近 40 万人。5 月 21 日，三野下达《淞沪战役攻击命令》，决定 23 日发起总攻。以 25 军、29 军攻占吴淞、宝山；以 29 军、33 军、26 军楔入江湾、大场、真如地区，

---

① 中国人民解放军历史资料丛书编审委员会编：《渡江战役》，解放军出版社 1995 年版，第 301—302 页。
② 中国人民解放军历史资料丛书编审委员会编：《渡江战役》，解放军出版社 1995 年版，第 304 页。

并向纵深发展；以 20 军、23 军、27 军进攻苏州河以南市区；以 30 军、31 军牵制高桥之敌。为了使上海市区少受损失，规定部队在市区作战时力争不使用炮火、炸药。总攻时间定在 5 月 23 日。

这时，汤恩伯已经对坚守上海失去信心，22 日登上军舰退到吴淞口外遥控指挥。指挥淞沪防御和警备的石觉、陈大庆也撤到吴淞要塞，做好了随时逃跑的准备。陈大庆找来赋闲的第一绥靖区副司令刘昌义，提升他为淞沪警备副司令兼 51 军军长，要他指挥 51 军、21 军、123 军和四个交警总队，组成北兵团，撤退到苏州河北岸坚守。刘昌义心里非常明白：51 军从川沙逃回市区的残部只有两个团，21 军是川军，123 军是苏北民团改编的杂牌。留下这些不能打仗的部队守市区，不过是当替死鬼，掩护汤恩伯和国民党军嫡系部队逃跑罢了。

5 月 23 日夜里，三野发起总攻。20 军、27 军、23 军、26 军分别从东、南、西三个方向攻击市区。24 日，20 军攻占浦东市区，国民党第 37 军渡过黄浦江向北市区逃窜。27 军先后占领虹桥、龙华，控制了龙华机场。然后越过徐家汇铁路，进入市区。当天夜里，27 军 79 师、81 师分别沿中正路（今延安路）、林森路（今淮海路）、徐家汇路、南京路突击前进。打得敌军节节败退。淞沪警备司令部的一个传令军官竟开着吉普车把命令送到 27 军阵地上。

25 日凌晨，27 军已攻取了苏州河以南的主要街区。在苏州河北岸，国民党军凭借百老汇大厦、邮电大楼等高层建筑，以密集火力封锁苏州河各桥梁。27 军多次组织攻击，均遭受敌军居高临下的火力杀伤。对峙到中午，战士焦急万分，强烈要求军部允许使用炮火攻击。军长聂凤智赶来，面对一线指战员怒气冲冲的质问："是爱无产阶级的战士，还是爱资产阶级的楼房？是我们干部、战士的鲜血和生命重要，还是官僚资产阶级的楼房重要？"聂凤智牢记陈毅的叮嘱：一定要军政全胜，一定要把人民的损失减少到最低限度。他解释："战士和楼房我都爱！我跟大家一样，爱惜战士的生命；大家也跟我一样，爱惜人民的财产。现在那些楼房还被敌人占领着，

○ 1949年5月24日，"济南第一团"进抵外滩（上海市档案馆藏）

再过几个小时，我们从敌人手里夺过来，它就不再属于资产阶级，而属于人民的财产。我们没有任何权力毁坏它，必须尽最大努力去保全它。"

聂凤智军长亲临前线观察，召开紧急会议。强调尽力保护市区人民生命和建筑物，不准使用重武器；改变战术，在夜间实施迂回进攻。就在相持不下的时候，刘昌义派人前来联系起义。

25日凌晨，27军81师师部来了几位地下党员，为首的是中共上海局"策反委"成员田云樵。他向师长孙端夫、政委罗维道提出了策反对岸国民党守军的建议，孙、罗大力支持。几经周折，田云樵找到了曾任国民党国防部少将、上海海关税警大队大队长的王中民，向他交代了策反国民党淞沪警备副司令兼51军军长刘昌义的任务。说明汤恩伯等人已逃跑，此人目前是上海国民党军的最高指挥官，对他策反成功，即可解决上海的问题。

刘昌义早在1922年就参加了冯玉祥的西北军。1933年参加察哈尔抗日同盟军任师长等职，和共产党员吉鸿昌、方振武并肩作战。抗战开始，刘昌义在张家口组织了抗日义勇军，配合刘汝明的68军抗击日军。后来与八路军代表朱瑞取得了联系，受到了共产党的影响。抗战胜利后蒋介石排斥杂牌，将刘昌义任命为19集团军副总司令，后又调任第一绥靖区副司

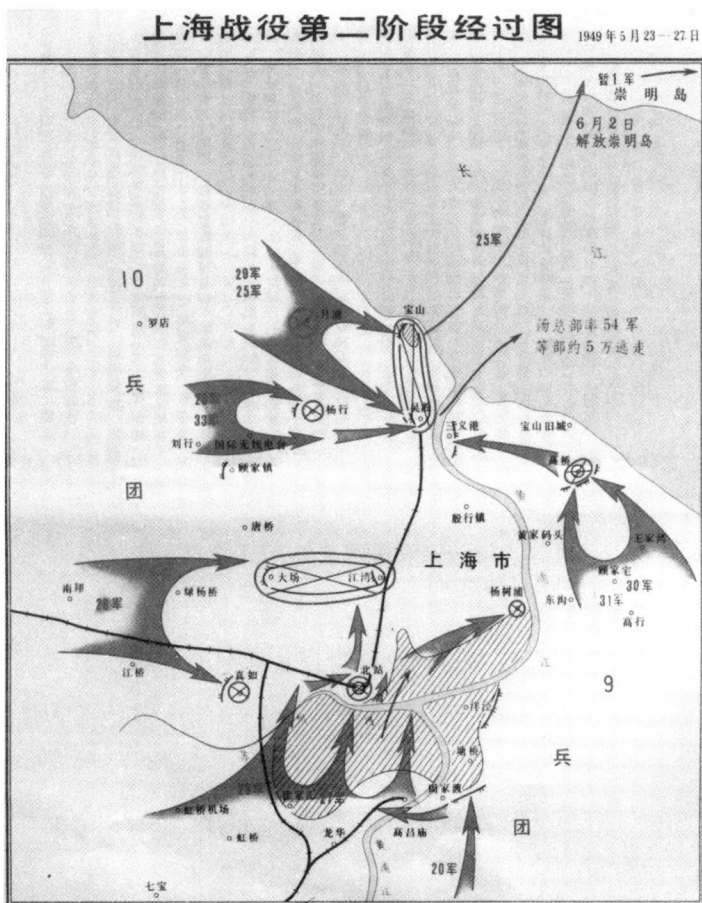

◦　上海战役第二阶段经过图

令，削去了他的兵权。从此刘昌义对蒋介石更加不满。

　　1948年10月，刘昌义在上海秘密参加了地下"民革"，受领的任务是："相机起义，迎接解放，为新中国效力。"

　　我军渡江后，第一绥靖区撤退到崇明岛。刘昌义以养病为名，住在上海市区。他暗中曾劝说一些国民党军官起义，表面上又和老上司汤恩伯、陈大庆等常相往来，争取掌握兵权。敌51军长王秉钺被俘后，他被任命为该军军长。汤恩伯逃离上海前，委任他为上海守军的最高指挥官，这使刘昌义起义有了一定的条件。

兵权到了手，刘昌义派亲信刘凤德秘密找到了王中民，希望王设法找共产党。王中民赶到27军81师师部，向师首长和田云樵汇报了刘昌义的上述最新动向。81师政委罗维道和田云樵派王中民到国民党军防区去把刘凤德找来面谈。罗维道向刘凤德阐述了解放军的政策：为迅速通过苏州河，不管是起义还是投诚，只要你们停止抵抗，我们就欢迎。接着，罗维道派王中民陪刘凤德一起过苏州河去见刘昌义。

刘昌义得知解放军态度后，要求直接和解放军领导人见面，并和田云樵通了电话。此时，刘昌义一面下令51军前沿阵地停止射击，一面上坦克，和刘凤德等人一起来到了81师师部。

罗维道和田云樵代表解放军和刘昌义进行了会谈。双方草拟了一份协议，规定刘昌义部停止抵抗，接受解放军改编。罗维道和刘昌义都在协议上签了字。随后，刘昌义打电话命令参谋长下令给51军、21军、123军等所属部队执行协议，并以淞沪警备副司令名义写信给其他部队命令停止抵抗。

罗维道立即用电话向27军军长聂凤智作了汇报。聂即向陈毅司令员汇报，陈毅批准了81师的做法。

根据陈毅指示，聂凤智命令罗维道陪刘昌义到军部会谈。当晚7时左右，刘昌义被27军用车接到虹桥路军指挥部，与聂凤智军长、仲曦东主任谈判。他们共同研究了起义和接收的具体事项，刘昌义完全接受我方条件，命令其所属43000余人放下武器投诚。刘昌义本人受到我方礼遇，按起义对待，解放后曾任上海市政协委员。

刘昌义在上海市区起义，对配合解放军加速解放上海市区、完整地保存城市的工商业和人民的生命财产，减少我军的伤亡，都起了重要的作用。[1]

当夜24时，粟裕向军委和总前委邓小平汇报："黄昏时，沪敌殿后

---

① 南京军区政治部联络部编：《华东军区、第三野战军敌军工作史》1994年印刷，第128页。

○　解放军向四川路桥北侧邮政总局里的残敌猛攻（上海市档案馆藏）

部队指挥官派员与我前线部队接洽投降。据悉：彼称汤恩伯、陈大庆其主力均已撤离吴淞，彼为殿后部队，约四万余人，向我接洽联络投降，我正接洽中。""陈、饶刻乘火车至苏州，原本拟在此宿营，因得悉上情，即继续东去，拟进至南翔宿营。明晚即进至沪西圣约翰大学或交通大学暂住。""我们率三野轻便机关，决明（26日）晚直赴上海与陈、饶会合。"①

　　26日凌晨，刘昌义率领51军等部队根据协议向江湾方向开进，将苏州河北岸的阵地移交给27军。国民党37军和交警总队的部分残余人员拒绝放下武器，在外白渡桥一带顽抗，很快就被解放军消灭。

　　25日汤恩伯得知解放军已经攻入市区的消息，下达总撤退的命令。在江湾防守的国民党54军中午接到命令，顿时混乱起来，官兵们争相逃命。蒋介石4月初曾在上海准备了大量船只，打算随时撤退。但是解放军并没

---

①　中国人民解放军历史资料丛书编审委员会编：《渡江战役》，解放军出版社1995年版，第316页。

有马上对上海发起攻击，而青岛的刘安祺部困守一隅，随时有被消灭的危险。刘安祺连电蒋介石求救，蒋介石只得抽调上海的船只去接青岛的国民党军。青岛的部队还没运到台湾，上海就守不住了。因船只短缺，只好能装多少装多少，上不了船的部队就丢弃不管了。

国民党军总崩溃的时候到了。当时驻守江湾军需后勤基地的青年军官王鼎钧，在他的回忆录中生动地记述了逃亡上船的生死关头：

且说那时，军械库办公室门外出现大队国军，一个气宇轩昂的人来到门外，左右随从打开地图，听他东指西画。他转头看见我："你在这里干什么？"他朝我的符号看了一眼："你如果要走，那就赶快离开，如果你还不走，我就永远不让你再走。"

好吧，战地指挥官叫我走，我就走，带着我的父亲。此时已是夕阳西下，父亲问我："往哪里走？有路吗？"我说，"没有路也得走。"父亲连忙用面粉口袋装了一点白米，这是他逃难养成的习惯。他提起米袋，环顾四壁，掉下一滴眼泪，好大一滴泪，只有一滴。我心头震动，原来父亲也有沧桑之感，家国之痛，炎凉之憾。

通往吴淞口的公路上有成群结队的军人，路旁多少抛锚的汽车和坦克，东倒西歪。……远处几处火头，后来知道国军烧毁了汽车千辆和机场仓库里的物资。众人走到一处军用码头旁边停住了，我们也停住，后来知道这个地方叫张华浜，位置邻近吴淞口，上海市出海的咽喉。众人怔怔地望着江水，谁也不知道为什么要到这里来，站在这里有什么希望。路已走到尽头，大海苍茫，前景辽阔天地一望无尽，但是我们寸步难移。"在家怕鬼，出门怕水"，水是我们的屏障，也是我们的绝路。

暮色变夜色，炮声震动码头，看见炮弹爆炸的火光。海面电光闪闪，海军军舰发炮射击共军的阵地，掩护国军撤退。码头上堆着无数木箱，没有闲情推测里面是什么物资，只盼望它能挡炮弹的碎片。以后许多年，我每逢看见"上海撤退"四个字，我就回想这天夜晚的情景，这是撤退吗？

这是逃亡！上将先逃，以后按官阶高低、职权大小、分成梯次脱逃，上帝遗弃了将军，将军遗弃了下级官兵。

后来知道，这天夜里，苏州河以南地区完全失守，负责守河的 51 军连夜开会，商讨起义投共。说时快那时慢，就在守军"找关系"的时候，张华浜江面驶来一艘船，起初我以为是幻觉，可是看众人的反应，证明那是事实。船缓缓靠岸，甲板上已经坐满了军人。船离码头还有两三英尺远，岸边的人就往船上冲，大家都是军人，个个跳过木马。守船的部队也有准备，舷边甲板上站了一排强壮的士兵，你冲上来，他把你推下去，接二连三有人掉进江里，我听见类似下饺子的声音。还是有很多人往上冲，到了这般时分，你就是铜墙铁壁，也要来个鱼死网破。

轮船赶紧后退，离码头更远一些，守船的军队开枪镇压，子弹从我们头上掠过。人群稍稍安静下来，据说岸上的高级军官和船上的高级军官展开协商。大概协商有了结果，由船舷到码头架上一条长长的木板，好像一座独木桥，我们可以从木板上走过去。可是又有变数，甲板上早已坐满了官兵，他们本来已经脱离战场，又要回来冒这莫名其妙的险，简直火冒三丈。更何况摸黑上船的人可能踩着他们的腿，踢着他们的头。第二波推挤出现，先上船的人朝船外推后上船的人，船外就是江水。

我紧紧抓住父亲，我们裹在人流里，父亲跨上甲板，我的身体猛烈震荡，站立不稳，撒手下坠。我绝望中伸出一臂，幸而钩住了栏杆。我听见父亲低声唤我。可怜当初在新兵连咬牙切齿练过的单杠有了用处，我慢慢把身体举上来，这时候最怕有人再推我，这是我的最后关头。甲板上有只手拉了我一把，我转危为安，那天晚上这一推一拉，我历尽生死祸福。轮船急忙开入江心，驶向大海。天亮以后，我发现父亲是甲板上仅见的老人。我们周围都是愤愤的脸色。我小声探问昨天晚上是谁拉了我一把，居然没人回应，咳，他大概要避免触犯众怒吧，我想结一个生死之交的念头落空。①

---

① 王鼎钧：《关山夺路》，生活·读书·新知三联书店 2013 年版，第 265—267 页。

国民党 54 军 8 师师长施有仁回忆当时的情况："当天下午下完命令,我就乘吉普车开往虹江码头。开行不久,就被路上的车辆堵塞,无法通行。我尚以为少数汽车抛锚,乃下车徒步到前面观看情况,见到马路上停满了各式车辆,一直走到码头上,也都是这样的,才知道由于解放军的炮弹已经打在码头附近,开车的司机和押车人员都把车辆丢了,赶着上船逃命去了。我到船边一看,我们的部队还没上多少,而船被乱七八糟的人挤满了。栈桥上都无法挤上去,我还是由人从舷旁边扶上去的。分配我们乘坐的船是个排水三千吨的货船,事前就装了二千多吨的面粉。结果我们的部队仅上了一千多人,而第六师仅上了一百四十多人。情况特别紧急,在我们船的左边已经落下了不少炮弹。船上人员一再要求开船,同时船上也载得像人山人海无法再挤了。我同六师师长商量,无可奈何地只得下令开船。""到达基隆港上岸,清查当时撤退到台湾的番号有五十二军、五十四军、六十九军的一个师,每军实际撤退到台湾的一般多在五千人上下,并且以勤杂人员占多数。此外有一部分如七十五军、二十一军、一二三军均由上海直接撤往浙江、舟山群岛。还有一大部分如交警部队、三十七军、五十一军等在撤退中没得到命令而丢在上海了。"① 从海上逃跑的国民党军约有 5 万多人。

5 月 25 日夜,吴淞外围国民党军全线动摇,但在月浦、吴淞间,周宅、尹宅一线,仍有少数敌军抵抗。解放军某部三营接受了切断吴淞要塞和宝山的联络,并断绝国民党军从海上逃跑道路的任务。午夜后 3 时,该营以强大火力从两地堡群中间插进去,沿着罗(店)宝(山)公路向宝山前进,副排长向光甲率一个尖刀组走在最前面,捉到敌军军官,即命令他向敌喊话劝降。该营猛扑猛打直奔十余里,连夺六个村庄,俘虏国民党军970 多人。到达宝山西关附近时,天已将明,从俘虏口中了解到敌军正在向吴淞混乱溃退,营长当即下定决心:"大胆迅速追击!歼灭敌人在吴淞口!"当他们绕到宝山南的吴淞宝山公路时,天已大亮了。东南方海军码头

---

① 施有仁:《蒋军长江败退和淞沪溃逃的狼狈情形》,载《文史资料选辑》第 32 辑,第 42—43 页。

一带，挤着一大堆人。营长武广成以望远镜观察，证实这是大批候船逃跑的国民党军。随即命令战士们像猛虎一样向敌人扑去。一阵枪声以后，停在岸边的一艘军舰上的国民党军惊慌地嚷着："欢迎解放军"，不约而同地放下武器，走下舰来。这时，解放军部队从各方面兜了上来，码头上、房屋里、公路边无数的敌人全被围住。敌人一群群地用竹竿挑着白毛巾，都争着缴枪。不到 3 个小时，8000 多个被俘的国民党官兵和十多门大炮，在解放军押解下，顺着吴淞到罗店的公路，开向后方。

在追歼逃敌的过程中，解放军开展强大的政治攻势，迫使敌军不战而降。27 军 235 团沿着中正路向前进展时，有个内线关系在路边等候，说国际饭店内的交警第 3 大队准备投降。解放军迅速包围了国际饭店和周围的高层建筑，团首长派人送信给国际饭店内的敌军，要他们放下武器。敌大队副来联络，说自己看守大楼有功，不愿放下武器当俘虏。经再三交代政策，大楼内 1552 名敌军官兵才走了出来。上海最高的建筑物就这样被 27 军占领了。

26 军 78 师 232 团 2 营的副营长带着一个班追击到江湾镇，发现一座大楼上有敌人。副营长找好地形就喊话："你们已经被包围了，再打下去是死路一条！宽大政策保证你们的生命和财产安全！"一会出来一个军官同他接洽，约有一团人出来缴枪。副营长派半个班看管，带着半个班前进了 400 米，又发现一股敌人。他又喊话："你们的师长团长都交了枪，就剩下你们啦！"楼里边有人喊："等我们吃完饭再说。"副营长立即高喊："通讯员，叫后边山炮射击！"敌人一听着了慌，马上派人出来联系，又一个营的敌人放下了武器。

26 军 234 团的一位连长在通往吴淞的公路上截住了敌 54 军的 5 辆卡车，发现其中有 54 军的副军长。连长对他进行个别安慰，得知前面有一个师失去指挥，连长劝敌副军长立功赎罪，要那个师放下武器。敌副军长答应后，与连长和几个战士乘汽车前去。一路上到处是溃散的国民党官兵，散乱地坐在公路上。敌副军长向他们喊话："吴淞已经解放，大家赶快把武器放在原处，到后边去集合。"于是 7000 多敌人排好队，等待我军收容。

27 日上午，27 军攻至上海市区东北角的杨树浦地区，据守发电厂和自来水厂的国民党 21 军 230 师约 8000 人还在负隅顽抗。这是上海地区最后一股残敌，已经无路可逃。但是如果硬攻，势必损坏发电厂和自来水厂，造成上海停电停水的严重后果。聂凤智指示暂时停止战斗，争取政治解决。他向已经到达上海的陈毅请示，陈毅问明这个师是川军，指挥官是副师长许照。他告诉聂凤智："你查一查蒋子英的下落，他在陆军大学当教官时，许照曾是他的学生。让他出面劝许照投降。"蒋子英的电话号码很快查出，接电话的蒋子英做梦也没想到解放军的首长会找到他，连声表示："我照办，我照办！"当天下午，许照率部放下武器。

在解放上海的过程中，上海的工人群众在地下党领导下，纷纷开展护厂行动，阻止国民党军队破坏工厂。当解放军要来解放上海的消息传到中央电工器材厂一、二、三、四分厂的职工们耳中时，四个厂的职工们赶忙成立护厂委员会。职工们都从家搬住到厂里来，日夜轮班护守自己的工厂。尤其军工路二厂，正在敌第三道防线中心，当解放军刚开炮攻打吴淞口时，职工们怕被国民党军和炮火损坏自己的机器，便赶忙将一部分机器搬运到安全地点。其余起不动的机器，职工们为防炮火和特务破坏分子破坏，出了九牛二虎之力，男工装运女工忙缝口袋，两次装搬 1500 多袋泥沙，将其全部盖好。但职工们仍不放心，又自动分工，成立炊事、救护、警卫及纠查等六组，每组四人，日夜轮流看守。他们知道，该厂处敌第三防线中心，国民党军地堡设遍了厂的周围，厂中也住满了国民党军。国民党军营长向他们说："快离开！要不，紧急情况时，一枪一个毫不客气！"可是护厂职工们并未被他吓倒。他们团结得和一个人一样，仍坚持巡逻，每四小时一换班。黑夜里他们的工作更紧张：不但要防备外来特务，更须防备和阻止住厂的国民党军破坏。当情况越来越紧时，这道防线的敌人开炮了。炮弹纷纷从他们头顶隆隆飞过，他们没一个人惊慌动摇，因为他们知道解放军就快来了。他们在黑夜中瞪大了眼睛，看守自己的机器，救护队的四个女工周彩弟、钱妙弟、朱文娟、徐文英背着医药箱，准备有人受伤时，她们马上去救护。一直坚持到国民党军全部逃光，她们兴奋得眼泪快流下来了。当工人们检查机器，只有一台马达被国民党军损坏时，他们高兴地说："其他都好好的！"他们为了以实际行动欢迎解放军，大家动手，收集了敌人遗弃在地堡里的弹药、武器，准备交给解放军。①

1949 年 5 月 27 日，上海全部解放。经历 15 天的淞沪战役，我军歼灭国民党军第 51 军、37 军和五个交警总队全部，第 12 军、21 军、52 军、75 军、123 军大部，总计 15 万人。我军坚持外围作战，把大上海完整地交回人民手中，创造了战争史的奇迹。在战斗中，我军伤亡 3 万余人。上海的解放宣告了渡江战役胜利结束。②

为了上海的解放在战斗中牺牲的解放军指战员分别埋葬在宝山、高桥、川沙、嘉定、闵行烈士陵园。其中，宝山烈士陵园的解放军烈士遗骸最多，共有 1904 人。高桥烈士陵园的苍松翠柏之间，有 1619 名上海战役牺牲的烈士在此长眠。每逢清明节，人民群众都要来献花祭扫，长长的纪念碑上，烈士的英名为人民永志不忘。

如何接管好大上海，是对解放军更严峻的考验。在战役之前，三野各部队都进行了深入的政策教育和纪律教育，反复学习"三大纪律八项注意"和"约法八章"。根据南京等城市接收的经验教训，华东局、华东军区和三野前委制订了更为详细具体的《入城守则》《城市纪律》和《外交纪律》等文件，发到各部队。

1949 年 5 月 14 日，第三野战军政治部转发华东局颁布的《入城纪律十二条》规定：

第一，一切机关部队、公营企业人员、采购人员、民兵、民工，凡未持有军管会所发之通行证，或佩戴军管会特许之证章者，一律禁止出入市区及工厂区。严厉处罚一切破坏秩序、损坏公物及盗窃国家财产的分子。

---

① 英明：《护厂中的中央电工器材厂》，《解放日报》1949 年 6 月 5 日。

② 第 9 兵团政治部：《淞沪战役敌军工作综合材料》。

第二，一切接收人员与入城工作人员，必须严格遵守"三大纪律八项注意"，坚决执行人民解放军总部及华东军区所颁布的一切命令法规，严禁无纪律无政府现象。

第三，入城部队只有保护城市工商业之责，无没收处理之权。除易于爆炸和燃烧的物资，如炸药、弹药、汽油等，应迅速疏散出城并呈报军管会处理外，严禁搬运机器、物资和器材，严禁擅拆车辆及零件。

第四，除地方武装、散匪及其他持枪抵抗的人员应加俘虏，及重要特务分子和重要战犯应加逮捕外，严禁乱打人、乱抓人的现象。

第五，任何部队有收集散在战场上的弹药、武器、其他军用品及军用物资之责，但无单独处理之权。必须开列清单呈报军管会转报华东军区统一处理。严禁各部队后勤供给人员离开本身职务投机取巧、乱抓物资或抢购物资。

第六，一切入城的部队及机关，必须遵照军管会所指定的房屋居住，服从公共房屋管理处的管理与分配，教育一切人员爱护公物及使用室内外一切新式设备与卫生设备的方法。严禁擅移器具设备，及盗窃国家财产。所有部队机关一律不准驻在工厂、医院、学校和教堂。

第七，在战斗结束后，除需要维持城市秩序的一定数量之部队外，其他部队一律撤出城外，并在撤出前必须将任务移交清楚。一切驻在城内部队，应制定适合城市生活习惯的制度和规则。一切机关及部队人员不许在室内无故鸣枪，如需军事演习或练习射击时，必须得到军管会的批准，并须到军管会所指定的郊外地点演习。

第八，一切机关及部队人员，应实行公平交易，不得强买强卖。所有部队人员及公务人员乘坐公共汽车，或进入公共游戏场所，必须照规买票。所有车辆入城，必须遵守交通规则，并服从交通警察之指挥。

第九，除外国侨民事务管理处外，任何机关和干部不许和外国人谈话或发生直接关系。对一切外国外交机关、教堂、学校、医院、银行、工厂、商店及外国人的住宅，应予切实保护，严禁擅入外国侨民的机关及私人住

○ 解放军入城后，严守入城纪律（上海市档案馆藏）

○ 上海市民与战士们愉快
交谈（上海市档案馆藏）

○ 解放军战士风餐露宿
（上海市档案馆藏）

宅。如外侨有犯罪行为者，需呈报军管会处理。

第十，除中国人民解放军总部、毛主席、朱总司令所发布约法八章的布告外，不得乱写其他未经上级批准的标语和口号。对城市各种具体政策必须经中央与华东局批准后才可实施，必须严格执行报告请示制度。

第十一，一切机关及部队人员，应保持艰苦朴素作风，不准私受馈赠，私取公物，反对贪污腐化堕落行为。

第十二，厉行奖罚制度，对遵守纪律、遵守城市政策有功者，应给予精神的和物质的奖励。对违反纪律、违反城市政策者，必须彻底追究，并依情节轻重依法处理。（所有人员每人一份）①

中央对进驻上海非常关注，尽管华东局和三野已经规定了严格的入城纪律，5月16日中共中央又发来《关于入城部队遵守城市纪律的指示》，就一些细节问题做了更具体的规定：

军人进入戏院、电影院、理发店、澡堂看戏、看电影、理发、洗澡及进公共娱乐场所游览，及乘坐电车、公共汽车者，均须照章买票，照章付钱，不得要求免票或半票付钱。

不经上级许可，不得接收人民的慰劳，对各阶层人士给军队个别人员送礼和被邀请吃饭赴宴者，尤需谢绝。

军队在城市特别在大城市、中等城市驻扎时，不得借住或租住民房，免引起城市居民的不便和不利，而应驻扎在兵营、公共机关、庙宇、祠堂、公所、会馆等公共房屋建筑，其家具设备（电灯、自来水、玻璃窗、抽水马桶等）必须爱护，不得移走拆毁与破坏。

军队之骡马大车不得入城，必须入城者，可在将所运物资、弹药、粮食等装卸后，即应出城，在城郊外择地关喂。禁止在市区内关喂，禁止在市内树上拴牲口，以保护树木，不让牲口啃树。必须驻城市的应以师或团

---

① 中央档案馆、中国人民解放军档案馆编：《城市解放》，中国文史出版社 2017 年版，第 379—380 页。

为单位，在市外组织马厂喂养。①

对这些严格规定的纪律要求，谁也不敢怠慢。粟裕为三野干部作了"怎样进入大上海"的报告，干部战士都写了保证书。总前委对三野提出两大要求：一是"打得好"，要显示出我军的威力和艺术；二是"进得好"，即入城后政策纪律好，军容好。陈毅对部队入城后的纪律提出极为严格的要求，最基本的一条就是"不入民房"。有的干部提出：遇见下雨，有病号怎么办？陈毅坚持说："这一条一定要无条件执行，说不入民宅，就是不准入，天王老子也不行！这是我们人民解放军送给上海人民的'见面礼'！"②

5月27日早晨下着小雨，上海市民们在枪声平息后打开家门，惊奇地发现马路两边潮湿的水泥地上，睡满了身穿黄布军装的解放军战士。27军在市区的部队由军长聂凤智带头，官兵一致。20军入城后，全军露宿街头。最少的露宿30个小时，有的长达几天。59师师长住在小学校门口，政治部、司令部住在一条弄堂里，部队在人行道上。据9兵团的总结记载："进入市区的部队，虽在战斗中，服装均能保持清洁整齐。初入市区的部队，两三夜均在马路边露宿。适值雨季，连夜下雨，由于从军部起干部均能以身作则，战士亦都有觉悟，毫无怨言。市民（工人、学生、商人等）再三邀请部队进屋休息，均被婉言谢绝。市民送的慰劳品以至开水，均谢绝不受。部队三天无开水喝，吃由30里外送来的冷饭。有一工厂工人送慰劳品给部队，双方互相推让10次之多。工人感动地说：'这真是我们的队伍。'有个商人夜间送烧饼慰劳他门口的我军哨兵，被谢绝；等哨兵换班后，又送给新接哨的，又被谢绝。连送三四次，直到天明，无一人接受。商人说：'解放军的纪律个个人都一样，真是好队伍。'闸北水电公司的哨兵发现水管坏了，当即找人修理，并向公司交代清楚。据该公司工人说该厂英国人从来不说中国一点好处，这次英国人反映：'这个部队好，非常负责，纪律

---

① 中央档案馆、中国人民解放军档案馆编：《城市解放》，中国文史出版社2017年版，第381页。
② 《陈毅传》，当代中国出版社1991年版，第452页。

好。'攻浦东时，英、美、葡等外商仓库和煤油公司等被国民党军盘踞，外商托人要求我军暂不炮击，答应帮助我们劝降。我军攻击部队接受其请求，和平收缴守军枪械。事后几国领事均托人或用电话向我道谢。外电一致报道我军为他们所见过的最好的军队。"

其实，解放军进入上海之前，驻地和分区就已经规划好了。5月18日，华东局就给9兵团下了命令，规定了进入市区后各领导机关和部队的驻地：华野及警备司令部驻原警备司令部（北四川路底公园靶子场及江湾老市府一带）。二野及各警备部队在各区之驻地如下：（1）各区之原警备队、稽查队、宪兵队、师管区等驻地。（2）各区中之中外兵营（如兵营改为堆栈、学校者不得进驻）。（3）各区之区级党政机关。（4）各区之空屋、庙宇、会馆、公所。（5）如仍不够，则可征借整栋民房或公共娱乐场所，务要避免与人民杂居。（6）各区之警察机关亦可进驻一部分，但不能完全驻满，必须留足够地方，以免妨碍警察业务。（7）团部驻区公所，以便与各区民政机关取得密切联系共同办公。军管会与三野司令部在一起办公，负责管理全上海的部队。市政府驻原市政府各系统机关（三马路、河南路、江西路之间）。公安局驻原公安局原系统机关（市政府对面）。华东局及市委，暂驻交通银行大楼、海关大楼、迦陵大楼，及中央银行（原正金银行），第二步驻三井花园、逸园、励志社（金神父路、辣斐德路南）。华东财委会驻中国银行大楼（外滩）及新业饭店（北四川路）。市总工会驻市银行（三马路）。青委、妇委驻前德国领事馆及青年馆（海格路）。文管会驻原市教育局新生俱乐部（同孚路、威海卫路口）及中国银行沪西办事处（静安寺路、成都路口）。①

在进入市区后，实际上还是有很多意外情况的。各接管委员会的干部，其负责人就是上海人，驻地是上海的著名建筑物，很顺利地就找到规定地点入住了。但是野战军干部战士大多对上海不熟悉，进了大上海一时分不清东西南北，哪里是国民党的机关和房产，都要去打听，然后才能安排部

---

① 中央档案馆、中国人民解放军档案馆编：《城市解放》，中国文史出版社2017年版，第383页。

队住进去，所以颇费周折。

时任三野司令部参谋处长的王德回忆：1949 年 5 月 25 日夜间，陈毅司令员、饶漱石政委由丹阳乘火车赴上海，途经苏州时，曾约粟裕、张震到车站，交谈了接管上海的有关事宜。1949 年 5 月 26 日，上海战役临近结束之际，第三野战军司令部在苏州下达了"淞沪警备命令"以后，王德带领参谋处机关同志，随同粟、张首长乘火车，于 27 日拂晓到达南翔。当时火车不能前驶，上海市地下党负责人刘长胜、刘少文等同志前来迎接，谈到陈毅司令员和饶漱石政委已先期到达圣约翰大学，会合市委负责同志正紧张地展开组织接管工作。粟裕、张震等随即换乘汽车进入市区。王德先把粟、张首长送到淮海中路 1899 号、1897 号住下，然后参谋处的同志们去找办公的房子。先到了国际饭店，王德一看豪华的高楼，表示不能住。然后他们开车经过外滩、外白渡桥到四川北路东面的四达路光华大学，校内房子空无人住，于是暂时安排住下，主要是可以马上办公。没有床铺，暂将教室内桌子拼起来当床。同时向大家宣布一定要爱护公物，不准上街买东西等纪律。大家都能自觉遵守。吃饭也是自带粮食自己做的。有的分队一时没有住房，就在大街路旁或空地上集体蹲着吃饭。不少群众都以一种惊奇的眼光注视着，想不到今天竟有这样军容整齐、衣着朴素，规规矩矩、和蔼可亲的军队。

把机关工作人员安排住下并展开工作之后，王德又带几个人去四川北路底江湾路 1 号原国民党淞沪警备司令部和西侧的海军俱乐部看房子。这两处院内满地是遗弃的物资，文件、纸张散乱得到处都是，一片狼藉。司令部搬进原港口司令部和海军俱乐部，才正式安顿下来。

野战军司令部找房子都这么费劲，别的部队可想而知。23 军军长陶勇是沙场老将，平时勘察地形、熟记地图、判断方位是很有一套的，没想到进上海第一天上街就迷了路，还是遇见熟人才把他领回了驻地楼房。①

---

① 王德：《华东战场参谋笔记》，上海文艺出版社 1996 年版，第 201 页。

严格的城市纪律，使我军在上海最初的生活非常艰苦。"前三天吃冷饭，没有开水喝，睡马路边。以后也是吃'战斗饭'（用子弹箱盛饭，钢盔打菜，炮弹壳做饭碗，甚至用痰盂打面条）。每天早晨天没亮，连长带着全连跑步到黄浦江边去大便。因为找不到厕所，路远，有的战士半路上就拉在了裤子里。""币制未规定前，就不在市场上买东西。有好几天没吃过菜没抽过烟的。20军政治部通讯员看见某部队采买员在买咸菜，大家告诉他币制没规定，不能买。采买员说：'是首长叫买的。部队几天都没有吃菜了，对身体很有影响。'后来20军政治协理员就把自己从乡下带来的腐乳让了一坛给采买员，把要买的咸菜仍还给店里。"战士干部们就这样坚持不入民房，坚持不在市场上买东西，坚持不入公共场所。三天后接管工作基本就绪，各部队才找到国民党军空闲的营房、仓库、机关用房，陆续住了进去。①

上海开始了解放后的新生活。陈毅领导军管会干部对原有的市政、财政、文化、军事单位进行全面的清理和接收。市区内担任警备任务的部队在清查、收容国民党散兵游勇，逮捕特务，疏散难民，清除垃圾。驻在郊区的部队在拆除碉堡、平毁工事，排除地雷，为老百姓恢复正常生活和生产而努力。两三天内，上海的供电、供水就完全恢复了正常，商店开门，新鲜的蔬菜也源源不断上市。这个巨大的城市迅速地恢复了正常运转。陈毅说："好好地接管帝国主义、国民党反动派遗留下来的遗产，好好地接管这些人民多年来血汗的积累和新民主主义新中国的物质基础，这对新中国的建设有重大的意义。因此，毛主席和我党中央非常重视接管工作，号召并领导共产党员、人民政府工作人员、人民解放军的指战员，首先遵守纪律，以自己的模范纪律来对待接管工作，我们是这样做了。这就保证了用战争夺回的人民财产，原封不动地交还人民。"②

---

① 《第9兵团进入上海的政纪检讨》。
② 《关于上海市军管会和人民政府六、七两月的工作报告》，载《陈毅军事文选》，解放军出版社1996年版，第514页。

第 4 章 | **接管**

1949 年 5 月 25 日早晨，上海迎来了解放的第一天。

解放军向市区挺进时，马路两侧及大楼窗口，就聚满了欢迎的人群。早上 8 点钟，马路上一队队的工人学生的游行行列就出现了。某厂工人在卡车上插着两面大红旗，上面写着："中国共产党万岁！""太阳出来了！"学生们经过在马路旁休息的解放军面前时，给每一个战士献了一朵胜利花，并且欢快地扭着秧歌，唱着"我们的队伍来了"的歌曲。

解放军战士也快乐地回应着他们，唱着"我们是人民的子弟兵"。解放军某团在南车站后街休息，这个贫民区立即欢腾起来，工人、小贩和他们的家属全部涌到街头，把战士们重重围起来。许多人恳切地要求解放军战士到他们家里去烤干湿透了的衣服，但遭到战士们的婉言辞谢。前天还是布满碉堡街垒、阴森可怕的街道，现在已充满了节日的欢欣。墙壁上、门窗上、电杆上、电车上、汽车上、三轮车上到处贴满了"毛主席万岁！""向人民解放军致敬！""大上海翻身了！"等标语。陕西南路上悬挂的国民党反动派写着反动宣传标语的横布条都被群众取下，换上鲜艳夺目的欢迎人民解放军的横幅。林森路（淮海路）上，很多市民挂上了红旗。徐家汇的一群小学生也抬着毛主席画像在马路上兴奋地高呼"解放军万岁"等口号。上海主要市区，到处充满着欢笑和歌声。虽然苏州河北还不时传来枪声，但它被喧天的锣鼓声淹没了。①

　　当天下午，龙华、徐家汇、常熟、卢家湾、嵩山、蓬莱、邑庙等区及公共交通、法商电车公司和英商电车公司等职工就出动了万余人组成的人民保安队和宣传队。交通大学、同济大学、复旦大学、暨南大学、美术专科学校等校学生的行列在中午就出现在街头，贴标语，挂漫画，扭秧歌，向解放军献花。其中有一条标语写着："我们的日子来了！"美术专科学校学生画了一张房子一样高的毛主席巨像，由同学们抬上，在欢呼的锣鼓声中送到大世界门前张挂起来。

　　解放的第二天，大街小巷红旗飘扬。公共汽车电车也都打扮得五彩缤纷地重新行驶在霞飞路上。由中华职业学校等联合组成的宣传队冒着雨在街上欢畅地歌唱，有一个歌是："春天到了百花开，反动政府倒了台。夏天到了荷花开，人民军队到上海。"下午雨虽越下越大，一辆辆宣传车，一队队宣传队，依然锣鼓喧天在街上穿梭往来。南京路国际饭店大楼前，整齐地排列着国民党军的二十余辆军用车，上面棉衣棉被堆得满满的。守卫这些车的一位解放军战士幽默地说："国民党真会办事，夏天就给解放军准备好棉衣棉被了。"这些车旁边还放着用卡车牵引的两门崭新的战防炮。显然

① 《人民日报》1949 年 5 月 27 日。

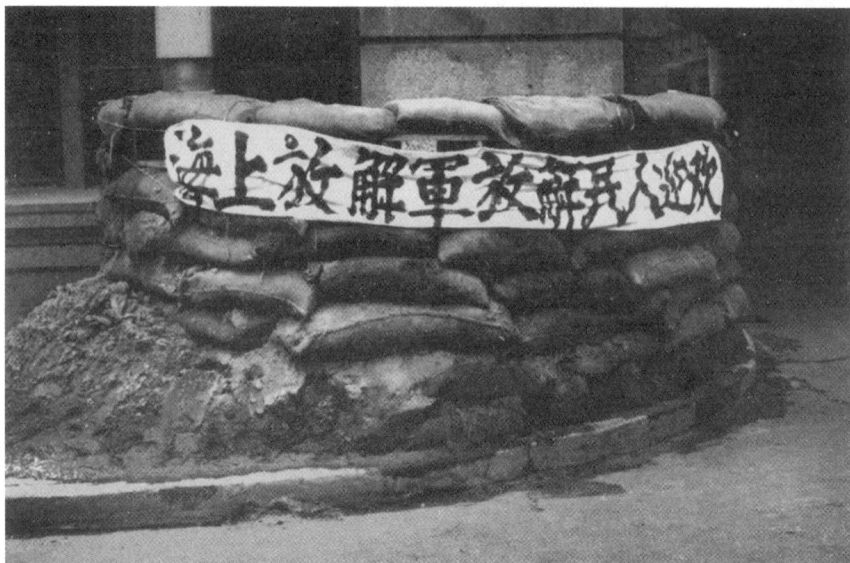

○ 人民保安队在路旁的工事上挂出了"欢迎人民解放军解放上海"的标语（上海市档案馆藏）

是国民党军来不及拉走，被仓皇地抛弃的。

上海苏州河以南市区在解放的当日，各公用事业即先后迅速恢复。上海电力、自来水与煤气等公司照常供应市内外水电和煤气。英商上海电车公司与法商电车公司之各路有轨无轨电车及公共汽车，26日晨6时半即大部出厂行驶。黄浦江上的交通也逐渐恢复。自金陵东路以南沿外滩的各主要码头，如十六铺及南码头、董家渡码头等，都已恢复常态。[①]

共产党人没有沉浸在胜利的喜悦中，陈毅、饶漱石率领华东局机关和大批接管干部进入上海市区，开始了紧张的接管工作。

1949年5月25日夜到26日晨，华东局机关和接管干部队伍由丹阳乘火车到南翔，又由南翔分批乘汽车向上海进军。陈毅问周林："接管上海市政府的队伍先进驻哪里？你熟悉。"周林说："先进驻徐家汇交通大学，然

① 《人民日报》1949年5月28日。

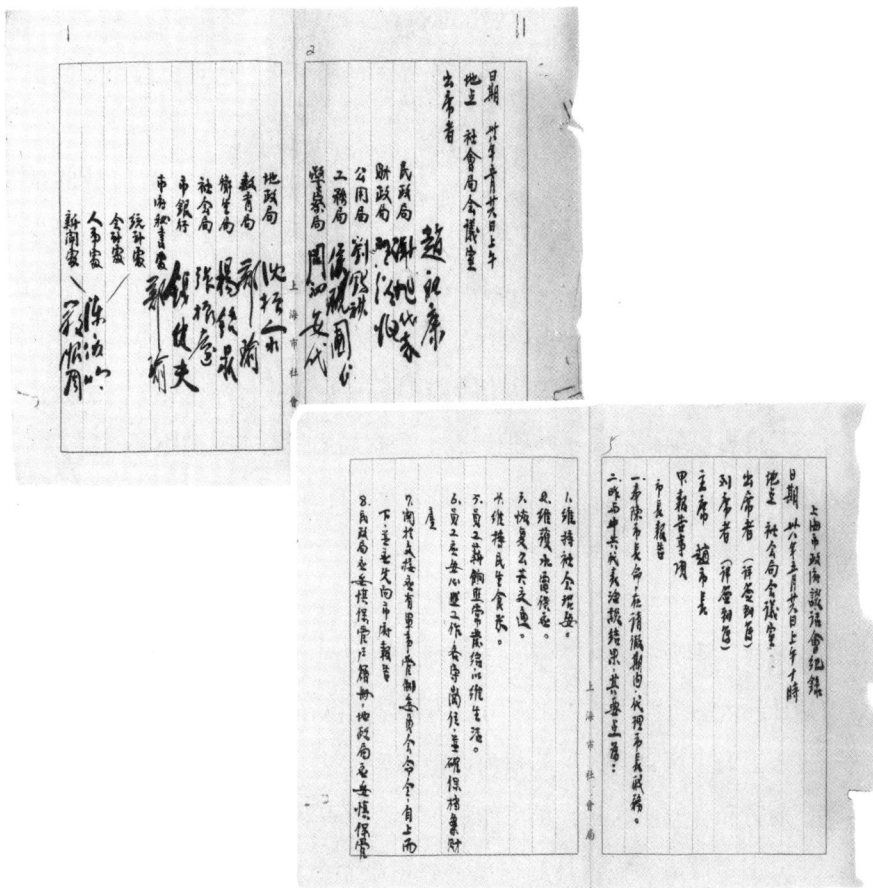

○ 1949 年 5 月 26 日，在代市长赵祖康的主持下，国民党上海市政府举行了最后一次会议，商讨移交问题，图为当日会议记录（上海市档案馆藏）

后分头接管。"当时下着细雨，道路泥泞。车队到达沪西徐家汇的交通大学，没有占用师生员工的宿舍，驻在二楼讲堂，大家都躺在地板上休息，度过进入上海的第一个夜晚。陈毅司令员和华东局其他领导同志张鼎丞、曾山、秘书长魏文伯为了与地下党的领导人会师，乘吉普车到沪西圣约翰大学（今华东政法大学交谊楼），在那里住了一夜。26 日华东局进驻瑞金二路原励志社（今瑞金宾馆）及三井花园内。几天后，邓小平政委也来到华东局，每天夜里在原励志社听取接管汇报。①

在汉口路旧上海市政府大楼（原租界工部局）里，代理上海市长赵祖康在平静地等待解放军的到来。

赵祖康（1900—1995），松江人，18岁考入上海交通大学前身的南洋公学，毕业于交通大学唐山学校，是公路与市政工程专家。在20世纪30年代初，即从事于中国公路的创建事业，为发展现代公路奠定了基础。1945—1949年任上海市工务局局长。原来上海市长是吴国桢，1949年4月吴去了台湾，由陈良代理市长。5月24日陈良也逃往台湾，委托赵祖康代理市长，负责"维持治安，办理移交"。警察局局长毛森也逃跑了，留下陆大公任副局长。鉴于维持好上海治安是涉及千百万人生命财产安全的大事，赵深感责任重大。

在此之前，中共地下党就已经与赵祖康接触，打过招呼，希望他留下来等待解放。作为一个科学家、工程师，赵对国民党也早已不抱希望。现在他担任几天的上海市长，正好可以为保全上海作出贡献。25日拂晓，解放军进入上海市区，解放了苏州河以南市区。这一夜，赵祖康以代市长的名义，通宵和各方面联系，尽可能防止社会治安和社会秩序发生混乱。25日上午，旧市政府大楼上挂起白旗，赵祖康命令主要机关人员回来上班，并作出三项决定：一是各局处员工必须固守工作岗位，紧急公务继续维持；二是各单位必须确保档案和一切财产的安全；三是移交工作必须整个地办理，并应事先联系。

下午，赵祖康会见了中共代表李公然，这是接管前的一次重要会面。李公然同意赵提出的大部分意见，并经过商讨，决定了八项任务，如维持治安，准备办理移交手续，各单位照常办公，妥善保存户口册和地籍资料，从速恢复公共交通，动员工厂、商店、银行复业等。当时恢复交通最为重

---

① 周林：《接管大上海记实》，《上海解放三十五周年文史资料纪念专辑》，上海人民出版社1984年版，第18页。

要，赵祖康交代原公用局局长刘锡祺，要他第二天就设法恢复水电和公共交通。

一切都进行得有条不紊，赵祖康回忆：上海解放之际，社会治安和社会秩序得以维持，旧市府和各局的移交工作得以顺利完成，主要是由于人民解放军进军神速，纪律严明，中共地下党组织在解放军进城前，早就做了大量周密细致的准备工作。这是上海广大人民永远铭记的。①

1949 年 5 月 28 日，上海市人民政府正式成立。下午 2 时左右，陈毅市长同副市长曾山、潘汉年、刘晓、韦悫以及秘书长周林等同志来到市府大楼，举行新旧政府的交接仪式。在宽敞的市长办公室内，陈毅市长坐在市长办公的座位上，周围坐着潘汉年副市长、淞沪警备区司令员宋时轮等人。由军管会代表熊中节引进赵祖康代市长，对着陈毅市长坐下。陈毅爽朗地宣布举行接管旧市政府的仪式开始，由赵祖康代市长将旧市政府印信上交陈毅市长（印信交出后即封存）。陈市长简短地致辞说："赵祖康先生率领旧市府人员悬挂白旗，向人民解放军交出了旧市府关防印信，保存了文书档案，这种行动深堪嘉许。期望今后努力配合做好市政府的接管工作，并请赵先生在工务局担任领导。"

接着，陈毅在会议室会见了旧市府所属各局（处）长和军管会接管市府各局（处）的领导同志。陈毅市长讲话："上海是百年来帝国主义侵略与奴役中国人民最大而又最顽强的堡垒，是国民党反动派统治和压迫中国人民的主要基地。解放上海，是帝国主义在华侵略势力的破产，是国民党反动派统治的灭亡。上海解放不是改朝换代，而是天翻地覆的革命胜利。除了帝国主义和各国反动派以外，世界人民无不欢欣鼓舞。我们接管上海，是要组织人民政府，为人民服务。上海今天已成为人民的城市，屹立于世界上，帝国主义者说什么共产党不能治理上海的谰言，一定要破产。"

① 赵祖康：《维持治安　迎接解放　办理移交　获得新生》，《上海解放三十五周年文史资料纪念专辑》，上海人民出版社 1984 年版，第 88 页。

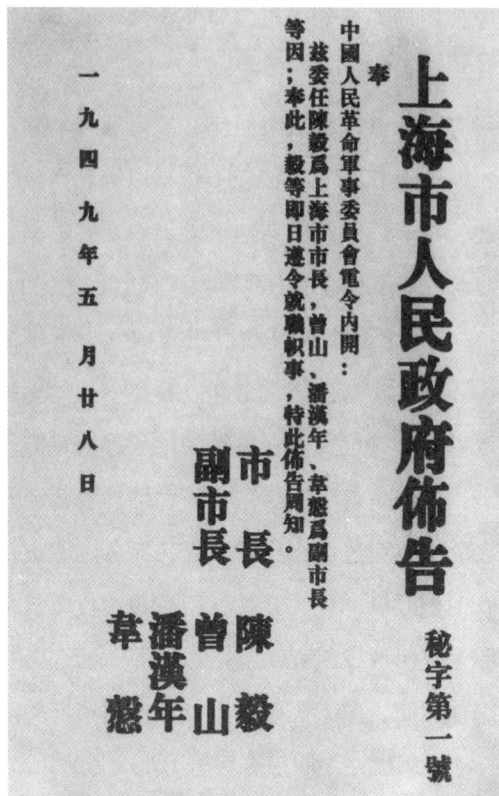

上海市人民政府佈告　秘字第一號

奉

中國人民革命軍事委員會電令內開：

　茲委任陳毅爲上海市市長，曾山、潘漢年、韋慤爲副市長

等因；奉此，毅等即日遵令就職視事，特此佈告周知。

　　　市　長　陳　毅

　　　副市長　曾　山

　　　　　　　潘漢年

　　　　　　　韋　慤

一九四九年五月廿八日

◦ 图为上海市人民政府成立布告

陈毅对在座的旧市府人员说："诸位朋友没有去台湾，我们表示欢迎。国民党统治中国二十三年，搞得民不聊生，并没有把孙中山先生的三民主义彻底实行，相反地压迫人民，把三民主义完全搞糟了。他们怎么对得起他（说到这里，陈市长用手指着身后墙上挂的孙中山遗像）。蒋介石在三年内战中，被人民军队打得落花流水。历史就是这样无情的、残酷的。诸位老市府的朋友们，你们大都受过高等教育，要深切了解这次解放军胜利的意义。古代有句成语'逆水行舟，不进则退'，希望你们加强学习，学好为人民服务的本领，否则逆着革命的潮流就会有覆没的危险。你们更要提高警惕，防止反动派的一切阴谋。其次，诸位要固守岗位，安心工作，协助接收，将来量才录用。我们一定照'首恶必办，胁从不问，立功受奖'的既定政策执行。希望你们与解放军切实合作。"陈毅市长这番话，使到会的人听了都深受感动，消除了心中的种种疑虑。

这是陈毅接管上海市政府的一天。5 月 28 日被定为上海解放纪念日。

上海当时的情况如何？

据市政移交的档案统计，上海市面积 611 平方公里，人口约 500 万，有 450 万人住在面积 86.6 平方公里的市中心区内，50 万人住在郊区。当时上海人口中，47% 是劳动者，工厂、码头、铁路工人和手工业者共有 503500 人；国家机关、工厂企业和私人公司中的职员有 45 万人；从事商业者 65 万人（包括商店老板 8 万人和摊贩 26 万人）；专科以上学校学生及员工 2 万余人；市内交通工作人员、家庭妇女和农民 40 万人。全市共有 235000 幢房屋，其中 151000 幢是住宅（包括 2 万棚户），84000 幢是商业用建筑。82% 的居民享用自来水。

解放时登记的工业企业约 6000 家，其中只有 103 家能算得上规模较大、雇佣 500—3000 名工人，其余的只能说是手工业作坊。商业大多数为小商店，共有 63000 家以上。此外，还有失业工人 25 万人，连店员及家属在内共达 100 万人以上，平民连家属在内约有 65 万人，游民（包括乞丐、娼妓、扒手、散兵游勇、吸毒者等）连家属在内约 17 万人，逃亡地主、难民连家属在内约 10 万人。

上面这些统计数字说明，共产党当时从国民党手中接管的是一个生产落后、畸形发展的旧上海，改造的任务十分艰巨。

接管上海，首先确定采取"稳步前进，量力而行，实事求是"的接管方针，既不能性急，也不能迁就，一切从现实出发。根据华东局、市政府的部署，整个接管工作分成接收、管理、改造三大步骤。在军管会的领导下，将接管工作分为四大部门、四个系统：

（1）军事部门，由军管会军事接管委员会接管，主任粟裕，副主任唐亮。下面分为军事部、政工部、后勤部、海军部、空军部、训练部等分别接管。

（2）政务部门，由军管会政务接管委员会接管，主任周林，副主任曹漫之。下分民政接收处（处长曹漫之），法院接收处（处长汤镛），另有二十个市区（黄浦、老闸、新成、静安、江宁、普陀、长宁、邑庙、蓬莱、嵩山、卢湾、常熟、徐汇、闸北、北站、虹口、北四川路、提篮桥、榆林、杨浦）接管委员会和一个郊区接管委员会。

（3）财经部门，由军管会财政经济接管委员会接管，主任曾山，副主任许涤新、刘少文。委员有骆耕漠、龚饮冰、顾准、陈穆、徐雪寒、孙冶方、黄逸峰、吴雪之，骆耕漠为秘书长，方原为秘书主任。财政经济接管委员会下属有贸易、工商、劳工、轻工业、重工业、农林、铁道、电讯、邮政、航运、工务、公用、房地产、卫生等处，除由各委员兼任处长外，另配备其他领导干部。接管江海关的专员为徐雪寒、贾振之。

（4）文教部门，由军管会文化教育管理委员会接管，陈毅兼主任，副主任夏衍、钱俊瑞、范长江、戴白韬。文化教育不设接管委员会而称管理委员会，并由陈毅兼任主任，表现了对文化教育界的重视和尊敬。下属高等教育处（处长钱俊瑞，后为韦悫）、市政教育处（处长戴白韬）、文艺处（处长夏衍）、新闻出版处（处长周新武）。

按照上述系统，把国民党中央和各省在上海的机构与上海市政府的机构，统一划分在上述四大部门内接收。①

解放军进入上海后的三件大事：一是安定民生，二是接管官僚资本，三是恢复生产。接管官僚资本是三项大事之一。党中央对上海的接管工作非常重视，从各方面抽调干部，中央财委主任陈云在上海解放几天后就亲自到上海部署接管工作。上海的官僚资本银行，均为总行、总管理处，是旧中国金融的总枢纽，所以金融接管工作的好坏，对各地各方面的影响都

---

① 周林：《接管大上海记实》，《上海解放三十五周年文史资料纪念专辑》，上海人民出版社1984年版，第21—23页。

○　陈毅佩戴过的上海市军管会证章

较大，必须按照制订的原则严肃认真地、有步骤地审慎进行。有的重大问题还经由中国人民银行总行报中央财委核示。军管会确定的接管方针是："自上而下，依照系统，原封不动，整套接收。"接管原则是：对国民党政府办的国家银行和省市银行以及四大家族办的银行，依法接管并没收其资本及一切财产；对官商合办银行，没收其官股部分，审查其商股股权及资产负债情形。

上海需要接管的官僚资本金融机构计有十八个银行，十九个保险公司，六个印制钞票工厂，由上海市军事管制委员会财政经济接管委员会金融处具体负责。当时曾山是上海市副市长、华东财委主任，也是上海市军管会财政经济方面接管工作的总负责人。接管人员都是熟悉金融业务的内行，金融处处长是陈穆，副处长是项克方、谢寿天。项、谢两人熟悉上海情况，对上海金融业也很熟悉。进驻中国银行的军代表是龚饮冰、冀朝鼎，都是红色银行家。当时接管的银行主要是中央银行、中国银行、交通银行、中央信托局、上海市银行、江苏省银行、中国建设银行、亚东银行、联合征信所等单位，但是进去之后，情况令人非常失望。

1948 年是国民党经济的崩溃之年，也是蒋介石对国民经济的大掠夺之年。国民党发行的"法币"已经无法维持，蒋介石指示财政部在 1948 年 8 月 20 日颁布发行"金圆券"的命令。实质内容只有两条：一条是限价，限定一切物品不得超过 8 月 19 日价格；另一条是限期用金圆券收兑民间所有黄金、白银、银币、外汇及外国货币。

当时全国金融中心集中在上海，黄金外汇约有 70% 掌握在上海工商企业和老百姓手中。要实行限价与收兑，绝非中央银行和上海市政府所能胜任。蒋介石估计到这一点，决定成立一个"行政院上海区经济管制督导员办公处"，由俞鸿钧、蒋经国担任正副督导员，专门负责金圆券发行。

蒋经国为了推行币制改革，大造声势。一面发表《告上海人民书》，提出"管制物价""打倒贪污"等口号；一面枪毙几个腐败分子，显示"打老虎"的威风。接着，监视工商业活动，审查账目，查封仓库，并分批"召见"金融界、工商界头面人物，勒令他们带头交兑黄金、外币、外汇，一时搞得满城风雨，人心惶惶。这对于一般人民和中小工商业者，确实是沉重的打击，他们慑于威势，为了免遭横祸，不得不把仅有的一点黄金、外币，送到中央银行及其委托行局，以 300 万元法币兑换一元金圆券的比价收兑。因此，在第一个月限期中收兑的数额相当庞大，仅仅用了两亿元的金圆券（按当时比价相当于美元 5000 万元），就把发行了十三年总额达 660 万亿元的"法币"全部收回。在金圆券发行的最初几天，蒋介石每天晚上从南京和俞鸿钧通一次电话，询问当天收兑数目，可见他对此事何等重视。

前后只有两个多月时间，国民党政府在上海一地就搜刮了黄金 110 多万两，美钞 3400 万元，还有大量外汇、港币、白银及银元。在国统区范围内，共搜刮黄金 165 万两、美钞 4796 万元、港币 8747 万元，总值近两亿美元。这就是国民党政府发行金圆券的目的，也是他们逃亡台湾的资本。①

所以，当军管会接收国民党中央银行时，只剩黄金6180两、白银30000两、银元154万枚，美元8678元、港币38852元。总计各银行资财计黄金24600两，白银36万元。②偌大一个上海，金库里只剩这点底子，真叫"一穷二白"了。③如何养活500万上海人民，如何给几十万公教人员开薪金，立刻成为一个迫在眉睫的大难题。

跑得了和尚跑不了庙。国民党的大批官僚资产如房屋、物资是运不走的，都被人民政府接管。1949年6月20日，上海市军事管制委员会发布《房地产管理暂行条例》，作出如下规定：

凡房地产具有下列情形之一者，概由本会财经接管委员会房地产管理处暂行代管之：

甲，凡逃亡之国民党政府各级公务人员在本市之房地产无人经管者。

乙，凡国民党政府代管之汉奸在本市之房地产。

丙，凡外侨之房地产，因原业主不在本市无人经管以致被人窃占者。

凡属下列房地产性质之一者，统由本会接收管理之：

甲，国民党政府机关及其各部门在本市之房地产。

乙，国民党蒋、宋、孔、陈四大家族，及其他宣布没收之战争罪犯和罪大恶极反革命首要分子在本市之房地产。

丙，国民党政府接收之日、德、逆、伪在本市之房地产。

丁，官僚资本在本市经营之房地产公司。④

---

① 李立侠：《伪中央银行的最后挣扎》，《文史资料选辑》1979年第六辑，上海人民出版社1979年版，第115页。

② 陈毅：《关于上海市军管会和人民政府六、七两月的工作报告》，《人民日报》1949年8月13日。

③ 陈穆：《接管官僚资本银行概述》，《上海解放三十五周年文史资料纪念专辑》，上海人民出版社1984年版，第181页。

④ 《解放日报》1949年6月21日。

上海解放之前，国民党达官贵人纷纷逃亡，临走时紧急处理房产。有的利用亲戚朋友老婆儿女，化名移转，假造手续证据，登报伪称出顶出让，企图隐匿房地产，蒙蔽政府。有的以低微代价托人保管顶替，或利用学校、社团、公司等名义，改头换面，或利用"外国产业"的招牌作为掩护。军管会为了防止对于国民党战犯、官僚资本等房地产的隐匿侵占，冒名顶替，擅行盗卖等不法行为，曾于6月13日颁布了财房字第一号布告，规定凡属上列房地产之代管人或经租人，应自动向房地产管理处报告登记；凡有确知上述房地产隐匿逃避或被侵占盗卖的，可检举密报，如查明属实当给予奖励。接着于6月20日又颁布了财房字第二号关于房地产管理暂行条例的布告，对清理、接管、分配上海公共房地产有一个原则的规定。一个月内，群众检举密报线索近400件。军管会对这些检举密报一一进行调查，如果确系隐匿不报，企图侵占者，一定要寻根究底，弄个水落石出。对目无法纪之徒，定交人民法院依法办理。

　　6月25日军管会接到市民密报，虹口溧阳路1393号住宅是原国民党港口副司令张锡杰房产，现在被震旦保险公司经理康斯馨隐匿侵占，催促政府迅速查办。为慎重处理，军管会同志没有轻率进入民房，第二天先派盛同志去溧阳路侧面了解，知道密报确实无讹。盛同志即前往康宅作正面调查。康斯馨认为军管会同志老实易欺，信口开河，竟说此房屋是他以五亿元金圆券顶来，且已付过全年租金金圆券18万元，拿出顶约及租约来作证。调查员盛同志发觉所谓顶约是倒填日期，而且篡改内容，出租人不是张锡杰而是张妻黄醒慧。经加以驳诘，康还是一味狡辩。经军管会同志一再对康进行教育，指出其罪犯行为，康斯馨无法蒙蔽，说出真情，决心悔过自新。事实的真相是：该项房地产系张锡杰用他老婆名义购置，张妻于2月间逃往成都，康于4月间进屋借住。5月初张锡杰逃往台湾，事前经康串同证人吴某伪造顶约及租约，企图长期侵占。军管会认为康斯馨既然是张锡杰房屋的代管人，他在军管会财房字第一号布告之后，即应依法前来登记，而不应该企图侵占敌产，隐匿不报。不应伪造证件，欺骗人民政府，尤其不应该蔑视军管会法令。现康斯馨虽已承认错误，登报悔过，交出产权凭证，但还须交人民法院最后审判处理。

又如，王仁龙私占新乐路 144 号汉奸王永康居宅一案，该处房地产确系王永康购置，国民政府曾给予没收，拨交第一绥靖区司令李默庵居住。上海解放当天，王仁龙乘机钻空子，于 5 月 25 日晨私自侵占该房。军管会接管时将该屋拨给军用，王拒不迁出，居然在报纸上刊登启事，声明该屋产权系彼私有，过去系被"误封"云云。军管会接管同志指出：该屋既经没收，即使王仁龙有所主张，在未经重行审核判明以前，不得擅行侵占。但王仁龙一味拖赖，6 月中，该屋军用甚急，王仍拒不迁让。军管会发出书面迁让通知书，限期迁出。王仁龙用流氓无赖手段，蛮横抗拒，致使驻防机关无法进行工作。接管部门忍无可忍，报公安机关将王仁龙加以拘押，以申法纪。对王永康的房子接管历时二十五日，其间经数次劝告，仁至义尽，最后才不得不移请人民法院处理。

军管会负责人发表谈话指出："以上所述，不过是这一时期中发生的比较突出的例子。此种行为，实属可耻可恶。我们希望有此非法行为者，能赶快觉悟，立即将代管的产业前来房地产管理处报告登记，人民政府决一本宽大的与人为善的宗旨，不究既往，予以妥善处理。如有故意存心与人民为敌，蔑视政府法令，企图隐匿侵占者，一经查明，必定严加惩处，决不姑息。"①

国民党官僚资本的公司大楼，例如宋子文家族的扬子公司、孔祥熙家族的迦陵大楼，这些房地产都属于没收之列。还有他们名下的大批物资，分别囤积在市区各个仓库、货栈里。这些房产物资的清查都需要时间，特别需要知情人提供线索。在上海市民帮助下，接管人员经过周密的调查，起获了大批物资。这个工作持续了相当长的时间。

---

① 《解放日报》1949 年 7 月 14 日。

例如，接管干部对孔祥熙家族的扬子建业公司资产的清查，如同侦探片，充满了曲折和斗智斗勇。

查获扬子建业公司所分散隐匿于各中外公司、商号、堆栈，以及厂家仓库的巨大资财，确是一件艰苦的工作。参加这个工作是贸易处综合组军代表张华增及姚乃安、戴云、程功章等六位同志。

6月29日那天，综合组同志跑上迦陵大楼的四楼，那是扬子建业公司的写字间。什么都没有了，没有半个旧职员的影子，没有账本名册，楼上唯一的东西，就是冷冰冰的几间空房子！

把空楼贴上封条之后，他们直接找到该公司旧仓库之一的大连路377号去，那里也是什么都没有了。同志们怀疑是自己记错了门牌跑错了路。第二天早晨继续工作，又到汇丰大楼144号该公司旧化工部和颜料部去。在那里虽然同样是只有几间空房子，但空房子里却搜出了一本职员名册和几张名片。

得到这一点线索以后，经过仔细的研究，又分头出发了。一路到利丰汽车公司去检查扬子建业公司的旧仓库。但是该公司英籍经理葛太利只交出二楼上面三间空房子和九辆汽车及几个木箱子的颜料，就什么也不肯承认了。"不止这一点吧！"张华增等同志带着满肚怀疑离开利丰。另一路是戴云和程功章两位同志，他们跑到地方法院检查处把旧法院内上海工商界控告该公司囤积案卷翻出来研究，可笑的是：案卷上面没有任何材料，只有一句包庇的话："该被告（孔令侃）现居广州，故该案移交广州办理。"戴云又跑到旧社会局，查出一本囤积案记录。除了大堆空头文章以外，也只有一张官僚包庇官僚资本的条子。说明当时旧法院和旧社会局虽然查封了扬子公司，但是不敢去动它。条子上注着5月11日社会局批示，还申明没有"动"过。于是，这张条子提供了一个证据：5月11日以前，这些官僚资产是没有被动过的，那么也不可能把全部物资在上海战事紧急关头去搬光的！

从工商界的控告材料中，知道"扬子"在大连路的大仓库是277号。

但是，到那里已经住着美商联邦公司了。经理邬镇炳一口拒绝，说他是 3 月 10 日搬进，没有任何"扬子"的物资。旁边有位中美汽水厂职员叫袁兆鸣，因为这所房子原来是中美汽水厂于 1946 年 3 月，向伪经济部产业管理局购得这屋内全部机器及五年租赁权的。后来却在 1948 年 1 月被孔祥熙的私人秘书张曙东以特权强行占领，挂上块祥和顺招牌，中美汽水厂有一脚被豪门踢开之仇。袁兆鸣证明四层货栈全部是孔系官僚物资。但是，鬼把戏还不止这些，替孔家资本掩护的不但是美商联邦公司，他们还拉了迦陵大楼三楼凤凰公司副经理、白俄斯洛勃溪可夫来帮忙，他们住在巨福路 160 号孔二小姐住过的大洋房里面。他们什么都不肯承认，妄想在人民政府面前耍些笨拙的手段。

○　被接管的纱厂里，女工正在清点物资

接管干部按那本旧职员名册开了一个谈话会，找到 7 名下层职员，他们供给了重要线索：点出来搬运"扬子"物资中的几个重要人物，其中有一个还留在上海。照他所供，"扬子"物资确系 5 月 11 日以后才装船转运去台湾的，此事由李玉菁委托长风企业公司办理。李玉菁是在 5 月 18 日才和张曙东、郑振华匆匆乘机南逃的，他们装出去的物资，顶多只有 4000 箱中的 1500 余箱。由此追踪到北京路 91 号找长风公司，但是，长风公司又已搬走了，究竟到什么地方，谁也不知道。

这时，长风公司门口有一位修理三轮车胎的修理匠，名叫邵渭舫，他看到几位佩有红色军管会臂章的同志，就主动上前问："同志，你们找长风公司吗？"邵渭舫热情地把查获小组带到停歇在马路旁边、参加过长风公司搬运隐匿物资的平板车车夫中间去。邵渭舫还请参加过搬运的车夫出来指点道路。车夫也非常热情，凡是去过的都讲了。说是长风公司搬到宝山路宝山里 2 号去了。

获得人民群众的指点，综合组的同志追寻到宝山路。三间不显眼的平房门口，挂的是营造厂栈房招牌，里面只有两个女人，她们表示从来都没有听说过长风公司的名字。没有办法，再回到原地去。有群众告诉他们道："长风公司的账房先生已经找到了，马上要来，你们追住他就是了！"果然，账房陈锦文鬼鬼祟祟地跑来了，查问时，开始还说自己是万利制革厂的职员，后经再三说服，才坦白承认和记源号和瑞祥号两处，就存有扬子隐匿物资 600 多件；那个斯洛勃溪可夫处也有 300 多件，宝山路宝山里 2 号的所谓营造厂仓库的负责人吴嘉鸿，也是长风公司的重要负责人。这时综合组分头去找，终于发现经手报关的是达胜永报关行，再找达胜永经理王志刚调查，知道了张曙东忙于逃命而弃留在两只驳船上的 90 件重磅机器等物资，还安然存在。而在山海关路某私人住宅中藏匿的 150 个箱子，都已被开启撒满在三个房间的地上，也一并由综合组收拾起来了。①

---

① 黄穗：《扬子建业公司隐匿物资追查记》，《解放日报》1949 年 6 月 19 日。

《文汇报》1949 年 6 月 23 日报道《军管会在人民协助下，战犯隐藏物资大批查获没收》："上海军管会在人民协助下，经多日侦查，查获孔祥熙、阎锡山等的大量隐藏物资及资本。孔系扬子建设公司在上海解放前曾将不及运走的价值数百万美元的巨额物资，分散隐藏在十多家中外商公司、商号、堆栈、工厂、仓库及私人住宅中。上海解放后，军管会贸易处人员前往扬子公司及其各个仓库进行接收，发现物资已迁移一空，旧有人员亦无踪影。后经贸易处人员多方侦查，层层追查，始将上述物资全部查获没收。阎锡山所办西北实业公司在沪隐匿的一百三十张栈单，一千七百袋面粉，一百箱西药，以及其他物资亦在各阶层人民及该公司旧职员的合作下为军管会查获。军管会并在英商利威公司的十一万八千五百股股金中，查出了孔的十一万二千二百股，当即予以没收，宋子文系的孚中公司亦已查获。其他被查获的隐藏物资有伪联勤第十补给区的机器零件二千八百余箱及汽油、机油九百余桶。上述情况说明追查战犯和官僚资本隐藏的物资是件很巨大而细密的工作，值得引起其他新解放城市军管会的注意。"

1949 年 8 月 4 日的《解放日报》报道查获阎锡山在上海隐匿资产的情况：

官僚资本在上海，以各种各样的巧妙方式隐匿着，人民政府彻查官僚资本，依靠群众的检举和帮助，次第把重要的官僚资本企业机构接管了，下面是几段彻查战犯阎匪的山西系官僚资本中，二位检举人和一位工作同志的记要：

阎锡山（自民国）卅七年来，搜刮了山西人民的脂膏，移到上海来开设五六十家投机垄断的商业机构，这些机构，经过贸易处综合组的详细调查，都已接管。

阎山西系的官僚资本，隐匿在上海很多，大明信染织厂的吴企尧先生，开头便帮助贸易处综合组彻查山西实业公司，经过一个月的努力，便全部接管了。

阎部下徐健吾在沪经办军用物资,当人民解放军渡江,上海吃紧时,徐即化名分散隐匿,其中军用洋布三千匹,于四月廿二日冒怡诚棉布号名义,存放江海银行仓库。上海解放后,徐即南潜。本市某女士闻悉,乃毅然密告军管会,业经综合组调查属实,即在上月十四日没收,交市贸总处理。某女士再三不愿接受奖金,军管会也再三劝说,乃收受人民币二十万元之奖金。

阎在沪私产的主要代理人张正廷,他用张统业、张至公、张健羽、张万槐、万槐堂的化名,经管着阎五六十幢房屋,他又是阎的儿子阎志敏、阎志惠经营的达昌贸易公司的经理。综合组彭友年同志去调查达昌公司时,张正廷说:达昌公司已于去年十一月结束,而该公司房屋(坐落四川路慈昌里29号至31号)已于今年三月顶给裴寿凯君,顶费黄金120两。另轿车一辆亦由他赠予司机张自明,最后他允许一星期内追回房屋和汽车,不然也愿负责赔偿。一星期后彭同志再去,他狡猾地全部否认,上月十日彭同志再去时,张正廷竟利令智昏,向彭同志贿赂银元25枚、女式金软镯一只,彭同志乃将贿赂物带回,呈报贸易处。同时综合组又汇集了很多材料,确断张正廷所保管的阎私人财产很多,十九日综合组戴佛组长召他来组谈话,再三规劝,他矢口否认,不肯悔悟,于是将他移送公安局处理。

经办此案的彭友年同志,威武不屈,贫贱不移,粉碎了那些不肖之徒妄想以物资来诱惑的幻想,要知道人民政府的工作人员,是不能以金银来移转意志的。

1950年1月13日,上海人民法院审理顾心逸等人隐匿孔祥熙官僚资本案件。

"被告原敦裕钱庄总经理顾心逸,及原经理顾诚斋,经判决各处徒刑三年,顾心逸并处罚金人民币六亿元,顾诚斋并处罚金人民币四亿元(旧币)。罚金之执行,就其已知之财产先予扣押,不足时,以人民币十万元折抵一日易服劳役。敦裕钱庄资产属于官僚资本部分没收,敦裕钱庄在国民党反动统治时期，所营私下拆放，设立暗账所载之财产经查明者，计黄金252两、永安纱厂股票四百万股、信和纱厂股票二百万股、大中华火柴厂股票一百万股，亦予追缴，按该庄股份比例摊分归公。

"被告顾心逸、顾诚斋二人是同胞兄弟，顾心逸于1927年进中央银行，自练习生升为中央信托局襄理，至1941年离职，结识孔祥熙、孔令侃父子，关系密切。敦裕钱庄原为私营，1946年7月5日发生金融风潮，头寸数目缺短颇多，该庄副经理邹樟向顾诚斋求援，顾诚斋托顾心逸找到孔令侃，拆借赤金一百大条弥补，始渡过难关。此后该庄大部分股份即陆续变入孔令侃之手（最后占74%）。孔为逃避社会耳目，隐名不露，即令二顾出面。二顾即于7月6日进入该庄，为实际的负责人。

"又：孔祥熙于1946年7月间，向美军收回其所有的南京路迦陵大楼（今南京东路99号）以后，为隐藏真面，亦令二顾组设私人账房性质的地产公司，于当年8月正式组成大业地产股份有限公司。开张以后，即运用迦陵大楼租金，于同年年底前后，以该公司名义购进等于其资本法币二千万元约五倍的房产。解放后，二顾存心隐匿归己，不肯坦白，不向人民政府有关机关报告，先后由金融处和房地产管理处施以深切教育，但顾等仍无悔悟之意，乃移送人民法院处理，经数度审讯研究及该庄员工之协助，事实大白。而由于二顾始终否认真相，以致侦讯前后达半年之久。虽经政府多次说服开导，被告等始终冥顽不灵，毫无悔改诚意。因此，人民法院对顾心逸、顾诚斋判处有期徒刑，教育社会，作为故意隐匿官僚资产者戒。"①

文教部门的接管是最顺利的。上海各学校师生都热烈欢迎接管干部的到来，学校生活掀开了新的一页。上海的学生运动由来已久，在反对国民党黑暗统治、反饥饿、反内战的斗争中，上海学生都表现英勇。教授们也纷纷走出书斋，向往民主和光明。

---

① 《解放日报》1950年1月14日。

1948 年底，国民党统治摇摇欲坠，形势已经明朗。复旦大学地下党组织了以迎接解放为中心的护校运动。成立了复旦大学的讲（师）助（教）会、教授会、职员会、工友会。1949 年 2 月合并为复旦大学全校性的"应变委员会"，请了校长章益当会长。各系科充分利用合法的条件，开展储粮应变。买来的大米、黄豆、油、煤，分别堆放在各宿舍区，人人都感到上海解放近在眼前，不怕留在学校里没有饭吃。全校按学院成立了五个防护大队，女同学组成救护队，负责保护学校一切设备和师生员工的安全。

　　校长章益曾经在国民党政府里担任过要职。到复旦后，对形势看得一清二楚。他不想跟国民党逃到台湾去，但是留下来共产党能容他吗？心情很惶惑。党组织对他进行了争取，章益答应了三项条件：第一，不去台湾，留在上海；第二，保护学校的现有仪器、图书和一切设备；第三，尽本人

○　1949 年 6 月 20 日，接管复旦大学

最大努力保证师生的人身安全。他在全校应变会上表示留下来的决心，以后的事实证明章益履行了诺言，保护了复旦。

如何接管上海的大专院校和文化部门，关系到共产党如何对待知识分子、民主人士，关系到党的统一战线政策。陈毅亲自兼任文教管理委员会主任，表现出他的高度重视。共产党、解放军在解放上海的过程中，表现出为人民而战的英勇作风和严明的纪律，赢得了上海广大市民和各界人士的赞扬和尊敬。有位教授曾在座谈会上说："古代有所谓'王者之师'，那多半都是吹牛皮，实际是从来没有过。可是现在的人民解放军，才是我亲眼看到的真正的'王者之师'！"解放军的卓越表现，在上海的人民群众中，也包括在广大的知识分子中，为共产党和人民政府赢得了荣誉和信赖。

但是，由于国民党的长期反共宣传和旧社会根深蒂固的影响，要想做到顺利接管，还是需要付出艰苦努力的。据参加文教接管的唐守愚回忆：他从上海撤到解放区后，曾经在陈毅的领导下，与准备进入上海工作的解放区干部，会同上海地下党的同志，对上海解放后的接管工作进行了充分的准备，做出详细的接管计划。唐在回忆中谈道，当时确定李亚农同志（他是解放区来的历史学家）在高教处负责科研机关的接管工作，他和李正文同志负责高等学校的接管工作。鉴于上海的情况十分复杂，又是高等学校及科研机关的一个重要集中地，市委根据党中央的指示精神，在接管和改造工作中，主要强调一个"稳"字，当时提出的口号是"稳步前进"，接管的方针政策是"维持原状，逐步改造"。①

陈毅高度重视对知识分子政策和统战工作，他对党内干部们说："中央的方针政策决定了，在具体执行时的方式方法和具体步骤等，一定要多召集各界代表大家商量，共同决定。在会上话要讲清楚，讲干净。党在政治上一般没有什么秘密，会议上话讲干净，可避免到处小广播。要保守秘密

---

① 唐守愚：《回忆上海高校接管前后的统战工作》，《上海解放三十五周年文史资料纪念专辑》，上海人民出版社 1984 年版，第 358 页。

怕别人知道，结果引起大家不赞成，现在四大阶级共同决定，我们虚心求教，人们会衷心拥护共产党的领导。"他还说："党内有一种不敢接近民主人士和知识分子的倾向，认为麻烦，特别是有些同志对我们招待民主人士、专家、学者看不惯，甚至编成歌谣说：'早革命不如迟革命，迟革命不如不革命'，还得加上一句，'不革命不如反革命'。有的说，'邵力子、张治中等能住北京饭店，我们的老干部则无人照顾'。这些同志的意思是说，钱应当花在老革命身上。殊不知北京、上海和各地招待的不过万把人，但是我们向华南、西南进军，就可以减少很多麻烦，可以少打死很多人。我们接管各大学，校长不要马上换人，换了左派民主人士不一定比原来的高明，更不要换我们的人，否则搞乱了，陷于被动，削弱威信。在学识上，要采取老实态度，不要充假装象。怕失面子，结果大失面子。不能以战胜者自居，如对旧人员认为他们低我一等，无资格与我讲话。不知道他们也是穷苦工薪阶层的劳动者，要主动团结他们。总之，入城接管，对文化界、工商界等各方面的民主人士，对旧人员，都要结合这种新精神合作共事。"①

接管之前，干部们对上海学校的情况做过基本分析：解放初的上海，大概共有公私立及教会办的大专院校40多所。这些学校共分三种类型：第一类是公立学校（包括国立、市立及政府部门办的学校），计有国立大学交大、复旦、同济、暨南等大学及上海医学院、上海商学院、上海音专、美专等十多所；第二类是私立学校，计有大同、大夏、光华等大学和上海法政学院、东南医学院、中华工商专科、立信会计专科等20多所；第三类是教会办的大学，计有圣约翰、沪江、东吴法学院、男震旦、女震旦、之江六个单位。在这三种类型的学校中，又各自有其不同的政治情况。我们对于高等学校，大致是按学校领导的左、中、右的政治态度来分析的。我们接管工作的重点，在高等学校方面是四所国立大学，就是交通大学、复旦

---

① 周林：《接管大上海记实》，《上海解放三十五周年文史资料纪念专辑》，上海人民出版社1984年版，第38页。

大学、同济大学和暨南大学；在研究机关方面则是北平研究院和中央研究院在上海的十几个研究所。

在政治方面，交大、复旦和同济的学生运动一直搞得很好，交大在当时曾被称为上海的"民主堡垒"；复旦大学的教授和讲师、助教中的民主进步力量在当时是所有大专院校中最强大的，也是大教联和后来组成的大学讲助会中的骨干力量。复旦大学校长章益是国民党十分器重的人物，但在张志让和潘震亚等进步教授的影响下，并经过张志让多次劝说，终究还是留了下来，正式向人民政府办理了移交手续。私立学校中，大同的理工科办得比较好，为社会培养了一些有用人才；大夏也培养了一些人才，在社会上有一定影响。①

基于这个判断，接管干部充分肯定了上海各大学的进步力量和知识分子拥护共产党的立场，在团结合作的气氛中开始了接管。

1949年6月20日，复旦大学由军管会文管会实行接管，全体师生员工1800余人，以欣欣愉快的心情，迎接复旦光荣的新生。

上午，军管会军事代表李正文，文管会高教处副处长李亚农，文管会顾问施复亮在"你是灯塔"的歌声中走进校门，全体师生员工排成两行在校门口夹道欢迎。

9时50分在校长室举行接管仪式，由章益校长点交表册。10时10分在登辉堂，大会开始。章益校长致辞说："今天是我们复旦全体师生最快乐的日子，四十四年的复旦在今天光荣地归还了人民，今后的一切措施，都应该为人民服务。解放以前，我们师生员工，为了争取真理，反迫害，受到不少牺牲，经过了种种难关，今天仍能将复旦完整地交给人民，这是复旦的光荣。从今天起我们复旦参加了伟大革命的行列，来建设新中国。"接着，军事代表、高教处副处长李正文讲话，宣布了接管方针。关于教职员

① 唐守愚：《回忆上海高校接管前后的统战工作》，《上海解放三十五周年文史资料纪念专辑》，上海人民出版社1984年版，第359—360页。

方面，他说，教职员的待遇，以能维持他们的生活，也能联系到人民政府现今的财政情形为原则。人事方面，一律保留原来的职位。仅有三种教职员——固步自封不肯接收新思想的，靠人事关系混进学校有薪水而实际上不做工作的，依旧作反动活动的，学生并不欢迎他们，政府也很难维持他们的职位。关于同学方面，他说同学们今后的任务有五项，一是改造自己，与劳动人民结合在一起，学习马列主义的思想。二是提高科学知识，努力学习新的技术。三是爱护校产，保持清洁，节省水电。四是建立良好纪律，加强学习。五是协助接管工作，大家起来建设新复旦。

他又说：有少数同学过去被国民党所欺骗，做了特务。那些同学，应该马上觉悟，向同学们忏悔，缴出匿藏的武器，人民政府给他反省的机会。假如怙恶不悛，继续其反动活动，人民政府就不能宽容他们。他强调今后学校将以校务委员会为最高行政机构，由教授、讲师、助教、学生等组织而成。在校务委员会没有成立以前，依旧由原校长章益负责。最后，李正文说：国民党匪帮的三青团等特务组织和一些反动课程已经取消了，其他一律维持原状，采取逐步改进方针。

学生代表张燕宁、叶伯初相继发言，11 点 50 分大会在嘹亮雄壮的歌声中结束。[1]

上海交通大学是 6 月 15 日接管的。这天曙光初露，徐家汇的交大校园已被同学们打扫得很干净，校门口搭起高高的彩牌楼，全校贴满了欢迎接管的标语、漫画和对联，在苍翠的树木衬托下，充满了朝气和活力。

9 点半，当接管代表们进入校门时，播音机很快以清脆的声音报告给大家，每个房间里的同学都冒着雨出来迎接，摄影记者则忙着摄取这一富有历史意义的镜头。

10 点钟在文治堂举行了接管仪式，数十位教授、3000 多学生及工友们都集中在大礼堂。在全场热烈鼓掌下，接管代表唐守愚副处长、夏衍同志

---

[1] 《文汇报》1949 年 6 月 21 日。

等步入会堂。"你是灯塔"的雄壮歌声淹没了整个会场。

当唐守愚副处长宣布接管交大时，几千双眼睛流露了喜悦的感情，全场肃静无声。唐副处长说：交大在过去反饥饿、反内战、反迫害的斗争中，是学生运动的民主堡垒，是学生运动前列的旗帜。解放后的今天，两种民主力量的汇合是有十分重大的意义的。交大从此永远是人民的了，她不再受迫害了，她将为新民主主义的教育而奋斗。接着唐副处长宣布立刻解散校内一切反动组织，建立符合于新民主主义的新制度新课程，会场上响起了热烈的掌声，历久不息。

文管会副主任夏衍讲话后，交大师生致答辞。教授代表说："我们决心贯彻为人民服务的决心，为培养新中国的建设人才而努力。"学生代表林雄超说："过去反动派公开的、秘密的逮捕、毒打、囚禁我们，想毁灭我们的学校，但这些奸计都破灭了。现在我们已从恐怖、被迫害中解放出来了，我们要自觉的努力学好科学和技术，立志为人民服务，做一个工业生产建设战线上的战士。"

交通大学，这个培养国家工业建设人才的学校，今天开始投入了人民的怀抱。历史的新页揭开了！①

但是，共产党的接管是有区别对待的。在新闻系统的接管中，就表现出鲜明的阶级立场和宣传政策。

中共中央非常重视新闻出版的作用。1948 年 11 月 8 日，中共中央发布《关于新解放城市中外报刊通讯社的处理办法》，明确"对于私营报纸、刊物与通讯社，不能采取对私营工商业同样的政策，除对极少数真正鼓励群众革命热情的进步刊物，应扶助其复刊发行以外，对其他私营的报纸刊物与通讯社，均不应采取此政策"。但要区别对待旧有报刊中"有反动的政治背景"的和"少数中间性进步的"，既不能"毫无限制的放任"，也不能"不分青红皂白，轻率地一律取缔"。这个文件还点名上海《申报》《新闻

①《解放日报》1949 年 6 月 16 日。

报》，是"有明显而确实的反动政治背景，又有系统的反动宣传，反对共产党、人民解放军与人民政府，拥护国民党反动统治的报纸，应予没收"。①

为了使中共的宣传在上海占据主导地位，党中央决定把原来中共中央的机关报《解放日报》改为中共中央华东局兼中共上海市委的机关报，在上海出版。《解放日报》编辑部在丹阳组建，并具体规划了该报的办报方针、内容、版式，写好了发刊词。当时《申报》是上海出版设备条件最好的，决定在军管和取缔《申报》后，即在该报社原址出版《解放日报》。宣传干部们在丹阳对军管《申报》的每一个具体细节都一一落实，谁担任什么工作，在哪个房间办公都安排好了。当接管队伍离开丹阳向上海进发，途经苏州时，毛泽东手书的"解放日报"四个大字，已经完成制版，准备用作刊头。

保护人民的言论出版自由和剥夺反动派的言论出版自由；没收官僚资本归人民所有和保护民族资本家的正当权益，这是党对待旧新闻事业的根本原则。遵照这一根本原则，军管会根据各新闻单位的不同情况，分别采取了接管、军管、管制和支持扶植的不同措施。

接管就是没收其全部资产，停止出版。接管的对象严格地限于国民党的党、政（府）、军（队）、特（务）独资创办，直接控制的报纸、通讯社。接管工作一开始，就对国民党的《中央日报》、国民党军队系统的《和平日报》（原《扫荡报》）、顾祝同控制经营的《前线日报》、孔祥熙控制经营的《时事新报》以及国民党的中央通讯社上海分社，实行接管，立即封闭，没收其财产，归国家所有。

对于官僚资本和民族资本合办的、其编辑部被反动派控制的新闻单位，采取先军管，然后分别情况加以处理。对企业的资本，仅没收其中的官僚资本，私人资本仍归原主，并保护他们的合法收入；同时解散被反动派所控制的编辑部，重新组织新的编辑部。对《申报》《新闻报》的处理是比较

---

① 《中共中央文件选集》第 17 册，中共中央党校出版社 1989 年版，第 465—467 页。

典型的例子。《申报》被全面接管，由《解放日报》取而代之。《新闻报》经过整顿后，改为公私合营的《新闻日报》。

　　对于国民党党政机关的工作人员，除极个别证据确凿的反革命分子依法惩办外，采取全部包下来的办法，不使他们流离失所，并力求不降低原来的生活水平，这是共产党接管城市的一项重要政策。这项政策同样适用于旧新闻界的从业人员。但旧上海的新闻界却有一个特殊情况，报纸、通讯社多达150多家。上海虽然大，也没有必要保留这么多的新闻单位。新办的、复刊的和继续经营的新闻单位也容纳不下如此庞大数量的从业人员，只能吸收其中的一小部分。根据党的政策，在安置过程中，根据本人意愿和实际需要相结合的原则，力求发挥他们的专长。有些年纪大的，自愿回老家，政府发给安家费和旅费。有些人愿意自谋出路的，发给三个月的工资。有些人外文比较好，在征得他们同意后，安排到外贸、外事部门工作。有些人中文底子好，转到中学去当教员。

　　还有相当数量的新闻从业人员，愿意继续从事新闻工作。军管会把他们集中起来，送到华东新闻学院学习。华东新闻学院是1949年7月创办的，第一批学员540人，学习四个月，分配到全国各地去了。数量如此众多、情况如此复杂的新闻从业人员，在半年多内得到妥善安置，不管是留的、走的、改行的，都心情舒畅，未发生一件意外事件，没有任何骚乱。

　　一方面接管、改造旧新闻机构，另一方面还支持进步的民主人士办报。《文汇报》的复刊是一件大事。解放前上海《文汇报》在徐铸成的主持下，是国内代表民主立场的重要报纸之一。由于报道客观，立论公允，受到读者的欢迎，也被国民党宣传部嫉恨。1947年初，徐铸成被陈立夫、吴国桢等人请去吃"鸿门宴"。陈立夫等表示，给《文汇报》投资，让它为党国多做宣传。徐铸成拒绝了收买，1947年5月，《文汇报》就被政府查封。上海解放后，在陈毅的关心下，《文汇报》在1949年6月21日复刊。当时徐铸成说他的心情"无比开朗"，复刊的社论《今后的文汇报》充满了喜悦之情，欢呼解放。还在复刊准备期间，徐铸成就"抱着一肚皮雄心壮志，想在北京搞一个《文汇报》，以后至少全国有三个《文汇报》，成为新闻界的领军"。从复刊之时起，文汇报就决心要代替《大公报》，成为名副其实的全国大报。

然而，曾在《文汇报》工作过的中共党员宦乡对徐铸成耐心讲解党的宣传工作方针，对其大报计划婉言劝弃，使他意识到"这个计划不能实现"。

1949年8月3日，上海市军管会主任兼上海市市长陈毅，在上海各界代表会议上作了《上海市军管会和人民政府六、七两月的工作报告》，汇报了上海解放后的接管工作阶段性成果：

（一）市政接管工作：计接管财政、卫生、工务、公用、教育、地政、民政、警察、社会等九个局，另一民食调配处，和文献委员会。市府本部计接管调查、人事、秘书、会计、新闻、外事、总务、交际等十个处，共计旧人员职工计49000余人。除调查处人事处旧职员大部逃跑或转入潜伏外，其余各局处95%以上留在原职位照常工作，听候处理和录用。我们将伪社会局裁撤，另成立工商管理处和劳工局。将民食调配处裁撤，另成立上海粮食公司，管理粮食供应。另成立房产管理处，管理房产的清理和调配。另成立外侨事务处，管理侨务工作，由该处接收伪中央政府驻沪外事机关及其他有关机构。

（二）财经接管工作：这一项计接收属于伪国民党市政府及属于伪中央政府的银行、工厂、仓库等机构共411个单位，重要资财计黄金24600两，白银36万元，伪金圆券21万亿，伪台币24000万，台糖37000吨，粮食47万石，新旧好坏不等的汽车18000辆，汽油4887万加仑。在上述各机关服务的旧职员工共计153000余名。

（三）文化接管工作：计高等教育方面接管大专院校26个单位，包括教授讲师助教研究员及职员工人共2796人，学生共8109人。市政教育方面接管公立学校及教育机关共503个单位，教职员工共5517人，学生174168人。新闻出版方面接管和实行军管的共52个单位，其中报馆通讯社 25 个单位，书店印刷厂等 30 个单位，广播台及器材厂 3 个单位，上述各单位的人员共 2314 人。文艺方面共接管 13 个单位，其中电影 9 个单位，戏院 4 个，共员工 173 人，技术人员 165 人。各私立大中小学未予接收亦尚未实施军管，俟国立教育事业处理就绪再筹商处理办法。

（四）军事接管工作：在接管部署上分为训练、政工、后勤、空军、海军五部。对敌之陆军是以战场歼灭代替了接收，剩下的任务是打扫战场和处理俘虏。陆军营房计 38 处，均大部破坏，初步修理据专家估计需 200 亿人民币，为节省开支暂停修理，另由人民解放军指战员组织勤务劳动，作临时补修工作。训练部只接收几个军事学校，完全是破坏了的空房子。政工部门只接收两个伪政工队，一所印刷厂，17 个广播电台，另 30 个单位，内分戏剧、电影、乐队等，均小型机构，一律分散编入人民解放军改造后参加服务。上述两部门接收工作结束最快。后勤部接管单位共 116 个，被接管人员计工人 7748 名，职员 1393 名，学员 52 名，技师 227 名，医工人员 2599 名，政工人员 103 名，伤病员 9574 名，将级官员 3 名，校尉级官员 392 名，士兵 7697 名，杂务人员 515 名，家属 2954 名，其他人员 1440 名，总计 34697 名。后勤部所接收之各单位，系敌军联勤系统之补给、修械、被服、医务等业务机构。空军接收部共接收 12 个单位，接收空军人员 1220 名，民航人员 1455 名，空军航空工程师技师计 40 名。空军较陆军保全较多，民用航空方面保全更多。另接收空军及民航房屋 3349 间，其中可用房屋 1834 间。海军接收部共接收 18 个单位，仓库 14 个，工人 82 名，技术人员 154 名，职员 58 名，杂役 80 名。海军破坏较空军为大，几乎没有一个完整的机构。①

---

① 《人民日报》1949 年 8 月 13 日。

第 5 章 │ **银元之战**

接管上海之后，陈毅面临一个巨大的问题：共产党如何养活上海 500 万人民？

　　旧中国形成的经济运行模式，使当时上海主要工业生产原料和生活资料大部分依赖进口。如棉纺业所需原棉的 60%，毛纺业所需毛条的全部，面粉业所需小麦的全部，造纸业所需纸浆的全部，卷烟业所需烟纸、烟丝的半数以上，上海人赖以为生的大米的半数以上，动力生产所用的 80% 的油料和 20% 的煤等。① 上海解放时，全市的存煤只有 5000 吨，粮食储备只有 4000 万斤，只够上海市民半个月用的。

　　这种情况，华东局领导是有准备的。在丹阳，大家就研究了保障上海供应的"两白一黑"问题，即大米、棉花和煤炭。应华东局的请求，中央从东北、华北调运大量的大米、白面和煤炭，用火车源源不断地运往上海。国民党败退后，共产党接管到建立政权之间有个过渡期，这期间军管会采取了平价救济的方式，给百姓提供粮食和煤。保障生活需要。1949 年 6 月 5 日，军管会在《解放日报》上发布公告：

　　　　上海市粮食公司筹备处，为协助恢复生产及解决工人，公教人员与学

---

① 熊月之主编：《上海通史》第 11 卷，上海人民出版社 1999 年版，第 23 页。

生之生活困难起见，于六月五日通告平价出售食米，配售对象、办法、价格、数量等均有规定。

配售对象：1.各工厂之工人及其他有组织之劳动者，2.各公私立学校之教职员及住校学生，3.各级政府机关之公务人员及工友。

配售价格：按照粮食公司每日牌价计算。

配售数量：每人三十市斤，并以各工人、公教人员、工友、教职员及住校学生为限，其眷属暂不包括在内。附注：提货人须自备麻袋。

公私企业的生产用煤，也由政府给予调配，以解急需：

"京沪杭区煤炭调配处，为有计划配给上海市各公私营工厂用煤起见，（6月）二日起开始办公以来，连日忙碌登记，本市各公用事业及公私工厂申请配煤者，三天内已有民生实业公司、大中华火柴公司、太乙调味粉厂、纶华染织厂等数十家。申请者须填具燃煤现存数、申请数、每月需要数三项。对急需燃煤者，该处正请示上级迅予拨售，以利各厂迅速开工。"

这些办法只能应急，要恢复上海市民的正常生活，还是要按正常的市场供应才行。恢复上海正常经济秩序的第一步，就是废除国民党旧币，使用人民币。

国民党的金圆券，害苦了上海人民。王鼎钧在上海目睹了那些民不聊

生的场面：

"那时人人买银元，通货恶性膨胀，金圆券每小时都在贬值，餐馆卖酒按碗计算酒钱，第二碗的价钱比第一碗高，排队买米，排尾的付出的价钱比排头贵。坐火车的人发现餐车不断换价目表，一杯茶去时八万元，回时十万元。买一斤米，钞票的重量超过一斤，银行收款不数多少张，只数多少捆。信封贴在邮票上，而不是邮票贴在信封上。饭比碗值钱，煤比灶值钱，衣服比人值钱。'骑马赶不上行市'，'大街过三道，物价跳三跳'，生活矫治犹豫，训练果断，人人不留隔夜钱。乡间交易要盐不要钱，要草纸不要钞票。"

王鼎钧痛心地写道：

"发行金圆券是个骇人的连环骗局，当初说金圆券一圆含金 0.22217 盎司，但是并未铸造硬币，这是一骗；当局定下比例，以金圆券二亿换回法币六百万亿，这是二骗；本说发行总量二十亿，马上又有'限外发行'，这是三骗；然后干脆无限制发行，最后发行量超出三十四万倍，这是四骗。他骗谁，金圆券出笼的那天，聪明狡黠的人立刻去换银元、买黄金，把金银埋藏在地下，那效忠政府、信任政策的人，纷纷把黄金美钞送给银行兑换新钞，政府骗了最支持他的人，骗得很无情。"[①]

为了建立新中国的货币体系，1949 年 2 月北平刚刚和平解放，中共中央就派薛暮桥、南汉宸等负责金融财政的干部进入北平，接管国民党的银行和造币厂，开始设计印制人民币。为的是渡江后在南京、上海等大城市取代旧币，建立新中国的金融货币体系。

很少有人注意到，在入城部队指战员露宿上海街头的同时，却有一支队伍径直住进了豪华的南京西路金门大饭店。这是从丹阳出发的运送人民币的车队。

总前委命令：解放军解放哪里，人民币就要跟到哪里。上海战役开始后，押送人民币的车队就随华东局机关前往上海。公路被炮弹炸得坑坑洼洼，卡车晃晃悠悠地慢慢爬。押车的北海银行干部张振国一路上心情都非常紧张，因为没有备用车，任何一辆车都不能抛锚，否则后果不堪设想。终于，车队在 1949 年 5 月 27 日早晨进入上海市区，可以说到得正是时候。他们享受着陈毅批准的"特殊待遇"，装满 4 亿元人民币的 40 辆美国道奇卡车陆续抵达，装载着首套人民币和 12 种样票，面值最小 1 元，最大 1000 元。张振国向财经接管委员会主任陈穆报告后，陈穆让他们把人民币转运到外滩中国银行大楼，送进了地下金库。

上海解放第二天，军管会主任陈毅颁发了《关于使用人民币及限期禁用金圆券的规定》布告：自即日起，以人民币为计算单位，为照顾人民困难，在六月五日以前，暂准金圆券在市面流通。在暂准流通期间，人民有

---

① 王鼎钧：《关山夺路》，生活·读书·新知三联书店 2013 年版，第 248 页。

权自动拒用金圆券。

要不要收兑市民手中的金圆券？党内两种意见曾有过激烈争论。金圆券因国民党滥发狂贬而一钱不值，若全部收兑将是很大负担，但全部作废又会让老百姓受损失。争执双方跑去找上海财经委主任曾山，曾山态度很明确：国民党搞币制改革，强迫市民交兑金银外汇，连普通女工的银耳环也收兑了，但这责任不能让老百姓承担；如果我们连这样的责任都不敢承担，就不是真正的共产党。军管会规定：人民币一元，折金圆券十万元，为本市第一次比价。

这是共产党在为蒋介石背锅。国民党通过发行金圆券吸干了上海市民的黄金外币，卷款逃跑，金圆券没有了本金，变成一堆废纸。但是共产党要养活上海人民，不能让百姓破产。于是用人民币兑换金圆券。这给上海人民带来了生机，百姓们纷纷来到各兑换点，把金圆券换成人民币。仅仅七天，就完成了兑换。1949年6月6日《解放日报》以《伪币收兑胜利完成，兑出人民币三亿五千余万》为题报道：

收兑全市伪金圆券工作，已于昨日胜利完成。新民主主义的新的经济生活开始建立。上海是全国的经济中心，帝国主义官僚资本主义封建势力的窠巢，蒋匪曾在此进行了最疯狂的掠夺与榨取，直到5月24日，蒋匪还最后迫令原中央印制厂工人疯狂赶印一百万、五百万票面的伪币，并已设计一千万伪币的票样。由于人民解放军奋勇神速前进，蒋匪最后掠夺上海人民财富的阴谋才未及实现，但据各有关方面的统计与调查，去年年底，在上海流通的伪币数额已占其发行总数的一半以上。上海解放后，这项巨大数额的伪币，立即成为废纸。为保护人民利益，并为照顾人民困难，稳定市场金融，因此，迅速收兑伪币，成为极端重要与艰巨的工作之一。但这一工作在上月30日开始，前后仅历时七天，即宣告迅速胜利完成。七天中，总计共兑出人民币三亿五千九百七十八万九千九百三十四元五角，兑换者共二十二万一千五百九十人（前二项数字尚未包括交通银行及邮局的统计在内）。

　　然而，陈云也没有估计到，解放区印制的人民币根本不够用，几天就兑换完了。曾山向陈云告急，市场上流通的人民币远远不能满足需要，请再送更多的人民币来。短期哪能送到如此巨额的人民币呢？接管财经的干部灵机一动，去找国民党中央银行的印币厂。原来以为国民党一定把印钞机带走了，没想到上海印币厂的工人把机器保存完好。我们的干部带来了人民币的印版，立刻开始哗哗地印起了新票子。①

　　但是，国民党的通货膨胀给人民造成的心理恐慌，使百姓不相信纸币而相信黄金和银元这些硬通货。南京路四大私营百货公司依然用银元标价，其他商店闻风仿效。这就给了商人投机的空间。

　　在旧上海，股票和证券交易是金融界的主要活动。民国时期，上海汉口路的证券大楼控制着全市的有价证券交易，通过买空卖空，操纵物价。它与全国乃至远东各大城市都有紧密的联系。当年南京国民政府要员，或明或暗地充当着股票和证券交易的幕后人或保护人，牟取暴利。市民中也有不少人出入证券交易所，利用证券价格涨落的变化，迅速买进卖出，获取差价，赚点小钱，俗称"抢帽子"。

　　当解放军进入上海时，证券交易所自动停业。但是第二天，一些字号又悄悄复业，打着经营证券的幌子，非法进行金银外币的投机贩卖活动。证券大楼拥有几百门市内电话和大量对讲电话等通信工具，并且每天有数千名前来探听"行情"的"银牛"（又称"黄牛"）出入传递信息，证券大楼再次成为上海金融投机活动的中心。

　　当时上海市中心的主要马路，特别是西藏路、南京路和外滩一带，到处都有"黄牛"站在人行道上或者十字路口，手里拿着几块银元，发出叮叮当当声音，嘴里念叨着"大头要吗"。他们不断报着当天银元进出的行

①　张振国口述，见《上海1949：比战争更宏大的较量》，《三联生活周刊》2009年第18期。

市。行人有的站了下来，讨价还价，双方议定了价格，用一定数量的人民币换了若干银元而去。

人民币的信用受到严重的威胁。

投机商掌握了大量银元，翻云覆雨，操控黑市价格，迫使人民币不断贬值。人民银行规定的银元与人民币比价为一块银元换100元人民币，但是6月3日涨到1∶720，4日竟然狂涨到1∶1100。黄牛横行，大头嚣张，银元暴涨，人民币急跌，物价随之波动。各大商场拒收人民币，人民币只能买点小商品。上海老百姓惶惶不安，生怕人民币也和金圆券一样不值钱。

人民币在上海站得住站不住，直接影响到共产党能否控制上海的全局。以人民币兑换金圆券是为了统一币制，扫清金融阵地。如果人民币不能战胜银元，金融阵地就不能巩固，物价无法平稳，市场必然混乱，工业不可能顺利恢复生产，商业难于正常流通，上海的经济命脉就掌握在投机奸商的手里，这不是简单的银元问题，而是共产党在上海站得住站不住的问题。

上海军管会成立的第一战，就是银元之战。对此，上海市委、军管会的态度是坚决的：一定要严厉打击银元投机，站稳金融市场。6月5日，上海市委向中共中央报告上海银元投机严重影响人民币信用的情况，决定采取严厉措施制止投机行为，并提出了准备实施的五项措施：

1. 经过报纸及座谈会方式宣告我们对银元的态度。

2. 抛出银元（我们约有五百万元），三四天内把银元价格不断压低到六百元上下，然后在京沪杭地区同时宣布禁用银元（希望武汉亦采取同时行动）。动员上海群众及军警来全面取缔银元贩子活动，公安局主要选择一二个最大的银元投机家，给予最严厉的处分（如逮捕及没收）。

3. 人民银行所管辖和领导的各银行一面收兑银元，一面举办折实存款，以便解除小市民对纸币的顾虑。

4. 贸易处出售米、煤、盐、油，并抛出人民币吸收工业品，以解决工厂资金困难，并使工业品缓步上涨（收进时同时也抛出一部分使人民币和物资结合）。

5. 对失业工人及贫民进行必要的救济工作。①

同日，华东财经委员会向上海市场投放 10 万银元，以缓解市场银元涨势。上海市军管会像淮海战役发动总攻的阵前喊话那样，开始造声势和舆论。

5 日，上海《解放日报》以《扰乱金融操纵银元的投机者赶快觉悟》为题，发表社论，社论首称："蒋匪统治中国人民，所遗留下来最大的恶果之一，是无限通货膨胀所造成的币制混乱，及人民对货币的不信任心理。中国人民蒙受蒋匪的迫害与掠夺，其痛苦之深，损失之大，遗害之广，罄竹难书。从伪法币到伪金圆券的发行及其崩溃，这一惨痛的过程，教育了人民，弃用伪币。于是美钞、黄金、银元代之而起。币制混乱，达于极点。官僚奸商更从中操纵，物价一日数涨，以致百业萧条，民不聊生，游资无出路，失业增多，两者结合形成一种破坏经济、捣乱市场的特殊力量。在本市解放之初，这种遗害，仍然惨重地破坏社会经济及人民生计。"

社论继称："本市军事管制委员会及人民政府，在进入本市第一小时起，就着手进行扫除蒋匪通货膨胀的遗害，逐步实施币制统一，首先就实行坚决迅速肃清伪金圆券，使人民币进入市场，打下统一币制的牢固基础。但军事管制委员会及人民政府明确认识、肃清伪金圆券，只是为统一币制打下基础，不进一步肃清银元外币，物价无法平稳，市场交易必成混乱，工商事业无法恢复，人民仍不能脱离投机奸商之危害。"

最后，社论指出："在此迫切关头，希望操纵银元市场的少数奸商及投机分子，及早觉悟立即停止犯罪行为，将资金转入正当工商事业，从事生产。我们特别劝告贩卖银元小贩及早转业脱离这种危害人民的不法行为，以免遭受损失；如少数奸商及投机分子仍执迷不悟，继续与全市人民甚至全国人民为敌，一定不为人民所原谅。军事管制委员会及人民政府以保护最大多数人民利益为依归，定将采取最坚决最严厉措施以保护最大多数人

---

① 《陈云传》，中央文献出版社 2015 年版，第 618 页。

民的利益！"

同日，上海举行"反对银元投机，保障人民生活"的群众游行，陈毅在大会上警告奸商"赶快洗手不干，否则勿谓言之不预"。但是奸商们置若罔闻，认为蒋经国打老虎都没能怎么样，共产党能有多高明。10万银元一投放市场，马上引起挤兑狂潮。据上海《大公报》报道：早上九江路外滩中央银行一开门，外面排的队伍已经有几百米长。人们拿着人民币来兑银元，银行门口挤死人，连工作人员都无法进入。记者在门口采访，被人群挤得出不来，银行只好再开一个后门，让兑换的人流走出去。这里面有黄牛，但多数是恐慌的市民，他们把纸币换成银元心里才踏实。投入市场的10万银元被一吸而尽，仿佛投入深渊，连个泡都没冒。

6月7日的银元价格更是涨到1块银元换1800元人民币的新高。银元猛涨，刺激物价，大米、面粉、食油等生活必需品的价格随之急剧上升2—3倍。全市街头巷尾，到处可见"银牛"叫卖活动，6月5日至8日，"银牛"由2万人增至4万人。不法分子的捣乱活动，严重威胁和阻碍了人民币在市场流通，损害了人民币的威信。

眼看投机贩子如此猖獗，中共中央财政经济委员会主任陈云起草了《中共中央关于打击银元使人民币占领阵地的指示》，经毛泽东批准，6月8日发到华东局、上海市委以及各中央分局。电报指出：

上海流通之主要通货不是金圆券而是银元，此种情况是在平津解放及我军渡江后金圆券迅速崩溃、南京政府垮台之下造成的。武汉银元亦甚猖獗。这样在我们新解放区的金融上就发生了新的情况：（甲）金圆券不打自倒。金融上遇到的敌人，已不是软弱的金圆券而是强硬的银元。（乙）过江之前，解放战争一般是先解放乡村包围大中城市，然后解放之，这样在金融贸易上人民币就先在乡村生了根；城市一解放，我币占领市场，恢复城乡交流，都是比较容易的（如沈阳、平津）。过江之后，情形就不同了；我们先占城市，后占乡村，而城乡均是银元市场，乡村非但不能帮助城市推行我币，而且增加了我币推行的困难。①

故银元占领着市场，人民币不易挤进去。估计将来解放长沙、广州等城市时，亦有相同情况。因此，中央同意上海市委及华东财委的意见，打击银元投机活动，明令金条、银元、外币一律由人民银行挂牌收兑，禁止在市场上自由流通，使人民币占领上海货币阵地。

6 月 7 日晚，中共中央华东局由邓小平主持会议，上海财经委主任曾山报告了银元投机活动的严重情况，指出如不采取断然措施，不出一个月就会发生人民币被挤出上海的危险。会议决定报中央批准，对汉口路 422 号上海证券交易所大楼进行查封，并惩办一批为首的违法犯罪分子，坚决打击投机捣乱活动。陈毅说："大家一定要把这次行动当作经济战线上的淮海战役来打，不打则已，打就要一网打尽。"会议决定，由市公安局和上海警备区实施这次行动。

出席会议的上海市公安局长李士英、市军管会金融处处长陈穆分别接受了行动任务：金融处负责查实应扣押处理的人员名单；公安局负责抽调力量搜查抓捕；警备区警卫旅负责对证券大楼的武装包围。

李士英回公安局后，立即召开紧急会议，传达华东局的决定，并请金融处处长到会向大家介绍了证券交易所和银元活动的情况。公安局决定从刑警处抽调 200 余名干部参加行动，由刑警处长马乃松负责。8 日、9 日两天，马乃松带领少数骨干，化装进入证券大楼了解情况，熟悉地形；其余人员全部留局待命，并临时停止与外界的一切联系，以防泄密。

与此同时，金融处依靠原地下党设在证券大楼的秘密工作人员张统祯、徐兰甫等，对证券大楼各投机商号、经纪人的违法活动进行秘密调查，确定了一批应予扣押审查者的名单。

6 月 9 日晚，中共中央华东局、中共上海市委、上海市军管会、上海

---

① 《陈云传》，中央文献出版社 2015 年版，第 619—620 页。

市人民政府举行联席会议，决定于 6 月 10 日上午查封上海证券交易所。由军管会发布行动命令，随即下达到上海市公安局及华东警卫旅等有关单位。

1949 年 6 月 10 日上午 8 时，李士英、马乃松率领 200 余名便衣警察，按预定部署分散进入证券大楼，分 5 个组控制了各活动场所和所有进出通道。华东警卫旅副旅长刘德胜、参谋长刘春芳也到现场指挥行动。

上午 10 时，华东警卫旅派出 1 个营，分乘 10 辆大卡车到达证券大楼，对整个大楼实行军事包围。紧接着，上海 12000 余名工人、学生在证券大楼外围封堵交通，并向市民作宣传解释。分布在证券大楼各个场所的公安人员同时亮出身份，命令所有人员立即停止活动，就地接受检查。这一突然袭击，一下子打懵了众多投机分子。遍布街头的 4 万名黄牛也纷纷逃跑，没了踪影。

从上午 10 时到午夜 12 时，公安人员分头搜查了各个投机字号，并登记了所有被封堵在大楼内的人员名单及财物，然后，命令全部人员到底层大厅集中，听取人民银行代表赵帛的训话。赵帛向他们宣布处理原则是"惩办少数，宽大教育多数"，"对大多数只进行小额买卖的人，经过审查后即可回家，但必须保证不再重犯"。集中到大厅的共 2100 余人，根据事先确定的名单当场扣押 238 名，送市人民法院思南路看守所羁押审查，其余 1800 余人陆续放出。

在对证券大楼采取行动的同时，黄浦、老闸、新成等公安分局也出动 7 组公安人员，分头取缔各区银元投机活动，并按名单拘捕了陈瑞堂、励荣然、邹延康等 8 名重大的投机犯罪分子，对 400 余名从事小额贩卖者则集中训话，不予查处。

这次行动在证券大楼共抄没黄金（含金饰）3642 两、银元 39747 枚、美元 62769 元、港币 1304 元、人民币 1545 万多元（旧币）和囤积的呢绒、布匹、颜料、肥皂等商品以及手枪 2 支。各公安分局共抄没黄金 81 两、银元 4488 枚、美元 2720 元。对证券大楼被扣押人员的审查处理工作，由公安局、法院与金融处派出的工作队共同配合进行。根据《华东区金银管理暂行办法》有关规定，贯彻经济惩罚为主的原则，对 6 月 10 日被扣人员分 3 批作了处理，主要是从经济上给予严厉制裁，其中受刑事处罚的均由人民法院判处；凡被处有期徒刑的，允许以罚金折抵。

查封证券大楼是一场干净利索的歼灭战。解放军和公安干警密切配合，以迅雷不及掩耳之势将证券大楼内大小投机商一网打尽。这些家伙做梦也没想到共产党会有如此的铁腕钢拳，一个个被吓破了胆。第二天的《解放日报》以头版头条《检查投机中枢证券大楼，投机奸徒大批落网，军管会对取缔银元采严厉措施，昨日银元价格已下跌七八百元》，报道了这次行动：

由于少数奸商进行银元投机，以致扰乱金融，刺激物价，阻碍生产，破坏社会秩序，危害人民生活，工人、学生、正当工商业及其他各界人士，对此辈不法奸徒，早已纷纷表示极大的愤怒，曾一再向人民政府要求，对此辈不法奸徒迅速予以严办。政府当局经劝说诱导以后，又经审慎周密的调查，终于获悉操纵银元投机的神经中枢，系借证券交易所秘密进行。上海市人民政府公安局奉军管会命令，会同本市警卫旅及军管会财管会金融处等有关部门，由李士英局长，刘德胜副旅长，刘春芳参谋长，赵帛科长等领导干员与警卫部队，于昨日上午十时分五组出动，到汉口路证券大楼取缔银元投机。首由各组长分别到各楼宣布停止买卖，不准随便外出，也不准向外打电话，同时说明来此目的主要是逮捕违法贩卖银元，破坏金融的投机奸徒。当即按组分别由一层楼到八层楼进行登记与审查，在登记的时候，每个人的财物都要经过本人当场自动清点，签字封包，上面写明姓名、地址与钱数，然后排列成队，按名进行盘问，检查时楼上楼下，秩序井然，直至午后，业经判明其中情节较轻者如茶房、厨子、小贩、店员、学徒以及正当商人或访问朋友的，已有三百余人无条件释放，并将原来携有的财物照数启封，当面清点发还。另外查有确凿证据且罪大恶极，违法贩卖银元，破坏金融的投机奸徒百余人，直至发稿时，仍继续盘查。其余人员的登记与财物的清点，至深夜尚在分组清查中，一俟清查完毕，名单与财物即可全部公布。

又悉：在广大群众压力和政府坚决处置下，昨日银元价格已由二千元跌至一千二百元。

《解放日报》记者黄穗当天到证券大楼进行采访，写了报道《证券交易所奸徒落网记》：

上海投机家的乐园——旧证券交易所，从昨天起，它在人民力量面前被粉碎了，潜伏在"乐园"中的投机巨奸们，也在人民的法律面前落网了。人民是多么的欣快啊，他们拥挤在交易大楼的前门或后门的马路上，看着这批社会蟊贼落入法网，莫不拍手称快。大家都尽情地畅谈"大头垮台了！""奸商落网！"义愤填膺的煤炭工人王孝山咬牙切齿地说："这些杀人不见血的毒虫，人民政府如不采取行动，我们老百姓再不能忍耐了。"苏州河上江北船里的搬运工人周兆清也恨恨地说："自从奸商们刮出'大头'风，买什么都算大头。我家里七八口子，光讲吃饱饭，每天就得四升米，一担米要大头十元，四升米就要四毛银角子，四毛银角子折成人民币要得七百元。我每天挣钱最多也只有七八百元人民币，'大头'风真真把穷苦人压死了！"南京饭店茶房王荣章和一布店店员张嘉琪两人异口同声地说："前天金子十一万一两，后来十二万，到后来却涨到十五万，这样狂涨不是大投机商人捣的鬼吗？"在交易所大楼门口摆古董摊子的商贩也说："大投机家坐在电话机旁边，嘴巴一张，黄金、银元就几千几万往交易所里滚滚进来了。"小贩沈起荣对人民政府感恩不尽地说："大头就像一把刀，大头跳，物价涨，压得我停了十几天生意，活也活不成了。"所以他非常拥护政府严惩奸商。民光中学同学胡伟权也高兴地说："打倒银元奸商，物价平稳，先生好安心教书，学生好安心读书！"

四楼二六五号经纪人张兴镛的办公室，门口虽然堂而皇之的挂着"寿昌金号"招牌，但其内幕实在是投机勾当的总指挥所。他的屋子里光是电话机就是二十五个，一大束的电话线从外面沿天花板伸到内房，屋里藏着细细密密的暗号密码。在墙壁上还有张红纸写的黄金、美钞、袁头、孙头，下面却是新鲜的用白粉水笔填上的今天的黄金和大头买进卖出的数目字。过去他们投机是公开的，而今天是半公开的在扰乱金融，操纵物价，如果人民政府再不彻底取缔黄金银元投机，更不知要猖狂到什么程度呢。

自从军管会对取缔银元投机采严厉措施后，得到广大市民热烈拥护，就连银贩也纷纷改过自新。昨天记者走过四马路，做过银元贩子的王德齐、谢金生等捉住一个名叫张国祥的银元贩，要求我岗警严办。王德齐说："我昨天是黄牛，今天我这个生意不做了，要改行。"谢金生说："我看他（指张国祥）在卖大头要一千五，我就把他抓起来。"当时周围许多观众都说："老百姓有责任检举这种投机活动。"这时有公安局同志路过，在张身搜出银元十六元，并随同带往公安局处理。

　　上海市军管会及人民政府检查银元投机商的集中地证券大楼同时，两

○　1949 年 6 月 5 日，中共上海市委致电中共中央、财政部，详细阐述了打击银元投机的五项办法

万余名工人、学生和解放军的宣传队在 11、12 两日举行了盛大游行和宣传。他们向市民以演讲、唱歌、漫谈等方式，揭露奸商银元投机的罪恶并解答各种疑问。在南京东路和外滩一带，复旦大学和上海女中的学生们，向马路旁的摊贩与银元小贩们进行耐心的说服教育，并听取他们的意见。电车、汽车上都贴了"取缔银元买卖""检举有意扰乱金融的特务""拥护保障人民利益的人民币"等标语。市民们热烈拥护拒用银元的号召和人民政府的各项措施。一个工人说："人民解放军和政府既支持我们消灭银元投机，又举办拆实存款，还领导我们办合作社，办法实在妥帖，今后的生活一定会安定下来。"上海民主妇女团体临时联合会、中国技术协会、大学教授联谊会、美术协会、漫画协会等团体亦分别集会，号召大家与银元投机者作坚决斗争。邮政储金汇业局上海分局、上海电信局、地政局等员工发动签名运动，保证发了薪资决不买卖银元。并劝说亲友也不用银元。许多商店的橱窗上都贴有"只收受人民币，银元恕不作价"的字条。①

银元之战首战告捷，《解放日报》发表社论《彻底消灭投机活动》：

自本市解放以来，军事管制委员会即致力于肃清伪金圆券，致力于推广人民币。这是发展生产繁荣经济的重要的条件。但在这个时候，少数丧心病狂的奸商和破坏分子，却故意捣乱市场，高价收购银元及金钞。六月二日以来的一个星期，银元从六百六十元涨到一千八百余元；黄金每两从三万九千一百元涨到十一万元，物价亦扶摇直上。少数人的操纵捣乱，使大多数的市民陷于极度不安。银元上涨，领导了物价的上涨，在这种情况之下，工人和学生的生活，就更加艰苦了，因为他们手中的人民币，不知不觉被奸商和破坏分子打了一个大折扣；民族工商业家亦因为银元的猖獗而更加困难，因为他们被迫购进高价的银元去支付薪资。少数人的暴利，造成大多数人的灾难。奸商和破坏分子真是全上海市市民的共同敌人！

① 《解放日报》1949 年 6 月 15 日。

对于这些败类，大家都是深恶痛绝的，但军事管制委员会与市人民政府，坚持着与人为善的态度，希望这些人物能够痛改前非，因此，陈市长饶政委不断地在进行劝告，本报亦于日前发表社论，申述这种意旨，可是，这些决心与人民为敌的奸商和破坏分子，却置若罔闻，依然在进行其破坏人民生活的勾当。面对这种情况，全市的工人、学生、文化界和产业界便纷纷起来要求人民政府执行决然的措置。面对着这种情况，军管会与人民政府便接受绝大多数的民意，执行决然的措置了。

在这一次运动中，全市的工人、学生、公教人员、一切劳动群众与产业界，紧紧地团结在政府的周围，这是值得钦佩的，特别是公安局的同志，在此次断然措置中，布置得十分周密，行动得十分迅速，更应加以赞扬。我们希望全市市民要发挥这种疾恶如仇的精神，要更加积极地拥护政府的措施，更加积极地配合政府的行动，彻底消灭这些残害人民的奸商和破坏分子。只有消灭投机活动，才能稳定金融，才能恢复生产，才能改进生活。努力吧，上海的同胞们！

6月10日汉口路证券大楼的检查和搜捕，逮捕了确实经营非法买卖的投机商260人。公安机关审查到7月底，对第一批较轻的79人按犯罪轻重分别做了处理。其中处徒刑者4人：徐志勤，经常买卖黄金，并利用店员经营黑市，搜查到黄金140两，美元1663元，判处拘役6个月。赵引年，出售黄金，以作店内开支，构成违反整个经济措施规定，查获金钞及其连带物品，判处徒刑8个月。陈玉山，一向从事金钞股票投机，解放后仍故态不改，判处徒刑7个月。蒋禾耕，身为中华棉业副经理，明知店内售卖黄金影响金融又意图兑出黄金二两，判处徒刑6个月。其他处罚款者有张志儒等14人；处罚劳役者有柳忠春等5人；登报悔过者有姚钰等19人；具结交保释放者48人；具结保释者7人。①

———————————

① 《解放日报》1949年7月31日。

在对证券大楼采取行动的同日，陈毅以中国人民解放军华东军区司令部名义发布《华东区金银管理暂行办法》，自即日起公布施行。该《办法》共13条，规定：各种金银、银币、金银首饰等，除经人民政府批准特许出境者外，严禁带出解放区。在解放区内允许人民储存金银，并允许向人民银行按牌价兑换人民币；但不得用以计价行使流通与私相买卖。如自愿出卖金银，须到当地人民银行及其委托机关，按牌价兑换本币。因正当用途需购用金银原料者，得向当地中国银行申请购买。在解放区内迁居而必须携带储存之金银，或自解放区外携带金银入境，或以出口物资换回之金银入境时，均须持有区级以上政府或对外贸易管理机关之证件，并办理携带手续。自行佩戴之金首饰不超过1市两，银首饰不超过4市两，及私人用作馈赠之银质器皿不超过20市两者，可在解放区内自由携带，无需证件。金银饰品业除出售制成品外，不得私相买卖金银与收兑金银饰品。违反上述规定者，按情节轻重处理。

私相买卖者分别情况予以贬价兑换或没收其一部或全部之处分。如属屡犯或情节重大者，除全部没收外，并课以1至3倍之罚金。

投机操纵金银买卖致市场物价波动、影响民生者，除没收其全部财产外，并按情节轻重，处以3年以上15年以下之徒刑。

这是人民政府控制上海金融市场的又一重大举措。金银等硬通货不许自由买卖，一切经过中国银行。在市场上交易的只有人民币，其他黄金、银元、外币都被严格控制，不许进入流通市场。投机分子没有了活动空间，自然也就没有了市场。政府在上海的第一场稳定金融、打击投机的斗争，取得了完全的胜利。

但是斗争没有停止。一些不法分子开始伪造人民币，扰乱金融。有的罪犯就是国民党残留人员，制造伪币充当活动经费的。对此，公安机关发现一起，抓捕一起，绝不姑息手软，而且把信息公开发布，让群众提高警惕。

上海刚解放几天，1949年6月1日就破获一起伪造人民币案。主犯倪槐庭 47 岁，浦口人，曾任国民党军总司令部经理处少校特派员。解放后倪槐庭指使伙计陈允庆用假币收买银元，6 月 1 日下午，鸭绿江路 45 号裁缝钱大奎发现一人高价收买银元，拿的钞票和人民银行所发行的人民币不一样，起了疑心。钱大奎叫另外一个人打电话给提篮桥公安分局，自己跟随陈到他住地溧阳路 805 号万兴火腿行。此时公安分局同志亦已到达，经询查后，当场在陈允庆身上查出伪造的 17000 元人民币（全是一百元红版）。公安局长把陈允庆带回侦讯，次日上午倪槐庭来保陈，被扣留审查。倪无法狡赖，供认是国民党临走时有计划留下的，以扰乱金融进行破坏。共有两皮箱 1000 万元。倪曾托汇山旅社经理吴悌群替他以 14 万元换回银元 230 枚，倪先后共换了 500 万元伪造人民币。另一皮箱当陈被捕后，即送到其侄儿倪兆泉家烧毁，后公安分局同志到倪兆泉家查出空皮箱一个，并在木柴堆里检出未烧毁的伪币十万。①

1949 年 9 月 5 日上午，公安局接到光中银行报案：有人以林耀星户名存折存入该行 20 万元，内夹有伪造人民币 12 万 4 千元，经侦查后，于当日下午破案。案情如下：金华人丁尚勤、上海人童义煜及其父童芝青等住渭南路 7 号，于上海解放后开始制造假币，已有不少数目使用。5 日晨童义煜向其叔所开店铺职员林耀星借得 20 万元，拿着林的光中银行存折去存款。童存钱时，以 12 万元伪制人民币（二百元票面），企图以假乱真。市局接报案后，即按线索前往童家侦查。童母惊慌失措，欲将一包东西掷出窗外，被警员发觉制止，发现她扔的是制票版。后经搜索，查出制票机器、仪器及大量制造伪币的纸张及废票约 5 万元。丁尚勤、童义煜、童母、丁妻等及物证俱已捕获。该案主犯丁尚勤曾留学日本，精于刻版术，审讯中已承认伪币制版系由他雕刻，在查获的物证中，还有西文关于制版等参考书籍。②

---

① 《解放日报》1949 年 6 月 4 日。
② 《解放日报》1949 年 9 月 10 日。

1949 年 7 月至 8 月间，公安局又破获三起伪造人民币、中州币案件。

1949 年 6 月中旬，负责城市巡逻的战士发现在淮海路、四川路的商店里多次有人使用假人民币。这一情况引起警备司令部保卫侦查部门的注意，6 月 16 日，侦查员在淮海路发现奸商黎明、中南水果店老板平仲秋携带大量崭新而且是连号的人民币在抢购紧缺商品，就将他们带回公安局审问。黎明和平仲秋最后承认：这些假币是从周月英家拿来的。警备司令部军法处立即派人去周月英家进行搜查，当场搜出印制假币的机器、制版铜印及已印好的假人民币、中州币上千万元。并搜查出该案首犯艾中孚藏匿在其姘妇周月英家的手枪。

在大量物证面前，周月英不得不交待同谋印制假币、窝藏匪特及其武器的罪行，并说艾中孚已去徐州推销假币，这几天就要回上海，并愿意协助将艾中孚捉拿归案。

根据周月英等人的口供，又将承担印制假币的昆明路金山印制厂厂主翁滋和、翁滋友和知情不报的翁文清、同谋印制假币的照相师王兴贤、制版商林子道、用假币收兑黄金银元的姚企范等人捉拿归案。几天后，首犯艾中孚回沪被捕。经侦讯查证，这是一起国民党潜伏特务进行破坏和捣乱的阴谋案件。

1949 年初，国民党华中“剿总”总司令白崇禧妄图用经济手段对新生的人民政权进行破坏和捣乱。1 月，白崇禧便指派其上校参谋兼国防部二厅第五特工组组长黄浩、少校副官兼国防部二厅谍报组组长艾中孚去南京伪造中州币和人民币，但因技术和设备问题没能得逞。3 月中旬，黄浩和艾中孚两人由南京来到上海，继续印制假币。上海解放前夕，白崇禧指派交际科长徐亚力携银元 5000 枚、黄金 500 两来上海督制假币，并向黄浩和艾中孚传达白崇禧的指令：立即制造，尽快投入市场。黄浩立即物色人员积极策划，艾中孚结识周月英，并通过周月英认识了制版商林子道、照相师王兴贤、跑街采购陈荣根。林子道、张锡芳购得印钞机四台，由马伯均将印钞机运至汾阳路 150 号白崇禧公馆。由王兴贤设计了中州币票版，再由张锡芳招来 3 名工人。仅用一周时间，就印制假中州币 2000 万元，并迅速分批空运至武汉，投放中原解放区。

人民解放军渡江后，黄浩和艾中孚预感形势不利，便想加紧印制假人民币。决定扩充人员，增加设施。艾中孚于 4 月底用黄金 30 两、银元 5000 枚买通昆明路金山印制厂厂主翁滋和、翁滋友兄弟俩及该厂工头李安庆，商定由该厂担任印制假人民币。又由照相师王兴贤设计 100 元和 200 元面额的两种人民币版，自 5 月 15 日起，仅用三天两夜就印制出假人民币 1 亿 6 千万元，由白崇禧的秘书王子心用飞机运往长江 27 箱，转投解放区，其余由艾中孚保管。

上海解放后，艾中孚勾结奸商黎明、平仲秋，银元贩子金天云、姚企范等，将大量假人民币投向市场，收兑黄金银元，抢购贵重紧缺物资，以破坏金融扰乱市场。上海警备区军法处在 6 月 16 日扣留携带大量假钞购物的奸商后，进一步查出了窝主。在窝主家中，搜出全部印钞机和票版钢印 4 套以及已经印就的假钞，还搜出首犯艾中孚的相片、手枪、子弹等物。另外，在金山印刷厂搜出印钞纸 200 令。艾中孚、黄浩等罪犯在逃。军法处立即组织追捕及守捕，不到一个月即将艾中孚捕获。其他从犯也先后捕获。经上海市军管会主任陈毅、副主任粟裕签署判决书，判处首犯艾中孚死刑，其他从犯被判徒刑或经教育后释放（主犯黄浩逃往香港后，于次年 4 月又潜回上海，也被捕获归案，在沪伏法）。

警备司令部军法处在审理艾中孚一案时，从案犯翁滋和口供中得悉：一名叫张永生的曾向翁了解过印刷方面的事。张永生说：有位蔡先生想搞点"花纸头"。根据这一线索。侦查人员顺藤摸瓜。经周密侦查，于 7 月 3 日破获以李星宇、蔡伯钧、丁兆成为首的一起伪造人民币案。①

李星宇，曾任伪忠义救国军某部副司令，及辽、吉、安边区挺进第三

① 《破获三起伪造人民币案纪实》，中共上海市委党史研究室、上海市档案馆编：《上海解放初期的社会改造》，中共党史出版社 1999 年版，第 426 页。

路少将司令，1948 年 6 月回沪。年底与国民党保密局取得联系，阴谋布置上海潜伏工作未成，1949 年春任国民党海军总部收编散匪之少将司令，解放前与汤恩伯参议商谈潜伏武装事，并受委为第二挺进纵队司令。

6 月底，李星宇纠合同党丁兆成、梁秉衡（原名梁启华）、戴梵传、蔡伯钧、吴东海、张青波等十余人，筹划印制伪人民币。并购得铜版、印刷机等物，被本市第一警备区军法处获悉后，遂进行严密布置，派人打入内部进行侦查属实后，于 7 月 3 日破案。捕获李星宇、梁秉衡、蔡伯钧、戴梵传、张荣生等 12 人，当场抄获已制好的 100 元伪币铜版 6 块，照相印刷机两部。此前，6 月 29 日公安局老闸分局获悉丁兆成等潜藏于东方饭店 440 号房间内，遂派员警前往侦查逮捕，当即捕获丁兆成、朱阿泉二人。抄获铜版两副共十块，经初审后供出线索，吴东海、张青波、周阿宝及雕刻铜版者沈勤生，经分局侦查属实后，遂行逮捕，除沈勤生在逃外，余均捕获。

7 月 13 日，警备司令部军法处破获伪造人民币案一起，逮捕了主犯施子良、周胜官、杜云轩 3 人，从犯倪如亭、马阿毛、王文国、孙新章、李中洲五人。按施、周、杜三犯于 6 月初谋划伪造人民币，施犯投入资金银元 70 枚，主持全盘伪造业务。周犯负责买材料，并自带两名印刷工人负责印造伪币。杜犯负责购得印刷机一部，并制出了 100 元、200 元伪币铜版。马阿毛负责租得房屋，各事具备后，遂于马阿毛家开始印刷。7 月初因恐事发，暂停印刷，由倪如亭将器材转匿他处。前后共印出伪人民币 100 元版的 8000 张、200 元版的 1 万张，印出后由孙新章、李中洲组织推销，并换取物资。经本市公安机关侦查确实，于 7 月 13 日先后将该八犯逮捕，当场抄获伪人民币 100 元铜版一块、印刷机一部、油墨数瓶，伪人民币 5 万余元。

三起案件的主犯，都有国民党军官、特务背景，其行为带有扰乱上海金融市场的政治目的。他们伪造人民币、中州币，并组织大量推销，致伪币一时充斥市场，造成市场混乱，使人民蒙受巨大损失，影响人民生计。

政府为维护人民利益，对这些经济罪犯分别案情轻重予以严惩。①

　　1949 年 6 月的银元之战，中共上海市委依靠政治和军事力量打击金融投机，取得了初步胜利。但是国民党时期的通货膨胀，物资短缺，造成投机盛行，已经积习甚深，不是靠一次打击就能终结的。陈云说：上海靠"踢皮球""抢帽子"为生的有不下 20 万人。这些人就是每天在轧苗头，看见有利可图就蜂拥而至，哄抬物价，扰乱市场。而他们的资金来源，很大程度依靠私营钱庄和非法借贷。解放前上海有很多私营钱庄，依靠高利息吸引百姓的游资，然后再放高利贷，给投机商人去快进快出，牟取利润。如果上海的民间资金掌握在私人钱庄手里，金融市场就不可能稳定。所以考虑治标治本，都不能容许私人金融机构的存在。

　　对私营银钱业，中共中央在 1948 年 10 月 30 日给东北局的指示就有明确政策："目前对私营银钱业暂准存在，但应严格管理，使其逐渐走向消灭。私营银钱业无发行货币权，不准买卖金银外汇，不准经营投机贸易，只准经营存款、放款、贴现、内地汇兑等正当业务。规定银行及银号之最低资金即准备金，并以一部贮存国家银行。对私营银钱业一般不贷款，规定机关部队以其资金存入国家银行，不准存入私人银钱号。"②

　　1949 年 8 月 21 日中国人民解放军华东军区司令部公布《华东区管理私营银钱业暂行办法》，宣布严格控制私营银钱业。对私营银钱业的经营范围、开业登记、资本数额、检查管理等作了明确规定。私营钱庄的存款、贷款、兑换、贴现等业务，必须在政府财经部门的掌控之下。并规定：对擅自经营的非法金融机构除查封外，并予以必要处分；除银钱业外，其他公司、号行、私人等均不得经营存放与汇总、贴现等业务，违者视其情节轻重论处。

　　随后，公安机关配合金融市场管理部门，对上海的地下钱庄与非法私

---

① 《解放日报》1949 年 8 月 31 日。
② 中央档案馆、中国人民解放军档案馆编：《城市解放》，中国文史出版社 2017 年版，第 678 页。

◦ 一家从事投机活动的地下钱庄被查封

营拆放进行取缔。由于国民党时期恶性通货膨胀、投机盛行的恶果，上海地下钱庄私人拆放现象相当普遍，而且拆放行为还存在于广大市民中。针对这一实际情况，政府确定采取"打击首要，逐步取缔"的方针，把重点放在地下钱庄和私人拆放情节严重、影响市场较大者。除此以外可从轻处理或暂不采取行动。

在行动之前，根据调查材料，确定 37 家重点打击对象。以华东财委金融处为主，公安局等配合，抽调 125 人组成 37 个行动小组，于 1949 年 11 月 25 日上午 8 时，分别到达那些私人钱庄现场，先把守前后门，然后对屋内所有人员进行检查。查出有经营拆放或贩卖黄金、美元证据者，凡是黄金、美元、支票、人民币及账册簿据、草账日记本等都须缴出，完全与拆放无关的人，未能查出经营拆放证据者以及情节轻微者，都当场教育具保释放。其余人犯一并送公安局暂押，所有黄金、美元、账册等件交金融处点收。这项工作自上午 9 时在 37 处同时进行，到下午 7 时全部结束，破获地下钱庄 25 家，专营黑市黄金、美元买卖者 1 家，抓获 110 人。查获财物计有票据 4.17 亿多元（旧币），人民币现款 1311 万多元（旧币），黄金 30882 两，美元 294 元等。

经过这次大规模取缔后，地下钱庄及私营拆放活动虽受到沉重打击，但少数从事非法金融活动者，尤其是那些惯于拆款做本，以额外牟取非法利润的不法商人，仍暗中继续活动。因此，政府采取突击与经常检查相结合的方法，把取缔地下钱庄和非法私营拆放活动作为经常性工作。从 1949 年 12 月至 1950 年 4 月，公安机关会同金融市场管理部门，共受理举报地下钱庄、私营拆放等线索 74 起，经查证确有违法行为的 55 家，其中专营地下钱庄者 4 家，私营拆放者 21 家，私营拆借者 17 家，私营拆放及套汇者 5 家，拆借及套汇者 1 家，私营外汇者 2 家，私营套汇者 3 家，非法金钞买卖及拆放者 1 家，非法假名开户牟取高利者 1 家。移送法院处理 8 家，其余 47 家按其情节分别采取登报悔过、教育具结或罚款等处分。

在此期间，还破获伪造、买卖金银案 17 家，其中黑市买卖金钞案 11 家，非法买卖黄金案 3 家，伪造黄金案 1 家，私铸黄金案 1 家，金钞银元计价列账案 1 家。共逮捕 37 人，传讯 20 人。除案情较轻的 3 家由金融市场管理部门以教育具结等方式直接处理外，5 家由金融市场管理部门送法院处理，9 家由金融市场管理部门会同公安局处理，案情重大者，再由公安局移送法院处理。

从银元之战到打击地下钱庄，共产党在上海稳定了金融市场，打击了投机势力，使人民币在上海站住了脚，人民群众相信共产党有能力保障他们的生活，不再恐惧通货膨胀，不再为纸币贬值而人心惶惶。有了这样的信誉，共产党才能领导上海人民建立新的经济秩序，恢复各行各业的生产和经济活动。

第6章 | **扫荡盗匪，安定民心**

上海解放后，首要任务是稳定社会。1949年5月29日，中国人民解放军华东军区发布命令，成立淞沪警备司令部。以第三野战军第9兵团司令员宋时轮任司令员，兵团政委郭化若任政委。

郭化若回忆："警备上海之初，原属第九兵团的第20、第27、第30、第33军和原属第八兵团的第26军以及三野特种兵纵队，统归淞沪警备司令部指挥。全市共划分5个警备区，由各部队分别担负辖区的警务任务。各部队除留少数预备队集中驻扎、准备机动使用外，大都以连为单位，各按其警卫目标，梅花形散开驻守，我们的警卫目标，有首脑机关、党政军首长、国防要地、防空设施、工厂、机场、电台、银行、仓库、码头、繁华街道、重要城镇、文化古迹及公共建筑物等。为了保证这些目标的安全，仅在市区就设置岗哨5000余处。社会情况比较复杂的棚户区和海边防地区，也有重点地派驻了军队。警备部队20余万人，声势浩大，岗哨林立，日夜巡逻，使上海人民逐渐增加了安全感，对敌对势力则起了巨大的震慑作用。"①

稳定社会，首先要着手处理战争造成的混乱状态，打击国民党军的散

---

① 郭化若：《上海解放初期的警备工作》，中共上海市委党史研究室、上海市档案馆编：《上海解放初期的社会改造》，中共党史出版社1999年版，第42页。

兵游勇、社会上的土匪强盗，安定社会秩序。国民党军队溃散时，留下的散兵游勇不下 4 万人，他们分散在社会各个角落，有的结伙行凶，扰乱秩序；有的持枪抢劫，欺压人民；有的冒名接管，敲诈勒索。为此，华东局决定在上海市军管会领导下，成立由警备部队、公安局、民政局等单位参加的市、区治安委员会。市治安委员会由舒同、梁国斌任正副主任；同时设立军警民联合办事处，由淞沪警备司令部司令员宋时轮任主任，李士英和民政局长曹漫之任副主任，统一指挥收容散兵游勇和协调处理全市治安问题。6 月 13 日，中国人民解放军淞沪警备司令部发布命令，责令散兵游勇限期到指定地点报到集中，对拒不报到的，必将严加惩处。公安机关紧密配合警备部队和民政部门进行收容。

命令发布后，6 月 10 日至 20 日共收容散兵游勇 7832 人，其中有国民党军中将 1 名、少将 10 名。6 月 29 日市公安局会同警备部队进行了一次统一行动，又收容散兵游勇 645 人，缴获了一批枪支弹药。同时，由公安局发布公告，规定解放前已在上海的在乡军人应办理申报登记手续，先后又有 2827 名在乡军人登记，其中将级军官 83 人。总计 6、7 两个月内共收容散兵游勇 22063 人，其中国民党军军官 2739 人。根据市公安局的规定，对于收容的散兵游勇和确无生活来源的在乡军人，公安机关会同民政部门

○ 解放军战士在马路上巡逻（上海市档案馆藏）

进行遣送安置，有效地维护了社会治安秩序。①

　　但是，有少数国民党散兵游勇在上海从事犯罪活动，有的冒充解放军以"接管"为名劫掠单位和市民。1949 年 6 月初，淞沪警备司令部和上海市公安局连续破获几起案件。

　　上海刚解放几天，警备司令部就破获假冒解放军"江南纵队"的案件。所谓"江南纵队"是 1949 年 4 月上旬在马浪路、辣斐德路金家召开五人会议商讨成立的。首要分子陆新民冒称共产党在沪工作的最高领导者，梅光迪为组织武装的负责人，并自封为"江南纵队"司令。杨杏春为该部二支队副支队长，姚震为该部二支队长，洪烈是该部直属支队支队长。一支队下设一、二两个大队及武工队在浦东地区活动，约 50 人；二支队在青浦地区活动，约 50 人；直属支队下设一个行动队，一个团，一个行动组，在闸

---

① 《上海人民政府志》，上海社会科学院出版社 2004 年版，第 188 页。

北及大场活动，约 30 人左右。于 5 月 26 日在金家设立通讯站，印制传单，接收武器枪支、汽车及仓库。警备司令部将其首要分子 18 名逮捕，解散所有武装组织，并停止一切活动。

公安局于 1949 年 5 月 31 日破获国民党军官兵冒充解放军非法接收伪警察分局一案。原国民党军青年救国团义勇纵队第四支队第三大队第一中队中队副李朝俊等 32 人，妄称"人民解放军华东军区先遣纵队第四大队"，并非法接收邑庙警察分局。市政府公安局侦悉后，于 31 日将其全部捕获，移交市警备司令部处理。①

原国民党 54 军独立团连长刘辉和士兵周联玉、金永志、吴鸿恩、段克铭等，在解放后，仍结伙住在二马路联营等旅馆内，冒用"人民解放军上海青年服务团"名义，私刻官防，伪制袖章，招收流氓散匪充任团员，进行招摇撞骗。6 月 2 日晚 8 时，刘等前往北四川路底大陆里 38 号王公武家抢劫，妄称警备部队检查户口，屋内藏有匪军军官和武器等语。抢劫后，乘坐三轮车 4 辆而去。第二天上午王公武的妻子到北四川路公安分局报案，该分局即根据各种线索，进行侦查。至 4 日，上述 7 个主犯和 2 个从犯全部落网。计追回赃物及官防一颗，袖章六个，柳条箱和衣物一部，当即发还原主，原主对该分局破案迅速及为人民服务的精神，表示欣慰。②

6 月 18 日，原蒋军第 8 师副官邹焕民携带手枪两支及伪造图章证件，向方浜东路协大祥商行公开敲诈大米 50 石，约定次日往取。邑庙分局据报，即于 19 日上午派干警到协大祥当场将邹焕民捕获，并缴获手枪两支。

还有一些原国民党公务员也乘机诈骗。1949 年 5 月 27 日上海市区刚解放，地下党员周耀瑾奉命去接管中央银行。刚去不久，又来了一个自称接管的人。军管会金融处处长陈穆叫周先稳住来人，调查他的身份。周到

---

① 《解放日报》1949 年 6 月 5 日。
② 《解放日报》1949 年 6 月 8 日。

会客室一看，认得他原来是中央银行业务局的，叫刘炯。刘炯看见穿军装的干部来了，假装热情地握手说："我是奉上级之命接管中央银行的，听说你们也是，大家都是熟人，一起接管。"于是拿出一张派令。周耀瑾见上面盖的印是"新四军江南挺进纵队"，就知道是冒牌货。从解放战争起，新四军的名称就不用了，哪还有什么"挺进纵队"？过了一会，陈穆处长派人来通知，把来人的派令和手枪缴下，放他回去。解放军战士熟练地缴了刘炯的枪，刘炯知道被揭穿，赶紧跑了。周耀瑾回去问陈穆：明知他是冒牌货，为什么不抓起来？陈处长说："曾山主任说了，现在主要任务是接管，没工夫处理这种事。怕什么，他跑不了。"[①]

但是更多刑事案件，还是上海当地的盗匪所为。上海在帝国主义及国民党长期统治下，社会秩序一直非常混乱。主要表现就是强盗、土匪、小偷、流氓多如牛毛，成帮结伙。许多盗匪依靠"帮会"或"师徒"关系在警察局、法院建立关系，盗匪内部的术语叫作"活门"；他们又可以收买贿赂，请客送礼，就是天大的罪行，只要有钱就会安然无事的。这些盗匪依靠着上海社会的复杂混乱，抢劫、绑票、盗窃，租界的洋警察和国民党警察对此是防不胜防，束手无策。

据国民党上海市警察局档案记载，1945年9月至1949年4月，共发生强盗抢劫案2819件，平均每月发生64件，最多一个月发生142件。1946年4月，发生轰动上海的申新纺织公司总经理、人称"面粉纱布大王"的荣德生被绑案，荣家花费50万美元才将荣赎出。蒋介石命令限期破案。毛森奉命到上海侦缉，查明主犯是国民党军统局行动组组长袁崇杍、公署专员徐展等，绑架用的汽车是淞沪警备司令部的。1947年8月，驻华美国士兵马莱与英侨却利将富商余盛孝骗往虹桥机场途中开枪杀害，劫得黄金50两后将余抛尸路边。1949年4月，国民党军队20余人持枪公开抢

[①] 周耀瑾：《依靠群众接管中央银行》，《上海解放三十五周年文史资料纪念专辑》，上海人民出版社1984年版，第194—195页。

劫北苏州路德孚仓库颜料 80 箱。盗匪中人数最多、作案最为突出的，是那些按地域、宗族关系或帮会组织结成的盗匪团伙，有"苏北帮""安徽帮""山东帮"等，一些封建帮会、流氓头子就是这些盗匪团伙的组织者和策划者，而国民党军政警宪则是这些团伙的靠山。

上海解放初期，成帮结伙的盗匪趁机猖狂活动。1949 年 6 月至年底，全市发生盗匪抢劫案 737 件，平均每月 115 件，每天发生 3—4 件，最多一天发生 16 件。盗匪成员构成十分复杂：有被打散的国民党散兵游勇和潜伏下来的特务分子；有职业的惯匪、惯盗；有名目繁多的流氓帮会成员；有邻近省市逃窜来沪的地主恶霸；还有上海解放前夕国民党甩包袱，从监狱释放出来的 3700 多名在押犯，其中一部分是盗匪头子。他们不仅有手枪、步枪，有的还有冲锋枪、机关枪、手榴弹。他们以抓奸细、抄毒品、捉赌徒、查户口等名义入室搜劫；或以探亲访友、送礼、抄电表等软进硬出方式进行抢劫；有的事先守候在一些商店附近，等商店打烊时，以购物为名闯入抢劫；还有的昼伏夜行，蒙面作案。①

上海解放第一个月，是盗匪案件的高发期。报纸上几乎每天都有案件记录：

6 月 11 日晚，嵩山路 4 号永生医院，突遭盗匪 5 人闯入屋内。二盗持枪恫吓该院医师周召南强借给赤金 5 条。周答拿不出这许多，五盗即翻箱倒箧，施行洗劫。计被劫去首饰及手表衣服多件，还有美元 114 元，银元 59 元，港币 10 元，临行时，盗匪由箱内取出被单一条，将所劫财物，悉数包好，再将院内所有员工一齐捆绑，以布塞于口中驱入厕所内，此时电灯电话线均被割断，五盗在黑暗中夺门逃逸，共历一个半小时。被劫人周医生当晚 10 时向嵩山公安分局报案，该分局接报后，军管会负责人责成司法股人员限期破案，派谈德林、林尊似会同军管会唐正善及该分局警备队大批警员，偕被劫人四处搜查，至西藏南路恒茂里新生活旅社 12 号房间

---

① 《上海公安志》，上海社会科学院出版社 1997 年版，第 126—127 页。

内，拘获盗匪张志明、钟炳泉、沈连根、金喜荣 4 名，并搜获手枪两支及原赃。并根据线索继续逮捕盗匪韩文广及嫌犯 2 名。查该案发生至破获止仅 8 小时，堪称神速。

1949 年 6 月 13 日下午在大通路裕泉池澡堂，发现有几人行踪可疑。公安总局侦查科刑警队员即跟踪追迹，于 14 日夜分别在大通路海长路 103 号、长寿路支路 75 号捉到潘学生、陈铁民两名盗犯。当场从潘处搜到三号匣子枪 3 支、花口枪 2 支，子弹 30 发。又在江宁路捉到盗犯曹鹏，当场搜出左轮手枪 1 支，子弹 8 发。经审讯后，此批盗犯供称：准备于 15 日早 9 时在胶州公园集合，决定至某处抢劫 200 根金条。这些人为上海惯匪，日前通福路大中里抢案即为他们所作。①

1949 年 6 月 15 日下午，魏正汉、章国卿与刘五等 3 人侵入汉口路 131 号 203 室汪绍麟家抢劫。先将其姐妹家属 9 人禁闭一室，然后从家人手指上勒去方形女手表和游泳表各一只，绿宝石钻戒一只，另抢去银元 7 枚，人民币 3000 元。盗匪离去时，有邻居向汉口路江西路口岗警刘沛西报告。刘见迎面走来两人，形色张皇，邻居指认即系魏、章两盗。两盗见势不佳，即窜入人丛，由江西路往南沿福州路西逃。至河南路口时，岗警童祥生和崔成元、金长根等加入追捕，魏盗竟开枪拒捕，童祥生险遭不测。续至河南路口，岗警喝令止步，魏盗又连开三枪，幸未伤人。警员奋勇追捉，乃将魏盗捕获。缴获加拿大式手枪 1 支，子弹 9 粒。章国卿则在河南路附近为警员童祥生、杨长江等捕获，缴获日式手枪 1 支，子弹 2 粒。在盗匪开枪时，我警员为免伤及行人，始终未予还击，其沉着精神，得到目睹市民的嘉许。

6 月 17 日清晨，黄浦公安局得悉匪徒密谋于中午行劫，立即出动在三马路中新旅社和五马路和兴旅社匪徒潜伏所在地，捕获王超、殷金山、项国权、陆阿根、曹金裕、萧有祥、萧朱雪弟和钱鼎仁等共八人，并搜得勃

---

① 《解放日报》1949 年 6 月 15 日。

朗宁手枪两支。

匪徒贺仲杰在天津路开泰旅社四楼，邀党徒于 6 月 24 日上午持械侵入林森中路霞飞别墅 20 号。正在劫得金饰衣服等物时，黄浦公安局获悉，率警驰往，先后捉住匪徒舒展、徐少青、唐伪玉、陈长发、刘玉发、赵金奎、浦剑英、贺仲杰等 8 名，并搜获卡宾枪、盒子枪、手枪各一支。

公安局高桥分局辖区天灯路口塘湾宅沿黄浦江边的独家村的住户赵锡兰夫妇俩于 6 月 7 日夜，被人杀害，尸体置于河旁沙滩上，显为歹徒溺毙。该分局正副局长亲率两股干警江骥等九名赴场勘察，获悉凶手匿居于川沙县境陆家宅地区。员警乃连夜冒雨往缉。在一矮屋内，凶手正在密商脱逃之策，并诉行凶情形，员警破窗而入，将该案主从犯四人全部捕获。

本市陕西南路 206 号俄侨奥吐洛司盖家，于 6 月 28 日上午，匪盗二人执枪侵入，将男佣张毛毛捆缚浴室，抢得金表、打字机、无线电、西装等物。常熟分局接报后，于 24 小时内探悉匪盗匿居高安路 295 弄 33 号，至下午 2 时翟万君果偕同党华克健、温立本归寓，我方人员即实施逮捕，匪徒持枪拒捕，我警员即向翟盗左腿发射一弹，当场拘获，并搜得左轮枪一支。①

1949 年 7 月 17 日，一个殷姓盗匪主动到公安局举报惯匪刘鸿才、马桂堂等邀他入伙，要他看地形，提供线索。殷在公安局布置下，将计就计，打入内部。7 月 27 日，殷紧急报告刘、马等人预谋于翌日晨抢劫迪化中路（今乌鲁木齐中路）179 弄（麦琪里）张某家，劫后在云发旅馆分赃。公安机关当即组织 20 名警员，分 3 组守候伏击，当刘、马等 4 名盗匪前来作案时当场捕获，缴获手枪 3 支及黄金、宝石戒指、手表、现金等赃物。

盗匪执枪行劫，扰乱治安，引起市民的不安，于是纷纷投函《解放日报》，要求政府迅速即采取措施，坚决镇压这些抢劫罪犯及各种反革命分子。读者杨文简来信说："闻近来上海盗案甚多，往往有数人执枪白昼行

---

① 《解放日报》1949 年 7 月 8 日。

劫。亟盼当局速筹有效办法，以维治安。"朝阳路居民陶炜来信说："朝阳路苏州河以北、沪杭铁路以南的一段内，已有几家被抢，现在附近居民每夜都不能安寝。每个人都对这些私藏军火的反动分子痛恨到极点，希望政府迅速处理。"沪西居民许明来信则说："郊区从曹家渡浜北到中山路一段，时有盗窃案发生，贼徒类皆散伏之蒋匪官兵，盼转治安当局迅予严办。"①

上海解放初盗匪案件频发，是有许多原因的，后来公安干部总结说："去年五六月份，敌人刚溃逃，各方面正处于混乱与不安状态，公安机构尚未健全，外来干部对情况不熟，经验不足，接收了大批留用人员因不了解政府政策而怀疑、顾虑，怕报复，对工作消极等待。群众甚至被抢之后还不敢报告。工作上则忙于接管，一般治安制度尚未建立，散兵游勇的收容，复杂场所的控制，街道巡逻等工作都才开始，故坏人乘机活动，抢盗案的发生较多。这也是很难避免的情况。7月以后，经过公安局全体人员的努力，许多同志为了破一个案子连夜不睡进行侦察、逮捕、审讯，直到全案破获。为了追捕敌人，不顾一切疲劳、饥饿、奋勇向前。当敌人拒捕的时候，则不惜冒上生命的危险，去保护人民的生命财产，与匪徒搏斗。许多留用员警经过学习、改造，认识到自己的任务重大，提高了工作的积极性与责任心。由于我公安人员这种对人民的高度负责精神和工作积极性，使反盗匪工作收到显著的成绩。"②

1949年6月，上海接管工作陆续完成，各单位工作走上正轨，特别是对旧上海警察局改造完成，新公安局组建完成，上海公安干警和警备区配合，开始大规模的肃清匪盗。公安局的1949年6月工作总结说："我六月份肃匪工作可分两个阶段：第一阶段自解放后至六月十五日，此时期由于散匪特务、惯匪、地痞流氓，趁我刚刚解放各方面尚未就绪之际，肆无忌

---

① 《解放日报》1949年6月15日。
② 公新：《为全部肃清盗匪而斗争——半年反盗匪斗争的基本情况》，《解放日报》1950年1月18日。

惮进行抢劫，危害市民生命财产安全，破坏社会秩序。至最多时一天发生十五起抢案之多。第二阶段即为六月十五日至三十日，这时，由于各方面工作初步就绪，政府采取治安部署，建立起军警联合办事处的治安机构，各方治安工作取得很好配合。因此，匪特案件被连续大批的破获。上月下旬一天破获匪案九起，至本月一日，一天破案达十二件之多。在这阶段，由于政府对少数怙恶不悛的匪特分子采取了坚决镇压政策，对某些肯于悔过自新分子采取宽大处理。另外，人民坚决支持肃匪工作，及接连的大破案，匪特已不敢如第一阶段时猖獗，而转为更加隐蔽、分散的活动。有的投案自首，以求得政府宽大处理，有的要求立功赎罪。因此抢案发生已大为减少，本月九天来仅发生十二起。根据破案工作经验，当局已初步掌握匪特情况，对破获与镇压盗匪已具有高度信心。准备隐蔽与尚在彷徨的匪特，应赶快投案自首，以取得自新之机会。对于仍在计划抢劫匪特，如仍执迷不悟，当局决予严惩。"①

盗匪案频发期间，军管会为打击其嚣张气焰，先处决了一批罪犯。1949 年 6 月 16 日，淞沪警备司令部将开枪拒捕劫盗巨犯汤海达、沈奇荣、陈志利、杨盛培与假冒人民解放军实行武装抢劫的杨剑平公审枪决。

汤海达、沈奇荣、陈志利、杨盛培四犯前后于安东旅馆、新世界饭店聚谋两次，抢劫环龙路环龙新村傅慧娟住宅。四犯于 6 月 13 日午后 7 时许，伪装傅家亲友，身藏手枪，混进傅慧娟住宅，沈匪即用枪瞄准，喝其不动，陈、杨匪犯蜂拥上楼，实行抢掠，取出银元 36 元，金手表一只。当匪徒继续搜索财物时，该地警备部队闻讯赶到，即将被抢户住宅包围搜捕。该匪等竟敢向警备部队开枪抵抗，被警备部队缴枪 3 支，捕获归案。中国人民解放军华东军区淞沪警备司令部军法处以汤海达等四犯破坏人民政府法令，侵犯人民财产，扰乱治安，危害社会秩序，放枪拒捕怙恶不悛，为维持治安，确保人民生命财产之安全，严肃法纪，特将罪犯汤海达、沈奇

---

① 《公安总局总结六月份治安工作》，《解放日报》1949 年 7 月 10 日。

荣、陈志利、杨盛培四罪犯判处极刑。

罪犯杨剑平于6月7日携左轮枪一支，冒充人民解放军，假搜查武器为名，在长乐路新村13号实行武装抢劫约一刻钟，抢得大金条一根，小金条一根共计金子14两，金戒指一个，金镯子一只，钢笔一支，美元6元，经缉拿归案审讯供认不讳。杨犯持枪抢劫，扰乱社会秩序，破坏解放军名誉。为维持社会新秩序，保障人民生命财产之安全，特将杨剑平判处死刑。

6月16日中午，一列六辆警备车从警备司令部出动。卡车上贴着标语："怙恶不悛者决予严惩""军民合作，肃清匪特"。罪犯身上均标出他们的名字。游行的车队经过之处，立即引起人们关注。一个商人说："解放军不杀好人，土匪还能不杀吗？"一位电车乘客说："这些土匪不杀，社会就不能安宁。"车队由武进路走过浙江北路、北京西路、静安寺路，再转向南京西、东路，四川南路，金陵路向西过西藏南路、中华路、外滩、又折向四川北路，最后进入其美路董家宅，执行枪决。①

为了保卫7月7日举行的人民解放军入城式和群众庆祝游行的安全，上海市委决定在七一前夕进行一次全市性大搜捕，并在瑞金路的原国民党励志社召开了专门会议。到会的有市委、市政府、军队、公安、法院和工会、青年团等部门负责人，潘汉年主持会议。他针对主管部门制定的搜捕计划打击面过大，指出：寄希望于通过一次大搜捕来彻底肃清上海特务、反革命破坏分子的想法是不正确的。如果采取断绝交通，挨户搜查的办法，群众必然反映很大。过去国民党经常采用的扰民办法我们不能采用。他强调这次搜捕目标要明确，行动计划要周密，搜捕面不能过大。

经过周密的侦查和准备，1949年6月29日，上海军警联合办事处在淞沪警备司令部司令员宋时轮的指挥下，在市区展开全面大搜捕。警备区部队、公安局干警纷纷出动，还有工人和学生配合，扫荡隐藏在各个角落的国民党散兵游勇、土匪、特务。据《解放日报》6月30日报道：

---

① 《解放日报》1949年6月17日。

本市军警联合办事处于昨日晨缜密进行搜捕匪特，总计三个警备区搜出散兵游勇匪徒特务 317 名，长短枪 20 支。蒋经国领导的"青年救国军上海服务团"，假冒"中共地下军第七支队"等特务组织及首犯均已落网。自上海刚被解放，我人民政府、解放军为了保证上海人民生命财产，维护社会安宁，对于处理散兵、匪特均采取适当的步骤和措施。如本报曾连续登载军管会和淞沪警备司令部各种有关维持治安布告与社论及具体办法，并本宽大为怀的政策，昭示那些散兵游勇匪徒特务，向人民赎罪自新，同时普遍设立收容散兵机关，作宽大处理与适当安置，在上海工人学生及各界人民与人民政府，人民解放军密切协同合作进行宣传下，已收容大批的散兵；但尚有些蒋匪溃散兵官，利用人民政府的宽大政策，抗不自新悔改，拒绝集中收容，且积极从事各种阴谋破坏活动。本市军警联合办事处为保障市民安全起见，特采取断然处置，遂于昨晨出动军警开始搜捕行动，同时获得广大工人学生及市民群众的配合，仅六小时的短短时间即结束搜捕工作。

这次大清查，是以检查户口的方式进行的。第一警备区搜捕匪特时，学生市民积极帮助。从 29 日晨开始搜查，至 11 时止，共计搜捕到隐藏匪特及游兵散匪 145 名，长短枪 16 支。在搜查时秩序井然，常熟区某连搜查某特务住宅时，先叫开门，然后说明来意，方进入搜查。搜查中凡一切箱橱，必由其主人自己打开，搜查毕再交代主人当面点清，由该甲旧甲长及主人签名盖章于检查证上，礼辞而出。除指定被搜查户外，其邻居房屋一概未进入，在搜查中居民照常睡觉、做饭。该连在某宅搜查时，其家两个小孩吃完早饭后照常上学。虽然在搜查时进行戒严，但有些投考华东大学的学生及入学儿童经说明后，仍照常通行。检查完毕，该地区即恢复正常交通。搜查小组以警备部队为主，另有本区警员及交大生、职工会会员参加，他们在配合工作中表现了热心负责，交大男女同学共参加 154 名，仅常熟区即有80名同学参加，百货业职工会会员亦有42人参加该区工作。同学们有的黎明即到警备部队来，有的前一天晚上到来，和警备部队一起睡地板。他们多半在搜查中做宣传解释及登记工作，搜捕后又参加审问工作。群众很快了解搜查的是散匪国特，一致表示拥护。某团在龙华一带搜查时，因大多数是棚户，他们先派学生、职工宣传，然后进行搜查，在群众协助下，很快搜出11名散匪。

这次行动受到广大群众的拥护。当日在大雨淋漓下，榆林区仍有平和机厂、英联船厂、源丰机器厂、中央电工器材厂、中纺第三机厂等单位工友近百名，出动街头、工厂及逐户宣传人民政府的政策。提篮桥区军民亦出动宣传奸匪罪恶与肃清散匪的意义。西一区、西二区十余校的200余名同学下午展开肃清匪特的街头宣传，一路由静安寺路至曹家渡，另一路至棚户各巷。同学们深入商店、里弄、茶馆，分组和市民交谈。有的忙于发传单，有的向市民们讲述着散匪特务对于社会治安的危害，并号召人民迅速动员起来，协助军队检举肃清匪特。4小时的宣传中，同学们忘记了疲劳，全身水淋淋的，但非常兴奋，一直到下午6时才返回学校。

搜捕行动结束后，宋时轮6月30日发表谈话：

"昨日本市自上午四时半至九时，发动局部地区搜捕土匪特务及游勇散兵，经过情形，极为良好。尤以各区工人，学生与善良人民协同军警搜捕，此种真诚合作之情形，倍极感动。我们自进入上海市区后，各界人民对匪特检举密告材料如雪片飞来；自新匪特供应之线索，堆积盈尺。在此情形下，我们一本宽大为怀之宗旨，促其幡然悔悟，自动归案，向人民赎罪。讵料部分特务匪徒狡猾成性，他们不但没有为我宽大政策所感动，反而丧心病狂，认为解放军'老实可欺'，人民政府'无能为力'，因而变本加厉，猖獗异常。我们为了保护上海人民生命财产的安全起见，在局部地区与一定范围内，采取搜捕行动，初步的给予匪特们应有的打击。我们深信这一次的搜捕举动，必然获得百分之九十九的人们热烈拥护与赞助！

"但这并不是说，上海经过这次局部搜捕以后，匪特就会从此停止其犯罪行为。经过这次人民的检举和军警在局部地区搜捕之后，他们将采取多样、复杂和隐蔽的方法来继续与我们进行这样或那样的斗争，因此我们号召大家百倍提高政治警觉，切勿松懈麻痹。我们更号召全市各阶层人民，紧密地团结在人民解放军与人民政府的周围，为保护自己的生命财产的安全，积极开展检举匪特工作。"①

1949 年 7 月底，奉第三野战军首长命令，解除第九兵团警备上海的任务，宋时轮司令员率兵团部及第 20 军、25 军、21 军到上海郊区进行整训，准备遂行解放台湾的任务（后改为赴朝作战）。第 33 军由吴淞口调进市区，加上第 34 军的第 10 师、上海市警察总队、华东警卫团等，接替原由 3 个军担负的市区警备任务。警备部队从 20 余万人减到 7 万人，郭化若任警备区司令员。

由于上海警备力量减少，匪特行动再次猖獗。1949 年 9 月 22 日晚 9 时，"鸿生轮"满载着 200 多名乘客由上海开往崇明。乘客中有解放军 7 人（其中有 1 名女军人）分散坐在各舱位，同时也有 20 名身藏短枪、伪装成商人的武装匪特藏在乘客之中。这伙匪特上船后，分别坐在各位解放军身旁，伺机准备动手。深夜 12 时左右，该轮驶出吴淞口行至狮子林附近时，这伙匪徒突然向解放军开枪。一名战士当即开枪还击，击伤匪特徐建堂，后因乘客拥挤，为避免误伤群众，解放军战士与匪徒进行搏斗。因寡不敌众，4 名解放军战士当场被打死，匪特将他们的尸体抛入江中。另外 3 名解放军也被他们捆绑起来。7 名解放军的 1 支步枪、6 支手枪、300 发子弹被这伙匪徒夺去。接着，匪徒洗劫了全船乘客，共劫去人民币 500 余万元，棉布 20 余匹，面粉、大米 10 余袋，手表 8 只，金戒指 6 只以及其他物品。然后这伙匪徒们劫了一条帆船逃逸。他们在苏北川港登岸后，将 3 名解放军活活勒死，就地草草掩埋。9 月 25 日，匪首黄志英公开打起"反共救国军通海纵队"的旗号，散发反动传单，又先后杀害了当地小学教员吴

---

① 《解放日报》1949 年 6 月 30 日。

文亮、复员军人顾其春、农民积极分子张根荣、顾仁修等 4 人，随即分散逃匿。

陈毅得悉这一情况后，极为震怒。下令警备司令部限期破案。郭化若等领导极为重视，决定由熟悉南通地区情况的淞沪警备司令部副政委韩念龙率军法处治安科科长刘步周、副科长海萍前往汇中旅社，会见并听取了南通专署公安处处长顾克英、南通市公安局白局长介绍该股匪特活动情况。研究确定，由淞沪警备司令部军法处主办此案，南通专署公安处和南通公安局配合侦破。军法处处长瞿道文召集有关人员对此案作了具体部署，建议南通和崇明驻军立即展开剿匪活动，使这股匪特不能在苏北地区隐蔽活动，把他们赶来上海一网打尽。

在各方面的配合下，侦破工作取得进展。得知这伙人将于 1949 年 10 月上旬的一个星期六在中山公园碰头，军法处治安科科长刘步周率 20 余人即去中山公园缉捕。因迟到一步，匪徒们已散去。不几日又获悉，这伙匪徒有 7 人要在曹家渡状元楼聚会。军法处立即派两名有力侦察参谋赶到状元楼，装成顾客监视侦察。刘步周科长和南通公安处处长顾克英率 20 余人迅速赶往现场围捕，当场捕获匪特徐锡昌、江山等 7 人。经突击审讯，又将在泰山电影院附近以做白铁匠为掩护的匪首黄志英的哥哥黄林琪逮捕。根据犯人交待和调查，基本弄清了这伙武装匪特姓名、面貌特征、活动规律、社会关系及可能落脚的地点和联络场所。

几天后，匪首黄志英果然来到中山公园，当即被我侦察人员逮捕。此后经 10 余天的侦察、追捕，先后在曹家渡、闸北、南市、打浦桥、斜土路、小闸桥、虹桥路等地将这伙匪特全部擒获，其中有一人拒捕被当场击毙。此案仅用近 20 天时间即告侦破，19 名匪徒全部落网，缴获枪 4 支、子弹 20 余发，及部分赃物，并找到了被杀害的 3 名解放军的尸体。

经淞沪警备司令部军法处审理后，报请上海市军管会批准，判处匪首通海纵队司令黄志英、副司令徐锡昌、大队长朱国范、江山以及匪徒朱鼎丰、盛建明、黄连宝 7 名罪犯死刑，于 12 月 29 日在上海市区游街示众后，押赴刑场执行枪决。樊祥泰等9名罪犯由南通地区人民政府召开群众大会公审后执行枪决。对徐小祥、陆林、黄林琪3名罪犯分别判处有期徒刑。淞沪警备司令部军法处迅速破获了这个武装匪特组织，维护了吴淞口航道的安全畅通，受到陈毅市长及淞沪警备司令部首长的嘉奖和表扬。①

在警备力量减少的情况下，如何有效开展打击匪特斗争，维护上海的稳定？上海警备区和公安部门采取了如下方法：

一是建立专业的反匪特队伍。郭化若回忆：在1949年8月召开的淞沪警备部队党委扩大会上，作出了"加强反特斗争的进攻力量"的决定。要求把城市警备、边防守卫与肃清残敌结合起来，更有效地完成警备任务。会议要求各级党委要抽调业务能力较强的、又适合于做反特工作的干部，组成反特机构。会后，团以上机关普遍建立了反特机构，增强了反特力量。军法处扩充了机构，增加了人员，仍以翟道文为处长，并调第33军政治部保卫部长刘新屏为副处长。各师均设立了侦察科和侦缉队，各团则设有侦察参谋和侦察组。从上到下组成了一支500余人的反特斗争队伍。在斗争中，摸索与创造了"即捕即审，即审即捕，即捕即追""审讯与调查相结合"等工作方法，不断提高了工作效率。捕获特务后，立即审讯，立即追捕敌人招供的其他特务，不失时机地迅速扩大战果，务求全部破案，一网打尽。

二是建立群众组织。侦察部门依靠地方党政领导，与公安机关密切配合，充分发动群众，开展群众性的反特斗争。8月至11月，部队向驻地附近174个工厂和敌情严重的龙华、洋泾、杨思区的18个村，派出18个工作组，在地方党政机关统一领导下，做深入细致的群众工作。在很短时间内，就发展工会会员12000人、农会会员1800人，组织工人纠察队4400余人，依靠群众检举揭发匪特案件或线索。群众是最广泛的耳目，只要群

---

① 上海警备区党史办公室：《鸿生轮大血案纪实》，中共上海市委党史研究室、上海市档案馆编：《上海解放初期的社会改造》，中共党史出版社1999年版，第429—431页。

众能动员起来，认真负起责任，任何坏人都不能鱼目混珠。半年来许多盗匪都是经过群众检举报告，协助工作而破案的。特别一些复杂场所、工厂、码头等工会以及管理里弄的人员，由于他们的警惕与防范，对保证该地区的安宁，作用尤大。[①]

三是从内部瓦解匪特，实行"以盗制盗""以案破案"的策略。组织专门力量，加强秘密侦察，有计划地把从盗匪集团内部分化出来的分子建为内线，深入盗匪内部，采取"以盗制盗"的斗争策略，破案后，追尽审透、扩大线索、"以案破案"，做到破一案，抓一帮，清一片。

上海警备区和公安机关反盗匪斗争取得了初步胜利，大大鼓舞了斗志，也给予盗匪很大的震动，使他们互相猜疑，互不信任，不敢轻举妄动。大部分盗匪感到市区风声紧后，流窜到郊县活动，白天匿藏市郊，夜晚潜入市区作案。为适应敌情变化，公安刑警部门重新调整队伍，配备长短枪，市区用手枪，郊区用盒子枪、卡宾枪。并针对盗匪匿居于独立的农屋或古庙等特点，组织突击搜查，使盗匪无藏身之地。于是盗匪纷纷转移外地，以杭州、苏州、无锡、常州、镇江、南京等地为据点，仍以上海为目标，当天抢劫，当夜乘火车返回，给上海的追捕造成困难。上海军管会和公安局与南京、杭州等相邻城市进行合作，互通情报，协调行动，把网张得更大，使盗匪无路可逃。

在缉捕盗匪斗争中，上海警备区和公安机关坚决贯彻"镇压与宽大相结合""坦白从宽、抗拒从严、立功受奖"的政策，充分发挥政策威力，促使分化瓦解。对罪大恶极的主犯，一经捕获，迅速依法严惩。对敢于开枪拒捕的亡命之徒当场击毙。对罪行不大、经教育愿意坦白交代者，给其戴罪立功机会，令其如实提供盗匪内幕或选为线人，开展内线侦察。对犯罪情节轻微的胁从者，只要彻底坦白，真诚悔过，都给予宽大处理。经过一

---

① 郭化若：《上海解放初期的警备工作》，中共上海市委党史研究室、上海市档案馆编：《上海解放初期的社会改造》，中共党史出版社1999年版，第45页。

个阶段的反盗匪斗争，取得了显著的成绩。1949 年 6 月至年底，全市共破获重大抢劫案 665 起，捕获盗匪 1667 人，缴获轻机枪、冲锋枪、步枪 42 支（挺）、手枪 501 支、手榴弹 20 枚、子弹 6350 发。[①]

在抓捕盗匪的过程中，我们的干部也在反思一个问题：为什么上海的盗匪如此猖獗？如何从根本上铲除盗匪存在的生存土壤？总结经验后大家一致认为，应该大力加强上海的户口管理。

旧上海之所以称为"冒险家的乐园"，就是因为上海租界户口管制非常宽松。20 世纪 20 年代起，上海租界大量开发房地产，无论是哪国人，哪个地方的人，都可以在租界自由居住。虽然有户口登记，也是形同虚设，只有发生了案件警察才会调查过问。在许多居民里坊中，开发房地产的是大房东，然后有人用金条作押金，把一幢或一排石库门房子"顶"下来，当了二房东。二房东把自己有使用权的那些房间分租给房客，赚取收入。房客什么身份，房东基本不过问。而且租房子也很灵活，可以长租，可以临时租。这样，在上海搬家非常方便，迁徙也非常自由。当年中共中央机关能在租界里秘密活动，就是因为有这个条件。而且共产党员租房子，经常在租界和华界交界的地方，比如新闸路。白天在华界里活动，警察来抓捕就躲进租界。二房东一般不肯租房子给单身男人，怕对方是强盗。地下党员经常一男一女假扮夫妻，这样租房子房东就不过问了。上海居民有个潜规则，就是不问邻居的身份和个人隐私。同样，那些冒险家、强盗、罪犯，也是利用这个条件隐蔽身份，作案犯罪。所以，要想根绝盗匪犯罪，最重要的就是把户口管好，最大程度控制人口流动，把市民的居住状况完全把握在手中。

旧上海的居民和户口管理，依靠的是区公所到保甲的体系。区公所是上海的区政权机构，下面按地段分为保甲。上海分为 30 个区，区公所设有

---

① 邱译：《上海解放初期的反盗匪斗争》，中共上海市委党史研究室、上海市档案馆编：《上海解放初期的社会改造》，中共党史出版社 1999 年版，第 147—148 页。

民政、户政、经济、文化、警卫等股。下辖925个保、22560个甲。保甲长由地段内有影响的人担任，每个保有一个干事，两三个保有一个户籍员，负责户口管理、摊派、征兵、物资配给等事务。抗战胜利后租界收回，国民党才在租界里设立了户口制度。但是这些户口很不精确，流动迁徙的情况更加不明。上海解放后，一批山东来的解放军南下干部接管了上海市区政权，在地下党的配合下，采取原封不动、自上而下的接收办法开展工作。但是我们不可能还让旧政权的保甲长来管理，需要进行改造，重新建立新的基层管理体制。[①]

1949年5月28日，民政接收处接收了国民党上海市民政局以及下属全市30个区公所和保甲组织。接收该局的全部文卷、图表、档案1530宗，其中包括了上海区、保、甲长的全部名册，上海市18—42岁的壮丁名册。

根据中央和市军管会的指示，对国民党民政局和区公所机构规定了以下的具体处理办法：

（1）与市政行政管理工作无关的机构，接收以后，即行摧毁。

（2）与市政行政管理有直接关系的均予保留，机构不动，待弄清情况再改造，旧人员在接管期间一般的原职不变。

（3）与市政行政管理是否有关一时不及弄清，则待熟悉其情况后再行决定打乱或改造，因而对人员亦采取留用的方针。

按照这三项具体处理办法，自上而下完整地保留了国民党的户政管理机构，接收了26840本户口册、6011530张人口卡片。[②]

干部陈鸿元跟随姜杰专员负责老闸区的接管，他在日记里记录了这个过程：

① 章永年：《接管上海市区政权机构的回顾》，《上海解放三十五周年文史资料纪念专辑》，上海人民出版社1984年版，第237页。
② 凌可成：《在接管改造中废除保甲制度》，中共上海市委党史研究室、上海市档案馆编：《上海解放初期的社会改造》，中共党史出版社1999年版，第133页。

1949 年 6 月 6 日

晚上，姜专员向大家传达上级指示，有五个方面：（一）对旧人员的处理办法，必需留者留，不必留者去。一般讲，户政股全部留下，民政股部分留下，经济股大部留下，警卫股大部取消，区长和总干事暂留下，以便了解情况。离去人中有愿意参加政治训练班的，应鼓励他们去，对移交工作搞得较好的，离别时要开会欢送，请他们留下通讯地址等。（二）废除保甲，由居民通过民主选举产生管理人，尽可能由地方上的党员担任。（三）迅速办理户口登记和发放身份证。（四）地方上的党员组织关系应全部转到区接管委员会，并受其领导。（五）立即把文书、收发、会计控制到接管人员手中。

6 月 23 日

下午二时，在天蟾舞台召开全区保甲长会议。姜专员严肃地指出：保甲制度是国民党反动统治压迫人民的工具，是反革命的基层组织，必须坚决取缔。同时，阐明我党对保甲人员的政策，指出，除罪大恶极必须严办者外，一般仍给予自新出路，在新的政权体制尚未建立前，必须在区接管委员会的监督下继续工作，必须切实做到：（一）检举散兵游勇和国民党特务；（二）报告国民党遗留下来的武器弹药和其他军用物资；（三）负责保护本保、甲内的公共财产及机关、学校、工厂、房屋等设施；（四）报告已被国民党盗卖或转移的一切资财；（五）将自卫队枪支集中到保或交警备部队保管。最后，姜专员强调各保甲长必须服从接管委员会和治安委员会的命令，不得有违反命令的现象发生。

6 月 24 日

为了便于开展工作，区接管委员会下设四个办事处。我负责第二办事处，下辖三、四、五、八、九保。

9 月 9 日

姜专员总结了八月份的工作，已遣送难民三千二百四十八人还乡，尚有百余人待遣；户口工作已有眉目；工作人员增强了责任心。姜专员指出今后工作是：（一）继续遣送难民还乡，掌握匪特动态，加强社会治安；（二）申报临时户口；（三）调解居民纠纷。

9月14日

晚饭后，各办事处主任参加区接管委员会扩大会议，主要内容是肃清匪特，加强社会治安问题。各区建立治安委员会，属军警办事处领导。本区治安委员会主任姜杰，王分局长和警备队参谋长为副主任。姜杰指出：治安的主要问题是反特，据估计，上海有二万名特务，他们有计划地进行造谣、印假钞、纵火暗杀、勾结奸商捣乱市场等勾当，必须高度警惕。

9月26日

晚上学习，讨论如何安置旧人员问题。结论是：要讲政策，讲原则，指明出路，鼓励改造；对裁遣者需事先妥善安排，防止不负责任的偏向。具体地讲，对具有专业知识和能力，又为工作所需者，应予教育审查后留用；不需留者，要介绍到其他地区、单位工作；动员下乡参加训练，支援农村建设，如家境困难，公家要补助生活费；不愿受训者，发一个月薪金为遣散费，自谋生路；对个别罪大恶极的反革命分子、特务分子应予开革法办。

9月30日

晚上，姜专员找我们座谈废弃保甲制，建立新组织问题。一致认为，要在办事处下设若干居民小组，每组不超过百户，设正副组长各一人。专员要求我们物色人选，以备成立新组织。①

上海市区基层管理组织建设，按照共产党"支部建在连上"的原则，每个区下设办事处（后来演变为街道工作委员会），办事处下设居民小组，

---

① 陈鸿元：《接管工作日记摘要》，《上海解放三十五周年文史资料纪念专辑》，上海人民出版社1984年版，第266—270页。

○　1949 年 10 月 2 日，上海市人民政府大厦（今江西中路 215 号）上升起五星红旗（上海市档案馆藏）

居民小组下又设家属委员会或里弄小组，选拔积极分子参加管理，落实到每家每户。在这个基础上，公安局与各基层管理机构合作，建立新的户口管理体系。

新的户籍管理工作，据当年老同志回忆：

上海解放前夕，户籍管理混乱，1949 年 3 月起户口登记陷于停顿，户籍册上登记错误或与户籍现状不符者甚多。解放后，市军管会公安部和政务接管委员会分别接管全市户口档卡。1949 年 6 月，市政府公安局成立，户籍管理工作由市政府公安局负责。当年 7 月底，一般户口调查登记工作移交市政府民政局办理。

1949 年 12 月，市政府发布户口异动登记暂行规则，规定：凡居住上海市的市民遇有出生、死亡、迁入、迁出户口异动时，应向所住地区接管委员会的办事处申报，故意不报或虚报户口异动者，经查出后由区接管委员会会同公安分局予以教育或处罚。为查清全市人口的基本情况，作为规划市政建设的依据，市政府同月还发布了户籍校正办法，责成市政府民政局领导各区接管委员会，在全市实施大规模的户籍校正，各区公安分局协同。全市户籍校正工作的实地查对，自 1949 年 12 月 20 日开始，至 1950 年 1 月 8 日结束，共抽调各区接管委员会干部、各公安分局户籍警、市政府各局（处）训练班受训人员及警备部队计 3353 人，组成 1000 多个查对小组，依照门牌挨户查对；同时吸收群众中的积极分子协助工作，主要任务是帮助住户填写报告书。经查对，全市除水上户口外，共有 1015017 户、4980992 人，此外还查明了市民就业的行业、工作单位、具体职务。①

上海第一次大规模户口校正，是全面调查和建立精确的户口体系的工作。1950 年 1 月 9 日《解放日报》刊登了民政局干部对此次工作的总结：

本市校正户口自去年 12 月 20 日开始以来，至昨日（1950 年 1 月 8

---

① 《上海人民政府志》，上海社会科学院出版社 2004 年版，第 204 页。

日）止已全部完成。实际工作十八天。民政局户政处负责人发表谈话，对此次校正工作的经过情形，作扼要的总结如次：

准备工作：本市在国民党时代的户口，零乱错误，解放后最初由公安局管理户口迁移，其后移归本局受理。在 9 月 12 日到 20 日举行临时户口申报，随即决定先行校正原有户籍，然后举办户口异动登记，因为基层组织、整理门牌、水上户口等许多问题，必须在校正开始前准备。同时因为这校正户口工作接触到每一户每一个市民，要使大家了解这一工作的意义，消除一切疑虑，所以必须广泛吸收各方意见，特举行了几次座谈会，归纳了各方面意见，订出《户口校正办法》和《户口异动登记规则》两草案呈报市政府，于 12 月 10 日批准。

训练干部：此次执行校正的基本干部，有各区接管会和公安分局的户政工作干部，配合的力量有民政局户政处干部、市政府高教处、卫生、公用、工务等局训练班的学员，经过一星期左右的训练，使工作技术上不致发生问题。

这次的工作人员中，个别的工作敷衍马虎，这些情形，通过各区每天的会议汇报，随时予以纠正。大体上所有工作人员是很好的，连日下雨，在泥浆中奔走工作，结束后还要举行汇报，每夜搞到十时左右，甚至有几天要到十二时以后才得休息。在竞争的情绪中，完成了这个任务。

最值得欣慰的，此次工作中大多数市民都能了解校正的目的，和我们合作，到期在家等候，预先填好报告书，使工作能够顺利进行，但是也有个别不好的情形，像西区一部分洋房住宅对于校正户口漠不关心，工作人员到达后碰碰门，往往等好些时候，开门了，又推说谁在家不在家，报告书也没有填，他们不是不识字，反而叫工作人员替他们填写，有时得走上好几次，使工作进度受到影响。

在这次校正工作开始前几天，恰巧公安局办理收容乞丐小偷的工作，起初有些人以为校正户口便为了要了解无业的人，发生了疑虑。上次我们办理临时户口申报时，坏人乘机造谣，此次校正时，宣传工作比较扩大深入，市民觉悟性已提高，造谣者也无机可乘了。

建立新的户口体系后，上海市政府特别重视临时户口登记和户口变动登记。这两项工作把上海市民的流动情况和外来人口情况做到了精确掌握。1950 年 3 月，市政府民政局及各区接管委员会管理的户口业务重新划归市政府公安局。1951 年 5 月，市军管会批准《上海市户口管理暂行规则》和《上海市户口违警暂行罚则》，将来客投宿及临时外出，店铺营业性质、字号、电话号码等变更，姓名、年龄、籍贯更正，旅馆旅客登记，医院病人住院出院情况以及结婚、离婚、收养、认领、分居、并居、失踪、寻归、开张、歇业、雇工、解雇等均纳入户口异动登记范围，应向所在地公安派出所申报登记。对违警者可处以拘留或罚役（10 日以下）、罚金（10 万元以下人民币旧币）、警告教育和公开检讨。1953 年 11 月，为方便群众，提高工作效率，废除部分户口异动登记内容，如结婚、离婚、开张、歇业、雇工、解雇等。

上海的户口管理，在新中国成立后相当长的一段时期，都是全国最严密、最精确的地区。通过有效的户口管制，无论是固定居民还是流动居民，警方都能及时掌握。通过建立群众参与的街道里弄管理，每家来了什么人，有什么异常情况，街道干部都能及时获悉。犯罪分子彻底失去了自由活动的空间，作案率大大下降。这是上海社会稳定的一个重要手段，也是新中国城市管理的一个重要创新。

那些被抓捕的罪犯，都被送到上海警备司令部军法处看守所，进行审查和处理。1950 年 2 月，《解放日报》记者到那里采访，报道了犯人的日常生活：

今天的上海警备司令部军法处看守所，已成为人民民主专政的有力工具。除了极少数罪大恶极的首要分子受到人民应有惩罚外，在那里被囚禁的匪特、抢劫等罪犯，正在领受重新做人的宽大教育。

当你走进那一排红色房子，走进各个禁闭室的时候，那里不是阴森、暗湿，而是擦得发光的地板和光亮的玻璃窗。毛巾、饭碗排得有条不紊，每天指导员都亲自督促犯人打扫，把被子折得像豆腐干一样整齐。白色墙壁上满贴着犯人们自己制作的墙报和漫画。墙报上有一篇题为《被捕以来我认识了什么》中写道："负责看守我的解放军，他像妈妈对孩子一样地关心我们的寒冷，天冷了，通知家里给我送衣物，深夜他给我们关窗子，盖衣被。"

军法处本着治病救人的教育改造方针，抽出一部分钱给犯人买了一批书籍。犯人们除了每天能有很多时间阅读书籍外，每天可看到一份报纸，不识字的犯人也可听到每天的重要新闻，这是由指导员讲解或是指定识字犯人念的，每天犯人在球场的四周，坐在太阳光下，倾听指导员解述新人生观，解放军英勇战斗的故事，中国解放战争的胜利形势，或一些犯人坦白悔过后获释放的典型事件。下午便由犯人开小组会进行讨论，指导员经常到各个小组里帮助他们学习。

中华人民共和国诞生后的第一个新年，警备部队战士秧歌队也扭进了牢房，祝他们新年新生，当场有一个犯人被感动得哭了起来，他哽咽着说："人民对我太宽大了，我对不起人民。"军法处自成立到现在，没有体罚一个犯人，几周前还有个犯人，因为自以为资格老，新进去的犯人要"孝敬"。别人家里送去的衣服，他总要先穿几天，别人家里送进去的食物，他不得别人许可就吃。经犯人报告指导员后，在篮球场上召开群众大会。同室被欺侮的犯人，都纷纷起来控诉，最后他才认错，向全体犯人道歉。

在"治病救人"教育改造方针下，人民的军法处已经把不少的罪犯改造成新人，在处理过的742个犯人中，已经有327个人恢复了自由，重新做人，其中有39个人愿为人民立功赎罪，一个犯人在临释放时他激动地说："过去我做坏事太多，现在我愿留在军法处当一个伙伕，立功赎罪。"其余的415个犯人，大半是转送其他机关教育改造或释放。有一个武俊平被捕后，经一个多月的教育，感到军法处对他思想意识上帮助太大。释放后他找到过去一同行劫的伙友叶如良，对叶说：军法处好比一面镜子，不进军法处不晓得自己脸上的肮脏。劝叶也去军法处受教育。去年12月12日晚上，叶也自动带行李到军法处去投案。

许多犯人在释放后，还不断地从各地写信给军法处。去年6月28日一个国民党军官释放后在信上说："蒙你们转请陈市长核发《生产证明书》暨市救济会五千元车饭费，受领之余，无任感德，今后当决加强改造，认真为人民服务。"释放回杨树浦家中的一个犯人也写道："承人民政府一本宽大政策，既不追究以往错误，又指出未来之途径，作迷途者之灯塔，复顾念寒舍老少生活问题，所谓天理、国法、人情三者兼全矣，感恩曷极。"①

---

① 方远：《教育罪犯重新做人——记警备部军法处看守所》，《解放日报》1950年2月2日。

第7章 | 让帝国主义分子低头

- 庆祝上海解放大游行
- 严惩威廉姆·欧立夫
- 中美关系的曲折变化
- 别了，司徒雷登
- 《字林西报》造谣事件
- 《大美晚报》中国员工的抗争
- 封闭美国新闻处和外国报刊
- 征收房产税收回沙逊大厦
- 英国汇丰银行大楼转让

1949年7月6日是上海人民的盛大节日。为纪念"七七"抗战、庆祝上海解放，上海军民举行了有史以来第一次的大游行，这是人民力量的总检阅。在这个百年来帝国主义与封建势力结合侵略中国人民的最大据点、官僚资本主义的大本营的上海，人民以无比的狂热来庆祝自己的大胜利。人民解放军第三野战军的3个步兵师、11个特种兵团参加了阅兵，30万群众举行大游行。百万市民夹道观看。阅兵和游行从13时一直进行至午夜。

　　阅兵主席台设在北四川路的旧港口司令部。16时正，特种兵部队首先经过，接受陈毅、饶漱石、粟裕3位首长检阅。参加检阅的还有上海市党政军负责人张鼎丞、曾山、刘晓、潘汉年、宋时轮、郭化若、唐亮、钟期光、张爱萍、张震，上海各机关团体代表刘长胜、夏衍、李昌诸同志，民主人士有陈叔通、许广平、黄炎培、盛丕华、吴耀宗等先生。

　　参加阅兵的解放军威武雄壮，参加游行的群众欢声笑语，高呼口号，载歌载舞。突然发生了意外情况，在人民解放军队伍行经东长治路时，自溧阳路上突然有一个美国人威廉姆·欧立夫自驾03116235号码小轿车，不听岗警制止，直冲游行队伍，险将游行群众撞伤。岗警勒令其后退停车，威廉姆·欧立夫不但不服从指挥，而且出言不逊，继续强行通过。于是公安民警将他拉下车，押解到提篮桥公安分局讯问。威廉姆·欧立夫在局里态度更加横蛮，拒绝说出自己的姓名、住址及职业，并拳挥脚踢，将办公

○ 为纪念"七七"抗战 12 周年，庆祝上
海解放，1949 年 7 月 6 日下午，上海
举行百万军民联合游行
① 陈毅在主席台上检阅游行队伍
② 装扮一新的有轨电车在游行队伍中
格外显眼（上海市档案馆藏）
③ 浩浩荡荡的游行队伍（上海市档案
馆藏）

室桌上文具等物捣毁。在场工作人员毛桂珠、夏定和、刘敏向其劝阻不听，上去采取强制手段，他又将一位警员手表踢坏，手腕踢伤，另一工作人员的自来水笔亦被其踢坏。①

在场的一些留用员警愣住了，因为解放前，国民党警察局对美国人是惹不起的。现在解放了，该怎么办？心中无数，一时手足无措。提篮桥公安分局几个领导人商量了一下，认为这种无视新中国政府法令的野蛮行径，必须立即制止，不准其肆意挑衅。命令将欧立夫戴上手铐，关押进牢房。这个强硬手段完全出乎欧立夫的预料，过了一会，他像一个泄了气的皮球，嚣张气焰收敛了，老老实实地说出了自己的姓名、职业、住址，并交出了证件。他是原美国驻上海领事馆的副领事。

问题有点严重了，提篮桥分局领导急忙打电话向上海市公安局局长李士英报告。大家心里七上八下，因为这是进入上海市后第一次处理涉外事件，对象又是昔日在上海不可一世的美国"驻沪副领事"。进城前陈毅曾一再告诫大家，对涉外事件必须谨慎从事，加强请示报告，不得自作主张。李士英同志听完汇报后，沉稳果断地下了四点指示：

第一，派南下干部（解放区来的干部）专人负责，对欧立夫好好看管。

第二，要讲政策，不准打骂和侮辱人格。

第三，饮食由分局负责，不能吃外人送来的食品。

第四，领事馆来人询问，可答复说我们同美国没有外交关系，不承认他是什么副领事，只讲有一个美国侨民破坏交通秩序被拘押。至于怎么处理，待请示陈毅市长以后再告诉你们。

李士英局长的处置非常明确：第一，公安局里多数是留用的旧警察，看管欧立夫必须要由自己人（南下干部）负责。第二，吃饭要自己做，不吃外边送来的。这都是出于安全考虑，避免欧立夫在局里发生意外。然后，不承认他的外交人员身份，也没有豁免权，依法处理。

---

① 《解放日报》1949 年 7 月 12 日。

随后，李士英局长立即向陈毅市长作了汇报。陈毅毫不犹豫地说："拘留起来再讲，不管美国人、英国人，在中国违反了中国法令，就可以制裁他。"

遵照陈毅市长和李士英局长的指示，提篮桥分局领导向欧立夫宣布：因其破坏交通秩序，损坏公物，殴打员警，触犯了中国法令，予以刑事拘留。并将他关进了拘留所，生活上则给予了适当照顾。原美国驻上海总领事葛柏德来到市外侨事务处，以总领事名义，并荒谬地假借国际法、人权法，甚至引用美国与前国民政府签订的中美条约，向中方提出抗议，要求立刻释放欧立夫，当即被中方严词驳回。

7 月 8 日，李士英局长派钱惠民副处长传达了市公安局根据陈市长指示，对欧立夫作出如下决定：

（1）责令欧立夫写认错道歉的书面检查，在报刊上公开刊载。

（2）毁坏公私财物，照价赔偿。

（3）以分局名义写一份对欧立夫拘留的决定，在《解放日报》上刊登。

（4）发还欧立夫的个人财物，包括那辆肇事车辆。

《解放日报》报道："沪市人民政府公安局人员当向其指出：在目前人民民主的新中国并未与任何外国政府建立外交关系，一切在沪外人均以外侨身份受人民政府之管辖和保护，即使将来在我政府与外国建立正式外交关系后，各国领事馆官员亦不得违犯人民政府之法令，破坏中国的公共秩序。该美侨在公安局严正恳切教导下，于七日始承认其违警及行凶等错误，亲笔书写道歉书一件，表示悔过，并声明愿赔偿损失。公安局念其尚系初犯，从轻发落，处以三日拘役，于九日期满后将其释放。"

《解放日报》全文刊登了欧立夫 7 日致公安局道歉书及 9 日致公安分局员警的道歉书：

威廉姆·欧立夫致公安分局道歉书

我，威廉姆·欧立夫（前美总领事署副领事），承认于一九四九年七月六日下午四时在东长治路、溧阳路，正当解放军游行时，破坏交通规章；在被带到提篮桥分局后，我拒绝将我的姓名报告该局值日员，致使该值日员不悉我为何人，使彼不能进行处理；在通知予我以拘留时，我曾因冲动过甚，殴打两位警员，毁坏局内办公室的公物，并对在场的警员采取粗鲁的举动。我犯了严重的错误。因此，我承认我犯了下列各罪：（1）违犯交通规章，（2）拒不报告姓名，（3）殴打公安局的员警，（4）毁坏公安局的公物。

我愿意向被侮辱的员警道歉，我愿意赔偿修理的费用或赔偿局内被毁的公物。我保证不再有同样的事件发生，并遵守人民政府的法令和规章。此后我愿意做个遵守法令的外侨。我恳求当地主管机关对此案从宽处理。我已经认识了我的错误，经过反省，内心感觉很深刻的歉意，在我被拘留期间，我并未受到任何虐待。

威廉姆·欧立夫（签字）

一九四九年七月七日

欧立夫致公安局员警道歉书

毛桂珠、夏定和、刘敏先生及公安局其他员警：

我，威廉姆·欧立夫，美国公民，对我在七月六日所犯的严重错误，我对上列各位先生的严重妄行，对他们人身及公安局的财产所造成的损害，谨向上列各位先生道歉，致以深刻的歉意。

我向他们及人民政府保证：我不再重复这种错误和行为。

我保证：我今后将在中国做一个守法的外侨，我承认帝国主义的行为是要不得的行为。

我感谢人民政府对我的事件所给予的考虑，及给我的宽大及和善的待遇。

威廉姆·欧立夫（签字）

一九四九年七月九日

○　欧立夫的道歉书

同日，《解放日报》发表评论《外侨必须严守人民政府法令》：

欧立夫当我上海军民举行检阅自己的力量的盛大游行之时，竟自驾汽车冲入游行队伍，这显然是美帝国主义者的一种挑衅行为。欧立夫在违犯交通规章之后，竟还以帝国主义者蛮横的态度对待我公安局员警。他还想以美国副领事过去对国民党反动政府的"主子"的态度来对待我公安局员警。可是欧立夫是完全错了，解放后的上海是人民做主人了，人民政府决不容忍和允许外侨对我人民蛮横和侮辱！在人民政府的治下，帝国主义者的任何违法犯纪的挑衅行为均将受到应有的处罚！一切帝国主义的侵略势力必须从中国滚出去！一切外侨必须严格遵守人民政府的法令！

一个美国侨民，以帝国主义者的骄横野蛮的态度来对待我人民和人民政府，这是绝不能容忍的！但我公安局对这样一个犯法侨民，在加以拘禁处分之时，还是耐心地进行了说服教育，直到欧立夫自己承认其严重犯法行为的错误，而在他向我人民低头悔过求恕，表示今后愿做一个守法侨民时，我公安局对这样一个理应严惩的罪犯还是予以宽大的处理。这就是人民政府对外侨的政策，即对守法安业者必予保护，对违警犯法者必予应得处分，对悔罪改过者则予宽大处理。①

将欧立夫这样有外交官身份的人依法拘留，当时影响很大。当报刊将欧立夫认罪的赔礼道歉书公之于众后，很快在全市、全国引起了轰动。原美国驻沪总领事馆向上海市人民政府提出了抗议，原美国驻华大使司徒雷登也表示遗憾，但这一切在共产党和新中国面前是徒劳的。上海市民更是扬眉吐气，有的说，"过去上海人在洋人面前低人一等，有理无处诉，有冤无处申，现在美国领事犯法，同样法办，真痛快。"有的说，"解放前美国人在上海打死了人也治不了他，现在违反交通规定，打人毁坏公物照样要关起来。认错道歉赔偿了才放你出来，真正解放了。"在公安局内部，留用员警们感触更深，他们说："外国人过去将上海作为他们的殖民地，横行霸道，无法无天，犯了法，警察局最后都是不了了之。现在解放了，人民政府不管你是哪国人，触犯了中国法令，一样依法处理。"对欧立夫的依法处理，充分说明了中国人民站起来了，帝国主义奴役的时代一去不复返了。②

威廉姆·欧立夫事件，并不是一个偶然的事情。这与当时中共中央的外交政策有直接的关系。尤其是中美关系，更是一波三折，充满了变数。

新中国将实行什么样的外交政策，是毛泽东长时间思考的重大问题。

---

① 《解放日报》1949 年 7 月 12 日。
② 赵文卿：《回忆李士英同志》。

1946 年美国特使马歇尔五星上将到延安访问，毛泽东对美国是存有希望的。但是美国援助国民党的事实，迫使毛泽东与美国划清了界线。

1949 年 1 月 19 日，中共中央发布了《关于外交工作的指示》，初步确定了共产党的外交政策。基本原则是："目前我们与任何外国尚无正式的国家的外交关系。许多帝国主义国家的政府，尤其是美帝国主义政府，是帮助国民党反动政府反对中国人民解放事业的。因此，我们不能承认这些国家现在派在中国的代表为正式的外交人员，实为理所当然。我们采取这种态度，可使我们在外交上立于主动地位，不受过去任何屈辱的外交传统所束缚。在原则上，帝国主义在华的特权必须取消，中华民族的独立解放须实现，这种立场是坚定不移的。但是在执行的步骤上，则应按问题的性质及情况分别处理。"

具体政策方面，"凡属被国民党政府所承认的资本主义国家的大使馆、公使馆、领事馆及其所属的外交机关和外交人员，在人民共和国和这些国家建立正式外交关系以前，我们一概不予承认，只把他们当作外国侨民待遇，但应予以切实保护"。[1]

毛泽东概括比喻说，这是"另起炉灶"和"打扫干净屋子再请客"。[2]

1949 年 1 月，斯大林委托苏共中央政治局委员米高扬秘密访华，到西柏坡会见了毛泽东，详细了解中国革命的情况和中共中央的政策。这次会谈对今后中苏关系的发展起了重要的推动作用，使毛泽东确定了向以苏联为首的社会主义阵营"一边倒"的外交政策。3 月毛泽东在中共七届二中全会的报告上说："关于帝国主义对我国的承认问题，不但现在不应急于去解决，而且就是在全国胜利以后的一个相当时期内也不必急于去解决。我们是愿意按照平等原则同一切国家建立外交关系的，但是从来敌视中国人民的帝国主义，决不能很快地就以平等的态度对待我们，只要一天它们不

① 《中共中央文件选集》第 18 册，中共中央党校出版社 1989 年版。
② 胡乔木著：《胡乔木回忆毛泽东》，人民出版社 2014 年版，第 546 页。

改变敌视的态度，我们就一天不给帝国主义国家在中国以合法的地位。"①

1949年4月解放军渡江占领南京，中美关系突然出现了戏剧性的变化。

1949年3月，我军渡江的形势已经明朗，美国驻华大使司徒雷登知道国民党大势已去，他认为自己既是美国官方代表，又是中国"友好人士"，有一定的影响，希望能通过个人的努力，保护美国在华利益。3月10日他致电美国国务院，请求留在南京，与共产党接触，以"建立新的关系"。美国国务卿艾奇逊复电授权他与中共领导人会谈，要他注意保密，以免引起美国右派人士的反对。4月22日我军渡江前，南京政府外交部长叶公超亲自到司徒雷登住处劝他南下广州，遭到司徒雷登的婉言谢绝。当天在南京的外国使团开会讨论去留问题，司徒雷登表示不走，英、法、印度等国大使也都留在了南京。

4月25日早晨，进入南京城的第三野战军35军某营的营长和教导员带着几个战士给部队找房子，误打误撞地进入了司徒雷登的住处。司徒雷登以使馆是美国领地，发出抗议，引起了不愉快的争吵。

司徒雷登留在南京没走的消息引起中共中央的高度重视。26日，毛泽东从广播中得知这件事，立即给总前委发出一封措辞严厉的电报："据美国广播称，我人民解放军曾进入南京美大使馆施行室内检查，并宣称，该室器具不久将为人民所有云云。不管此事是否确实，你们均应立即传令全军，凡对外国大使、公使、领事和一切外交机关人员及外国侨民施行室内检查，采取任何行动必须事先报告上级，至少须得到中央局及野战军前委一级的批准，方得实施；凡上述行动未经中央规定者，更须电告中央请求批准。对待各国驻华大使馆、公使馆、领事馆及其他外交机关，早经规定一律予以保护，非经特许不得施行室内检查。此次南京检查如果属实，应认为为违犯纪律行为，迅予查究。""南京现为各国大、公使馆驻在地区，我卫戍部队必须特别注意，望刘、陈、邓、饶立即注意此事，亲自掌握外交问题

---

① 《毛泽东选集》第四卷，人民出版社1991年版，第1435页。

的处理，并督促陈士榘、袁仲贤加强对南京卫戍部队的训练和管理。"①

中共中央愿意抓住这个机会，与美国政府接触。5月13日，中央派外事干部黄华以私人身份，到南京司徒雷登住处与他会晤。黄华问起解放军进入他住宅的事情，司徒雷登反应平静。黄华告诉他：在未同新中国建交前，原外国使节不再享有外交豁免权。但作为外侨，自将保护其安全。司徒雷登表示：愿意同新中国建立新关系，希望中国政府能广泛吸收民主人士参加。黄华要求美国政府不干涉中国内政，司徒雷登答应转告有关方面。美方确实有了实际行动。5月20日总前委在上海战役开始前电告粟裕、张震："司徒雷登已向我南京外事处黄华同志作个人的负责表示，吴淞口内已无美舰。"这个通报打消了三野部队的顾虑，以猛烈炮火封锁了黄浦江。②

上海解放后，司徒雷登申请去上海处理美国侨民的事务。南京市委请示中央，6月3日中央答复："司徒二周后去沪，可许其以外侨身份乘火车前往，但我应予以保护。"6月6日黄华再次约见司徒雷登，双方谈到了相互承认的问题。6月8日司徒的秘书傅泾波来见黄华，转达司徒雷登的口信：美国现在（对新中国的关系）很难做出正式表示，需要司徒雷登返美后努力。但他需要了解中共高层的意见，回去讲话才有力量。司徒希望在返美前能到北平会见周恩来，希望得到同意。黄华汇报中央后，中央考虑通过非官方联系较好。于是由燕京大学校长陆志韦出面，邀请司徒雷登老校长访问燕京大学。司徒雷登得知后非常高兴，将此事报告美国国务卿艾奇逊，等候批准成行。

中美建立新关系的机会最终被美国政府破坏了。国民党政府垮台后，美国国会中掀起一股反共、反华浪潮。右翼势力追究美国政府的责任，究竟是谁丢失了中国大陆。在此情况下，艾奇逊不敢批准司徒雷登赴北平的请求，而是在7月2日来电要司徒雷登尽快回国。这使司徒雷登极为失望。

---

① 《中共中央文件选集》第18册，中共中央党校出版社1989年版。
② 《中国人民解放军第三次国内革命战争史料选编》第3辑第3册。

8月2日，司徒雷登和傅泾波等登上专机回国。①

　　司徒雷登回国途中，美国政府发表了中美关系的白皮书。在这份长长的报告中，叙述了自1844年美国与清朝签订《望厦条约》以来，直至1949年国民党政府垮台时的中美关系。白皮书中公布了大量机密文件，来证明国民党政府的贪污腐败，为美国政府扶植国民党政策的失败推卸责任。白皮书为中国人民提供了一份反面教材，告诉大家美国在内战的幕后都干了些什么。毛泽东抓住这个"教材"，连续写了四篇评论，批判美国政府在中国的侵略罪行，宣布了中国共产党人与美国政府的决裂。最精彩的一篇评论题为《别了，司徒雷登》。"多少一点困难怕什么。封锁吧，封锁十年八年，中国的一切问题都解决了。中国人死都不怕，还怕困难么？"这豪迈自信的语言，曾经鼓舞了几代中国人的民族自尊心。

　　了解了这个历史过程，威廉姆·欧立夫受到严肃处理，就是可以理解的了。不仅如此，中共在上海逐步采取了"打扫干净房子再请客"和"挤出去"的方针政策，对帝国主义分子和西方势力开展针锋相对的斗争，既坚持原则，又严格掌握政策，采取有理有利有节的斗争方式。

　　上海解放后，西方媒体依然住在上海，报道新上海的一举一动。当时仍留在上海的，还有美、英、法3国的新闻机构19个、记者20多人。其中，包括美联社、《纽约时报》《时代周刊》《芝加哥太阳报》《基督教科学箴言报》、路透社、《伦敦新闻》《伦敦泰晤士报》、法新社、《巴黎每日新闻》。此外，还有3家外商办的报纸，是美商《大美晚报》《密勒氏评论报》和英商《字林西报》。

　　对待西方媒体，中共中央也有明确规定："外国办的报纸、刊物、通讯社，及外国记者，已出版之外国报纸、刊物，暂置不理，但须令其送全年报刊呈请登记。经过一个时期调查，并得中央批准后，一般的不予登记，停止出版。特殊的，或暂不干涉，或转为华人出面办理。外国通讯社一律

---

① 黄华：《司徒雷登离华真相》，载《燕大文史资料》第9辑。

不准发稿，更不得私设收发电台。外国记者凡未经许可入境，或留在被解放城市者，概不承认其为记者，不给以任何采访和发报之权，只予以外国侨民待遇。"①

1949 年 5 月 27 日，上海市军管会发布《上海市报纸、杂志、通讯社登记暂行办法》，通告中外新闻机构、报刊均须在规定期限内登记，并规定："（甲）不得有违犯本会及人民政府法令的行动；（乙）不得进行反对人民民主事业的宣传；（丙）不得泄露国家机密和军事机密；（丁）不得进行捏造谣言与蓄意诽谤的宣传。"

起初，上海军管会对外国记者的活动并不干预。但美、英等国不少通讯社和记者不时对上海人民政权的政策措施进行歪曲、诋毁和造谣攻击，渲染和夸大上海的困难，断言"没有外国特别是美英的合作，上海经济将无法维持"。一些记者还在上海进行超出新闻采访范围的活动。《基督教科学箴言报》的高尔德说："外国人享有特权的时代已经消逝"，"中共提倡的排外主义"使上海成了"外侨集中营"。他并断言，"中共不会管理城市，也无能力保护港口"。

有鉴于此，上海市军管会对外国通讯社、报社和记者的活动与报道，依法实施必需的管理。1949 年 6 月 10 日，英商《字林西报》在第一版头条位置，以大字标题刊出《本埠航运停止，吴淞口恐已布雷》的报道。以后又刊登各种"消息""谈话"，渲染"上海港口已不安全"。②

1840 年鸦片战争后，英国殖民势力侵入中国，1850 年在上海创刊的英文周刊《北华捷报》。1864 年随着报馆改组扩展为字林洋行，成为一份综合性日报，英文名 *North China Daily News* 直译为"北中国日报"，因为出版商是字林洋行，而国人喜欢将外国人办的报纸叫作西报，所以习惯称为《字林西报》。这份报纸主要报道中国政治、经济新闻，刊登船期广告，因

---

① 《中共中央关于外交工作的指示》，1949 年 1 月 19 日。
② 《上海外事志》，上海社会科学院出版社 1999 年版，第 312—313 页。

其信息量大，逐渐成为上海最有影响的英文报纸，被称为"上海的《泰晤士报》"。

1949 年 6 月 10 日，《字林西报》刊登一条新闻：国民党海军在吴淞口布雷，进出口轮船遭遇封锁。这个消息是该报的独家新闻。当时国民党海空军聚集舟山群岛，对大陆特别是上海进行封锁。这样严峻的形势，迫使上海市委和军管会考虑如何应对。在做出决策之前，这个消息是需要保密的。免得上海局势动荡，人心恐慌。但是《字林西报》却抢先把消息捅出来，使陈毅等领导人非常恼火。国民党海军吴淞口布雷行动，实际上到 1949 年底才完成。当时是否已经布雷，军管会方面也不掌握确实情报。所以，市外侨事务处召见《字林西报》总编辑葛烈芬，严肃指出该报的错误，葛烈芬当即书面承认错误，并保证不再重犯。

1949 年 6 月 21 日的《解放日报》发布消息，斥责《字林西报》造谣：

所谓国民党在长江口布雷的消息，现在已完全证明是谣言。本月 10 日《字林西报》以第一版显著地位发了一篇所谓"本埠航运停止，吴淞口恐已布置水雷"的长篇报导。虽然他们没有得到海关方面军事代表的官方消息，却在"似乎"、"恐怕"的这样语言的基础上，接二连三地报导与讨论这样的新闻。在《字林西报》之后，本埠《大美晚报》，也以显著地位散布这一谣言。11 日合众社上海电和香港电，13 日美联社香港电，都推波助澜，报导国民党海军在港口布雷谣言。《字林西报》刊载这一谣言之后，当日合众社东京电就报导美国西太平洋海军司令白吉尔宣称"扬子江口已不安全"的消息。虽然白吉尔闪烁其词，一面说"国民党军并未在扬子江下游放置许多水雷"，一面却肯定说"该江面确已对商业航运危险"。这一连串的谣言攻势，显然是英美帝国主义者有计划的有意造成上海人民的困难。上海各界人民对《字林西报》等有意造谣，极为愤慨。要求政府予以罚处。

6 月 24 日，市军管会向这家报社提出严重警告，并责令其将军管会的警告及葛烈芬的悔过书同时在《字林西报》第一版显著地位刊出。1949 年 6 月 25 日《解放日报》刊登消息：

> 制造国民党匪帮在吴淞口布雷谣言的英商《字林西报》，在上海人民的义愤和军管会的严重支持下，23 号已经派出负责人向上海市军管会承认错误，保证今后不再有类似事件发生，上海市军管会已经发出命令，给予该报严重警告一次，并令该报将这个命令和该报承认错误的文字，一并在该报显著地位刊出。

与此同时，美资的《大美晚报》也经营不下去了，6 月 23 日宣布停

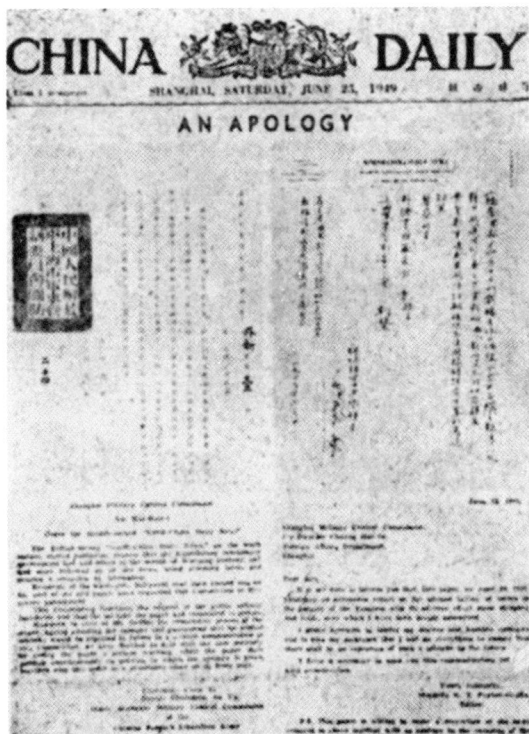

◉　1949 年 6 月 25 日，《字林西报》在头版刊登道歉书

刊。在此之前，美国人总经理高尔德就在逐步遣散员工。但是他发给员工的工资都是国民党金圆券，已不能使用，员工们请求把金圆券换成米，发实物工资。这是生活需要，但高尔德一口拒绝，并强行驱散员工，引起公愤。《解放日报》1949年6月23日专门报道了此事：

美商《大美晚报》于昨日12时，由主笔兼总经理高尔德宣布正式停刊，向该报职工下命令："由今日（23日）起，无论何人，如无本公司确实分派之任务，不准停留在馆内。"本月14日，该报职工代表向高尔德提出：把工资底薪由伪金圆券折合米的问题解决好，高拒绝考虑并恐吓地宣布："我办报不是赚钱的，我明天要关门了，给你们解散费，我要回到美国去过更好的日子。哼！现在的中国，你们要找一件事可不容易。"第二天高尔德写了一篇消息捏造说："三个报界职工会代表对发生之事件，代表职工们向资方道歉，并担保不再发生同样情事。"职工请求高尔德把这与事实不符的消息暂时抽回，免使外界有所误会。高尔德乘此借口说："你们妨碍我言论自由，我只有停刊一途了。"职工代表对他严正地说："你这样做要负无理停工的全部责任呀！"高尔德强硬地回答："我负责！不要你负！"并即刻强迫工人停止印刷，命令编辑、记者、营业部主任等离开报馆。23日高尔德宣布报馆正式关门，并要驱逐职工出馆。全社工友及职员均愤激异常。一致认为在上海解放后，高尔德竟敢以帝国主义蛮不讲理的态度压迫工人，工人决不屈服。如果该报馆必须自动停刊，则必需发给全社职员及工人足够的解雇费与福利金，不达目的决不离开该报馆。

上海报业同仁纷纷发表声明，支持《大美晚报》员工的维权斗争，并募捐予以声援。终于迫使美国老板答应了员工的要求。

中共中央认为：在全国解放的新形势下，既然西方各国没有承认新中国，那么西方报刊媒体也没有在大陆继续存在的必要。特别是美国新闻处驻各地的机构还在四处活动，有刺探情报嫌疑。为此，周恩来为中央起草

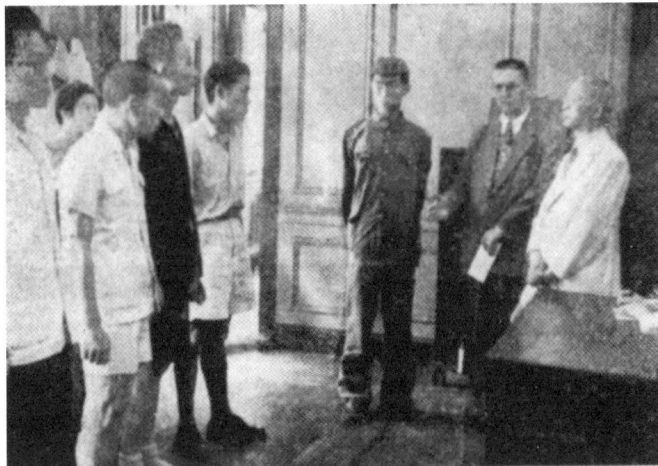

○ 引起公愤后，高尔德不得不向工人道歉

了关于对待资本主义国家外交及新闻人员态度的指示："现时帝国主义外交
人员及冒险分子都在寻找机会企图钻进解放区来，进行挑拨和破坏民主阵
营的工作，我应严正地注视这一发展，并在适当时机用适当方式，揭露其
阴谋，打破其幻想。"对于留在平津、上海、南京、武汉等地区的西方外交
人员，只当外国侨民看待；对于留在这些地区的美国武官（连原美国驻延
安观察组组长包瑞德在内），应以武装监视；对于留下来的外国记者，因其
均为反共报纸或通讯社的记者，故亦不承认其为记者，不给以任何采访和
发电之权，军管期间还应监视其行动，发现其有破坏行为，即予惩办直至
驱逐出境。1949 年 7 月 15 日，上海市军管会外侨事务处分别召见美、英
前新闻处负责人，指出这两个单位系美、英前驻上海的官方机构，在美、
英两国同新中国尚无外交关系的情况下，应即停止一切活动（包括宣传、
出版、图片展览、图书馆、放映电影、举办音乐会等）。美国国务院发言人
对此表示抗议，称中国为"劫掠"。对此，中共中央以新华社评论名义予以
回击：

据美国官方通讯社美国新闻处华盛顿十八日电，美国政府助理国务卿艾伦于该日发表声明，污蔑停止美国新闻处活动的上海、汉口等地的解放军军事管制委员会为"劫掠者"。这是美国政府蓄意仇视并攻击中国人民的新的严重事件。中国人民解放军封闭美国新闻处的理由是非常简单明白和正当的，就是美国新闻处是美国政府外交机构的一部分，目前中国与美国既然没有建立外交关系，中国人民当然不能允许它的外交机构在中国进行活动。美国以及一切与中国没有建立外交关系的国家的外交机构如果在中国进行活动，就是非法活动，中国人民政府完全有权予以取缔。美国政府没有任何理由可以反对。任何外国政府，只要它确实断绝和国民党反动派的联系，不再勾结和援助反动派，并向人民的中国采取真正的而不是欺骗的友好态度，那么，中国人民就愿意和它在平等、互利和互相尊重领土主权的原则基础之上谈判建立外交关系。这是中国人民坚定不移的立场，任何威胁和污蔑，只能受到中国人民的坚决的反击。①

根据中央指示，上海军管会于1949年10月6日发出通告："凡与我中华人民共和国未建立外交关系之各外国在沪记者，应自即日起一律停止以记者身份活动。兹录原文如下：自本通告发布之日起，凡与我中华人民共和国无外交关系之各外国报纸、刊物、通讯社、广播电台等在沪记者，无论其为中国籍抑外国籍，一律停止以记者身份活动（包括拍发新闻电在内）。仰各凛遵毋违，特此通告。"

1950年1月，美国政府宣布撤退其全部在华前外交人员。3月，前美国驻沪总领事馆关闭，其人员全部离境。前美国经济合作总署中国分署上海办事处随同关闭。对这一机构在上海解放前未及运走、解放后被冻结的援助国民党政府物资（包括大量棉花、石油和粮食等），中方予以接收。

1951年3月31日，《字林西报》停刊，结束了长达百年的发行历史。

---

① 《人民日报》1949年7月24日。

地处外滩的报社大楼也被上海市政府接管。《大美晚报》《密勒氏评论报》分别于 1949 年 9 月、1953 年自行结束或经申请获准后歇业。

关于这一阶段的外交斗争，陈毅市长在《上海市六、七两个月工作总结》中说："我们在这个问题上的基本原则，是按照毛主席朱总司令约法八章的规定，凡守法的外侨定予保护，违反人民政府法令的外侨定予处分，在处分时对愿意悔改的又可酌情作宽大的处理。两个月来，在上海市接连发生了若干次关于处理外侨违法的事件，我们都本着上述方针，作了公平宽大的处理。某些帝国主义野心家公然违背上海如此众多的外侨所目睹的事实，来指责上海市的保护外侨工作，企图造成中国人民'排外'的印象，来愚弄其本国人民，我想这是徒然的。若干外侨的受处分，是由于他们不遵守法令，这种处分是应得的，并且一般地是宽大的。如果要求军管会和人民政府容忍外侨在中国领土上保持其以往的特权，那么这当然办不到。帝国主义者在中国享受特权的时代，已随国民党反动派的垮台而一去不复返了。凡是希望继续在中国保持特权的人们必须记住这一点，如果他们记性不好，我们在这里提醒一句，是有必要的。"[1]

上海作为远东最大的金融和贸易中心，自开埠以来吸引了西方各大国资本前来办企业、开银行、开发房地产。这些冒险家攫取了中国巨额的利润，在上海盖起了高楼大厦。十里洋场的风光局面在解放后发生巨大变化，共产党逐步驱赶西方的经济势力，把大量西方资本的地产和房产转化为国有资产。这个过程延续了将近十年，我们这里只举两个典型事例。

一个是外滩南京路口的沙逊大厦。这是旧上海的地标建筑。沙逊家族自 19 世纪从印度孟买起家，靠经营鸦片和棉花发迹。20 世纪初，沙逊家族第四代传人维克多·沙逊来上海发展，当时上海房地产业正在蓬勃发展，他抓住商机，决定投资房地产业。

维克多·沙逊的经商特点是将土地租给别人翻造新屋，一定年限后无

---

[1] 《解放日报》1949 年 10 月 7 日。

偿收回土地，在土地上造的房屋也一起收回。发明这种方式的是沙逊洋行房地产部主任、犹太商人哈同。1916年，他把位于南京路和浙江路口的一块地皮出租给郭乐、郭泉兄弟建造永安公司大楼，租期30年，年租金3万银两。合同期满后，造价约15万银两的大楼即归沙逊洋行所有。他用这种方法赚得的房产有南京路劝工大楼、淮海路国泰大戏院、西藏路东方饭店及一些新式里弄等。

维克多·沙逊看好哈同的经营模式，在1925年起开始兴建高楼大厦。首先兴建的是沙逊大厦，当时在南京路外滩有沙逊洋行所有的两座小楼，这个地段面临南京路和黄浦江，三面沿马路，被认为是上海最好的一块土地。于是沙逊决定在这里建一座豪华大厦。大厦由英商公和洋行设计，全部为钢筋混凝土结构，沿南京东路和外滩的外墙使用花岗石。从1926年4月破土兴建，至1929年9月5日全部落成。

沙逊大厦建筑面积36317平方米。大厦高10层，局部13层，是当时上海最高的建筑。也是外滩第一座用花岗石做外墙饰面的建筑。立面线条简洁明朗。腰线及檐部处饰有花纹雕刻，充分表现了美国流行的"芝加哥学派"的设计手法。室内装饰采用英国式，布置十分讲究；第9层设有夜总会小餐厅；第8层设有中国式餐厅、大酒吧间、舞厅；第7层有中国式、英国式住房；第6层设有法国式、意大利式住房；第5层设德国式、印度式、西班牙式住房。各式仟房的内部装修和家具，均按各国的习惯和要求布置，借以显示豪华气派，适合旅客不同需求。沙逊大厦是上海第一栋10层以上的大楼。最引人注目的是塔楼上方还有一个高达19米的金字塔形屋顶，这是受埃及图坦卡蒙法老陵墓的影响而特意建造的。沙逊大厦拥有号称远东最豪华的华懋饭店，成为上海顶级的社交活动场所。

随后沙逊又陆续建造了河滨大厦、都市饭店、汉弥尔登大厦、华懋公寓、格林文纳公寓。解放前上海28幢10层以上高层建筑中沙逊占了6座。建造沙逊大厦的目的是为了收取高额租金。大厦落成后，包租给华懋饭店独立经营，按年收取60多万银两巨额租金。这座大厦建筑成本包括土地作价 200 多万两，共计 760 多万两，只要 13 年时间就全部收回。

几年后，沙逊大厦旁边来了挑战者。1934 年，中国银行决定建造一座高达 34 层的高楼，与其一决高下。这是一个具有颠覆性的高度，30 岁的中国建筑师陆谦受设计了一个地道中国式的建筑，在顶上加上了一个中国琉璃瓦的屋顶。

中国银行大楼建在哪里？沙逊大厦旁原有一座德国总会。一次大战结束后德国是战败国，德国总会 1917 年被封，后被中国银行收买。20 世纪 30 年代中期德国总会开始拆除，中国银行大楼奠基打桩。这时，沙逊蛮横地说：这里是英租界，在沙逊大厦附近造房子，不许超过他的"金字塔"。中国银行据理力争，结果官司一直打到伦敦。中国银行大楼当时造在外滩中心，租界当局不可能允许中国人的建筑压倒英国人的建筑。在一个主权都丧失的旧中国，其结果可想而知。中国银行不得不被迫让步，把原来设计的 34 层大楼砍去一半，剩下 17 层，比沙逊大厦的"金字塔"顶矮了 30 厘米。这是帝国主义的骄横，也是中国人的痛史。

1937 年建成的中国银行大楼虽然楼高比沙逊大厦矮，但是，中国银行四方攒尖的方顶视觉效果更加雄伟气派，远远看上去会有沙逊大厦矮的错觉。整座建筑表达出民族特色。这两座并肩耸立的大厦是东西方建筑的较量，也是中国近代史的见证。

1945 年抗战胜利后，维克多·沙逊看到租界特权失去，民国经济形势恶化，感觉大势已去，便将在上海的公司全部迁往香港，同时大量出售产业，进行第二次撤退。

上海解放后，帝国主义特权被剥夺。如何将大量西方资本的房地产收归国有，是一件体现新中国主权的大事。当年西方各国在上海开埠的时候，跟清朝政府签约是要块"居留地"和"租借地"。即土地所有权是中国的，洋人是借你的土地来居住和经商。鸦片战争后，1845 年西方列强强加给中国一份篡改要义的《上海土地章程》，把居留地、局部租用地变为"永久租借地"，无视中国的所有权、行政权、司法权，以及清朝"道契"的土地使用权。1854 年又单方面制定《上海英法美租界租地章程》，以工部局取代清朝政府，正式行使一切权力。把上海租界变成"国中之国"。民国时代，上海租界大量开放房地产，也形成了一套法规和市场规则。地块按其不同地点形成 90 多级价格，外滩、公共租界的黄金地块已经达到了昂贵的天价。租界工部局按地价收取地产税，也是一项重要的财政收入。抗战期间，租界沦为被日本人包围的"孤岛"。太平洋战争爆发后，日本占领上海租界，后由汪精卫政权名义上收回。但是大量的英、美、法等国公民的房地产等遗留问题，汪伪政权是无能为力的。抗战结束国民政府宣布收回租界，对租界的外国建筑开征地价税，但畏于西方帝国主义的权势，制定税额既低，又经常减免，还是很吃亏的一件事。

上海市财政局局长顾准在制订上海新税制的时候，就考虑到这一问题：外国人在上海的房地产那么多，高楼林立，别墅成群，为什么不能对他们征收地产税呢？不但要征，而且要大大提高税率。顾准从原来国民党地政局搬来当年租界的档案、道契，把当年租界如何征税、国民党如何征税的情况摸清吃透，会同新上海的税务、财政、地政三局联合行动，对原租界黄金地段上的外国建筑按新的标准征收地价税。这个行动也得到上海外事部门的配合。西方国家不承认新中国，没有与中华人民共和国建立外交关系，上海的外国老板失去了最大的靠山，只能服从上海市人民政府的法令。

于是，在顾准主持下，上海市税务局对大批外国著名建筑开征地价税。这些建筑，昔日多是高档酒店饭店和会所，解放后西方游客不来了，原来的生活方式改变了，奢侈行业陷入难以经营的窘境。外国老板都无法按新规定交纳黄金地段的地价税和滞纳金。与此同时，顾准按照西方会计界"应收应付"纳税惯例制定的《税务概要》，税务局查实了这些外商的所得税欠交款，依法将各种催交税款的通知连连发出。一些外国产权人最后决定将房地产交给上海市人民政府。沙逊的地产如华懋饭店、华懋公寓等都是如此。

顾准这样描述自己的做法："1949 年上海接收后，我们利用 1945 年以后国民党政府搞起来的地价税，加重税率，对私有土地按估定地价比例征税，国有土地当然是不征税的。征收从价地价税，谁都提不出反对理由。可是严格征收的结果，凡是地价昂贵土地上的房产收入，都抵不上应付的地价税。仅仅一年多，即到 1950—1951 年冬春，许多外国资本家都宁愿把房地产抵交欠税，自己则悄悄溜走了。"他举例说："上海有名的沙逊，把南京路外滩的沙逊房子（现在的和平饭店）和旧法租界的华懋饭店（现在的锦江饭店）抵交欠税后离开了上海，许多外商银行、地产公司、重要洋行，上海才解放时还赖在上海不走，经过 1950 年春的罚款和一年多的地价税，也纷纷关门溜走了。"他最后总结说："我们没有采用任何没收政策，我们却肃清了帝国主义在上海的残余经济势力。"①

1950 年，沙逊集团因积欠巨额债务，把新沙逊公司、新沙逊银行、华懋地产公司、远东营业公司、上海地产投资公司以及华懋饭店（沙逊大厦）、都城饭店、华懋公寓（锦江饭店北楼）等 9 家企业在华的全部财产转让给中华企业公司，结束了在华业务。1952 年，上海市政府接管沙逊大厦，1956 年作为和平饭店开放。

另一个是外滩的英国汇丰银行大楼。汇丰银行（Hongkong & Shanghai Banking Corporation）创立于清同治三年（1864），香港总行于同治四年（1865）3 月开业，上海分行于同治四年 4 月开业。汇丰虽在世界各地有许多分支机构，但设立这些机构，直接间接都是为了在中国获取更大的经济效益。在拓展存款、投资、国际汇兑等业务中，上海分行居于举足轻重的地位。据它的行史介绍："英国的利益主要在长江流域，上海是这个流域的物产集中口岸。汇丰的总行虽在香港，但一般说来上海分行承做的生意更多些。"上海分行统辖所有在大陆的分支机构，是调度资金的枢纽。因为它的重要地位和资金雄厚，1921 年在上海外滩兴建高 7 层、占地 14 亩的新大楼。1923 年建成的这幢古罗马风格建筑，被英国人自诩为"从苏伊士运

---

① 《顾准自述》，中国青年出版社 2002 年版，第 171—172 页。

河到远东白令海峡最华贵的建筑"。

上海解放后，外国银行过去控制、操纵中国金融财政、外汇市场和进出口贸易的局面已不复存在，上海对它们是予以登记，规定其业务范围。20世纪50年代美国和西方对新中国实施封锁禁运，也影响到汇丰银行业务，导致连年亏损。1952年，上海英商在英国官方授意下出现"集体结束"动作时，汇丰银行也提出申请歇业。但因有解放前未清偿存款的偿付以及其他债务处理等大量须要清理的事项，转而于1953年提出对价转让要求。经过10余轮谈判，大华企业公司与汇丰银行于1955年2月达成转让和承让契约。

前汇丰银行经理姚克绍在转让谈判的前夕，独自去汇丰银行大厦前徘徊良久。后来他同中方人员说："当我注视着我们的银行大楼，回忆起昔日的声势时，一想到明天将与中方进行的会见，不禁黯然神伤。"谈判期间，他再三要求以1000英镑代价，保留并运走汇丰银行大楼门口的一对英国式青铜狮子。中方说这对铜狮子属银行大厦整体建筑的一部分，中国不准铜料出口，未予同意。①

---

① 《上海外事志》，上海社会科学院出版社1999年版，第319页。

第 8 章 | **隐蔽战线斗智斗勇**

上海解放后，稳定社会的一个重要方面，就是消灭国民党特务的破坏活动，挖出隐藏的社会安全隐患。在隐蔽战线，国共双方进行着惊心动魄的较量。

解放前，国民党在上海的特务机关有：国防部保密局（简称保密局）上海站（对外称市政府调查处），内政部调查统计局（简称内调局）上海办事处，京沪杭警备总司令部二处（隶属国防部二厅）三个全国性特务系统。还有毛森、陆京士、蒋经国领导的三个上海地方特务组织。此外，还有形形色色的特务外围组织近百个。共有职业特务 5000 余人，外围分子 1.53 万余人。在旧上海，这些特务组织和外围人员形成庞大的网络，渗透到社会各阶层，维护国民党统治、镇压群众运动和进步人士。

上海解放后，国民党特务中少数骨干接受任务潜伏下来，但绝大部分被打乱打散，流窜在社会上，成为残余反革命势力。逃亡舟山、台湾的国民党特务机关，不断派遣特务分子潜入大陆。有的架设电台发送情报，配合国民党海上封锁和空中轰炸；有的执行破坏和暗杀计划。大陆上的残余匪特制造谣言，散发反动传单，抢劫枪支、商店、仓库、船只，甚至杀人越货，活动猖獗。相比之下，他们比那些盗匪更狡猾阴险。抓捕和消灭这些特务，是公安战线干警最重要的任务。①

共产党在与国民党的长期斗争中，积累了丰富的经验，也锻炼出一批精干的政治保卫和肃反干部。在丹阳整训期间，中共中央华东局书记饶漱石、华东局社会调查部部长潘汉年主持接管上海后的肃清反革命工作。社会部副部长扬帆、社会部情报科科长王征明具体负责。

扬帆，原名石蕴华，1912 年出生于江苏常熟的书香门第。1926 年他随叔父到北平求学，1932 年考入北京大学中国文学系。他积极参加学生运动，是北大的学生领袖。1937 年在上海加入中国共产党，改名殷扬，后任上海《译报》国际编辑和记者。1939 年初，率领上海人民慰问第 3 战区将士演剧团到达皖南新四军军部，被政委项英留下参加新四军。他被调至军部任秘书、军法处调查科长，在军部秘书长兼情报处长李一氓领导下，负责收集各种情报。他经常以新四军军部中校秘书的身份，进出于国民党军队，同国民党部队中和地方上的秘密党员联系，收集情报，传达指示。1941 年"皖南事变"，扬帆突出重围，到达苏北盐城，见到了陈毅。以后在黄克诚的新四军 3 师工作。抗战胜利后，扬帆被任命为华中分局联络部长，部署建立起几条通往国统区的地下交通线；加强了与上海、南京等城

---

① 《上海公安志》，上海社会科学院出版社 1997 年版，第 98—99 页。

○ 1949 年 6 月 29 日，上海军管联合办事处在广大群众协助下，逮捕了一大批特务，图为被逮捕的部分特务

市的情报工作联系；组织了六个工作委员会，分别对国统区的中统、军统、青洪帮、军队、政府、党团六个方面进行渗透。

解放战争期间，扬帆随军到山东，改任华东局社会部副部长。开展华中和上海、南京的情报工作，还在山东沿海港口开辟新的交通线。1947 年 9 月，他兼任"华东区处理俘虏工作委员会"书记，管理国民党军官俘虏，并向他们收集情报，供分析敌情参考。

1949 年初，为了准备南下接管上海和苏南地区，组建人民公安机关，扬帆于 2 月下旬率领 60 余名干部到淮阴，建立面向上海、南京、镇江等地的工作站，策反国民党军队起义投诚。渡江战役发挥重大作用的江阴要塞起义，就是华东社会部科长王征明组织的。扬帆还组织 100 多人（包括从上海撤出来的地下工作者）整理几年来积累的情报资料。在短短一个多月的时间里，将国民党在上海的党政军警宪特、官僚企业及全市的工商文教卫等等各个系统各部门的历史沿革、现况、领导人员名单地址、电话号码，甚至各保保长名单，整理汇编出 36 册详细资料，分发给军以上单位和有关接管干部。陈毅对此大加赞赏，表扬他们"为上海接管工作立了一大功"。

王征明，江苏徐州人，1923 年出生。1938 年，不到 15 岁的他跑到山西参加抗日，进了八路军学兵队。结业后到皖南新四军军部工作，1943 年任新四军军部参谋处侦察科副科长，在饶漱石政委领导下工作，负责保卫和情报工作。1949 年 5 月，王征明任中共中央华东局社会调查部侦查科长，完成对国民党军江阴要塞的策反工作后，从无锡赶往丹阳，与扬帆等人会合。5 月 25 日，华东局社会调查部干部队从丹阳去接管上海。在丹阳火车站，社会部梁国斌副部长交代给王征明一项任务，要他到上海，先去市警察局看看。抵上海后，王征明直奔福州路的上海市警察局，找到了代理局长陆大公。王向陆大公传达了军管会的指示，要他做好准备工作，听候接管。然后，王征明直奔交通大学，与公安系统接管干部会合。第二天，大家按预定部署分头接管。李士英带领济南警校 600 名学员接管旧警察局、公安分局、派出所。公安局社会处由扬帆、王征明带领接管国民党的特务机关：有国防部保密局的东方经济研究所，三极无线电学校（为军统培养电讯人员），还有些特务头子的公馆，如国防部二厅厅长郑介民（岳阳路）、侯腾（安亭路）、上海警备司令部稽查处处长陶一珊（武康路）、原汪伪特工总部特工大队长吴世宝（愚园路）的公馆等房舍。

上海国民党各系特务组织在沪建立的公开秘密机构数十个，看到大势已去，许多在逃往台湾之前作了应变布置，潜伏下来。毛人凤保密局的潜伏人员都是选择未公开身份的骨干，以商人、教师、记者等社会合法身份掩护，并与保密局总台试通联络，发给活动经费，以利长期潜伏。

在丹阳时，王征明看到浙江保密局厉培明率浙江支台人员起义的电报。请示扬帆同意，派干部将厉培明请来协助。他来上海后，提供了保密局潜伏组台的重要情报。公安局社会处经过各种渠道，迅速查明敌情。入城三周后，第一次大规模的肃特战斗打响了。1949 年 6 月 14 日，在愚园路上的一间会议室里，王征明作为总指挥，详细交代了此次行动的任务。当晚，各行动组分头行动，一举破获了保密局潜沪9个组台中的7个，另外两个因地址有变动，半年后亦相继破获。后来又连续破获了国际情报组、无锡独立台、苏州的潜一组和潜二组、南京的特三组等电台。到8月中旬，共破获各系潜伏特务组织31起，电台35部，打了一个漂亮的歼灭战。

1949年8月23日的《解放日报》以《本市人民政府公安局破获军统匪特电台，无锡上海"潜伏组"主犯均落网》为题，报道了部分破案经过：

军统上海潜伏组在本市拉都路388弄11号，解放前，经常有军统便衣人员鬼鬼祟祟地进出。公安局根据线索，经过多次侦察后，即派员前往检查。在一个黑暗小阁楼上，搜出小黄木箱子一个，里面隐藏小型无线电收发报机全套，电池一箱，同时并逮捕了军统特务陆振民。在他的住处又搜出美式发报机及秘密文件等。陆振民1940年参加军统武装特务组织忠义救国军，抗战胜利后回到保密局。1948年冬天，特务开始在上海布置潜伏小组，陆是上海人，被派担任这个潜伏组织的电台长。小组组长沈之岳，就住在拉都路388弄内。他们原计划设置两个电台，另一个电台长叫陈仲康，于上海解放前随沈逃离上海。陆振民拿出几两金子和报务员汪晋柏合伙，在顺昌路开设一个无线电料行作掩护，企图借此架设秘密电台，自己和妻子住在曾家渡某号内暗匿。

公安局在此前，破获了军统上海情报组，并在南市新桥街五福新13号楼上，从特制秘密活动地板下面，搜出美制无线电收发报机和一部整流器及秘密文件等，并逮捕要犯丽园路881号同福堂药号管账胡华兴等数人。据胡华兴供认：他过去在上海读书，学习药业。1942年秋参加军统局工作，一直在西南各地的军统局所属电台任报务员，后调南京工作，1949年受军统局密令，建立上海情报台，负责秘密通信工作。

该潜伏组组长吴立智，曾在沪以道达小学教务主任作掩护进行活动。解放后吴自动向公安局投案，经审查其自新要求确具诚意，准予交保释放，以示宽大。

军统无锡潜伏组组长姚舜一，化名姚声溢，在上海市山西路盆汤弄16

号开设庆丰永纱布号作为掩护机关，并设有秘密电台进行通报。姚以商人身份从事各种破坏活动：散布谣言，经营黑市。公安局掌握具体材料后，在西摩饭店 25 号房间内逮捕姚犯及其姘妇陆引弟，在床下搜出小型无线电机一部及有关文件全套。根据姚犯供词：他在 1937 年就参加了特务组织，去年 12 月调任伪保密局无锡潜伏组长，在无锡将解放前迁匿上海，他的姘妇陆引弟是译电员。电台报务员岳和生（又名岳德文），住本市金家坊如意里 12 号。干警又逮捕了岳犯，由岳处起出发报机一部及电池两箱，秘密文件全套。上案各犯，经侦审后，除女犯陆引弟，公安局念其无知，经予以教育后取保释放外，余各犯均继续押审中。

9 月，公安局又破获了伪国防部二厅所布置的潜伏组织，逮捕了主犯焦建和、陈平等，并抄获电台 8 台：

国防部二厅在 5 月中旬上海解放前，密派第七处副处长胡自立赶到上海，布置了一套潜伏组织，将二厅原驻在上海的组长焦建和（即焦平）提升为上海站站长，并发经费和电台等秘密通信器材，指定焦负责上海地区的潜伏工作，兼管苏南各地区的联系任务。以后胡即逃离上海。

上海解放后，焦等曾企图物色掩护关系，以便在适当时机下展开活动。但焦等活动情况，早为市公安局所侦悉，经多方证实后，即行破案工作。首先在成都路 47 弄 12 号将主犯焦建和逮捕，当场搜出手枪弹药及重要文件等证物。然后分头出动，在其美路张乔村逮捕电台台长陈平；在凤阳路 317 弄 24 号逮捕为陈平修理电台之严润生、徐惠箴，并起出电台三架；在北四川路余庆坊 116 号逮捕组长姚开白、组员许国清，抄出重要文件及证物多件；在大林路 66 号大林米店捕获为焦作联络点之该店司账吴明德等。主要案犯全部落网。共计搜获日式、英式、美式等各式电台收发报机 8 部，整流器、电池及收发报机用零件、密码、电文、证件等甚多。

焦建和，浙江黄岩人，中央军校洛阳分校军官训练班毕业，曾任伪国防部部长办公室中校参谋，1948 年调二厅工作，任上海站站长。被捕后最初尚图狡赖，因其所有潜伏活动材料早为我方全部掌握，经说明政府的宽大政策，除却其思想上的各种顾虑后，焦犯表示坦白悔过。供认胡自立于5月21日由广州飞上海授予潜伏任务，但由于人民政府治安防备严密，因此在潜伏期中未能展开工作，要求人民政府从宽处置，允许他悔过自新，立功赎罪。[①]

还有一些国民党特务，组织武装，在上海市区和郊区从事破坏活动，威胁百姓的生命安全。对这样的匪特，公安局发现一起，消灭一起，对首要罪犯立即枪决，以起到震慑作用。

1949年6月底，对组织反革命武装活动的姚安涛等匪徒执行死刑。

姚安涛原为暂编38师副师长，伪国防部点验督导第三组少将组长；胡载之原为惯匪，曾任伪区长。姚等在上海解放后，组织"人民革命军江南纵队"，姚安涛自任为"司令"，胡载之为"副司令"，并冒名接收长短枪十余支、公房一所、汽车两辆、电话两部。6月6日在报上登载荒谬言论，阴谋蒙混人民，进行非法活动。后经公安局察觉，令其将上述武器物资缴出并登记。姚、胡派人呈交八音手枪一支、大小刀各一把、手榴弹十余枚应付，图谋迷惑。同时又将原驻地秘密搬运一空，以图隐匿继续破坏。后经侦缉于16日拿获归案，并搜出图章关防共十余枚、特务工作证数份、冲锋枪一支、加拿大手枪一支、左轮枪一支。该犯经军法处数次审讯，供认奉伪令留沪作破坏活动不讳。军法处对怙恶不悛之匪特，决不姑息。特将姚安涛、胡载之两犯判处死刑。6月24日执行枪决。

国民党特务匪徒冯玉铭、陈义俊、卢子谦、黄惟本四人，于6月4日召集姚保红、耿惠庭、嵇永兴等十人商议抢劫。于5日下午携带左轮枪两支，冒充"中共地下军耀字部队"由南市出发，到达芝罘路52号祥成印刷所顾懋祥家，先用火烧顾妻大腿强迫钱财，顾妻惨痛难忍，说出保险箱内有钱，计抢去黄金6小条、银洋200元、美元130元、耳环一副、金镯两只、派克钢笔一支、银角二百枚等。该犯抢后乃将事前伪造好的给本市公

① 《解放日报》1949年9月15日。

安局扬帆副局长信一封，丢弃在印刷所内，企图嫁祸于人。后经捕获归案，该犯见人证物证俱在，无法抵赖，均供认不讳。为保证人民生命财产安全，维持社会秩序，严肃法纪，特将冯玉铭、陈义俊、卢子谦、黄惟本四首犯判处死刑。①

1949 年 8 月，破获王辛盘、金涌生特务武装案。

王辛盘是国民党军统特务高级干部，国民党军校毕业，与特务头子戴笠为同班同学。先后任军统局沪杭军事专员，伪京沪绥靖指挥官等职。上海解放后，奉命潜伏。利用人民政府宽大政策，到警备司令部假自首，后以自新分子身份作掩护，进行各项阴谋。以上海为联络点，勾结金山、松江一带散兵流匪，阴谋组织反动武装，番号为"国防部苏浙皖边区挺进军"。公安局布置侦查，一举将主犯王辛盘、傅震（伪挺进军司令）及伪支队长张为群、殷志福、周金发、陈星海、方志成等有关案犯，先后捕获，并缴获伪手令、枪械等重要证件。

1949 年 8 月，公安局根据线索的密告，得悉军统要员金涌生潜来上海，进行阴谋活动。公安局为了掌握全盘案情，积极布置外线侦查，同时派遣干员打入内线。经多日的侦查，弄清楚金早在 1948 年由国防部保密局派来上海，在浦东地区任苏南站少校组长；1949 年 1 月调任京沪警备司令部稽查处无锡特四组组长。在无锡解放前，感到不易立足，奉令撤至上海，布置武装特务的潜伏工作。上海解放前夜，曾一度撤到吴淞口外的崇明岛上。后来往苏、锡、常、丹一带，搜罗散兵游匪及残余特务分子，组织反动武装。番号是"第一绥靖区警察纵队直属支队"，自任支队长。曾派遣他的爪牙向苏锡各地治安机关假自首，以取得合法掩护，并策划设立秘密电台，阴谋进行暗杀爆破。市公安局主要情况已经明了，于金预备离沪的前日，进行逮捕，当时因金匪匿居处门口有眼线，金匪发觉了动静，翻窗企图逃跑，被路旁预伏的警务人员逮捕。以后在西藏路某水果行（金匪的秘

---

① 《解放日报》1949 年 6 月 24 日。

密交通站）内捕获了他的通讯员盛炳炎，在水果行内搜出预备进行爆破用的炸药一包。另派员赴无锡，将其下属刘家祯、吴耀卿、毕永南等多人一并拘捕归案，并在上述各案犯的住所，搜获手枪等武器多支。

本案主犯金涌生是军统"息烽特训班"第四期毕业，以后又参加戴笠领导的中美合作所，并先后负责军统各地行动工作。上海解放以来，公安局本宽大政策，对过去军统等特务机关的一切人员，除首恶外，只要决心立功赎罪的，都给予宽大待遇与自新前途。近3个月来，无数匪特人员都悔罪自新。唯金涌生这样执迷不悟，阴谋暗害，实属罪在不赦。公安局侦查终结后，提请司法机关判处极刑。①

1949年9月，公安局破获蒋经国系特务组织"苏浙皖特击敢死总队"，首要分子二十余名就擒。

蒋经国在上海曾组建"国防部青年救国团"和"大上海青年服务总队"。上海解放前，蒋经国留下一批特务，试图进行暗害活动。"苏浙皖特击敢死总队"主犯是该总队副总队长陈余庆（又名立国），曾任"大上海青年服务总队"中队长。上海解放前，小蒋系特务头目王升曾给陈下达潜伏任务。陈拉拢了一个曾任黄百韬部下副官的孔繁泉任总队长，陈自任副总队长。他们纠集了一批特务、流氓分任支队长、大队长、中队长，网罗一些散兵游勇和国民党三青团分子。该机构内部有"特击""爆破""执法"等行动部门和"宣传""情报"等机构，计划进行恐吓和暗害，在解放后散发过反动传单，邮寄过恐吓信。

市公安局获得情报，经过侦查监视，并接受了该组织中一部分人员的秘密自首，允其将功折罪，待全部情况了解后，于9月3日夜出动了大批干练员警，将该"特击敢死总队"一举扑灭。计捕获副总队长陈余庆、支队长周孟镕、魏如山、副支队长贾金憺、孙椿荣、总队参谋长王金海、大队长蓝焕爵及秘书、组长、中队长等20余名，并搜获伪关防、钤记、文

---

① 《解放日报》1949年8月24日。

件、名册、枪支、弹药及反动宣传品等各种重要证据。总队长孔繁泉于破案次日，经人说服，投案要求减刑。由于孔繁泉的投案自首，公安局将一批胁从分子当场教育保释，并且掌握了全部名册。一般胁从队员纷纷自动投案，要求悔过自新。市公安局对本案有关各犯，视具体情况，分别轻重予以处理，其中首恶分子如陈余庆等提请法院，依法严惩。①

当时盘踞舟山的国民党军和特务机构，不断派遣特务登陆，实施破坏活动。这些潜伏回大陆的特务及组织，也被上海公安局破获归案。1949 年10 月破获了由舟山潜来上海的毛森系特务范庆熙，案情如下：

公安局在郑家木桥某处匪之秘密联络机关附近，捕获潜伏本市进行暗害活动的国民党军统系特务范庆熙。并根据侦悉材料，在爱文义路 1179 号蒋石林家楼梯下面，搜出无线电收发报机一架（该电台为范与舟山特务机关通报联络之用）。又在九亩地福康里 1 号范的住处，搜获特务关系名单和其他文件，同时将其同伙李候彝等数人捕获。

范庆熙，37 岁，福建省仙游县人，曾在中央军校第二分校毕业，并受过军统息烽训练班、国防部二厅情报学校等处的特务训练，先后被派往广州、重庆、上海等地，担任情报、行动等特务工作。上海解放前，范在警备司令部稽查处第六大队任职。毛森逃跑时，范被布置担任潜伏工作。后潜赴舟山沈家门联络，又受命回沪，其主要任务为发展地下组织，调查我方军警驻地，政府负责人员住处及汽车号码，国营企业（特别是重工业中之钢铁厂等）所在地点，配合匪机轰炸，并妄图暗杀爆破。

公安局获悉范庆熙回沪，并得悉他以毛森"东南人民反共救国军沪西支队"名义，试图进行阴谋暗害的情况后，立即布置侦查。经过几天的努力，将情况全部查明，乘其阴谋未遂之际一举扑灭。②

继破获范庆熙案件后，公安局又于 10 月破获毛森系统潜沪特务组织

---

① 《解放日报》1949 年 9 月 14 日。
② 《解放日报》1949 年 9 月 17 日。

"上海挺进支队"。该案在沪主犯洪关康等二十余人被一网打尽。

洪关康接受毛森部下富英直接领导。富英曾任伪上海市警察局洋泾分局局长，上海解放之前，富英逃往舟山。奉毛森之命，纠集余党，以"上海挺进支队"名义，陆续派遣特务人员，潜入市区阴谋活动。他们分别寻找关系，设立掩护据点，作长期潜伏之准备。一面在郊区组织匪特武装，一面在市区谋划暗杀爆破。

上海市公安局获得富英自舟山派遣匪特来沪的情报，自9月初集中力量，严密侦查，追寻线索，到10月初掌握了这批潜沪匪特全部情况。10月16日晚进行分头逮捕，一网打尽。共捕获"上海挺进支队"之第一大队长洪关康、第二大队长李春林、突击队长钮守明及其他重要人犯王桂馨、徐容中、蒋英祺、项振德、陈根宝、于云龙、李建中等20余名。并搜获伪派令、函件、武器等重要证物甚夥。[①]

这些匪特案件破案前后，逮捕了一批党羽和同伙，其中不乏盲从之众。政府对有悔过自新立功赎罪者，市公安局已宽大处理。1949年10月6日，在绍兴路9号人民警察俱乐部大礼堂，将在押之匪特案件中的胁从分子马鑫元、孙阿狗、陈志炎等43人集体释放。并集合该批释放犯人家属200余人，举行了一次谈话会。

谈话会开始，首先由市公安局代表说明人民政府的宽大政策和释放胁从分子的意义："一切反动分子，只要不是首恶，不是执迷不悟，只要今天能认清是非，坦白悔过，人民政府可予以宽大处理，给以悔过自新立功赎罪的机会。今天被释放的一批案犯，经过我们慎重的审理，虽然他们过去曾或多或少有过一些罪行，但大多属于胁从的分子，即使有少数情节较重的，也已立功赎罪。我们希望今天在政府宽大政策下获得自由的人，务必要痛改前非，不要再做任何违反人民利益的事，政府的宽大，也是有一定的原则的，例如政府今天为什么释放你们，而不释放王辛盘、金涌生、陈

① 《解放日报》1949年10月18日。

立国等等罪犯，想来你们现在都很明白了。因此，你们受到宽大以后，如果今后再度失足，一误再误，即就不易获得人民的宽恕了，倘再有匪特来引诱欺骗你们，你们可以随时密报。"

随后，被释放的案犯和他们的家属踊跃起立发言。案犯中的一个黄埔学生说："今天人民政府真正执行了宽大政策，实在是令人感幸，我是黄埔三期毕业生，蒋介石是我老师。我曾听到他讲过不知多少次的'宽大为怀'，但他的所谓'宽大'，是宽大他自己，对老百姓是从来不会宽大的。共产党领导的人民政府才真正代表了人民意志，像我们过去替蒋介石做过帮凶的人，今天应该要深自愧疚，要大彻大悟，彻底地打破对国民党蒋匪帮的幻想，来报答人民对我们宽大的德意。"

一个蒋经国系特务组织"上海小组"组员说："我是在上海实行伪金圆券时，盲目地加入了戡建第六大队任上尉队员。上海将解放前，因不愿随他们逃离上海，就被强派到'上海潜伏小组'工作。我在解放后还不敢毅然自首，真是罪上加罪，现在人民政府念我为恶不多，给我自新悔过机会，乃是我不幸中之大幸。我立誓决不再受特务的利用，愿意立功赎罪。"

最后由案犯家属代表孙老先生致辞，他说，他过去曾在大学里做了20多年法律教授，亦曾在国民党统治下做过20多年的法官。我学的是"刑罚的最终目的是感化和教育"。但在国民党黑暗统治下，所谓法律，所施刑罚，只是反动派镇压人民的工具。人民解放军来了，才真正做到了以教育感化来代替刑罚。今天我有机会参加了这样的一个有教育意义的谈话会，使我更加深信人民政府的政策是正确的，像今天这样把40多个案犯和几百个家属会集在一起，举行这样一个谈话会，反动派统治时代是绝不敢这样做的，但是人民政府为什么能够这样做呢？我知道，人民政府一切所作所为，都是为了人民的利益，没有什么不可告人的事，所以敢这样的做，我们大家应该认识这一点。他又说："今天这样的谈话会，不但对案犯们有益处，而且对我们案犯的亲朋们亦有深刻的教育作用。"在被释放案犯及家属代表的发言中，对蒋匪特务机关及首恶分子都表示痛恨，并要求政府严惩有关各案的主犯。谈话会历时 3 小时，会后被释放的各犯与家属于感愧交集中，返家团聚，共度中秋佳节。①

上海公安局与国民党派遣特务的斗争中，最惊心动魄的是抓捕台湾派遣的暗杀特务刘全德、朱山猿、封企曾的三个案件。

1949 年秋，蒋介石密令国民党各系特务机关组织行动队，"仿昔日暗杀伪人员办法，制裁匪首和附逆分子"。之后，台湾特务机关多方物色和训练行动人员，派遣骨干特务和著名杀手潜来大陆，进行暗害活动。1949 年 5 月至 1953 年底，上海公安机关破获行动暗害案 14 件，其中负有暗杀任务 11 件，爆破案 3 件。派遣来的行动特务刘全德、邱信、朱山猿、封企曾、钱绍元、董超等都是职业杀手，图谋暗杀上海军政首长、民主人士、文化名人、起义将领等，其中以暗害市长陈毅为目标的 8 件。②

首先破获的是国民党"保密局上海行动组"刘全德案。

刘全德，江西吉安人，1929 年 14 岁时参加红军。1931 年参加中国共产党。在红军任过班长、排长、特务连连长，1933 年曾被派往上海做地下党的锄奸保卫工作。1935 年 11 月，刘全德在武昌被国民党逮捕后叛变。由于他剽悍凶残，枪法娴熟，深得戴笠赏识。他先后在军统头目陈恭澎、季仲鹏、毛森手下任副官、特别行动组长，抗战期间在上海从事锄奸暗杀活动。在不长的时间里，由他直接指挥或参与暗杀的重要人物就有七八个之多。例如 1943 年，上海轰动一时的江伪特工总部电讯总台长佘珍被刺案，就是由他一手制造的。在国民党特务系统中号称"百发百中，无刺不成"。

1949 年 6 月，刘全德在上海被解放军逮捕，由于我方对他的罪恶掌握不多，加上他假装立功赎罪，关押不久即被释放。8 月，刘全德从上海逃往舟山，后经厦门到台湾，又投到毛人凤的保密局。毛人凤委任刘全德为

---

① 《解放日报》1949 年 10 月 8 日。
② 《上海公安志》，上海社会科学院出版社 1997 年版，第 101 页。

"保密局上海行动组"上校组长，授予他暗杀陈毅的行动计划，发给活动经费银元2780枚，限6个月完成任务，回台后再重奖黄金千两。

刘全德的行动计划，被中共海外情报关系获得，通报给中共中央社会调查部部长李克农。李克农转达给公安部部长罗瑞卿，再转到上海公安局扬帆处。扬帆高度重视，向陈毅和潘汉年副市长作了报告后，采取有力措施，加强对陈市长外出时的安全警卫工作，同时召集公安局社会处干部讨论部署侦破工作。

虽然知道刘全德要来上海，但要掌握其确切的行动时间，并在上海500万茫茫人海中准确地锁定目标方位，绝非易事。刘全德曾长期在上海和江浙一带进行特务活动，有一定社会基础，潜沪后易于隐蔽，这对我侦查发现目标是个不利条件。但扬帆认为：刘全德既然要活动，就离不开他的社会关系。他定下侦查方案，采取了几个措施：一是加强对吴淞口码头的控制；二是对已经掌握的刘全德关系处，布置力量日夜蹲守，等待其上门；三是尽量争取可能接触到刘全德的关系人为我所用，主动出击，发现刘全德的行踪；四是深入调查，发现新的线索或刘全德的踪迹，撒网布控。

1949年10月某日，台湾"保密局"用飞机将刘全德和行动组成员安平贵、欧阳钦空运到舟山定海，交给在定海的海匪黄八妹。刘全德行事小心谨慎。他要黄八妹先把他们3人送到大洋山岛，然后又提出三人一起行动目标大，要分头行动。先安排安、欧阳两人搭乘货船从舟山进入上海，给他另外准备一条船，船上装些糖，何时启程由他决定。

10月30日，刘的先遣助手安平贵伪装糖商从舟山搭船在吴淞镇登陆时，被发现扣押。上海公安机关得悉刘全德即将潜沪的情报后，立即采取紧急措施，布网控制。11月2日，刘全德由舟山经海上偷渡，从金山卫登陆，转道进入市区。

刘全德化装后，竟在大白天混进了市政府大厦，从楼上到楼下作了实地勘察。返回住处后，他画了一张草图，将陈毅的行走线路、市长办公室和会议室的位置、警卫人员的位置，以及自己的行动路线和射击方位等都

——用笔标出，尔后深居简出，窥待时机。

逮捕了安平贵，但是不知道刘全德藏在哪里。扬帆感到不能被动等待，要主动出击。他认为潜入上海的刘全德很可能先找一个可靠的落脚点隐蔽下来，尔后伺机行动。

根据我方掌握的情况，刘全德与一位曾在国民党上海市警察局的陆姓同事常有交往。陆某还认识刘的密友姜冠球，并知他的住处。侦查员决定通过陆某到姜冠球处探探情况，陆某表示愿意鼎力支持政府的工作。

11 月 8 日晚上，陆某来到姜冠球家。本想通过姜打听刘全德的行踪，不料一进门，撞见刘全德坐在会客室内。意外相遇使他心中一阵惊喜。陆某故作惊讶，主动打招呼道："几个月不见了，你忙什么呢？想不到在这碰到你。"刘全德先是一惊，紧张地从窗口观察外面的动静。确认没有危险时，才稍稍镇定下来说："我刚从舟山回来，准备找熟人去公安局自首。"

陆某心里明白刘对他怀有戒心，故意沮丧地说："解放后公安局对原警察局的人都留用了，唯独对我不信任，我只好早早辞职，现在家待业。今天到弄内来找老同学，是想请他给介绍做点生意，家中老婆孩子等饭吃啊。"刘全德听罢陆的话，不再说什么，他向陆某要了住址、电话，称改日登门拜访，随即起身准备离去。

两人出了姜家大门，陆某心里十分矛盾。如果一直跟着刘，肯定会引起他的怀疑。若要把他扭送公安局，自己也不是他的对手。想到这里，陆某只得借口朝另一方向走，与刘分手。

随后，陆某到市公安局向扬帆和侦查组汇报了情况。陆某惭愧地说："没能抓住刘全德，没有完成好任务。"扬帆说："我们知道刘全德已潜入上海，这就大大缩小了追踪他的范围。你已尽力了。"

陆某走后，扬帆对同事们说："既然已经看到了刘全德，证明先前的判断还是正确的。下一步我们的侦查重点还是放在与他相识的人家这个方向！"大家估计刘全德从姜冠球家离去后，极有可能去找一个名叫史晓峰的人。据此推断，侦查员又找到了高激云。

　　日军占领上海期间，高激云和史晓峰曾是汪伪特工部门同事。当年刘全德刺杀佘珍时，史晓峰掩护他脱离危险，所以刘对史甚为感激，二人关系一直十分密切。高激云与史晓峰是多年的朋友，因此，高激云被定为第二个打探刘全德行踪的人。

　　史晓峰当时在山西南路 7 号开了一家大叶内衣公司发行所，楼下做生意，楼上住人。11 月 9 日中午，高激云来到史家门口。正朝店内张望，恰巧史晓峰从外面回来，亲热地要高上楼一叙，并神秘地对高说："老兄，我让你见个人。"房门推开，原来是刘全德在里面。

　　刘全德认识高激云，史晓峰叫家人准备酒菜，三个人边喝边聊了起来。酒过三巡，高已显醉意，刘全德的戒心有所放松。高假装醉眼蒙眬，歪在桌旁，嘴里不停嘀咕着："不能躺在这里，送我回去。"刘全德真的相信高醉了，在史晓峰搀扶下，高歪歪斜斜出了门。拐过巷口，高看到迎面走来两位巡逻的解放军战士，赶忙上前说明情况，两名解放军战士跟随高激云迅速来到史晓峰家。叫开门后，两名解放军战士猛虎扑食般冲了进去。刘全德正躺在床上，未

○　刘全德

及做出反应，就被解放军战士死死压在身下。史晓峰也当场成了俘虏。

　　为了迅速查清刘全德的阴谋及同伙下落，上海市公安局社会处突击审讯刘全德。刘全德很快交代了潜入上海前后的经过、活动以及其他同行人员的行踪线索。根据刘的口供，公安人员分头出击，迅速将其他 5 名特务和为他们行动提供方便的 14 名窝匪一一抓获归案。[①]

　　1950 年 8 月，根据公安部长罗瑞卿指示，上海市公安局将刘全德押往

---

① 鲁青：《斩断伸向陈毅的魔爪——国民党特务杀手刘全德落网记》，《党史文苑》1998 年第 1 期。

北京，交由公安部审讯。根据刘全德提供的线索，北京破获了预谋刺杀毛泽东的以计兆祥为首的特务案；广东亦破获了预谋刺杀叶剑英的以黄强武为首的特务案，连同抓获潜入内地的安平贵、欧阳钦、邱信、江知平等19名特务分子，粉碎了蒋介石"天字特号"暗杀计划。

同年12月，北京军事管制委员会军法处依法判处刘全德死刑，同案犯安平贵、欧阳钦、邱信、江知平在上海被判处极刑，与此案相关的其他特务分子也分别受到程度不同的法律制裁。

国民党特务机关企图谋杀陈毅的计划虽然破产，但刘全德交代的关系中，有两个重要人物。一个名叫雷霜，40岁，以前是国民党上海市警察局的便衣探员，抗战时期作为军统的地下人员打入汪伪的"76号特工总部"。抗战胜利后受到过嘉奖，在国民党上海市警察局当科长。后来患肺病住进广慈医院，出院后改行去一家洋行做职员。上海解放后，政府命令国民党伪职人员登记时，雷霜也去了。因为没有发现他历史上有过什么血债，而且在1947年春天就已经离开警察局，公安机关也没有对其特别注意。没想到现在刘全德交待这个姓雷的竟然是毛人凤留下的一个重要潜伏特务，公安人员立刻将雷霜缉拿归案。雷霜在审讯期间，因肺病死于狱中。与此同时，公安干警去抓捕刘全德交待的另一个"关系"劳有花，但却无功而返。刘全德所交待的地址并无此人。

据刘全德交待：劳有花，女，山东人，初中毕业后考入了南京一所教会护士学校。抗战全面爆发后迁往重庆。1941年劳有花毕业，与同学们要求参军上前线杀敌。当局将她们招收入伍，劳有花被分配到军统局，在医务室当了一名护士。当时刘全德在重庆军统局的特务训练班担任教官，认识劳有花。1944年底军统局开办短期特训班，劳有花报名参加，还由戴笠点名担任了特训班副班长。抗战胜利后，刘全德就不清楚劳的行踪了。这次奉命赴沪执行暗杀任务时，毛人凤亲自把三个关系人的名单交给刘全德，让他当场熟记后撕毁。刘全德才知道那个小护士已经成了"保密局"的潜伏人员，在上海霍山路的一家诊所工作。

　　当上海市公安局的侦查员会同提篮桥分局的警察急赴霍山路该处时，发现那里并没有什么诊所。只有一家水果店。警方分析：刘全德的口供不会有错，劳有花的下落还得从诊所查起。侦查员再去霍山路走访，得知水果店的位置以前确实开过一家诊所，诊所里也确实有一个如刘全德所交待的那个年龄、模样的女护士。侦查员去提篮桥区政府卫生科调查，1949年 8 月，上海各区对全市私人医院和诊所做过登记。侦查员过去一查，登记倒是进行过，而且也有劳有花供职的那家诊所，但是材料却没有！原来1949 年 8 月进行登记时，那家诊所的业主向卫生科报称他准备歇业了。工作人员告诉他：歇业是可以的，但必须在这次登记工作结束的 8 月底前歇业，否则还要交纳登记费用。对方说那我就不参加登记了，到 8 月 27 日诊所果然关门歇业，因此没有留下任何材料。侦查员非常失望和沮丧，那个接待的科员同情地说："你们有什么问题，可以说说看，我知道的情况说不定有助于你们的调查。"侦查员就问对方是否知道那家诊所的医生护士情况。科员说不清楚，不过他倒是知道那个诊所医生名字叫杜传耀。

　　有了杜传耀这个名字，就有了追下去的线索。区政府有一个干部请杜传耀看过病，说此人看来确实是一位学过医的专职医生。侦查员分析：杜传耀虽然不开诊所了，但他既然是正牌的医生，可能仍旧在行医。于是决定在全市医院、诊所范围内寻查。侦查小组借助各区公安分局的力量，在三天之内查遍了全市所有医院、诊所，奇怪的是竟没有发现杜传耀其人！侦查小组向领导汇报，领导也觉得出乎意料。这个案件是公安部的特别重大案件，破获情况已经向中央报告，提到了"尚有涉案特务一名正在侦缉之中"。所以领导特别重视，指示一定要将劳有花追缉归案。市公安局专门举行了一次有 18 名资深侦查员参加的案情分析会，最后结论是：侦查方向和思路都是准确的，还是要寻找杜传耀的下落。有人提出：杜传耀可能去上海周边地区开诊所或者行医，周边地区的西药都是要向上海西药批发商进货的。可以去向上海的西药批发商那里打听情况。侦查小组走访了西药批发商，果然查到杜传耀的下落：在榆林区"大德机器厂"担任医务室主任。

原来，杜传耀的诊所关门之后，应朋友之邀去"大德机器厂"任医务室主任。侦查员问杜传耀："你以前的诊所里是否有一个名叫劳有花的护士？"杜传耀点头称"是"。随后说劳有花已经去了曹家渡的一家纱厂，也是在厂医务室工作。侦查员急赴曹家渡那家纱厂，直接找了厂长，说来找一个叫劳有花的人。厂长摇头说："没有这个人。"侦查员大吃一惊，难道又扑空了？于是说劳有花是一个大约二十七八岁的女子，皮肤很白，长得略有几分姿色。厂长听了还是一脸茫然。侦查员问道："你们厂有医务室吗？"厂长点头："有的。"把医务室的女医生叫来一问，她明白无误地告诉侦查员：有过这样一个人，但是只待了一个多月就离开了。

至此，线索中断了。以后经过镇压反革命运动，劳有花始终杳无音讯，难道她蒸发了？

我们还是从被捕后的劳有花的口供中还原线索。

1948年11月，解放战争形势已经明了，国民党知道大势已去，开始准备后路，其中一条就是大批安排潜伏人员。保密局少校劳有花的名字也在其中，毛人凤亲自找其谈话，让她前往上海潜伏，并规定了联络方式和暗语、密码。

劳有花是一个有心计的特工，当时上海还是国民党的天下，一般奉命潜伏的特务都是由各自机关通过掌握的关系联系潜伏点，进行安插。劳有花认为这种介绍方式是不可靠的，所以她摒弃不用，宁可自己在上海四处奔走，最后在杜传耀的诊所找到了一份工作。杜传耀因为难以经营下去而决定关门，介绍她去了曹家渡的纱厂，在医务室工作。不久，劳有花与老板有了奸情，老板突然因心脏病猝死。老板的妻子怀恨在心，将她从纱厂赶了出来，还付了封口费。她又在卢家湾一家私人诊所找到了工作。根据"保密局"的潜伏规定，她将自己的职业和新址用暗语写了两张条子，分别贴在大世界后门和十六铺码头的广告牌上，以通知她的上司。

1950年2月，劳有花突然接到了一封没有落款的信函，以密写药水显示出来一看，是"保密局"向她下达的指令，让她立刻着手收集中共华东局和上海市委市政府要员的出行、生活情况，所列名单的第一个就是陈毅，以下还有饶漱石、谭震林、曾山等人。劳有花凭着她的特工经验，马上意识到台湾方面决定要对上述中共高级干部实施暗杀行动了。一个月后，劳有花又收到了一封挂号信函，用密写药水显示出来一看，是毛人凤本人直接下达的一道指令："即将来客，准备接应，务予配合。"但是等来等去一直没有等到。直到后来报上刊载刘全德落网的消息后，她才知道是这么一回事。

　　因为镇压反革命的风声越来越紧，劳有花逃往山东济南，投靠表妹。劳有花的表妹嫁给了一个解放军军官，她本人也在区政府工作。劳有花被安排去了一家私营工厂，还是在医务室工作。不到两年，劳有花成为厂里的积极分子，一直没有人对她产生怀疑。

　　1958 年初，党组织正式找劳有花谈话，要发展她入党，叫她填写登记表格。登记表上要求如实填写本人的履历，并且得一一列出证明人及其身份、地址，这是需要政审的。上海潜伏后的那段历史，劳有花是这样考虑的：当时她离开上海来济南时，那个地址是在卢家湾的诊所，即使落网的台湾刺客已经把她供出来，公安局去查过了，也是一个无头案子了，因为那个诊所的人根本不知晓她的任何情况。她只要谎称离开曹家渡那家工厂后是直接到山东的，这样就可以蒙混过去了。在霍山路杜传耀开的诊所和曹家渡那家工厂的时间她是照实写的，因为她认为自己在那里没有发生过政治问题。

　　正是这个如实填写使劳有花露了馅：工厂党组织分别向上海方面发了两份外调公函，一份是发往上海市卫生局的，要求代为向杜传耀调查核实。另一份是发往曹家渡那家工厂的，料想也一定已经公私合营，地址估计是不会错的。

　　前一份公函还在上海市卫生局打转时，后一份公函发生作用了。那家工厂确实还在曹家渡原址，医务室也还是那几位同事。接下来的情况就可想而知了：这份公函被送到了公安局，上海警方档案中还保存着这个悬案的记载，尽管经办人已经调离了原先的岗位，但是一查还是马上弄清楚了。上海市公安局局长黄赤波亲自签署了逮捕令，派警员前往济南对劳有花实施逮捕。

劳有花被捕后，对其与刘全德等合谋刺杀中共领导人的罪行供认不讳。不久，劳有花被判处死刑，执行枪决。

历时9年，国民党特务刘全德企图谋杀陈毅的案件才最后结案，所涉敌特人员全部落网。[①]

刘全德失败后，毛人凤又派杀手朱山猿等潜入上海。朱山猿是一个职业杀手，曾参加过军统特训班密训。毛人凤委任朱山猿为"保密局上海特别组"上尉组长，限期90天内暗杀上海党政军重要首脑、革命干部及著名民主人士。

1950年1月，朱山猿从台湾潜入上海，成立了"保密局特别行动小组"，开始制订暗杀陈毅的计划。此时上海公安机关肃清国民党残余势力的工作正在紧张进行，国民党潜伏特务案被接连破获，朱山猿意识到暗杀陈毅的难度极大。然而，台湾方面一再发电报催促朱山猿赶快行动，朱山猿与部下赵自强、薛忠英研究暗杀陈毅的计划。赵自强告诉朱山猿：他和当越剧演员的女朋友杨小姐见了面。杨小姐告诉赵自强：她有个同乡小姐妹在上海一个剧团当团长秘书，陈毅常去这个团长家做客。朱山猿意识到这是极为重要的线索。他命令赵自强利用这些关系接近剧团团长，再寻找接近陈毅的机会，进行暗杀。为了行动更有把握，朱山猿命令薛忠英潜往无锡联络"东南人民反共救国军"的首领潘震。

一天，在无锡通往上海的关卡上，哨兵注意到一个人神色紧张，于是对他进行检查。发现此人身上暗藏手枪，相关证件也都是伪造的，此人正是朱山猿派出的联络员薛忠英。

---

① 曾洁：《谋刺陈毅的女特务落网记》，《文史天地》2007年第7期。

过了一个星期，朱山猿收到赵自强的一封信，信中用暗语写道："所托之事，一切无问题，请来人提货。"意思是赵自强的行动进行顺利，朱山猿可以来接头。接到信后，朱山猿住进上海永乐村，这里距离赵自强的落脚点很近，便于联系。朱山猿住下后，踏勘了去团长家的路，并制造了一个能藏在热水瓶底座下的烈性炸弹。

这时，公安机关侦破了"东南人民反共救国军两江纵队"案，获得了敌特谋划在越剧团团长家行刺陈毅市长的线索。通过对这个案件的审理，我方获取了侦破暗杀集团的线索，据此，领导决定派曾在旧警察局工作过的沈武卧底在赵自强身边，摸清朱山猿的下落。

沈武很快与赵自强接上了关系并获得赵自强的信任。1950 年 4 月一天晚上，沈武来到和赵自强碰头的地方，刚谈了一会儿，突然进来一个面色阴沉的中年男子。赵自强介绍说：这位就是保密局上海特别行动组组长朱山猿。沈武心中一喜：狐狸终于露头了。朱山猿问沈武："你应该认识消防处处长周兆祥吧？"沈武说认识。朱山猿接着说：他被共产党所用，把他干掉！沈武说自己目前无法接近周兆祥。朱山猿又问沈武在上海还认识谁，沈武说认识原行政处处长方志超，他现在一家报社当编辑部主任。朱山猿说："你想法靠近他，他的思想赤化了，应该干掉！"说完匆匆离去。沈武对朱山猿的命令感觉有些突然，赵自强说："朱山猿本想暗杀陈毅，但一直无法下手。可毛人凤一再催促，朱山猿只好先杀几个小的交差。"赵自强还透露：五一前夕，他们策划在上海的大新公司、新新公司、永安公司、先施公司等商业场所和大世界游乐场实施爆炸，制造社会混乱。

事关重大，沈武立即上报组织。为防止朱山猿这伙特务造成危害，侦查人员决定立即采取行动，让沈武假意答应暗杀方志超，引朱山猿露面。

1950 年 4 月 28 日傍晚，沈武找到赵自强说：有机会杀方志超，需要找朱山猿要武器。赵自强要沈武第二天上午 9 时到严家阁，直接跟朱山猿讲，并告知了地址和接头暗号。第二天一早，侦查员来到严家阁，查看了地形，制定了周密的抓捕方案。上午 9 点，沈武来到严家阁，对上暗号后见到朱山猿，假装商量刺杀方志超的方案。查明朱确实在房间内，沈武退出。侦查员兵分三路，向朱山猿所在的房间冲去，将其抓获。

1950 年 9 月 1 日，上海市军管会判处朱山猿死刑。国民党保密局局长毛人凤策划的暗杀陈毅市长的阴谋再次失败。①

继派遣刘全德、朱山猿后，毛人凤又制定了"萤火虫行动"计划，目标是暗杀陈毅等上海党政军领导人，派遣军统特务封企曾和他的两名助手顾学明、刘锦田执行。

封企曾，松江县人，家住张泽八图封家埭。高中肄业时抗战全面爆发，考入"军统"黔阳特别训练班，班主任为戴笠。1940 年春调至上海行动大队，充任组长、队长。1945 年 4 月，美军 14 航空队 23 战斗机队队长巴汉驾机轰炸上海日军基地时，被日军击伤，坠落在松江张泽乡塘坊桥附近，得封企曾救护，送至浙西於潜军统毛森处。为此，美国国务院发给他奖章。戴笠也奖给他 7.5 万元，并升为"军统"松嘉站上校站长。

1948 年 6 月，封任淞沪警备司令部海上巡察队队长。是年冬，化名吕鹏，假装向共产党接洽起义，骗得路费金圆券 70 余万元后，将代表共产党接洽的陈默等人骗至上海渔市场杀害。1949 年 5 月上海解放，他率残部 60 余人逃至小洋山海岛上盘踞。9 月赴台湾，被毛人凤任命为"保密局苏浙特别站"站长兼"苏浙人民反共自卫纵队"少将司令。在小洋山期间，指使其部下多次抢劫海上商船和渔船，进行各种破坏活动。②

封企曾万万没有想到的是，他尚未动身，中共中央社会调查部部长李克农已从特殊渠道获知情报，1950 年 5 月 12 日深夜，中央人民政府公安部部长罗瑞卿从李克农部长处获得情报：台湾保密局将于近日派遣一个名叫封企曾的杀手，赴沪执行暗杀上海市长陈毅的代号为"1243 行动"的特别任务。

---

① 李动：《生擒保密局杀手》，《档案春秋》2009 年 6 月号。
② 《松江县志》，上海人民出版社 1991 年版，第 1067—1068 页。

罗瑞卿当即下令：将该情报以特级密码发上海市公安局。接到这份密电，扬帆副局长决定：（1）将情报向陈毅报告，同时要求警卫处加强对陈毅等首长的安全保卫工作；（2）立刻组建"'1243 行动'专案侦查组"，全力侦缉封企曾。

狡猾的封企曾先派人从海上潜入宁波，给他在上海的同学、曾被胁迫参加过军统外围组织的谢某寄了一封挂号信，投石问路。信中要求谢某："速报沪上各界动态，联络我们的人员，策应反攻。"谢某不愿为国民党特务机关效劳，在极度矛盾和痛苦中，这位信佛教的小职员写下一纸遗书自杀了。谢某的遗孀向市公安局交出了丈夫的遗书和封企曾那封挂号信，使公安局获悉了封的动向，开始布网。

北京转来了第二份情报：封企曾已于日前抵达上海。警方认为有必要以"查户口"的名义，在全市范围内进行一次大搜查；同时布置各分局、派出所对管区内的旅馆、浴室、戏院、电影院、茶馆、书场等公共场所进行突击检查。从 5 月 20 日晚 8 时开始到 5 月 21 日傍晚，上海全市各街道、里弄、居民小组，都进行了人口清理工作。与此同时，大批民警突击检查了旅馆、浴室等公共场所。这次大规模的行动一共抓捕了上海本地和外埠潜逃来沪的反革命分子、恶霸、反动军官、逃亡地主及其他盗贼、流氓、杀人犯等刑事罪犯两百多人，发现线索 876 条。但是未能缉获封企曾，也没有获得关于封犯的任何线索。

其实，封企曾确实已经抵达上海。上海警方在组织全市大搜查时，封企曾正躲在浦东一个名叫凌家宅的小村庄里，闭门不出。行动之前，毛人凤曾经给封提供了两个秘密接头的关系，但是封企曾并没有动用那两个关系，而是自己找了浦东的这个关系来落脚。作为一名老资格的特工人员，封企曾是非常谨慎的，他不相信任何人，只相信他自己的感觉，他担心那两位早已向共产党自首了，糊里糊涂撞上去岂不是自投罗网？封企曾之所以看中凌家宅，因为那是一个只有 18 户人家的小村庄，四周都是河汊的开阔地带。更重要的是那里有一个可靠的关系蒋阿成，他儿子原也是军统特务，6年前死于汪伪76号特工手下。以后封企曾一直照顾蒋阿成，建立了深厚的情谊。封企曾在以前曾数次来过凌家宅，对所有人都说自己是做生意的，这次来没有引起人们的怀疑。凌家宅有一个农会小组，组长就住在蒋阿成隔壁。市里开展大搜查时，乡干部下来问最近村里是否有陌生人。组长大意了，说"没有"。这样，封企曾就滑过去了。

全市大搜查没有达到预期的效果，侦查员们调整了侦查角度，决定还是从刚开始侦查本案时看过的材料中找线索。材料有两类：一是"死材料"，即敌伪档案；二是"活材料"，就是那些与封企曾有过交往的知情人。不久，侦查员在讯问一个在押的军统分子时，得到了一条线索：有一个名叫汪焯的人，可能知晓封企曾在上海的社会关系。汪焯正在提篮桥监狱服刑，5月30日上午，三名侦查员去了提篮桥监狱。先翻阅了汪焯在狱中写的《个人自传》，内中提到过1941—1944年他曾在封企曾手下做过事。当面讯问时汪焯态度很老实，向侦查员提供了封企曾在上海活动时的一些情况和社会关系，其中有一个就是浦东凌家宅蒋阿成的儿子。封企曾和蒋阿成的关系引起了专案组的高度重视，经过研究，决定一面继续查材料，一面派专人去浦东调查。

5月30日下午，侦查员李蒙、腾扣根前往浦东凌家宅调查。到农会组长那里询问，知道蒋阿成家来过客人。农会组长一说那人的模样，侦查员差点蹦起来。这不就是封企曾吗？侦查员立刻决定对蒋阿成家进行搜查。在封住过的草屋内查看，感觉原先堆放木头的位置可疑。李蒙、腾扣根两人用铁锹小心翼翼地挖到一尺时，挖到了一个木盒。起出来打开一看，里边是用多层油纸包着的两支手枪、一盒子弹和两枚微型定时炸弹！侦查取得了突破性的进展。

再审蒋阿成，蒋毕竟是一个农民，没见过什么世面，一被捕就吓破了胆，乖乖地把凡是和封企曾搭界的事都招了。其中有一条引起了侦查员的注意：封企曾离开凌家宅前，曾向他打听过去青浦的轮船码头是否有变化。再查下去，封企曾的老关系中，有一个叫沈必渊的人居住在青浦县城厢镇。

专案组决定前往青浦调查。李蒙小组于 6 月 4 日上午赶到那里，青浦县局协助上海同行一查，确有沈必渊其人，36 岁，开小酒馆，历史上有过参加复兴社特训班的记录，不过并未参加过复兴社的活动，抗日战争时期还协助地下党掩护过伤员，所以解放后也没有对他采取什么措施。侦查员决定直接跟沈必渊接触。一问，他说封企曾来过，是 5 月 30 日上午 8 点多钟来的，住了三夜，6 月 2 日上午离开了。进一步了解详情，得知封企曾到青浦后没有进行过任何活动，甚至连门都没有出过。侦查员据此作出判断，认为封企曾是怕在浦东蒋阿成处待的时间过长会发生意外，所以出来避避风。谈完之后，侦查员想去沈必渊家看看。这一去，竟有了意外收获。侦查员检查了封住过的房间，发现桌上有一刀用过的信笺纸，上面遗留着笔迹印痕。经辨认，信笺纸上的印痕内容是约一位被称为"老凯"的人于 6 月 4 日上午 9 时在上海市杭州路眉州路口见面。经鉴定，认定钢笔和信笺纸上所遗留的笔迹是封企曾的。这是一条有价值的线索：封企曾已经到市区活动了，专案人员决定加快侦查步伐，尽快找到"老凯"。"老凯"是谁？侦查员研究后，最后决定从封企曾那封信中提到的地点去寻找。杭州路眉州路口是杨浦区的冷落角落，封企曾为什么把碰头的地点约在那里？侦查员反复分析，认为"老凯"的住宅或者就业的厂家就在附近。经过实地察看，侦查员选定了位于眉州路上的一家机器修理厂作为重点调查目标。

6 月 10 日，侦查员化装进厂，以市总工会调查组的名义召集部分工人积极分子开会，打听谁是"老凯"。有一位老工人反映："老凯"是该厂一个名叫崔镜明的人的绰号。侦查员很快弄清了崔镜明的身份：此人原是英租界巡捕房的巡捕，绰号"老凯"，由于职业方面的关系，与三教九流的人员接触较多，其中也有军统、中统的特务。后来去工厂当白领，经常调换厂家，直到现在才算安稳一点。侦查员决定传讯崔镜明。当天晚上，崔镜明被带往榆林分局。一讯问，封企曾果然来找过崔镜明，而且约定次日还要跟他见面。据崔镜明交代，他与封企曾相识于 1941 年，后来崔镜明离开巡捕房，交往渐渐少了。这次，崔镜明突然接到封企曾的信，约他见面。6

月 4 日，崔镜明如约跟封企曾见面。见面仅持续短短几分钟，封企曾托崔镜明给他租一个临街的住所，崔镜明答应想想办法，双方约定 6 月 11 日上午 10 时在杨树浦路江浦路口碰头听回音。上海市公安局当即进行了紧急部署，决定布下伏兵，活捉封企曾。

6 月 11 日清晨，一个个身穿便衣的侦查员悄然进入四周的住户和商店、厂家。上午 9 时 50 分，崔镜明在警方的严密监视下来到了埋伏点。几分钟后，从外滩方向来了一辆黄包车，车上坐着一个头戴黑色礼帽、脸上扣着大口罩的男子。崔镜明一眼就认出了那是封企曾，举手打招呼："来啦！"这也是暗号，十几名侦查员从四面八方扑向封企曾，还没等他做出反应，便已连人带车掀翻在地，铐上了手铐。

封企曾在受审时说的第一句话是："我没料到你们这么快就掌握了我的线索。"封企曾对其受命行刺陈毅供认不讳，他是打算通过崔镜明在市中心陈毅上下班的必经之路租借一个临街的房间，借以窥测陈毅的活动规律，然后制订行刺方案。可是，封企曾绝对没有想到，当他刚刚进行这个计划的第一步准备时，就已经落入法网。

1951 年 4 月 29 日，中共上海市委在卢湾区逸园（文化广场）召开上海各界代表万人大会，会上对 9 名血债累

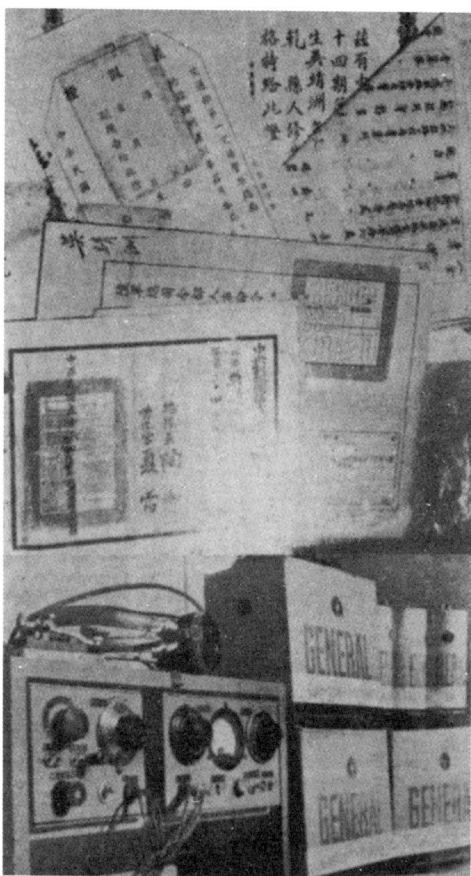

○ 图为缴获的一部分特务证件和电台等器械

累、罪恶昭著、民愤极大的反革命分子进行控诉和公审。其中就有曾经杀害 500 余名爱国人士和无辜百姓的被称为"王牌杀手""杀人魔王"的国民党"苏浙人民反共自卫纵队"少将司令封企曾，上海《文汇报》在第二版显著的位置作了题为《封匪企曾罪行实录》的报道。4 月 30 日，封企曾被处决于上海龙华刑场。

第 9 章 ｜ **共产党与资本家的团结和斗争**

解放后，共产党如何对待城市中的民族资产阶级，如何同资本家、企业主、商店老板打交道，是一个全新的课题。

　　1949年3月西柏坡的中共七届二中全会上，毛泽东就向全党提出了将工作重心由农村向城市转移的战略决策。全会决议说："在这些城市斗争中，我们必须全心全意地依靠工人阶级，团结其他劳动群众，争取知识分子，争取尽可能多的能够同我们合作的民族资产阶级分子及其代表人物站在我们方面，或者使他们保持中立，以便一步一步地去战胜敌人。"党的中心任务"是动员一切力量恢复和发展生产事业，这是一切工作的重点所在"。

　　随着沈阳、北平、天津等大城市的解放，城市工作，特别是对待民族资产阶级的政策，对每个干部都是新问题，为此，中共中央特别重视摸索经验，指导各城市军管会的工作。1949年4月，刘少奇在北平、天津调研，与资本家开座谈会，并多次在党内强调对资方的团结政策。

　　1949年4月3日，刘少奇在中共北平市委党员干部会议上讲话指出："对资本家的问题。有些资本家不安心，应想法使之安心生产。我们可以宣布既定方针，保障资本家的合法利润，禁止非法盈利。……在劳资问题上，应向资本家和工人宣布，在可能范围内适当改善工人待遇，但我们要反对过高的要求，反对把工厂分散，我们可说服资本家满足工人的正当要求。"①

4月18日，刘少奇在中共天津市委会议上讲话指出："自由资产阶级不是斗争对象，一般的是团结的对象，争取的对象。对资产阶级也有斗争，但重点在团结。如果把它当作斗争对象，那就犯路线的错误。……因此，公私兼顾、劳资两利政策必须确切执行，这是我们的战略任务中很重要的组成部分。毛主席说过，我们考虑问题要全面，要照顾四面八方。四面就是公私关系、劳资关系、城乡关系、内外关系；八方就是城乡关系的城乡两方，内外关系的内外两方，公私关系的公私两方，劳资关系的劳资两方。这四面八方都要照顾到，才叫全面照顾。"②

4月28日，刘少奇在天津市职工代表大会上讲话指出："对民族资产阶级有斗争的一面，有联合的一面。……但以哪个为主呢？今天来讲，重点是联合不是斗争。……如果斗争到把资产阶级消灭，这样工厂减少了，生产下降，工人失业，对工人，对国家，对人民都不利。今天中国不是资本家太多，太发展了，而是太少，太不发展。"③

---

① 中共中央文献研究室编：《刘少奇年谱》(1898—1969)，中央文献出版社 1996 年版，第190—191 页。
② 中共中央文献研究室编：《刘少奇年谱》(1898—1969)，中央文献出版社 1996 年版，第195 页。
③ 中共中央文献研究室编：《刘少奇年谱》(1898—1969)，中央文献出版社 1996 年版，第201 页。

刘少奇在平津视察调研的过程中，发现了一个严重的问题：共产党在长期以来，都是以革命党的形象，去带领民众打土豪、分田地，一起消灭剥削阶级。但是现在新中国即将成立，共产党要坐天下，养活几亿人民，领导国家发展经济，民族资产阶级经营着工商业，是创造财富的。如果把他们都打倒了，国家从哪里获得财政收入？怎么进行建设？所以必须团结资本家，让他们能够继续经营，维持生产，为共产党新政权提供财政收入。这个问题必须引起各级干部的高度重视。

1949 年 5 月 31 日，刘少奇代中央起草《关于认真克服对待民族资产阶级的"左"倾错误的指示》：

"最近少奇同志到天津巡视，发现我们在天津的负责同志完全不理资本家，有些干部则认为和资本家接触就是立场不稳，贸易公司在原料及市场方面统制，不给资本家的生产以应有的照顾，税收机关对私人生产亦未给以应有的照顾。在劳资关系上工人有过高的要求和过左的行动，未用坚决的办法去纠正。强令资本家开工，但资本家在开工后的各种实际困难未帮助资本家去克服。在报纸上只说资本家坏，不说资本家还有任何好处。在党内思想上只强调私人资本主义的投机性、捣乱性。强调限制资本主义，而不强调一切有益于国计民生的私人资本主义生产在目前及今后一个长时期内的进步性、建设性与必需性，不强调利用私人资本主义的积极性来发展生产，只强调和资本家斗争，而不强调联合愿意和我们合作的资本家。结果就使资本家恐慌消极，陷于半瘫痪状态，完全没有生产积极性，许多资本家就准备停工歇业或逃跑。这是一种实际上立即消灭资产阶级的倾向，实际工作中的'左'倾冒险主义的错误路线，和党的方针政策是在根本上相违反的。"①

电报经毛泽东审阅修改发出。毛泽东又发了一个给各中央局、平津诸

---

① 中共中央文献研究室编：《刘少奇年谱》(1898—1969)，中央文献出版社 1996 年版，第 211—212 页。

市委、各野战军前委的通知："兹将中央给东北局辰世电及其附件发给你们，并请你们转发各市委、省委、区党委，据以检查自己的工作，认真克服对待民族资产阶级的'左'倾机会主义错误。如果不克服此种错误，就是犯了路线错误。"①

对于中央的三令五申，华东局领导高度重视，在渡江之前的 4 月 1 日下发《关于接管江南城市工作指示》。关于私营企业，《指示》强调："对私人经营的企业（如工厂、公司、商店、仓库、货栈等等）及一切民族商业的财产，应一律保护不受侵犯。私人工商业中如有股权不明或部分股东确为重要战犯或为官僚资本者，应一律暂缓处理。但可先行登记加以监督，防止转移资金货物。对私营企业应坚持'公私兼顾，劳资两利'的方针。一方面要教育说服工人不要提出过高的劳动条件，致使生产降低、经济衰落、工人失业；另方面要严重警惕资本家故意消极怠工，或借故降低工人的实际工资及其他待遇。如劳资间有纠纷，可由军管会召集双方调解或仲裁之。必须防止将农村中斗争地富、消灭封建的办法错误的应用到城市。"②

上海是全国最大的工商业城市，全市私营企业产值占全市工业总产值的 76%，较大的工商资本家及其代理人 1.7 万余人。他们数量集中，国内外经济联系广，政治影响大。

1949 年 4 月 7 日，中共中央给邓小平、饶漱石、陈毅发了《关于注意吸收自由资产阶级代表参加工作》的指示电：

"上海民主建国会主要负责人黄炎培、章乃器、盛丕华、包达三、张纲伯、施复亮等已到北平，表示向我们靠拢。他们是上海自由资产阶级的代表。我们认为，接收及管理上海如果没有自由资产阶级的帮助，可能

---

① 中央档案馆、中国人民解放军档案馆编：《城市解放》，中国文史出版社 2017 年版，第 466 页。
② 中央档案馆、中国人民解放军档案馆编：《城市解放》，中国文史出版社 2017 年版，第 503 页。

发生很大的困难，很难对付帝国主义、官僚资本及国民党的强大的联合势力，很难使这些敌对势力处于孤立。这件事，你们现在就应开始注意。因此，请你们考虑，是否有必要在没有占领上海以前，即吸收他们参加某些工作。……不但上海如此，整个京沪杭区域都应注意此点。"①

从以上文电可以看到，中央对民族资产阶级的统战政策是进城后的一项重要工作。共产党在进城之前做足了功课，进入上海之后，陈毅市长就开始了一步步团结资本家的工作。

如何面对共产党，是上海资本家忐忑不安的一个大问题。在他们多数人心目中，国民党已经令他们彻底失望。经历了1948年以来的经济崩溃、币值改革对他们的巧取豪夺，"打老虎"让他们心惊肉跳，所以在国民党逃

○ 上海市第一届人民政府委员合影。前排左起：郭化若、吴蕴初、刘晓、包达三、沈尹默、盛丕华、陈毅、潘汉年、汤桂芬、刘长胜、黎玉、赵祖康、项叔翔。后排左起：胡子婴、张耀祥、王芸生、冯雪峰、夏衍、许涤新、苏延宾、郭棣活、申葆文、荣毅仁、周林、扬帆、张祺、朱俊欣、马纯古

---

① 中央档案馆、中国人民解放军档案馆编：《城市解放》，中国文史出版社2017年版，第505页。

离的时候，没几个资本家愿意跟他们去台湾。但是共产党来了，会不会对资本家采取革命措施，剥夺他们的资产，心里更是无数。因此，上海解放前，凡是有条件的资本家都采取了狡兔三窟的办法，抽逃大部分资金去国外和香港，然后留一部分人看着厂房和设备，观望共产党的一举一动。

例如，上海的棉纺业和面粉业头等大户荣氏家族就在策划如何转移资产，抽走资金，到国外或者香港避一避风头。荣氏企业中部分人向广州、香港、台湾等地陆续转移资金和设备，以分散资金，为自己留下一条后路。先是荣研仁抽走天元公司很大一部分资金去了泰国，接着是李国伟委托英信昌洋行，在九龙设立纱厂。荣尔仁听了宋子文的劝告，移拆了"申新"二、三厂的一部分设备到了广州，在那里开办了广州纺织第二厂。

上海解放之前，时局一天比一天紧。富商巨贾听信国民党的宣传，开始大逃亡。荣家总公司系统（大房系统）的负责人都走了，二房系统也走了部分。荣溥仁、荣辅仁先去了香港，"申一""申九"厂原负责人去了香港，"申六""申七"厂经理、厂长未离沪，"申二""申五"厂负责人荣尔仁去香港后，总管理由荣毅仁负责，荣德馨主持厂务。鸿丰公司原负责人胡载之不辞而去，由总公司暂时维持。福新面粉公司在王禹卿、陆辅仁等去香港后，厂务没有人管，经理部由荣毅仁和曹启东负责。

但是老太爷荣德生坚决不肯走。他毕生辛勤经营实业，创造出荣氏企业的不凡业绩，成为中国民族企业的一个榜样。但是也经历了民国时期的种种黑暗，尤其是1946年被匪徒绑架，付了50万美元才幸免于难。虽然国民党的毛森破了案，枪毙了歹徒，但是赎金被充作奖金和办案费用，没回来多少，所以荣德生对国民党彻底失望。此时他不愿意逃亡，更不愿意抛弃无锡、上海的企业。许多人劝荣德生去香港，都被他拒绝了。他觉得自己无法割舍这里，无锡是他的家，一棵大树怎可以离开自己的根呢？

有一位好友说："共产党来了，资本家肯定要倒霉的。"荣德生坦然地说："不做亏心事，不怕鬼叫门。我荣德生一生为人处世问心无愧，我不怕。"

公司的职员们惶惶不安，仿佛大难临头。他们纷纷打点行装离开上海，荣毅仁少爷承担起留守上海的责任。他也要看看，共产党来了会怎么样。①

1949 年 5 月 25 日解放军进了上海，而荣毅仁此前遭到国民党监察院起诉他承办军用面粉有质量问题，这天应该去旧法院出庭。一大早，"申新"二厂厂长荣德馨跑来报信：解放军进城了，都睡在马路上。荣毅仁不信，两人开车出门，眼见为实，果然如此。解放军严明的纪律，不扰民的作风，给荣毅仁留下非常深刻的印象：一个新时代真的到来了。

上海解放仅仅一周，6 月 1 日荣毅仁接到市长陈毅的请束，第二天在外滩中国银行大楼开座谈会。6 月 2 日下午，中国银行大楼四楼大厅，90 多位上海最知名的产业界人士拿着有陈毅署名的请帖出席"产业界人士座谈会"时，心里都有些怦怦跳。威震淮海战场的陈毅将军，会不会没收他们的企业资财，革他们的命？

身穿褪色布军装、脚蹬布鞋线袜的陈市长和饶漱石政委来了。陈毅开口便说："工商界的朋友们。""朋友"二字一出，会场气氛便有所松动。

陈毅对大家说："反动统治和帝国主义侵略中国的历史已告结束，新的伟大建设任务已经开始。我们的工商政策早已有言在先，就是 16 个字：公私兼顾、劳资两利、发展生产、繁荣经济。人民政府愿与产业界共同协商，帮助你们解决困难，你们有话尽可对我们谈，我们暂时办不到的也会说明理由。让我们共同努力，尽早把生产恢复起来。"②

然后，陈毅、饶漱石听取了在座人士的发言，并听取了他们关于稳定上海局面、恢复生产的建议。饶漱石政委作了总结发言，他强调：你们的困难也是我们的困难，中国共产党是人民的政党。民族工业有光明前途，只要通力合作，定可逐步战胜困难。关于劳资问题，我们提倡双方本着劳资两利的原则，合情合理协商解决。关于税率问题，我们也认为国民党时

① 陈重伊著：《荣氏家族》，团结出版社 2005 年版，第 182—184 页。
② 《陈毅传》，当代中国出版社 2006 年版，第 252—253 页。

期的旧税率标准是不合理并必须加以逐步改革的，但目前对情况还未加以调查研究前，只好暂时维持现状，以防改良不当引致混乱，但今日的税收是全部为国家所有，用来为人民服务的。最后，饶政委又解释了产业界人士因对中共政策不了解导致的某些疑虑。他说：我们要打倒的是官僚资本，而民族资本则是我们的朋友，是应予以扶助和发展的。我们对于一切有利于国计民生的民族工业是采取坚定的保护与发展方针的。最后，饶政委着重对毛主席照顾"四面八方"的政策（公私兼顾，劳资两利，城乡互助内外交流）加以解释。①

陈毅、饶漱石两位首长的话，资本家们听得真真切切，又惊又喜。会后，荣毅仁兴冲冲回到家里，对满屋等候消息的人宣布："明天就开工！"

"团结多数人在我们周围"，是陈毅对上海各界人士统战工作的第一条原则。但是实行起来谈何容易！首先就是和民族资产阶级的关系怎么搞。那天会后，刘靖基、荣毅仁对财政接管委员会副主任许涤新说：他们想请陈毅先生到家中吃饭叙叙。许涤新在一次会上向陈毅作了汇报，陈毅问在场的人去不去，有的主张去，有的则认为我们是共产党员，是无产阶级先锋队中的一分子，如果我们去吃他们的饭，划不清阶级界线，就会在政治上丧失立场。陈毅听后笑着说："共产党不怕帝国主义，不怕蒋介石国民党，难道对资本家就怕起来？难道吃了这餐饭就会丧失政治立场？难道你们不会利用吃饭的机会去了解他们，去对他们做点思想工作？我带头，你们敢去的跟我去。有工作的，不想去的，我不勉强。"②

8月的一天，陈毅和夫人张茜，潘汉年副市长和夫人董慧，以及刘晓、许涤新等领导干部一同来到荣公馆，出席荣毅仁的家宴。陈毅摇着一把大葵扇，拉家常问情况，亲切坦率，谈笑风生，完全没有一点官架子。4个小时很快过去，双方沟通了感情，对荣家人和上海资方影响很大。

---

① 《解放日报》1949年6月5日。

② 刘树发主编：《陈毅年谱》，人民出版社1995年版，第568—569页。

交朋友归交朋友，问题归问题。陈毅明白，荣毅仁请吃饭是"投石问路"。当时荣氏企业处境很不妙，在国民党搜刮下企业损失惨重；长江口封锁，原料涨价；逃走的家族成员抽走近 1000 万美元资金，在上海的企业实际是个空架子、烂摊子。国内市场没理顺，厂子不能顺利开工，拖欠工人的工资也无法兑现。荣毅仁心里明白，这些困难有的是客观形势造成的，有些是自己家族造成的，政府会真心帮助他解决这些困难吗？

这不是荣家一家的问题，而是上海工商界多数企业的问题。第一大难题是劳资纠纷，战后重建，百废待兴。因为生产和销售尚未走上正轨，工厂开工不足，工人工资难以发放，6、7 月发生 2000 余起纠纷。抽逃资金的资本家哭穷叫苦，工人们要求打倒资本家求解放。陈毅说："解决这问题好比救火，不能用纸去包火，要从起火根源上去控制这火。"这就是指资本家多年虐待、剥削工人所造成的阶级对立。比如纱厂工人要求废除"抄身制"，纱厂经理想不通，说"这样纱厂还不被偷光"。陈毅亲自登门谈心，做劳资双方工作。厂里的工会要教育工人树立主人翁精神，做企业主人，提高觉悟。资方也要积极想办法克服困难开工，不要依赖政府救济。为了解决劳资纠纷，上海市政府指示干部深入各行业了解情况，通过协商订立劳资两利的合约。

1949 年 7 月 5 日，中共中央给各中央局发了《关于解决私营企业中劳资纠纷问题的指示》，指出："解决劳资纠纷的方式，应以订立集体合同为主。在现代化的企业中，可以由每个工厂企业的工会组织，直接与本企业的资本家谈判订立（如在同一城市中，有几个同一性质的工厂企业，而资本家又有联合组织者，最好还是由产业工会与资本家的组织订立，而不个别订立，以免高低不齐互相影响）。在旧式的小企业、商店、作坊中，必须由同一行业工人店员组成的工会与本行业资本家组成的同业公会订立。因为在同一城市中，同一行业，都有大致相同的习惯或行规，因而工人的劳动条件，也就有基本相同的共同点。这种办法，可以做到使同一行业包括的许多企业、作坊或店铺所发生的问题，在一个集体合同当中得到基本解决。这样，才能使零碎分散的作坊、店铺中的劳资纠纷，做到有条理、有组织的解决，而且比较容易做到合理恰当，防止过左过右的偏差。如果不这样办，而让每个小企业、作坊、店铺的劳资纠纷都单独解决，必然造成混乱现象，难于掌握。"[1]

上海市人民政府第一年的工作总结说：

"围绕于工商业叫苦的斗争，是我们几个月来工商工作的重心。好多资产阶级分子尽想减避负担（包括公债、捐税及工资），并尽把困难向政府靠，尤促成尖锐的阶级性的斗争，我们在斗争中仍力求团结。工商局通过工商联和各种关系，坚持统一战线的团结斗争，是有成就的。但对私营企业业务的督导和市场管理工作，都做得很不够。第三次各界人民代表会议在剧烈团结斗争的过程中，虽鼓励了工商界对前途的信心，击破了他们一味想倒在政府身上的不正确念头，提高了他们对暂时的困难的认识。但他们不论在经营上和观念上，不可能短时间全面放弃旧的一套，今后斗争和团结工作仍未可松弛。

"劳资问题上，我们是本着劳资两利、共同渡过困难的原则，在照顾资方确实的困难，维护劳方应有的利益之前提下，并阻止资方赖皮，纠正劳方过左情绪，做调解仲裁工作。这一工作是我们一切斗争中最基本的阶级斗争，我们一进入上海，特别慎重处理纠纷事件。每一次各界人民代表会议，劳资问题终是居着重要的地位。第一次代表会议后，我们颁布了《劳资争议处理程序》和《复业复工纠纷处理暂行办法》，把劳资争议的调处纳入正轨。第二次会议通过了年奖办法，废除工厂抄身制及劳资仲裁委员会的组织等，起了相当缓和作用。第三次会议通过组织私营企业的劳资协商会议，将以更具体的协商办法，团结他们共渡暂时的困难。已经有了成就的集体调解、集体协议、集体合同等办法，在与劳资协商会议相配合之下，

---

[1] 中央档案馆、中国人民解放军档案馆编：《城市解放》，中国文史出版社 2017 年版，第681—682 页。

当求其更高的成就。劳动局过去曾有某些左右摇摆及调解仲裁后缺乏检查的缺点，尤应当迅速纠正。同时，我们在研究处理劳资争议的专业化的分工负责制办法，以增强调处能力。"[1]

有个比较典型的例子，是上海洗浴业调解劳资纠纷，集体合同签订的经过。

上海洗浴业共有 183 家浴室，工友总数 7130 人。这是一个季节性的行业，夏季为淡月，春冬两季为旺月。过去工友收入主要依靠小账，1945 年国民党警察局长宣铁吾强令取消小账，浴资一度加倍，就有五五对折（劳资双方各得一半）的办法。当时资方用种种手段减低拆账，造成很大的纠纷。国民党社会局不顾工友最低生活，强迫规定拆账比例，激起全市工友的愤恨与反抗，曾一度捣毁八家浴室。工友们除受资方剥削外，还受正堂（承包每个堂口的负责人，类似包工头，每日代资方收缴浴费，又代招雇并管理堂口工友，掌控工友薪资，从中提成）的剥削。工友拆账所得，还要与正堂分拆。工友们因长期受资方的重重压迫与剥削，解放后抱有报复的思想，又因大多来自苏北农村，想搬用苏北农村斗争地主的一套来斗资本家。劳资纠纷此起彼伏，调处不胜其烦。因此，劳动局对双方提出以订立集体合同的方式，来解决全业的问题和纠纷。

在协商过程中，双方争论的焦点为：（1）拆账问题：劳方提出最低"四六"拆，资方提出最高是"三七"拆。经过协商，决定最高的特等师傅以"四四对五六拆账"（师傅得 44%，资方得 56%），最低的丙等工人以 37∶63 拆账，而且淡月时期双方所得各降一等。（2）"三大行"（就是浴堂里的擦背、修脚、理发的工友）的拆账：资方自己参与劳作和管理者在条文上规定了 65∶35 的拆账，而资方坚持 62∶38 拆账，争执很久。结果规定了凡参加工作或管理者，得拆两份工资，不参加工作而经常不在店内者，不得分拆。

---

① 《上海市人民政府工作总结》(1949 年 5 月 27 日至 1950 年 4 月)，上海市档案馆存件。

通过协商签约，解决了四个问题：

（1）明确规定双方权利和义务：在合同中首先明确规定了资方在业务范围内的管理权及决定权，职工应服从其指挥。同时也明白规定了劳方有参加工会及正当之社会活动的自由。既纠正了劳方的若干偏向，也消除了资方不必要的顾虑，提高他们经营的积极性，而在按等级规定从流水提成的拆账制中，限制了资方的过分剥削。

（2）取消了正堂的中间剥削。正堂是坐享渔利的中间剥削者，他承包了资方的堂口，就有雇佣和剥削工友的机会。集体合同中根据群众强烈的要求，革除了这种中间剥削。但正堂在业务上负有一定责任，所以应给予合理的收入。规定了凡直接参加工作或管理者得拆两份，不参加工作而又经常不在店内者不得分拆，工友各得一份。员工们直接与资方发生雇佣关系，而且把"正堂"改名为"领班"，也成为劳方的一员。

（3）淡月旺月的规定：洗浴业中"淡月""旺月"，从前不过是营业上的习惯说法，可是许多劳资纠纷都发生在淡月，资方往往在淡月钻空子。解放初期，正值浴业淡月期间，所以纠纷更多。合同中规定"淡月""旺月"各有一定时间，淡月一到，人少一半，资方负担减轻，而且各级降低一等拆账，并鼓励劳方回乡生产。适当地维持了劳方生活，又照顾了资方的困难。

（4）解决供饭问题。解放前劳方伙食，各店不统一。有的资方供饭，有的由职工贴米，有的完全劳方自理。在淡月工人一天所得甚至不够伙食钱，许多纠纷由此而起。解放后，劳方一致要求资方供给二饭一粥，并供菜肴。合同中规定由资方供给二饭一粥，至于小菜仍由劳方自理。

这个集体协议是上海市总工会协调下，劳资双方经过了四个多月的酝酿和协商完成的。1950 年 1 月 28 日在中国大戏院正式签约。总工会把纱厂、海员、服装、旅馆等十余个工会的代表近千人叫来出席。市人民政府，劳动局，总工会等机关和团体也均有代表出席。洗浴业劳资双方代表依次在"东方红"的乐曲声中签字盖章，当劳动局代表当场宣布予以批准后，劳资双方首席代表朱德文和杨少云相互握手，表现了劳资两利政策下劳资关系的融洽。资方代表仇良左希望同业以增购折实公债来庆祝这个合同的订立。劳动局副局长徐周良指出：该业集体合同是根据劳资两利的原则在民主、平等和自愿的基础上订立的，这不但纠正了部分劳方在解放初期因受长期压迫和剥削所发生的若干偏向，而且去除了资方因不了解政策所引起的顾虑，今后双方有了集体合同就可共同来搞好营业。①

解决劳资纠纷不用政府行政命令，而采取协商的方法，是一个成功的范例。表现了共产党干部的政策水平和技巧。但是尽管如此，上海的一些资本家和商人投机的本性不改。一有风吹草动，他们就兴风作浪，在市场上投机取巧。对此，共产党也毫不手软，运用政治手段和经济手段与其斗争，1949 年 7、8 月上海大米供应紧张，投机商大抢大囤。一些工商业家也借款抢购，米价涨到 6.5 万元（旧人民币）一石。中财委主任陈云来到上海，对工商界讲明经济形势，公开宣布"政府将从东北等地调 1.2 亿斤大米到上海"，劝大家不要投机倒把。然而投机者仍不信，11 月初涨到 30 万元一石。中央调动举国之力，各地区支援上海的粮食果真潮水般运到，每日抛售近 1000 万斤，米价天天下跌，囤米者只得压价卖出，全市投机米商蚀本一半以上，卷入投机的工商业家也损失惨重。他们领教了国营经济力量的强大，知道跟人民政府"耍滑头"是要吃苦头的。

陈毅在 1949 年 12 月 5 日上海市第二届各界人民代表会议上的开幕词中，严厉教训那些投机商人：

"让我来比较一下七月物价高涨与十月、十一月物价高涨的基本区别。七月物价高涨的原因是：上海初解放，敌人封锁，交通未恢复，农村工作未展开，城乡不交流，国外市场断绝，国内市场亦未打开。上海的当时情况是坐吃山空，有出无进，几乎全部工商业濒临绝境。十月和十一月上海第二次物价上涨的情况，是不是与七月份上述情况相同的呢？显然不是

---

① 《解放日报》1950 年 1 月 29 日。

○　1949 年 12 月 5 日，上海市第二届各界人民代表会议举行（上海市档案馆藏）

的。因为西南、西北、华南的敌人业已赶走，或不久即完全被消灭。国内市场无阻碍地打开，交通恢复很快，农村工作展开，城乡通气，上海与各省互相需求增加，因而上海经济生活大大的活跃起来。虽然仍免不了物价上涨，其主要原因是由于战争负担加重，增加了通货的发行。只要残余敌人完全消灭，连带的敌人封锁亦将基本打破。每一个人多加思索，均能明了这个上涨是不可怕的，是可以克服的。最惋惜的是，一部分人们不仅不了解七月与十月、十一月两者物价跳动的区别，尤其不去了解人民政府与国民党反动派政府的区别，不去了解我们胜利后暂时困难与国民党反动派灭亡时无可挽救的困难的区别，甚至对人民币与伪金圆券的区别也不了解，因而失掉头脑，在物价波动的条件下，受了投机商人的愚弄，这倒是应该加强宣传教育的一件大事。即是就投机商人们来说，你们在七月与十月、十一月的两次物价上涨中，你们的估计认为物价一定继续涨，一定不能回跌，是不是与事实符合？你们每一个人是不是都赚了钱或者赔了本呢？那许多受了人民政府制裁的投机商人，你们心不心甘，是否能有悔恨？我提一提这些问题有好处，至少能通过检讨可以促进觉悟，可以唤起一些人回头。"①

然而投机商人还不罢休，他们乘 1950 年 2 月春节后开市，准备再次抢购囤积大米，致使米价上涨。中央财经委在陈云指挥下，未雨绸缪，从四川调进大米到上海，使上海粮库储备充足，做好应战准备。春节后的第一个"红盘"，政府牢牢掌控了物价，使投机商的打算再次落空。

1950 年 4 月 15 日，陈毅在上海市第三次各界人民代表会议上做报告时，再次将投机商严厉地训斥一顿：

"我们多年生活在上海的人们，历来为通货膨胀所苦恼，为物价波动所苦恼。历来上海市民需用的煤粮要依靠国外的供应才能维持。从事正当工商业的人们，历来为投机获暴利的专家们所左右，许多人或者是被迫抛弃正当事业而加入投机集团，或者是被迫停业破产，这是帝国主义统治下旧上海社会的畸形规律，以前是无法改变的。现在处在新民主主义管理之下的上海，不管尚有各种不利的和困难的条件存在，但时间只有十个月，却打破了旧规律，创造了煤粮和日用品依靠国内能充分供应，物价转入稳定，脱出通货膨胀的苦海，这不是很奇怪吗？这不是出乎一般人的意料吗？请各位回忆去年十月到十一月间物价暴涨，上海波及全国，广大人民为物价波动所苦恼，其所受损失多么严重。当时人们以物价能否稳定来判断人民政府的政策和领导能力，甚至有人绝不相信人民政府有稳定物价的能力。去年十一月末，人民政府用各种努力把物价稳定下来，但有人说：'这还不可靠，我还要看一看！'他们预断农历正月初五日红盘市场一定大波动，到期八卦算不准。他们又预言三月物价非暴涨不可，他们口中念念有词，秣

① 《陈毅元帅丰碑永存》，上海人民出版社 1986 年版，第 419 页。

○ 陈毅在上海市第二届各界人民代表会议上投下庄严一票

马厉兵，准备一个大进出，以便获取暴利，可是事与愿违，八卦又不准。这才开始怀疑自己了，开始相信上海正在起变化。我们并不鄙薄这些人，我们倒是欢迎他们真能获得教训和新的觉悟。为了促进他们觉悟起见，我们必须指出上海物价能够稳定，投机风暴能够抑制，主要原因是由于中央人民政府的政策是正确的，其领导是较坚强的。这并无秘诀，主要依靠征公粮、整理税收、发行公债及财经统一，而不依靠通货发行。"①

团结和扶植上海的民族工商企业，对上海的企业和工商业征税，获取

① 《陈毅元帅丰碑永存》，上海人民出版社 1986 年版，第 426 页。

财政收入，是上海对新中国建设最大的贡献。

上海解放后，顾准奉命接收旧上海财政局。

顾准，1915 年生于上海的一个小商人家庭，12 岁到潘序伦先生创办的上海立信会计师事务所当练习生。随后自学会计学成为专业人士，1934 年完成的会计学著作《银行会计》，成为国内第一本银行会计教材，被各大学采用，并开始在大学任兼职教授。1935 年在北平加入中国共产党。1936 年初回到上海，先后任上海职业界救国会党团书记，江苏省职委宣传部部长、书记，江苏省委副书记。1940 年后到苏北抗日根据地，曾任盐阜区财经处副处长、淮海区财经处副处长。后赴延安中央党校学习。

1946 年 1 月回到华东后，从事财政工作。先后担任淮阴利丰棉业公司总经理，山东省财政厅厅长。上海解放前夕，任接管上海财经工作的青州总队长，从山东到丹阳，积极准备接管上海。1949 年 5 月，随军进入上海，任上海市财政局局长兼税务局局长。他是党内少有的专业型知识分子干部。

华东局对上海的财政接管和税收工作非常重视。上海刚解放，中共中央华东局书记兼第三野战军政委饶漱石单独召见顾准。顾准回忆："上海解放初期那次和饶的单独会见，地点是华东局驻地三井花园，时间大约一小时半左右，主要是谈税收工作。他单独找我谈税收工作的原因，不论当时或现在，我都认为出于他对上海税收工作的特别关心。旁证之一，就是进入上海以后，军管会第一张布告是国民党统治时的税收一律暂照旧章征收。这种关心我认为也是不难理解的。三年解放战争中我军巨大的军费开支，绝大部分依靠银行发行，上海这个城市税收巨大，它在财政平衡中所占地位极端重要，而且，它对生产的恢复以及对资产阶级的关系也十分重要。"[1]

华东局《关于接管江南城市的工作指示》中："对新收复城市的旧有各

---

[1] 《顾准自述》，中国青年出版社 2002 年版，第 163 页。

种税收，原则上应该一律暂时照旧征收。少数苛捐杂税（如防共捐、戡乱税等）应即停止征收外，对一般旧有税收、税率及税则，应待调查研究后再行改革。在我税收干部缺乏条件下，除对个别为人民所痛恨的旧税务人员应加处分外，对一般旧税务人员亦可暂时利用，以便逐渐训练改造或待将来再行调换。"①

顾准一行进入上海就开始了紧张的接收工作。旧上海市财政局长汪维恒，是大革命时代的中共党员。1927年后失掉党的关系，一直在国民党军后勤系统工作，曾任胡宗南军后勤司令，解放战争中为我方做情报工作。解放前夕由台湾赶来上海，通过伪市长陈良的关系任财政局局长，汪是来迎接解放的，钱之光、潘汉年都知道他。他见到顾准，即说明他的身份，顾准转报市委，汪维恒移交财政局后，由上海市人民政府任命他为市直接税局副局长，后又任地政局局长。财政局的地下党员有程子嘉、王伟鼎两人。南下干部派在该局的不多。

旧财政部上海货物税局，原来就是国民党财政机关中最为贪污横行的机构。南下干部派去该局的约在一百人以上。接收初期，曾开除了劣迹昭著的旧人员数十人。1950年3月市直接税局、货物税局和市财政局的地税部门"三局合并"为市人民政府税务局时，各区分局的党员局长、副局长，大部分由接收初期派去的南下干部中选任。②

上海接收工作在8月前后初步就绪，市人民政府和所属各局宣告成立。上海市军管会所属工业、轻工、商业、农林、水产、交通、铁路等领导国营企业的各处，在华东局和上海市分家时，一律改组为华东军政委员会的部或局（华东工业部、华东纺织管理局、华东商业部等）。划归上海市的是财政、公用、工商等单位。这样，税收工作就成了上海市财政工作最突出的重点了。

---

① 中央档案馆、中国人民解放军档案馆编：《城市解放》，中国文史出版社 2017 年版，第 504 页。
② 《顾准自述》，中国青年出版社 2002 年版，第 141 页。

当时最主要的税叫直接税。《上海直接税局组织规程》规定：上海市直接税务局"掌理全市营业税、所得税、印花税、遗产税及其他指定之税目"。营业税中最大宗的是货物税，根据华东财政经济委员会1949年10月公布的货物税清单，税率最高的是烟酒类，为100%。其次是化妆品，30%—45%。饮料为30%。最低的是化工产品、水产品、农林土产，为5%。各行业的营业税，钢铁、造船、化工等制造企业和运输业税率为5‰，米面加工业为10‰，娱乐业、西餐馆、照相、眼镜店为18‰，银楼、古玩业为20‰，银钱业、信托业为30‰，牙行、报关、拍卖、交易所、房产和经销代理税率最高，为40‰。[1]

1949年6至8月间，直接税的征收，顾准采取了"自报实交，轻税重罚"的方针。为期两个月的营业税征收实绩，似乎也颇不少，大家都说这是"人民政府崇高的威信"的结果。于是顾准产生了上海税收不难搞的"轻敌"思想。其实上海税收问题很复杂，此时的工作还完全是按国民党统治时代的秩序，改造尚未开始。

1949年8月，中财委主任陈云到上海召开第一次全国财经会议。会议期间，陈云对1949年内上海税收提出了任务数字。根据七月份的收入实绩，顾准认为完成这一任务是毫不费劲的，因此，他并没有根据6、7月份收入实绩，建议提高上海税收任务。

上海的税究竟应该怎么征收，顾准自称没有认真考虑过。但是中央认为上海的直接税如果让资方"自报"，肯定有很多人不会老实上报自己的营业额和收入，一定要有"民主评议"，即同行和下属工作人员的监督。顾准对此不赞成，他认为营业税采取"自报实交，轻税重罚"的办法可行。6月份，顾准与饶漱石谈话中提出：上海工商税采用"民主评议"方法恐怕不行，饶漱石表示同意，并认可"自报实交，轻税重罚"办法。上海直接

---

① 《上海市人民政府公布上海市营业税稽征暂行办法》，《华东区财政经济法令汇编》之《财政：直接税》，华东区财政经济委员会计划部1949年12月编印，第87页。

税务局按照这一方针，修改了国民党时代的营业税率。因为顾准了解国民党统治时代，逃税愈多，税率愈提高；税率愈高，逃税愈厉害。他的改革是减低旧税率的 30%—50%，经市委批准公布。第一期两个月营业税由各户自报实交，征税实绩比国民党统治时代高出了好几倍，顾准认为这个办法是成功的。其实当时的税务机构没有改造，还是国民党统治时期的烂摊子，店员群众还未发动，逃税漏税还很严重。这一套办法只能作为过渡时期的临时办法，利用它来争取时间，进行税务的根本改造，但是不可以当作长期使用的办法。①

中财委认为：上海的征税方法对资方过于宽松，属于严重错误。1949年 10 月中财委在北京召开第一次全国税务会议。通知各地税务局负责人出席会议。顾准因为上海工作离不开，派了直接税局检查室主任邢一新到会。邢回来传达中央会议精神，顾准才警觉到在税收工作上犯了严重错误。他匆匆忙忙回到直接税局办公，检查该局工作。初步了解之后，发现问题十分严重。例如，上海市地区如此辽阔，纳税户税卡（每期交税通知单凭税卡寄发，每期税款已否交纳登记在税卡上）全集中在市局，当时纳税户税卡不过十一二万户。后来经过普查，纳税户达十八万户。上海解放已经四五个月，还未进行纳税户普查，而且凭一个市局，也无法进行周密的普查。又如，上海解放后的营业税全凭纳税户自行交纳，查过账的寥寥可数，直接税的征收处于放任自流状态。

因此，中央认为上海税收还有很大潜力可挖，税收任务还要加码。于是给上海下达了月税收 3000 亿（万）的高指标。这下顾准压力大了，他说："1949 年上海工商业受战争影响，利润有限，前一时期放任自流的恶果又不是一下能挽救过来的，要用正常方法完成三千亿（万）的任务实在困难，于是在'轻税重罚'的'重罚'上做文章。组织直接税局检查室的工作人员出去查账，查出问题，从严解释税法，从重课处罚金。这种逃税

———————

① 《顾准自述》，中国青年出版社 2002 年版，第 152 页。

处罚和公债征募同时进行，即使确有税法根据，也可以把逃税户弄得破产。于是，上海资产阶级一方面通过工商联、协商会议等大提抗议，一方面也进行非法抵抗，这期间我收到一大堆匿名恐吓信，以致公安局为保护我的安全起见，给我配备了两名警卫员。"

1949 年 11 月 10 日《解放日报》报道了查税的经过：

本市直接税局近日组织大批干部，掌握着各种可靠资料，有计划地展开了检查工作，以打击不法商人，整肃纳税风气。该局在严格执行此项任务时，查获本市金陵东路 300 弄 19 号国华药房有两种以上的进货单据及销货发票，以蓝色的进货传票记入进货账，以红色的销货传票记入销货账，这是属于明账部分。另以黄色进货传票记入国华账户的进货账，以白色销货传票记入国华账户的销货账，此项账户就是为逃税而设置的账户。又经查明：该药房 6—8 三个月原申报营业总收入额 12800 万元，已缴纳税款 150 余万元。但明账部分所记营业总收入额为 38600 余万元，应纳税额为 460 余万元，核计漏报税额 300 余万元，相差在两倍以上。另外虚设逃税的国华账户所列营业总收入额，又达明账部分一倍以上。总计漏报营业总额在七亿余万元，逃漏营业税达千余万元，这是有计划的逃税典型例子。又本市广东路靖远街 71 号公源兴记纸号，亦经该局查获六七八月份漏报营业额达 6000 余万元，逃税 90 余万元，当时该号犹图蒙骗，复从该号银行往来账户中查得证据，方始无法抵赖，以上两件逃税案已移送人民法院依法惩办，按营业税法规定，此类逃税案件，要照漏税额处以三十倍到五十倍的罚款。

30—50 倍的罚款，确实能把商户罚得倾家荡产。顾准也是为了完成任务，不得已而为之。他说："我接受 3 月份的税收任务并不是没有犹豫的。曾经考虑过民主评议。可是民主评议也要经过一个时期的准备工作。1949 年所得税征收办法公布已久，怎能一下子改得过来。用正常方法不能完成这个任务，通过重罚来完成这个任务，我称之为'非常征税'。"①

顾准说："1950年税收任务很重，我们的工作则漏洞百出，全面改组直接税工作，涉及税收机关的彻底改组，涉及普查纳税户等一系列根本性的组织工作，以及怎样在最短时期内完成这一工作。最重要的是，上海有十几万纳税户，其中既有接近垄断资本规模的申新、永安之类的大企业，也有无数贩卖纸烟火柴的夫妻店。怎样把这一庞大复杂的工作合理组织起来，一时实在找不出答案。

"对于以上这些问题，中央财政部的答案简单明确：民主评议。10月税务会议以后，中央财政部随即通过各种途径（其中主要的一项是'登报'）对上海税务工作进行了严厉的批评，批评中着重指出，不用民主评议方法而用'自报实交，轻税重罚'方法是错误的。我还是认为民主评议不足以解决一切问题，从1949年10月至1950年2月，我一方面在原有局面基础上加紧工作，一方面考虑全部工作的组织方案。在这期间内，曾在原有基础上进行纳税户普查，可是事实证明，以一个局来对付广大地区内的十几万纳税户，要做到纳税户没有漏洞是不可能的。"

这时，来上海指导的苏联专家给顾准一个新思路。顾准回忆："当时，以莫斯科市副市长为首的苏联市政工作专家团在上海，其中的财政专家是列宁格勒州的财政厅长阿尔希波夫，我向他请教苏联城市中税收工作的组织方法，他告诉我：他们实行'专户专管'，即一个财政工作人员专管几户，这启发我从专管这条路线来考虑解决问题的方法。结论是全市要组织若干区分局，每一个区分局下按地段建立稽征组（现在改称税务所），稽征组的每一个税务员专管若干个纳税户。上海解放以后，全市本已建立了二十个市区和十个郊区（不包括现属上海市的郊区各县，如青浦、嘉定，所谓郊区，是指吴淞、江湾等区）的区委和区人民政府，在区人民政府下

---

① 《顾准自述》，中国青年出版社2002年版，第157页。

建立区税务局当然是办得通的。" ①

这个思路提醒了顾准，于是他在1950年初开始对上海的税收工作进行全面改革。在成立30个区分局及其所属稽征组的基础上，又进行了下列各项工作：

甲，完成纳税户普查，实行地区性的专户专管。这样，全市无论什么地方新增或减少一户工商业户，税务机关都可随时掌握，定期的纳税户普查就是不必要的了。

乙，划分纳税户的类别。第一类是大工商企业。这些企业，有的虽然只有一个厂或营业所，但资本额和营业额巨大。有的企业，工厂或营业所在一个以上，分设全市的一个区内或若干个区内。这类纳税户，在市局专设一个稽核处集中专管，不归区分局及其所属的稽征组管理。第二类是中等的，或中小型的私营工商企业，账册健全的，要依照税法交税。第三类是夫妻店之类的小工商户，不可能要求他们设置健全账册的，他们交纳的工商税就不分营业税和所得税两类，而是混合两者，规定他们定期交纳定额工商税，称为定期定额户。以上第二第三两类都由区分局所属稽征组专管。

丙，成立稽查队，（一）从海关、铁路、市场搜集报税、货运、成交凭证，分发各分局，用来核对有关工商业户账册。倘有单据而不入账，就是逃税。这样，便于专营人员随时进行查账；（二）征收无固定营业地址的行商税。②

这个改革，使上海的税收工作有了很大的发展。第一是掌握了全局，实现了全覆盖的管理，增加了大量的纳税来源。第二是大企业和小商贩区别对待，税收更加落实。第三是稽征队随时检查，杜绝偷税漏税。这套办法，后来也成为新中国税务管理体制的重要内容。

---

① 《顾准自述》，中国青年出版社2002年版，第154—155页。
② 《顾准自述》，中国青年出版社2002年版，第161页。

但是计划赶不上变化。1950 年初，中央财政非常吃紧。中国大陆基本解放，国家建设百废待兴，急需大量资金。中央财政对上海的期望更高。而 1950 年 2 月 6 日的大轰炸，使上海的电力中断，企业生产停摆，上海又处于崩溃的边缘。而此时上海正在征收公债，公债和税收使资本家和商人承受着双重压力，确实不堪重负。

1950 年 1 月，上海市政府动员大家认购折实公债。荣毅仁积极响应，以"申新"几个棉纺厂的名义当场认购了 60.5 万份折实公债。郭棣活的永安纱厂系统也认购了 35.5 万份，上海棉纺业购买的公债以 212 万份的数量超额完成了任务。然而在交钱的时候发生了意外：上海大轰炸，电厂遭到了毁灭性的破坏，纱厂无法开工，就没有盈利。荣氏父子在交认购公债的钱时囊中羞涩，"申新"资金周转也进入了更艰难的境地。到了春节前，"申新"居然发不出工人的工资。等着厂里发薪水过年的工人不明真相，以为荣家故意克扣工钱，劳资关系十分紧张。一天，"申新"六厂的一群女工把荣家给包围了。荣毅仁正在外面办事没有回来，久等不回的女工饿着肚子，大吵大闹，闯进了荣毅仁家，挤在客厅里，有的坐在地板上，有的要搬荣家的东西，宣称拿不到工资就不离开。

荣毅仁吓得不敢回家，他想起陈毅说的"有什么困难人民政府会帮忙"的话，就跑到了政协副秘书长盛康年的家里。盛康年马上按程序向潘汉年副市长汇报，潘再向陈毅汇报。陈毅觉得这样闹不是解决问题的办法，派干部到荣家去向工人做劝解工作，才平息了一场风波。[①]

1950 年 3 月，为彻底扭转 10 多年来通货膨胀失控局面，中央实行财经统一，物价开始稳定并有大幅度下降。物价一降，人们愈不慌买东西，通货膨胀促成的虚假购买力消失了，产品滞销，企业家蚀本严重。数月前认购的公债倒反升值，增加了缴款的困难。中央又加紧税收，资方负担加重，严重的危机开始威胁上海。

---

① 陈重伊著：《荣氏家族》，团结出版社 2005 年版，第 207—208 页。

3月份上海税额增至 5000 亿（旧币），但实收税款竟达 5800 亿，超出 16%，显然用力太猛。在陈毅召集的华东财委和市政府党组的联席会议上，税务局干部主张"查账重罚"。甚至说："什么政策不政策，把资本家搞光了也没关系，迟早我们还是要把这些企业收过来嘛！"陈毅大怒，严厉地说："强征苛索，挤垮人家，这不叫社会主义，叫做'左'倾幼稚病。过去民族资产阶级和我们党合作抗日、合作反蒋，现在人家不跑掉，合作恢复经济，凭什么挤垮人家？"他愤然道："这叫做过河拆桥，叫做不要朋友，不要人家拥护。政治上很不利，经济也会造成很大破坏，马上会鸡飞狗跳，社会大乱！"他意味深长地指出："有人反右很勇敢，就是不敢反'左'。为什么不可以反对呢？我党历史上立三路线和王明路线的'左'倾，不是使我们党吃过很大的亏吗？我认为：只敢反右不敢反'左'，并不是一个好的共产党员。"①

上海的情况在不断恶化。1950 年 2 月份关厂 53 家，关店 349 家，劳资纠纷 592 起。工人店员发不到工资，无力支付孩子们的学费。经济已百孔千疮，收公债纳税款涉及国家全局利益不得动摇，可是税务局长报告：补税增税的款子收不上来，资本家赖账的、哭穷的、自杀的都有。大企业家刘鸿生来信诉说：公债买了十几万份，现要交款，还要纳税、补税、发工资，存货卖不动，资金没法周转，干脆把全部企业交给国家算了，办不下去了。陈毅问刘需要贷款多少才能维持，答曰：200 亿。陈毅应允加以考虑。但其他成千上万企业的困难怎么办？资本家被索薪的工人包围，就说："我的钱都交税买公债给政府拿去了，你们找政府去要好了。"有的店关门停业，门外写"关店大拍卖，为了交公债"。有的职工拿不到工资就分厂分店，甚至发生了抢糕饼铺、游行请愿的事件。

这时，市委统战部派人去京参加全国统战会议，陈毅特地嘱咐道："资本家交税买公债是完全应当的，财政收入要平衡，这是人民最高利益，决

---

① 《陈毅传》，当代中国出版社 2006 年版，第 265 页。

不能含糊。但是挤牛奶可以把牛挤死，现在是阶级关系紧张，你们去北京开会，就要反映这方面的真实情况。"

陈毅感到有必要亲自向中央报告，反映情况。他报告怎样写，思虑再三。三个月后在中共七届三中全会上，他说明了当时自己的心情：

"最近，就是 2 月轰炸、3 月搞公债税收，这段时间最紧张。这个紧张主要是跟民族资产阶级的关系和民主党派的关系，同时发展到跟工人学生的关系。究竟是共产？还是搞社会主义？还是坚持共同纲领？这是一个很大的政治问题。我们过去收税比较轻，多照顾，进步比较慢，量力而行，究竟是正确的还是不正确？我们发生了动摇。是不是代表资产阶级呢？照一照镜子并不十分像，搞得很恍惚，精神搞得很不安。"

陈毅最终认定："讲真话，天不会塌。" 3 月 12 日，他以个人名义向毛泽东并中共中央发出了第一份反映上海困难情况的报告，数据翔实，预言 "3、4、5 三个月尚有可能更严重的停闭"，并建议 "上海负担 5000 亿元税收任务必须完成，但步骤上应作详细考虑"。具体包括：交公债限期延至 4 月底，税收责成本年完成，不必每月逼催逼交，不得已时政府应负担部分失业救济，对私人资本资金周转和定购方面应考虑必要扶助。

电报发出，上海市委、华东局又连续召开工商界人士座谈会，陈毅与谭震林等一起出席，听资本家 "踊跃诉苦"。他们认为资方提出的要求改进税收方法的意见应适当考虑。3 月 24 日，陈毅将上述情况和意见第二次电告中央。

与此同时，毛泽东也向全党全国发出了调整公私关系的号召："我们不应该搞得那样紧张，应该放手，应该缓进，把局势缓和下来，这样才能团结大多数来对付帝国主义、官僚资本主义和封建反革命分子的进攻。"陈毅的意见终于得到了中共中央的肯定和支持。

4 月 15 日上海市第三次各界人民代表会议开幕，虽然面临 300 多位厂长经理逃去香港、13 万工人失业的严重局面。但陈毅成竹在胸。会前向中共中央、毛泽东报告（第四封电报）说："多年来的毒，到目前已到迸发的时候，其困难和紧张是自然的。我们力争转得好一些，力争痛苦少一些。本你的指示精神去办，可以办得下去的。"在会上，陈毅认真听取各阶层诉说的困难痛苦，然后再给大家摆细账。又讲全国经济大改组中，根除毒疮，必要忍受"一刀之苦"的道理，使人听得进去。他又在小组讨论中让大家发牢骚、吐怨气，然后再做解释说服工作，最后使大家的思想统一到毛泽东的三句话上："有困难，有希望，有办法"。这次会议对扭转消极情绪、缓和上海紧张局势起了很大作用。陈毅在第五封电报里向中央作了汇报，毛泽东阅后批示："此报转发子恢、小平、德怀诸同志，请加注意。"

5月1日，刘少奇在讲话中专门谈到对上海应特别加以照顾，调整公私关系。中财委采取一系列"松动"措施：公债尾欠缓交、工业原料补税缓办，私营纺织业进口原棉予以免税优待。在七大城市工商局长会议上，又决定扩大对私营企业加工订货和产品收购。5月10日，陈毅向中共中央发出第六封电报，汇报3、4月情况和处理经验，同时请求依据实际情况将6月上海征税额从4000亿元减为3000亿元。毛泽东亲笔复电："5月10日报告收到，甚好甚慰。所取方针是正确的。"减税问题"待研究后由陈（云）、薄（一波）答复"。并告陈毅6月中旬召开政协全国委员会，讨论调整工商业问题。这表明毛泽东在决定全国工商业政策时，高度重视陈毅在上海取得的成功经验。这也是对陈毅前后6封电报所包含的求实精神和坦诚作风给予高度评价。至此，严重局面基本渡过，减税得到同意。5月份国家给上海私营纺织厂的订单大大增加，上升到6万匹，给上海的私营企业注入了活力。①

解放初对上海资产阶级的团结改造，表现出以陈毅为代表的共产党人的博大胸怀和斗争艺术。只要是爱国的、愿意为新中国建设作贡献的，共产党都给予支持和帮助，和他们交朋友。但是对资方唯利是图的投机行为，则进行坚决的斗争。这就是当时的统战政策。同时，通过促进生产，增加

---

① 《陈毅传》，当代中国出版社2006年版，第255—256页。

税收，使上海工商业为新中国的经济发展作出应有的贡献，这也是共产党对资产阶级政策的成果体现。

上海防空保卫战的胜利，国民党军从舟山撤退，上海真正实现了安定和平的局面。1950 年度过困难之后，国内市场活跃，抗美援朝又带来大量订货，上海工业品销路大增。1951 年上海资本家盈纯利 6.5 万亿元，是国民党统治 22 年中从未有过的高额利润。这时，他们中的一部分人对自己的历史地位和作用估计过高，对国家的态度起了变化。政治上要同工人阶级平起平坐，经济利润要与国营企业"平分秋色"，并且由于自产自销盈利已大大超过国家加工订货的费用，便千方百计抗拒加工订货。或采取偷工减料、以假冒真的办法，个别资本家甚至于制造假货假药，残害了志愿军战士生命。1951 年 11 月，许涤新去北京参加统战工作会，临行前陈毅要他向总理汇报这些阶级斗争的情况，认为有必要予以还击。周恩来总理表示："陈毅同志对上海阶级斗争的看法是正确的。他对这个大问题抓得很及时。我们必须紧紧抓住毛主席关于民族资产阶级两面性的科学分析，上海资产阶级既然翘了尾巴，那就该狠狠地给予批判，进行斗争。统战工作就是团结和斗争的结合。"一场轰轰烈烈的"五反"运动在全国兴起，上海成为斗争的前线和中心。

第 10 章 | 经济战线的淮海战役

- 恢复上海的运输和物资调拨
- 全国支援上海的粮食供应
- 第一轮米棉价格战
- 上海财经会议确定经济方针
- "三个人的饭五个人吃"
- 发行大额人民币应付通货膨胀
- 收紧银根
- 陈云指挥打击投机商的贸易战
- 发行公债吸引资金
- 调运粮食稳定上海
- 全国财经统一,加强中央财力
- 毛泽东称为"经济战线的淮海战役"

1949 年 6 月初的上海"银元之战"初步打击了金融界的投机势力,让人民币在上海站住了脚。但是市场没稳定多久,新一轮的"米棉之战"又开始了。

　　解放前的上海是个开放型的国际城市,由于海运的优势,上海的粮食和棉花 60% 依赖进口,石油则 100% 依赖进口。上海工业的原料也大部分依赖进口。这个现象是因为上海工商业外资居多,民族工商业相对薄弱形成的。上海解放后,国民党军队虽然撤出,但是他们以舟山群岛为基地,对上海实施封锁。自 6 月 23 日国民党海军在长江口布雷和派军舰封锁,外国轮船无法进入吴淞口,原来繁忙的进出口贸易完全中断,不可避免地对上海的经济和民众生活产生巨大的影响。

　　1948 年到 1949 年 5 月,上海经济的最大特点是物资短缺、通货膨胀导致的投机盛行。国民党货币体系的崩溃,百姓完全不相信纸币,发了钱赶紧去购买物资,只有实物囤在手里才能放心,上海南京路的商店里连裘皮大衣都抢光了。商人也囤积居奇,只要和生活有关的东西,见货就囤,等着物价上涨。经营实业的资本家也无心经营企业,把流动资金也投入抢购囤积商品的风潮之中。这种畸形的市场和消费心态,就是上海解放后共产党面临的现实。

　　陈毅接管上海后,马上面临如何养活上海 500 万人口的严峻局面。国民党卷走了所有银行储备，中央银行、中国银行仅剩余了少量存款。粮食和煤的储量仅够维持半月之用。国民党在逃跑时掠走了大部分轮船，铁路因为战争原因尚未完全恢复。对上海新的物资运输供应体系尚未建立，真是困难堆积如山。

物资短缺造成了上海粮食和棉花价格在6月下旬开始暴涨。上海市政府有过统计，5月30日主要生活必需品价（人民币）：

中等籼米每市石　　　4800元

兵船面粉每袋　　　　1350元

龙头细布每匹　　　　7700元

烟煤每吨　　　　　　20000元

猪肉每市斤　　　　　3207元

当时这些物价较内地为低，原因是上海解放前官僚资本大量抛出物资，换取金钱逃跑及受战事影响成品内销停滞所造成的结果。到6月9日，由于银元对人民币比值暴涨，导致物价迅速上涨：

米每市石 16000元

面粉每袋 3995 元

龙头细布每匹 13500 元

烟煤每吨 49500 元

猪肉每市斤 6000 元 [①]

6 月 11 日打击证券大楼投机商之后，随着银元和黄金硬通货禁止在市场流通，物价随着下跌。但是到 6 月底，物价再次上涨，基本到达 6 月初的水平。

为了平抑物价，保证上海生活必需品的供应，上海市政府向中央求援，从各解放区向上海大量调运物资，恢复铁路和内河航运，成为当务之急。

航运方面，军管会航运处接管单位计有国营招商局、中华拖驳公司、中国运输公司、交通部船舶修理所、台湾航业公司上海分公司、浦东造船厂及上海港务工程局、上海港务整理委员会等，各种轮船共 278 艘，总吨位达 14 万吨。尚有在长江沿线及华北解放区港口 119 艘，约占其总数的 66%。国民党溃逃时，强迫拉走大批船只，并将不能带走的船只破坏沉没。航运处接管第一天，即迅速恢复各线通航，一面接管，一面筹划复航。

浦东修船厂全体工人每天工作到晚 10 时，修理"江陵"号。终于在 6 月 2 日作为第一艘复航轮船驶往汉口。为打捞被国民党军沉没在黄浦江里的船只，航运处邀请上海航业界通力合作，组织打捞修理指导委员会，经过 1 个月的努力，打捞出水的有"闽南""民权""生民"等大小轮船 47 艘，并积极打捞其余船只。

铁路方面，国民党军溃逃时，沪杭线大桥 7 座曾遭破坏。路基、路轨、电信、号志、车场等多处，除公开破坏之外，还留下特务进行暗中破坏。在恢复通车中，铁路员工组织修桥工程队抢修路轨桥梁，组织纠察队维持秩序。在抢修沪杭线二号桥时，在铁道工程团协助下，员工们喊出"通车

---

① 上海市政府：《上海经济上的重要问题概述》，1949 年 9 月，上海市档案馆存件。

○ 1949 年 7 月，上海铁路工人抢修沪杭铁路（上海市档案馆藏）

第一"的口号，奋发努力，昼夜抢修。在铁路员工及铁道工程团努力之下，
本来预定八天的工程，六天半即告完成，上海至松江间交通于是恢复。京
沪线被破坏桥梁修复工程及沪杭线六大桥梁之大规模抢修工程已先后于 6
月上旬开始，7 月底即可全部完工。在此同时，各有关行车之重要设备、
电信亦在员工努力下抢修完毕，现因路基桥梁尚未稳固，每小时行车速度
为 49 公里，较解放初期已有提高，可以避免的意外危险，也大为减少。上
海机务段抢修客货车 598 辆，机车 62 辆，客车增加 25 辆。[①]

　　铁路线修复后，京沪（上海至南京）线全长 312 公里，5 月 27 日（上
海全部解放第一日）即已全线通车。沪杭（上海至杭州）线长 196 公里，8
月 1 日全线通车。沪平（上海到北平）线 7 月 1 日试车，7 月 10 日正式通

---

① 谢丁：《解放后上海的航运和铁道》，《解放日报》1949 年 7 月 11 日。

车。此项直达列车自 1937 年秋天断绝以来已达 12 年次。

铁路、航运恢复后，各地的粮食、棉花、煤炭源源不断运往上海，最先得到缓解的是煤炭供应。上海解放前的 1948 年，全年烟煤需要数量为 1214199 吨，其中：开滦煤 676097 吨，占 55.65%，台湾基隆煤 343081 吨，占 28.24%，华东煤 118811 吨，占 9.78%，外国煤（日本、苏联、美国）进口 54733 吨，占 4.51%，淮南煤最少，为 22077 吨，仅占总数之 1.82%。

解放后煤炭来源发生很大变化，基隆及外国煤总数约 40 万吨不能运到，但是山东贾汪、淄博煤区均可运沪接济。上海燃煤需要量根据过去三年的数字估计，每月燃煤需要大约是 95400—127000 吨。由于大型船舶被国民党军于解放前掳走十分之九，上海工业尚未完全恢复等原因，故实际需煤量数字当较上述估计者为少，大致有 80000—100000 吨烟煤足敷需要。

上海解放后，人民政府规定煤炭供应以公用事业为首，公营企业次之，再次为私营企业，煤商不作分配对象。为调剂煤源起见，政府鼓励有运输能力者直接到产区购运，所以在产区交货燃煤的价格特别便宜。因海运船只大部分被国民党掳去，北煤南运比较困难。但是平沪铁路通车及运用内河航运木驳运输满足了煤炭供应需求。自 1949 年 5 月下旬到 8 月 20 日的 3 个月中，江北各矿（淮南、贾汪、淄博各矿）共运了近 50 万吨煤供应长江各大城市，其中运到上海的就有 24 万吨，已经初步解决了上海的燃料问题。

上海市人民政府的总结乐观地说：

"通过改进运输条件，煤运数量迅速增加，8 月份超过上两月一倍以上，9 月上旬已近 8 月份总数一半。据 9 月 27 日《新闻日报》载：由于临淮关至裕溪口的淮南铁路的完成，在运输上有了保证，使上海 9 月份的存煤已达 10 万吨以上。且不谈华北、东北煤矿生产情形，即以华东区各矿而言，产量丰富，如能多建铁路加强运输能力，供应上海煤斤之需要绝无问题。

"目下各矿约有存煤，即淮南一矿之存煤 20 万吨，已足可敷上海一月之用而有余。据统计各矿之日产量，如淮南、淄博各 4000 吨，华东 2000，

◯ 东北大米运抵上海后，在麦根路（今秣陵路）车站装卸上车，准备运入市区

大汶口 1000，已在万吨以上。除去所在胶济、津浦两路本身及沿线工业需用外，仍有大量煤斤可运出，开滦亦日有万吨运出，自平沪通车后，此项运输问题陆续减少。"①

但是粮食问题没那么容易解决。当时解放战争还在继续，几百万解放军需要大批军粮。长江以北的农村生产水平落后，粮食产量远不如江南，战争之后的恢复重建也刚开始，所以征集粮食绝非易事。解放上海之前，江淮地区就已经征集了大批粮食，供应刚刚解放的上海。《解放日报》记者张凡写过一篇报道，描述了这个过程：

米是怎样运到上海来的

人民解放军来了，大上海解放了！随着解放来的，是巨量的都会人民

---

① 上海市政府：《上海经济上的重要问题概述》，1949 年 9 月，上海市档案馆存件。

生活必需的物资。上海，这全国第一的，雄视远东的大都会，在反动国民党政权统治下，六百万人民吃的米，许多都是要靠帝国主义的喂养。如今，当解放的信号一响，从农村的四乡八镇、小县大城、从河流、公路、铁路，人民已经把粮食送上了船，送上了车，沿着通到大上海所有的脉管源源而来了。

早在济南战役以后，解放江南城市的战略物资部署，已有了第一步的准备；淮海战役以后，则已完成了具体的部署。这时已经调查了江南城市，特别是大上海的粮食需要量。研究了敌人可能摧残的情况。第一批计划运沪的粮食，就有一亿四千四百万斤，第二批也正在积极准备中，保证将经常维持上海有一亿到两亿斤的食粮。

米是怎样来的？通过党和人民政府的号召，所有的劳动力和所有的工具都动员起来了，一升一斗，千石万石，集中到交通线上。坏的小米自己吃，好的大米送出来，随着解放大军的前进，源源向上海进发。

从谷子碾成大米。在农村里，磨子、碾子、舂子都动员起来。有时工具不够，则用歇人不换班的办法，人可休息，工具不能休息。城市里的碾米机也全部动员起来。米碾好了，所有的麻袋和布袋也都装满了，裤子也是很好的米袋，用带子将两个裤脚管扎起，便可以安稳的放到肩上去。于是扛的扛、挑的挑，还有驱着驴子，赶着牛车、马车，推着独轮车，从乡村到交通线的囤粮点，经常可以着到绵延几百里的，从四面八方来的人民的行列。为着大量的运输，还要动员人民抢修铁路。从兖州到徐州，连铁路的路基都不见了，几百万的人民，锤石的锤石，掘出埋在地下经年的铁轨，铁路工人也拿出收藏的工具和器材。于是石头呀，枕木呀，铁轨呀，沿线摆好，修复铁路，让人民解放军过去，让粮食随着大军过去。过江以后，从无数乡村汇集的粮食，都已经摆在胶济、津浦、陇海沿线，淮河、长江两岸，等着上海的解放。

当解放大军迫近上海的时候，西起安庆东至南通，长江中残留的和给国民党匪军炸坏的轮船，仍有一万四千多吨，为装运粮食，人民政府对这些轮船没钱的给钱，没人的找人，没煤的给煤。进攻上海时，绝大部分已经修好，粮装好，在收到上海解放电报以后一小时，立即向上海出发。到如今，蚌埠、芜湖、宣城、贵池、南京、镇江、扬州、靖江、南通、无锡和苏州都已分别成立了人民政府的粮食储运处和储运总站，脉络贯通的粮食储运网都已建立了。解放以后第一辆从南京到上海来的火车，便是满载的粮米。

米来了，带着广大农民的热情和企望来了。上海，你该怎样鼓舞起生产的热忱，去迎接从千万只乡村伸来的手。①

应该指出，这是解放区战争动员的方式，只能是临时的，不可能常态化。而且大米的供应远远满足不了上海的需求。在上海的求援下，北方的小麦也被征集起来，运往上海。上海有加工面粉的工厂，此时因为外国进口小麦来源断绝，处于停工状态。把这些企业盘活，既能解决上海的粮食供应，也能让企业复工产生效益。7月，上海八大面粉工厂开工，日产面粉5万袋。《解放日报》的报道说：

上海的面粉业是仅次于纺织业的私营工业，此次解放上海，尚有机器面粉厂28家保持完整，拥有磨子431部，过去每日最高产量为十一万五千袋（每袋44市斤），用麦七万五千担。其中规模较大的有阜丰、福新等八家，产量占全市96%以上。尤其是阜丰厂拥有最新式的磨子65部，生产量能日出面粉2300多袋，为远东有数的大厂。上海面粉业在解放前，饱受了帝国主义和国民党反动派的压迫和榨取。去年蒋经国所谓"限价"时期"兵船"牌面粉每袋限价为金圆券7元7角8分，而当时成本就要9元，卖出一袋就要亏本1元2角2分。单是福新公司就被迫卖出了十数万袋。面粉工厂在这样重重压迫下丧尽了元气。

解放后，人民政府为了扶持面粉工业，由华东粮食局从山东及各地陆

---

① 《解放日报》1949年6月15日。

续运来大批优良小麦交与各大厂代磨公粮，且于本月十六日正式与各厂签订合约，这不但解决了各厂严重的原料问题，而且在公私兼顾的原则下，适当地帮助了各厂的销路和资金周转问题。

代磨的麦子先给各厂，磨好了的粉可向市上卖，然后把售款所得收购麦子再磨。这样无形中给与各厂资金周转的机会，等于给予实物贷款。以前麸皮是多销于外洋的，现在粮食局还可帮助收购一部分，使它变成活的资金。一位面粉厂经理说："人民政府确实是人民的政府，我们从来没有见过这样好的政府呀！"

上海的八大面粉厂就在人民政府大力扶持下，于7月1日起均已先后复工。现在每天可出粉近五万袋。目前各地小麦收割业已完成，各厂资本家在人民政府正确的工商政策领导下，纷纷向苏北淮阴、高邮、皖北蚌埠及苏南无锡、常州等地收购。日来苏州河上麦船源源涌到。说明面粉业前途的光明。①

解放区的粮食调进上海后，又成为投机商人的抢购对象。在银元投机遭受打击之后，投机商又盯上了粮食和棉花。1949年6月底，上海出现了投机资金大量进入市场，抢购哄抬物价的风潮。据1949年6月26日《解放日报》报道：

投机奸商窜扰市场以后，昨天的物价仍被哄高，北市场的米价忽然高过南市，此说明奸商在呼应捣乱。面粉市场中，奸商将粮食公司抛出的面粉把持不放，企图囤积居奇，造成粉价趋涨，纱布市场亦然。昨天的米市，实际上要买进的人已经没有前天那么多，可是奸商们却仍不肯放手，还在竭力扳高，结果又被他们抬高半成至一成。面粉仍在上涨，粮食公司虽然抛出很多，但一般奸商仍借口各物都涨而扳持不放。

---

① 《解放日报》1949年7月23日。

燃料中的烟煤和白煤的市价，同样因为投机游资的侵入，故普遍上涨三千元到一万元。煤的交易多数是"皮球生意"，以致影响价格。纱布市场，纱又涨一成左右，布升半成多。但实际成交数量反比前天减少，因为有上海市贸易总公司决定下周一到市场大量抛售纱布，所以一般厂商暂抱观望，一般投机分子仍抱囤积居奇心理，扳抬货价。

为了回击投机行为，上海市政府决定抛售物资，稳定市场，掀开了第一轮贸易战。《解放日报》1949年6月28日报道：

昨日上海市贸易总公司筹备处为了照顾人民生活，又要照顾正当厂商的利益，派代表进入纱布两市场，参酌市价，机动的直接与正当厂商自由买卖。就是在场内需要多时，随时按照市价卖出，反之买进，务使正当厂商供需适调，但在自由买卖过程中，凡投机商人不得渗入其间，故市贸易总公司在成交单上写明："买方保证此项交易，确系正当需要，决无投机囤积行为。"市贸总昨在纱布两市场各派代表二人与商人进行交易，成交数量不多，市价较上周六稍低，今日起买卖可趋正常。

上海市粮食公司筹备处为供应市场需要，打击投机奸商，昨日继续抛售面粉，以4350元及4500元抛出"老车"2950包，以4150元抛出"醒狮"2350包，以4300元抛出"建成"3000包，以4350元抛出"红蜂"5000包，共计抛出13000包，收进人民券5836万元。又昨日配米价格略予提高100元，甲种米为12000元，乙种米11000元，碎米原价不动。

中国植物油料厂上海办事处，昨日在油市场按市价抛售食油44000斤，内分生菜油及麻油两种，价格前者为36500元，抛出250石；后者为43500元，抛出190石，收进人民券甚多。

上海解放后两个月，形势没有达到中央的期望。中央原来以为上海是中国最大的工业和商业城市，应该能为新中国经济作出贡献。现在上海不但活不起来，反而需要各解放区向上海输血。当时解放战争还在进行，军费负担甚重。新解放的城市，旧人员要全部养起来，共产党还没有建立起新的经济体制，也没有外来的援助，全靠发行钞票来解决。在克服财政经济困难、稳定金融和物价方面，上海的困难尤其突出。不解决上海的问题，国内的经济形势就不会好转。为此，邓小平在离开上海之前，向中央反映上海情况说："煤粮两荒，接收旧人员十五万，工厂原料缺，运输贵，开厂难，学校多，税收少，开支大，被迫大发行（钞票）。农村全部以物易物，或光洋市场。"为此，邓小平提出"厂校人员疏散，向各解放区求援"。

这时，中央决定由陈云担任中央财经委员会主任，重点解决上海的问题。7 月 22 日，陈云抵达上海主持各大区财经领导干部会议，住在百老汇大厦（今上海大厦）。调查上海经济情况，研究解决全国财经问题。

经过几天的调查研究和与上海党政领导交换意见后，1949 年 7 月 27 日由中财委召集的华东、华北、华中、东北、西北五大区财经领导干部会议在上海开幕（即上海财经会议）。陈云主持了这次会议，并作重要讲话和总结。会议分为综合、财政、金融、贸易四个小组，详细研究了在全国范围内克服当年财经困难、力争财经状况好转的问题，提出全国支援上海、上海支援全国，以及保证上海物资供应的办法：

（一）精简节约。由于精简人员困难较大，所以不用裁员而用减薪的办法，"三个人的饭五个人匀着吃"。

（二）在新解放的乡村抓紧征粮，新解放的城市抓紧收税。

（三）发行公债。会议原定发行二千四百亿元，后因民族资产阶级人士有异议，中央决定推迟。

（四）中财委从全国各地调集物资，首先保证上海需用的粮食、棉花、煤炭，稳住上海，恢复生产。

在这次会议上，还就急待统一的几个问题作了规定：第一，统一规定各地的秋粮征购任务、1949年8月至12月的货币发行量和各区域间的物资调拨计划。第二，统一税率。第三，建立由中财委领导的统一的发行库。第四，建立全国性的花纱布公司、中纺公司、土产公司，集中掌握重要物资。这是中华人民共和国成立前夕一次重要的财经会议。①

会上，陈云就上海的生产和供应问题发表了自己的意见：

关于工厂搬迁和纱厂生产问题，陈云说："上海纱厂搬不搬，这个问题应该决定下来。如果工厂搬家，那里需要有厂房、动力以及辅助工业等。搬了，这里工人失了业，那里半年也开不了工。因此，我们决定不搬了，要全力维持生产。现在维持生产虽有困难，但尚有维持的条件。可以设想，把现有纱锭数打八五折（这是正常状况），然后再打个八折，即每周开工五天五夜。究竟能维持到什么程度，今天还不能定，要等棉花下来后再说。假使纱布卖不出去怎么办？准备两手：第一，赔本出售，有意识地组织出口，目的是为了换回东西；第二，假使美帝国主义封锁，不能出口，就多发些票子把纱布囤积起来。这两条路走不通，才考虑停工问题。当然，还可以看看有无别的出路。现在心要定下来，就按这个方针布置工作。"②

关于上海的粮食和棉花供应问题，陈云说："现在上海的问题，是有无大米、棉花，而其关键是有无运力，把大米和棉花运进来。今年秋天要在南京、杭州间集中六亿至八亿斤大米，以备上海所需。对大米供应问题不要悲观。据去年年底统计，上海共有五百零五万人，到今年五月底达到五百五十万人。这是把周围的农村人口包括在内的。如果只算市区，是四百四十万人，扣除解放后还乡的四十万人，现在实有不过四百万人。以每月每人平均供应二十二斤米计，则每天有三百万斤就够用了，这与现在可以供应的数量是相符合的。另外，我们还要看到，'应变米'的数字是不小的。有了粮食，控制上海物价就有了相当的把握了。上海过去靠'踢皮

① 《陈云年谱》上卷，中央文献出版社2000年版，第570—571页。
② 《陈云文选》第二卷，人民出版社1995年版，第12页。

球'、'抢帽子'的投机者有二三十万人，他们搞投机，是官商勾结，狼狈为奸，坏事正是出在政府手里。现在我们不徇情受贿，发现了还要严办，投机者不能为所欲为了。我们掌握着粮食，一定会管得好的。华北、华东、华中都要保证棉花收购计划的完成。运输是全国经济的杠杆。我们要重视水路运输，支援铁路运输的恢复和发展。津浦线的修复，主要是靠山东的力量。修通平汉线，十分重要，要不惜人力财力保证完成。"①

陈云对经济形势的分析，把上海和全国作为一个整体，算大账，搞统筹规划，显示了他驾驭经济的杰出才能。他所指的"踢皮球""抢帽子"的投机者，就是社会上的游资，其来源多数是私营的钱庄和地下拆借。这是相当大的资本，在市场上兴风作浪。要打击投机行为，首先要釜底抽薪，切断资料来源。继"银元之战"后，1949 年 8 月 21 日，华东军区公布《华东区管理私营银钱业暂行办法》。该办法授权华东财政经济委员会为华东区管理私营银钱业主管机关，并指定各地中国人民银行为各地银钱业之管理检查机关，协助各级政府管理银钱业。

《办法》规定：私营银钱业可以经营存款、放款、票据贴现、内汇、押汇、票据承兑、工矿交通公用文化事业之投资，代理收付款项等，但不得经营为公私商号或其他银钱业之股东，收买或承押本行庄之股票，购买非营业所必需之不动产，兼营商业囤积货物或代客买卖，设立暗账或作不确实之记载，签发本票，收受军政机关及公营企业之存款，金银外国货币之买卖或抵押，以及其他未经批准之业务。银钱业之资金运用，限于有利于国计民生的生产事业及城乡人民必需品之运销事业，不得因企图获得高利而以资金运用于投机操纵事业。信用放款数额不得超过存款总额之半，存入及拆给其他行庄之款不得超过其所收存款总额百分之二十，但存入公营银行者不在此限。

此外，对于私营银钱业之登记、停业、改组或增减资本、债务、营业

---

① 《陈云文选》第二卷，人民出版社 1995 年版，第 17 页。

报告、违法处分等都有规定。

《解放日报》同日发表社论《私营银钱业的改造》，更明确地说明了政府这项措施的意义：

谁都知道，近二三十年来，中国特别是沿海诸大城市的私营银钱业，曾经有过发展与繁荣时期，但这种发展与繁荣不是建筑在独立自主的经济基础上，而是建筑在帝国主义、买办、官僚资本主义的经济基础上。因之，这一种发展与繁荣，是符合帝国主义官僚资本利益的，是与中国人民的利益相违背的。

在帝国主义官僚资本控制经济命脉的情况下，银钱业不可能担负调剂社会资金、扶助生产事业的任务，恰恰相反，正是束缚、阻碍甚至破坏生产的发展。新民主主义的金融政策，决不允许保留这些阻碍与破坏生产发展的银钱业；新民主主义的金融政策，是要求私营银钱业，在人民政府的领导下去为发展生产服务。其资金运用应限于有利国计民生的生产事业及城乡人民必需品之运销事业，而绝对禁止任何投机或违反人民利益的行为，禁止"因企图获得高利而以资金运用于投机操纵事业"。这就是私营银钱业在新民主主义社会中的方向。这也正是《华东区管理私营银钱业暂行办法》的基本精神。

为了贯彻以上的基本精神，管理办法中对于非法金融机构（地下钱庄）与非法金融业务，同时予以严格取缔。这些非法的金融活动不但阻碍窒息正当银钱业的业务开展；并且由于它的高利与投机，更严重的破坏市场稳定及工商业发展。这一管理办法颁布以后，对于华东区各大城市，特别像上海这样私营银钱业的过分集中的地方，一定会发生一种"紧缩"现象；这对于金融市场，对于生产发展，没有坏处；相反的，把这部分"紧缩"出来的人力资力，转向到生产事业方面去；转向到内地中小城市及农村方面去发展生产；那么，这种"紧缩"，就对整个华东区的经济发展有好处。

上海财经会议结束后，陈云公开露面，8月20日邀请上海企业家开会，座谈克服困难、发展内地交通、打破封锁、恢复生产等问题。盛丕华、胡厥文、刘靖基、荣毅仁等百余人出席。陈云、饶漱石、陈毅、曾山、潘汉年等与会。陈云讲话首先对目前政府与人民中间的各种困难作了明确、扼要的分析，随即指出这种困难是暂时的，是可以克服的。随又简要地对上海目前所存在的工业生产、粮食、棉花的供应、交通运销与工业资金及安顿旧公务员等具体困难，提出了解决的方法与共同努力的方向。说到上海的将来，陈云指出：依靠帝国主义投机取巧的时代已经过去了，希望人民与政府共同努力，维持主要产业、主要部分的生产，渡过目前的困难。同时对于新上海的远景，陈云有力而明确地指出：拥有四万万五千万人口、统一的独立的新中国在不远的将来就要出现了！在统一的人民政府领导下，公私企业都可以得到充分发展的条件，那时上海的生产品可远销全国各地，前途是很有希望的。①

　　针对上海私营企业劳资纠纷增多，工人们要求"革命"和打倒资本家的倾向，8月25日，陈云在上海市总工会筹备委员会扩大会议上讲话，指出：解放后，上海工人阶级从被压迫阶级一变而为领导阶级。国营企业中已经没有了剥削，工人已经是主人；私营企业中的工人，一方面仍受资本家剥削，另一方面又是新中国领导阶级的一分子。私营资本是中国新民主主义经济的不可缺少的部分。在私营工厂中的工人有权利要求实行劳资两利，要求资本家尊重工人的民主权利，遵守人民政府的法令；但也有义务完成生产计划，遵守劳资双方订立的契约，遵守政府保护私营企业的法令。

　　回到北京，陈云向毛泽东汇报了上海的情况和财经会议的情况，毛泽东表示赞成陈云的措施。9月3日，毛泽东致电饶漱石，指出："陈云同志已回，九月二日在中央会议上作了报告。中央同意此次上海会议决定的总

---

① 《解放日报》1949年8月21日。

方针及许多具体办法。我们必须维持上海，统筹全局。不轻议迁移，不轻议裁员。着重整理税收，以增加收入。三个人的饭五个人匀吃。多余人员，设法安插到需要人的岗位上去。""就全局来说，全国养九百万至一千万人是完全有办法的。各级领导人多和党外各界人士接触，如像陈云此次找各界代表人物谈话，你找三个旧职员谈话那样，探听各界气候，将具体问题向他们请教及交换意见，而不是泛泛的交际性的接触。"① 毛泽东制止了华东局要求搬迁工厂和大量裁减旧公教人员的做法，对上海的局面起到了稳定作用。

为了落实毛泽东的指示和上海财经会议精神，9月9日，主管经济工作的曾山副市长邀工商界座谈，就商运、联购棉花、稳定物价作详细解释；并宣布发行五百及一千元新钞。关于稳定物价，他说：

"市民中特别是薪水阶级，以至工厂和商号都感觉到解放军初入城，物价不稳定，影响生活不好过，工厂生产困难，商店也不敢卖货，怕卖出买不进，影响生意不好做等等反映。其中主要的，就是要求稳定金融，调剂市场供求，以保持物价稳定。此项工作，华东财经机关是用了充分物资力量应付需要，使人民币不仅有国家赋税担保，更有实际的大批人民必需品，粮、煤、油、盐与纱布作基础。近一个月中，上海物价相当稳定，可以作证明。但我们今天还处在战争尚未结束、生产与运输尚待恢复的情形下，不可能做到市场物价永不波动，某种微微上涨还是存在的，至于猛涨不已的情况，我们将尽一切可能使之减少，甚至不再发生。我们是用政治的、特别是经济的方法来争取做到物价相对稳定，以便工商业能获得社会上的平均利润，充实再生产与扩大经营力量；同时使劳动者所得到的工资，也能购得应享受的实物保证。"

关于发行五百元、一千元人民票问题，曾山向大家通报：

"我们得到中财部指示，在九月十一号以后要开始发行五百元、一千元

---

① 《陈云年谱》上卷，中央文献出版社2000年版，第577页。

的人民票，并且要我们作充分的物资准备，应付市场需要，以保证不因发行五百元、一千元人民票而影响市场。

"发行新钞原因有五：军事胜利，市场扩大；秋收登场，需要通货；建设事业，需款支付；维持旧人员，需财政发行；减少交易点算困难。

"第一，此次发行五百元、一千元人民币，主要是军事胜利，地区迅速扩展，解放区人口很快就要达到四万万，以至超过此数。由于地区与人口的扩大，因此市场也扩大。所以市场所需通货，必须要随之增加。

"第二，秋收登场，各种农产品，比如稻米、秋茧、棉花、烟叶等都要上市，必须要有大批通货去应付，比如我们最近成立的棉花联购就是实例，需要采棉款在二百亿到五百亿才能勉强敷用，否则，难以完成采棉任务。

"第三，恢复许多交通铁路、公路、航运、工厂，以及帮助私营押汇等，需要大批通货。因为这些事业不迅速恢复，不仅许多公营事业遇到困难，特别是私营工商业者要发生更多的困难。所以人民政府不能不除从各方面节省外，还必须有部分发行货币，来恢复这些事业，比如我们抢修淮南铁路用去现款与粮食为数不少。

"第四，新解放区，特别是京、沪、杭地区所接管了旧有的公教与机关职员在卅万左右。我们要坚决遵照毛主席指示，不准随意抛开，必须尽量录用，就是不能留职者，只要他不是坏分子，而本人确难以找到职业，就必须设法安置。人民政府万分困难，也得实行三人吃的饭分作五人吃的办法，来保证旧人员的学习和生活。所以，我们不随便裁走旧人员，至于有个别部门，没有执行得好，发生有个别旧职教人员裁得不妥当，我们已责成该单位找回，或另设法安置。因此，必须大批财政开支。加之今天还是处在战争环境，解放军扩大，人民政府公教人员增加，税收一时还难增加到应负开支的程度，必不可免的要有部分财政发行。

"第五，当初发行人民币时，物价比较低，因此发行小额人民币对市场交易与随带还比较方便，因过去两月物价比较高了一些，小额人民币的使用发生种种困难。如计算票子花费时间，影响贸易；更有无聊之徒，用假票冒充人民币，使本市工商各界受害。以上种种说明，必需要发行五百元、一千元票面的人民币。只有这样，才能使新旧解放区市场有足够的通货，以应付秋收后的收购，并便利城乡的物资交流。因此，决不应该以对国民党反动派发行'金圆券'榨取人民血汗的那种认识，来了解人民币。同时，我们也不能不照顾到发行此种票面比较大的人民币而发生市场波动，造成物价上涨，使市民错觉政府今天发行五百元、一千元人民币，也好似'金圆券'，而赶快抛出人民币，囤积货物。因此，我们不能不来预先防止，我们是有相当的物资准备来调剂市场需要的。"[1]

曾山用大量的语言解释来说明中央财政发行大额人民币的原因，其实这是权宜之计。因为解放战争仍在继续，当时江南、西南地区大量城市新解放，接收旧人员，调拨物资供应群众生活，都找中央要钱，造成财政赤字扩大。中央没有别的办法，只能扩大纸币发行量来填补空缺，这就是通货膨胀。

原中财委干部杨仲文回忆："从1949年6月银元之战结束后看情况并不妙。财政赤字仍然在扩大，而包括收购大量物资（主要是收购棉花在内的开支），在没有税收来源的情况下，继续增发货币是唯一出路。据估计，从1948年底到1949年8月底，关内货币发行额已经从185亿元增加到4851亿元，增加了25倍，在这一时期物价已上涨了15倍。中财委当时算了笔账：估计8至12月的财政赤字为6700亿元，收购棉花等物资约需4000亿元，合计共需1万亿元。除8月份已发行的2000亿元外，还得发18000亿元，即在4个月内发行数额尚须增加两倍。在这样的情况下，要想停止物价上涨是不可能的。"

"还有一个让新政权棘手的地方是，在中财委在上海召开第一次全国财经会议之前，人民币的发行是由各大区中央局掌握的。中原票、北海票都在流通。每个大区客观上都有多发钞票的冲动。但各大区发出去的票子自

---

[1] 《解放日报》1949年9月10日。

己会走路，常常是由新区发行出去又走回老区，冲击老区的物价。上海解放后，中央调度能力的重要性已经越来越充分地体现出来。"①

7月底人民币发行额 2800 亿元，9 月底为 8100 亿元，10 月底为 11000 亿元。各地投机商人借着市场供应紧张的机会，囤积居奇，兴风作浪，新一轮全国性的物价上涨在所难免。

为了配合曾山的讲话，上海的报纸不断宣传各地物资支援上海，物价币值均稳定的消息。但是，该来的风潮还是会来。1949 年秋季，华北地区的自然灾害导致粮食歉收，引起了京津地区粮价的上涨，很快波及上海，蔓延全国。陈云心里明白，最主要的原因还是通货膨胀，国家手里的粮食和物资储备不足，人心动荡引起的。

共产党现在要做的是放手回收货币，紧缩银根。冀朝鼎回忆："我们还要求资本家给工人按时发工资，以避免他停产把资金转移到投机上去。国务院紧急通过了《现金管理办法》，规定国家机关、团体、企业只准留 3 天的现金开支，其他的钱都必须存入人民银行，公家之间不许用现金付款，只准用转账支付，而且不允许存入私人银行和钱庄，不允许资金越过银行实行体外循环。到 1949 年底，我们已经吸收了 8000 亿元存款，基本把社会游资吸干了。钞票从银行出去，当月就能回银行，货币回笼速度大大加快，每年的周转能达到十二三次，从而大大地减少了货币发行数和市场货币流通量。"

紧缩银根的过程，伴随着又一轮投机高潮的展开。投机商大量囤积居奇。自 10 月 15 日起，在不到一个月时内，上海的棉纱价格上涨了 3.8 倍，棉布上涨了 3.5 倍，由此带动了其他物价和上海以外地区物价跟着上涨。但是，此轮物价上涨的威胁性已经大大降低，中央经过半年左右的布局，对货币和物资已处于高度控盘状态。因为流动性已经在暗中被大大抽紧，投机者的反扑实际上能力有限，脆弱不堪。杨仲文说："这段时间，中

---

① 《上海 1949：比战争更宏大的较量》，《三联生活周刊》2009 年第 18 期。

央同时在华北和上海等地频繁调配物资，上海准备棉布 110 万匹，棉纱 2.8 万件。剩下的就是什么时候'收网'了。后来被称为'米棉之战'的行动，事实上都在中央的运筹帷幄之中，已经不再具有对抗意味，而充满了对投机者的惩戒色彩。"①

11 月 1 日，陈云在北京中财委主持会议，讨论如何收缩通货、控制物价、抛售物资和加强市场管理问题。11 月 13 日，陈云向各地发出了《制止物价猛涨》的指示。

关于经济形势，陈云说："自十月十五日以来，沪津先导，华中、西北跟进，全国币值大跌，物价猛涨。到今天止，以七月底为基期，物价平均指数：京津已涨达一点八倍，上海涨达一倍半，华中、西北亦与此相近。此次物价上涨，除部分地区有特殊原因（如上海棉花贵、棉纱销售快，华北灾区及棉产区粮贵等）外，根本原因则在纸币发行的大量增加。七月底为二千八百亿元，九月底为八千一百亿元，十月底为一万一千亿元，到今天止为一万六千亿元，发行增加近五倍，致使币值大跌，物价猛涨。"

形势能否稳得住？陈云算了账："自七月底以后，由于我地区扩大，钞票下乡，农产旺季，工商恢复等等因素，货币流通量是扩大了。七月底发行总数二千八百亿元，按当时的价格折算，等于布一千万匹或粮食二十亿斤。目前发行总数一万六千亿元，按现价折算，等于布二千万匹或粮食四十亿斤。七月底与目前的货币流通速度大体相同，都是很快的。估计我货币所占领地区已扩大了一倍。依此推算，全国平均物价比七月底上涨近两倍，按这一物价水平，则关内货币的全部需要量为一万六千亿元。因此，目前稳住物价已有可能，半月前希望把物价稳定在九月底的水平则是不可能的。"

但是，陈云清醒地估计到政府的弱点："因为十月初至今天止，共发行将近八千亿元，我们手内绝无回笼或抵销此巨大数量货币的物资。不估计

① 《上海 1949：比战争更宏大的较量》，《三联生活周刊》2009 年第 18 期。

到这一情况，想以少量物资稳住物价，必然消耗了实力，物价仍不能稳住。在目前物价已经涨了两倍的情况下，稳住的可能已经存在，各地均应以全力稳住。"

为此，陈云下达 12 条指令，按类分别为：

稳定物价的目标：

（一）以沪津两地七月底物价平均指数为标准，力求只涨二倍或二点二倍。

调运粮食和物资：

（二）东北自十一月十五日至三十日，须每日运粮一千万至一千二百万斤入关，以应付京津需要。东北及京津贸易公司须全力保证装卸车，铁道部则应保证空车回拨。

（三）为保证汉口及湘粤纱布供应，派钱之光先到上海，后去汉口，适当调整两地纱布存量，以便行动。同时催促华中棉花东运。

（四）由西北财委派员将陇海路沿线积存之纱布，尽速运到西安。

（五）财政部须自十一月十六日至三十日于德石路北及平原省，拨交贸易部二亿一千万斤公粮，以应付棉产区粮食销售。

紧缩银根：

（六）人民银行总行及各主要分行自电到日起，除中财委及各大区财委认为特殊需要而批准者外，其他贷款，一律暂停。在此期内，应按约收回贷款。何时解禁，听候命令。

（七）各大城市应将几种能起收缩银根作用之税收，于十一月二十五日左右开征。

（八）工矿投资及收购资金，除中财委认可者外，由各大区财委负责，自此电到达日起一律暂停支付。

（九）中财委及各大区财委对各地军费（除去仓库建筑等）应全部拨付，不得扣压。但请当地党政军当局叮嘱部队后勤负责同志，不得投入商业活动。

（十）地方经费中，凡属可以迟发半月或二十天者，均应延缓半月或二十天。

对投机商人进行贸易战：

（十一）目前各地贸易公司，除必须应付门售者外，暂时不宜将主要物资大量抛售，应从各方调集主要物资于主要地点，并力争于十一月二十五日（至迟三十日）完成；预定十一月底十二月初于全国各主要城市一齐抛售。为了解各地准备情况及避免抛售中此起彼落，各地需将准备情况报告中财委，以便大体上统一行动日期。

（十二）对于投机商人，应在此次行动中给以适当教训。为此：（甲）目前抢购风盛时，我应乘机将冷货呆货抛给投机商，但不要给其主要物资。（乙）等到收缩银根、物价平稳，商人吐出主要物资时，我应乘机买进。①

陈云起草电报后，立即送政务院总理周恩来。周批示："如主席未睡请即送阅。如睡，望先发。发后送阅。"毛泽东还没睡，立即批示："即刻发，发后再送刘（少奇）、朱（德）。"可见此事的十万火急、刻不容缓。②

在陈云亲自指挥下，一场稳定物价、打击投机的贸易战展开了。陈云坐镇中财委，命令各地每天报告市场行情、黄金和外汇价格、财经动态，

---

① 《陈云文选》第二卷，人民出版社 1995 年版，第 29—31 页。
② 《陈云传》，中央文献出版社 2015 年版，第 650 页。

指挥贸易、银行、财政三方协同作战。第一要知己知彼，掌握国营商店、供销社里有多少物资，再估算出私商有多少囤积物品。把握好时机突然大量抛售国家掌握的物资，在市场上每天降价。商人都是买涨不买落，物价上涨他吃进，囤积等着赚钱；物价越低越不敢买，怕赔本。政府官价一直降，他就得赶快脱手，货压在手里不仅赔本，还要赔银行利息。第二就是用银行紧缩银根，压缩贷款。商人从银行得不到贷款，只能用自己的本金。个人手里能有多少流动资金，投机的能量肯定是有限的。

11月16日，陈云、薄一波给各地财委发出指示电：

京十二日、津十三日市场极乱，个别粮商叫价高出七月底指数四五倍者，但昨、今均恢复正常，粮、布均将向顶期之两倍指数回缩。估计各地物价在此次涨风之最后一二天均可发生超过两倍的一时现象，但这是不正常的，可能由于这些物资在供求上的特殊原因。以后各地物价报告，特别在猛涨时期，均需报告两种价格，即我之抛售价（官价）和市场价（黑价），并估计在成交额中两者之比例。此点津、沪两地必须这样做，以便帮助各地及华中、华南，将来西南在掌握当时价格上有把握。

各地在计算物价平均指数时，必须估计当地若干种物资有余或不足，估计到沪、津等地者若干种物资的涨落，对于本地同一物价影响的有无与大小。例如沪纱布对汉口有绝对影响，但沪大米对汉口大米则影响少，以便各自规定既适于全国又适于当地的价格。

估计沪、汉也可能出现如十二，十三两日京、津市场一度极乱的情况，可能不及京津之乱。如出现市场太乱情况，那时只要我们确已紧缩发行和物价，则不必恐慌，那时粮、油、盐等照正常门市售量的售出是需要，但过多的抛售则不必要。

两日来，京、津我贸易公司已卖不掉粮，粮价在回跌中，只要沪、汉两地也出现这种情况时，此次涨风即告段落。估计各地紧缩通货之后，沪、汉纱布涨之后，不到十一月廿五日全国稳住的可能也是存在的，但为稳当起见，各地仍照十一月十三日电，全力准备物资，勿稍松弛。①

这是中共用举国之力和投机商人进行的一场贸易战。陈云首先掌控着各大城市的物价动态，特别是官价和黑市价格的差距，然后各地贸易公司按照陈云的指示秘密准备物资，当平津粮食、棉布市场饱和，物价稳定后，上海的投机涨风也就持续不长了。陈云通过预判，把决战的日子定在11 月 25 日。

杨仲文说："刚开市时，上海投机商看到有棉纱售出，即拿出全部资金争相购入，社会游资已经不丰裕了，有的人不惜借高利贷。当时上海的借贷甚至出现了以日计息的现象，上海人称为'日拆'，这在世界上都是罕见的。投机商根据他们过去的经验，计算纱布价格一天之内涨好几次，吃进纱布后，当天转手，不但可以应付日拆，还可以获高利。但他们发现，上海等地的国营花纱布公司，源源不断地抛售纱布，而且一边抛售，一边降低牌价。为了避免血本无归，投机者只有随行就市抛出手中的纱布，但他们抛得越多，市场行情跌得越快，上海的纱布价格一天之内下降了一半。政府乘机以极低的价格买进了大量的棉纱。"

公家粮店在全国各大城市统一抛售粮食，并且每天降价。上海商人们开始以为有利可图，张口吃进。没几天，仓库满了，资金没了。可是政府还是继续抛售粮食，并且不断降价。姚依林奉陈云指示，把东北运来的粮食堆在天坛，用席子搭起一个个粮囤，显示政府的粮食多得仓库里堆不下，都放到露天来了。颇有点像历史上南朝将军檀道济"唱筹量沙"之计。这下投机商人顶不住了，再囤下去粮食砸在手里，真要赔得倾家荡产。于是他们也急于抛售，但是已经赔了一大笔。在这场较量中，国家资本终于战胜了投机资本。私商抛售，市场粮价下跌，稳定在一个水平上，曾山终于长出了一口气。

---

① 　中央档案馆编：《城市解放》，中国档案出版社 2009 年版，第 688 页。

这场稳定物价的贸易战，以中共的胜利告终。上海的资本家和私商领教了共产党的厉害。荣毅仁说："中共此次不用政治力量，而能稳定物价，给上海工商界一个教训。"中财委委员、粮食部部长章乃器对陈云对时局控制的游刃有余极为钦佩。他的儿子章立凡说："父亲最初曾经再建议早点下手，对市场施压，但陈云一直按兵不动。事实证明，陈云依据通货膨胀数量和物资数量的对比，选择了最精确的出击点。以五福布为例，11月13日的行市是每匹12.6万元，比较10月31日的5.5万元，已经涨起很多。那就是说，倘使这场反攻提早半个月，两匹布吸收货币回笼的能力也抵不了半个月以后的一匹。"①

这样的贸易战，对中央财政来说也是严峻的考验。新中国刚成立，解放战争尚未结束，新接管的城市百废待兴，到处都需要钱和粮食。解放区的农村经济基础薄弱，城市里生产和税收尚未走上正轨，陈云实际上每天都处在巨大的压力之下。新政权需要财政和物资来源，但是各地都无法充分供给。就连过去最富庶的江南地区，农村也是一片凋敝。江南解放后，中共中央华东局需要从农村大量征粮。新解放区尚未开始土改，只能用征收公粮（农业税）的办法。1949年9月30日，松江县召开各界人民代表会议，饶漱石到会讲话，专门讲了"合理负担"问题。他说：

"由于前方战争尚未结束，与后方各地生产机构必须适当恢复和发展，因此，我们目前不但要保障前方巨大的军事供给，而且还要保障后方各种工作必需的经费。因此，在农村中暂时普遍采取征收公粮制度与在城市中进行整理各种税收，是非常必要的。"

"我们今夏百万大军渡江作战，为了保证军队粮食的供给和争取战争的胜利，曾采取征借军粮的紧急措施，并得到各界人士的拥护和合作，使我们克服了困难，取得了解放宁、沪、杭与江南各地的伟大胜利。但在今夏征借军粮过程中，由于时间过分紧促和部分旧保长任意摊派，致个别地方

---

① 《上海1949：比战争更宏大的较量》，《三联生活周刊》2009年第18期。

曾发生过若干违背华东局指示与华东军区规定的错误偏向，我们对此深表遗憾，并已责令各地迅速纠正。"

"我们在今年进行秋征时，只好本着粮多多出、粮少少出、无粮不出的原则，以户口为负担单位，暂时利用国民党时代各县赋册所载的赋亩或赋元，采取按户累进征收的办法，并发动各界群众进行清查黑地，检举隐瞒。同样我们对各城市和集镇税收的整理，除了对过去苛捐杂税与某些显然极不合理的税收，即予取消外，也只好暂时按照国民党时代某些旧有税规税率，加以逐步改造和整理。"①

饶漱石的讲话表明：中央对于江南地区的粮食和税务征收非常重视，希望这些地区能提供更多的财富和物资。所以征收的任务和税率都不能降低，还要尽量多征收一些，这也从另一面表现了新中国经济基础的薄弱和入不敷出的巨大逆差。

经过这次贸易战，中财委提出发行公债弥补国家赤字的主张。1949年12月2日，陈云在中财委的讲话指出：

"政务院向中央人民政府委员会提出了一个提案，提请中央人民政府发行一次公债。这种公债的购买与付还，都以折实计算。五年之内，保证承购人分期得到可靠的本息。考虑到目前全国经济情况和人民的困难，公债的数量只定二万万分。这种公债的作用，在于弥补一部分财政赤字。人民购买公债，在全国经济困难情况下，也是一种负担。但是这种负担，比起因增发钞票、币值下跌所受的损失来说，是比较小的。因为币值下跌的结果，其下跌部分是全部损失了的；而购买公债，在一时算来是负担，但是终究可以得到本息，不是损失。如果发行公债缩小赤字的结果，使明年的币值与物价情况比今年改善，则不但对全国靠工资生活的劳动人民和军政

① 《饶政委在松江县各界人民代表会议上关于减租减息合理负担的讲话》，《华东区财政经济法令汇编》之《农林水利：土地》，华东区财政经济委员会计划部编印，1949年12月出版，第51—52页。

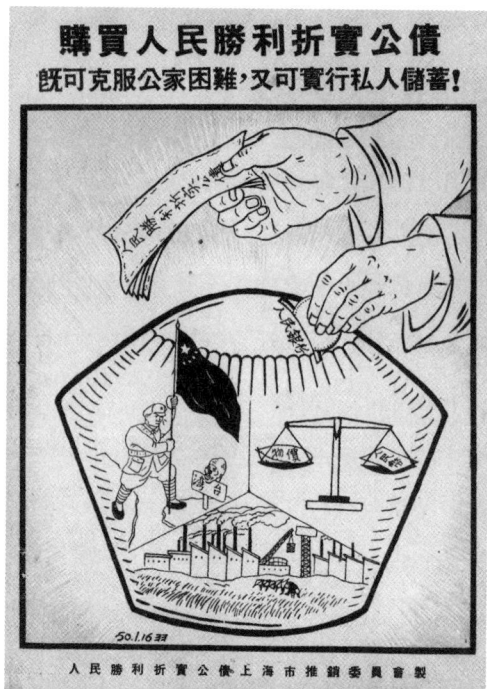

○ 号召购买人民胜利折实公债的宣传画（上海市档案馆藏）。

公教人员有好处，而且对于工商业的正常经营也是有益的。所以从全体人民的利益说来，发行公债比之多发钞票要好些。"[1]

对于发行公债，毛泽东是非常谨慎的。他多次询问陈云：发行公债是否可行？定的数额是否合理？三年偿还和付息能否做到？毛泽东把这件大事提交中央人民政府委员会讨论，并征求了马寅初等经济学家的意见。陈云与中财委的同事也经过反复论证，务求政策适当，不出纰漏。

经中央人民政府委员会批准，1949 年 12 月 4 日，国家公布了《关于发行人民胜利折实公债的决定》。考虑到物价的波动因素，折实公债以实物计算标准，单位是"分"。就是以上海等六大城市的大米 6 斤、面粉 1 斤

---

[1] 《陈云文选》第二卷，人民出版社 1995 年版，第 36 页。

半、白细布4尺、煤16斤的平均批发价总和为一个折实单位。公债发行总额为2亿分，年息5厘，购买后在五年内分期还本付息。①

为什么不用人民币而用折实单位计算？这是1949年的特殊环境决定的。解放战争刚刚胜利，不断解放大城市，各种财政开支剧增。国民党的货币被取代，币值尚不稳定，物价也随之飞涨。为了保障人民的基本生活，人民政府采用解放区供给制的办法，用实物作为折实单位，代替工资，发给城市的职工和公教人员。上海解放后，中国银行发布的折实单位是每一份包括"中白粳一升，本厂生油一两，龙头细布一尺，普通煤球一斤"。②以实物担保，不论物价涨跌，纸币贬值还是升值，人民的生活总是有保证的。

公债开始发行，各城市都规定了任务指标。上海承担认购的公债最多，政府号召民众积极买公债，支援国家建设。《解放日报》1950年1月5日发表社论《担负起推销公债的光荣任务》：

> 上海是全国工商业集中的城市，也是全国财富与殷实富户集中的城市，对于稳定物价、发展生产有重要作用的胜利折实公债的发行，上海工商业是受惠最多，所以也应该负更大的推销责任。上海的财富向来占全国之半，这次公债额的分配，华东占全国的百分之四十五，而上海只占到百分之三十，这并不算多。上海的工商业者、殷实富户是有力量负担的，更应自觉起来担负认购公债的大部分。这是他们报效国家、造福自己的最好机会。上海的青年、妇女、职员、公教人员们，你们人数很多，按能力踊跃认购，亦可担负一部分。上海的工人同志及其他劳动者，由于你们的生活条件已很困苦，则应按生活限度的可能，积少成多，而作部分认购。我们建议按

---

① 《中央人民政府关于发行人民胜利折实公债的决定》，《华东区财政经济法令汇编》之《附录》，华东区财政经济委员会计划部编印，1949年12月出版，第27页。
② 《中国银行储蓄部活期折实储蓄存款简章》，《华东区财政经济法令汇编》之《金融：存款放款》，华东区财政经济委员会计划部编印，1949年12月出版，第32页。

照"钱多多购,钱少少购"的原则,来使运动更加普遍。我们相信上海的推销公债运动是一定能获得圆满成绩的,不仅能够完成任务,而且有超过的可能。

不出所料,公债认购任务下达,上海工商界一片哭穷声,资本家都说资金短缺,已经很困难,还指望政府贷款呢,哪有钱来买公债!1949年12月3日上海市委致电中央,说有许多大中型工厂负债甚多,难于维持,有大批倒闭危险。30日,毛泽东由莫斯科电询陈云此事是否确实,如何解决。陈云毫不客气,指出资本家的困难是因为前日投机蚀本,咎由自取,对他们不能迁就让步。1950年1月1日陈云回复毛:"情况确实,原因是上海工商业家在去年十月十五日后的全国物价大波动中,估计过头,贪心太大,借高利贷买货而不肯卖货。从十一月二十五日起,物价稳而且降,出乎他们意外,于是又急于抛货还债,但愈抛愈贱,愈不易脱手,以致许多厂商周转不灵。为解决他们的困难,已于十二月八日先拨华东五百亿元,大部用作收购上海工厂的商品,小部用作贷款,并准备续拨一千亿元。"电报又说:"上海工商界的叫喊带有哭穷想少买公债的企图,他们认为公债不可抵制,但一是希望少派,二是希望以合理价格收兑黄金。我们决定满足其第二种希望,并严重注意不使银根紧。现在除奢侈行业外,厂商均大有转机,原因是内地原料去沪,华中、华南销路已开,西南解放后,情况必更好。"①

1950年第一次发行公债,在各地政府的督促下,取得了超额的成功。这使新中国的金融工作获得一个新思路,也解决了国家财政的燃眉之急。在第一个五年计划建设期间,国家又发行过几期公债,为大规模的基本建设提供了资金支持。

陈云在新中国经济建设规划上,又提出重大决策:全国财政经济必须

---

① 《陈云年谱》中卷,中央文献出版社2000年版,第18页。

○ 市民拿出积蓄多年的黄金白银兑换成人民币，支援国家建设（上海市档案馆藏）

○ 广大市民踊跃购买人民胜利折实公债

统一。以前的战争年代，各解放区都是各自为政，自办财政，解决军政经费。中央手里不管钱，各解放区贫富不均，有的财大气粗，有的则捉襟见肘。解放初期，特别是上海这样的大城市需要粮食和资金支援，中央就要动员各解放区同心协力。上海的粮食储备一直是陈云最关注的问题，必须保证上海有足够的存粮，才能稳定上海的物价。鉴于1949年上海解放后两次物价暴涨的教训，1950年1月起，陈云就未雨绸缪，要求各地向上海输送粮食。

1月11日陈云决定调四川的粮食到上海，致电饶漱石、曾山："四川的四亿斤大米二月初即可启运，但四川刚解放，干部少，华东要派人组织运输并在宜昌建仓。上海和华东是缺粮地区，以多屯粮为上策。务请抽调大批干部去川运粮，统一组织全长江航运。在宜昌建仓换船下江，亦需由你们抽人去组织。"

1月12日陈云电告饶漱石："我担心的仍是接济华东粮棉问题。除由东北、华东运粮济沪外，想从四川再运三四亿斤，昨已电商由华东抽人组织东运，并于宜昌建仓。此外拟购进大量外棉供应华东。总之，要估计到今年由物资供不应求而来的物价上涨。"

1月22日，陈云、薄一波向毛泽东、刘少奇汇报《一旬财经要事报告》："全国物价比去年十二月底上涨百分之三十，上海粮价则上涨百分之八十，但纱布仅涨百分之二十余。上海现存粮几千万斤，游资专向粮食冲击，我公司因存粮少而不敢在市上大抛，因此粮价过分突出。粮贵纱贱，有去年七八月物价大波动之势，不利于上海工厂生产。因此，今年在纱布与粮食上必须同时增厚实力，除购外棉计划不变外，要增购外米四亿斤，连原计划广东购外米二亿斤，共六亿斤。应急办法是，先调沪宁、沪杭两线公粮，同时抓紧华中、东北向上海运粮，力争改变粮贵纱贱的状况。"

1月23日，陈云就上海粮食供应问题致电东北局高岗：本月上海米价猛涨，估计春荒难关过不去。华中、四川调给上海的公粮，或因山地集中不易，或因船运量小，何时与能否调到，实在把握不大。由于米价贵，进口的外米能否很快运来，亦属疑问。询问东北可否再收买一批大米或稻子，能买多少，何时可买到手。

同日，陈云致电上海副市长曾山：据上海粮食公司经理王仁斋来此报告，华东粮食局说今年财政粮只能拨给贸易部八亿斤，其中有把握的只有六亿五千万斤，与全国粮食会议估计的十七亿五千万斤相距甚远。如果确实，则上海今春粮荒将十分严重。请查明确实数量电告。

1月25日，陈云、薄一波致电饶漱石、曾山："粮食不足是今年上海和北方的大危机，但最大危机还不在今天而在春夏。京、津、沪在秋粮上市前，必须经常保持各囤四亿斤米。为此，我们拟购外米，同时不惜工本运华中、东北、四川之米济沪，并把华东公粮集中使用。"

1月31日陈云致电曾山："阴历年前由苏浙皖三省只能运一亿斤米到沪，我以为太少。改变沪米危机，必须下决心在年关前后保证上海存米四亿斤左右，且以后除日常售外，要长存四亿斤，直到秋粮上市为止。"①

1950年1月份，陈云都在为向上海调米，保证上海的粮食储备呕心沥血，这又是一场全国性的战役。由于这次提前动手，春节后的第一个"红盘"，投机商本来想兴风作浪，但在政府充足的粮食储备面前，终于未敢轻举妄动。上海的市场终于稳住了，以后再未发生大规模的波动。

经过这一番粮食大调动，陈云更加感到全国财政统一的紧迫性和必要性。过去各解放区的分散经营，中央也不了解各地政府的"家底"。很多地方搞本位主义，打埋伏，中央调钱调粮也很困难。特别是地方财政收入不上交中央，而军队和各城市接收的旧人员都要中央拨款开支，中央除了印钞票还有什么办法？为此，1950年2月，陈云在全国财经会议开幕式上做了《财经工作人员要提高自觉性》的讲话，他严厉地说：

"关键的问题是收支机关脱节，收入主要在省县两级，中央收不到东

---

① 《陈云年谱》中卷，中央文献出版社2000年版，第29页。

西，支出主要靠发行货币，继续下去将天下大乱。我们的对策是实行财经统一。财经统一也有困难，但是小困难，不统一是大困难。因为全局不乱，尚可照顾局部，如全局波动，后果严重。现在仍然处在战争与经济困难的环境中。帝国主义和国民党反动派希望我们垮台，去年对上海封锁，现在又进行轰炸。国内也有不满分子和观望分子。资产阶级的一部分把钱弄到香港或美国，又向政府要投资要借款。上海资本家说，'共产党是军事一百分，政治八十分，财经打零分。'他们要在经济上同我们较量。许多善意的人对我们的经济十分担心。老百姓对我们拥护，但关心物价能否稳定，还会不会饿死人。为了战胜暂时的财政困难，必须尽可能地集中财力物力，统一使用，只要这样做，完全可以办成几件大事。不应把眼光放得很小，凌乱地去办若干无计划的事。做财经工作的同志要提高自觉性，要把自己的工作放在全国大范围来看。比较富裕的地区要克服困难，多挑担子。各地财经领导同志不应打埋伏，以多报少，否则，财政的账无法算清，造成浪费。我们的标准不但是不贪污，而且是不浪费。所谓对国家物力财力用得恰当，就是把迟用和早用、多用和少用、先用和后用、缓用和急用的问题解决好。""我们国家大，情况复杂，财经工作不可能不犯错误。我们要小心谨慎，力求少犯错，不犯大的错误。"①

财经如何统一？陈云采取了下列措施：

一是成立全国编制委员会，人员统一调配使用；二是全国仓库物资统一清理、调度，合理使用；三是厉行节约，集中财力；四是全国公粮统一归财政部调度；五是全国税收统一归财政部；六是组织外贸公司经营出口，回笼货币；七是国有企业统一管理纳税和利润收入；八是人民银行为现金调度总机构；九是军费和政府开支由财政部保障。

通过这些措施，陈云把各地的财政收入统一归到中央，使国库增加了

---

① 《陈云年谱》中卷，中央文献出版社 2000 年版，第 32 页。

大量的收入。中央掌控了海关、税务、盐业、粮食、煤炭、邮电、铁路等要害部门，实行了统一领导。为了增加国家的收入，陈云办了一批专业贸易公司，实行国家专营。如盐业公司、铜矿公司，以及猪鬃、油脂、皮毛、有色金属、渔业、林业等二十几个公司，这些国营贸易公司统一了全国的经营，便于规划和发展，为国家创造更多的财富和收入。

经过建国初期的经济斗争，特别是上海打击投机、稳定物价的斗争，使陈云等中共领导人深刻体会到：市场和生活基本资料不能掌控在私人资本手里，一定要掌握在国家手里，不能允许私人资本操控市场和物价，这对国家和政权的稳定、人民的生活安定都至关重要。一个更大的统购统销、计划经济的蓝图在陈云心中酝酿。

毛泽东对陈云在新中国成立初期领导财经工作的成绩是非常满意的。他后来说：平抑物价，统一财经，其意义"不下于淮海战役"。①

---

① 《陈云传》，中央文献出版社 2015 年版，第 687 页。

第 11 章 | **改造旧人，清除社会污垢**

- 对旧人员"包下来"
- 专业技术人员量才录用
- 改造旧警察
- 枪毙欧震
- 改革旧律师制度
- 法院三讼棍事件
- 精简旧人员纠偏
- 收容改造游民
- 把游民变为劳动者
- 1948 年的上海舞女风潮
- 用行政管理使舞厅自然消亡
- 缓和手段废除妓院
- 收容改造私娼
- 打击上海码头帮会

上海解放后，共产党面临几十万国民党旧机关和学校、企业等公教人员，该怎么办？

中共的城市政策，有一个发展过程。原来是革命砸烂旧世界的，1947年11月解放石家庄后，迅速遣散旧人员。导致城市许多部门管理和技术人员奇缺，不得不临时大量培训新人员。石家庄市政府总结经验教训，建议"今后解放城市，不仅接收物资，还要接收旧职员。否则，恢复城市、安定社会秩序以及恢复生产建设要走弯路"。

1948年9月24日济南解放，旧职员害怕被惩办，焚毁文件，四散藏匿。中共干部到各部门接管时，发现行政机关人去楼空，满地纸灰。中共意识到城市工作复杂，自身干部不足，业务能力低，不能不依靠旧人员。曾山认为：要尽快恢复秩序，不仅应该接收生产部门的物资和旧人员，还应该将机关、学校的旧人员"交代式的接管"。

1948年11月2日沈阳解放，接受济南、石家庄等城市的接管经验，确定了"各按系统，自上而下，原封不动，先接后分"的接收方法，只撤换旧政权部门的领导，其他旧人员均按原职上班。①

---

① 曹佐燕：《"胜利负担"：中共对旧政权公务人员处置政策的演变（1945—1952）》，《史林》2017年第2期。

1949 年，随着北平、天津等大城市的接管，中共中央将旧职员的处理政策作为城市接管的一个重要工作来看待。3 月 22 日，刘少奇代中央起草了《关于对旧职员的处理原则》指示电发给中共北平、天津市委，这也成为其他城市接管的指导性政策：

"一是对于企业机关的旧职员，在原封不动地接收以后，一俟生产恢复，秩序安定，就要着手进行一些必要的改革，在人事上的改革就是要设法清除那些坚决的反动分子，劣迹昭著为大多数群众反对的分子及没有能力、倚仗亲朋势力在企业中领取干薪的分子。……只有如此处理后，才能使企业内部安定团结。……此外，一般职员亦有许多旧思想和旧作风须要改造。但在进行上述改革之前，必须准备好充分的群众条件，取得绝大多数职工群众的赞成和拥护，但又要避免群众中的报复等，不使这种改革走入歧途。

"二是对于国民党行政、司法、军事、警察等机关的旧职员，则须要采取另外的改造办法。除少数市政公用机关、卫生机关外，我们一般地不倚靠他们来进行工作。因此，对于这些旧职员除少数必须留用者外，原则上应集中训练。训练后除必要者可回本机关工作外，一般不应回到原来机关工作，而应根据需要分派其他机关工作，以便分散他们。暂时用不了的人员，则令他们等候任用，候差期间发给必需的生活费。在我们的行政、司法、军事、警察等机关，除警察须特定待遇标准外，则还不能实行薪水制。原则上只能和我们工作人员同等待遇，即实行供给制。

"估计依照上述办法来处理旧政府机关的职员，是会有反抗和不满的，你们应该预有准备，不应害怕。我们应留用一切有用人员，决不可轻率地把他们开除赶走了事，而应细心地和他们讨论如何改造思想作风，为人民服务及解决他们家庭困难，以便能争取大批旧职员为我们政府工作。"①

有了上述各大城市的接管经营，到上海解放时，军管会对旧人员的接管，已经有了比较成熟的处理运作方式。1949年5月20日上海战役开始前，军管会就已经布置好了接管工作：

一是我军在解放上海之后，为保护这一大城市，执行城市政策，恢复社会秩序，保证接管任务完成，警备司令部应在治安方面负主要责任。

二是警备司令部应负责处理散兵、游匪、军人、伪方家属、组织处理俘虏机构，进行集中、审查、遣送、留用或留训等项工作，每分区部队需要抽调部分干部，专门进行散兵、游匪、在乡军人之登记、集中、上解等工作。警备司令部应以此作为恢复社会秩序的重要任务之一。警备司令部应指定一定部队组织临时处俘机构。俘虏集中地点应在郊区。

三是政务接管委员会，在接收反动政权后，对原大小官员，除部分有技术人员可立即录用，并暂时照旧发给薪水，将来再实行供给制。对于普通人员，均须集中受训，在学习中审查并改造，然后分别处理之。对无特殊技术的旧政务机关人员，应按我们供给标准暂发维持费，对保护档案资材有功者发奖励金，不能采取原职原薪制度。

上海解放后，各接管部门立即按照分工，紧张有序地开展工作。国民党军队溃散时留下的散兵游勇4万余人，这些人在上海流窜作恶，抢劫、破坏社会秩序。1949年6月，在市军管会领导下成立由淞沪警备司令部、市

---

① 中央档案馆、中国人民解放军档案馆编：《城市解放》，中国文史出版社2017年版，第756—757页。

政府公安局和民政局等单位联合组成的治安委员会和军警民联合办事处，统一领导治安工作和指挥收容散兵游勇的工作。六七两个月内共收容散兵游勇 22063 人，其中国民党军军官 2739 人。① 包括中将 1 名（26 军军长刘秉哲），少将 10 名（淞沪警备司令部第三处处长万纶、28 军副军长刘建伟等），统一集中于市郊进行学习。在解放军宽大政策下，有些国民党军官自动说出隐藏盗卖的公家物资，有些以他们自己的体会写信，要其他未报到的人员从速报到，国民党军医杨立人写信给朋友说："前几天我来报到，收容站的同志和蔼庄重地和我谈话，并没有以对待敌军俘虏的样子对待我们。每个人都可以自由活动，大都在看报纸杂志或写字，并没有如囚犯似的看守着，吃的伙食也比我们在国民党军里的菜根盐水汤好多了。"某部被收容官兵编队学习，并组织经济委员会由每班选出一人参加管理伙食，学习课程包括"新民主主义土地问题""两种军队""怎样为人民服务"等。② 对于收容的散兵游勇和确无生活来源的在乡军人，公安机关会同民政部门进行遣送安置。

对于国民党军的技术人员，登记后即分配工作。军事接管委员会空军部自举办前国民党空军人员登记后，6 月报到者共 2848 名。其中有校级军官 33 人、飞行员 59 人、航空机械师 930 人、领航员 20 人、通讯人员 339 人、工程师 36 人、汽车驾驶员 279 人。以上人员已分别慎重处理，凡能掌握航空技术或有专门技术的航空工程的专家和场站业务人员、补给业务人员、仓库器材保管人员及有相当文化程度的机械兵等人员，在量才录用及自愿的原则下，449 名已予适当分配工作，593 名组织学习小组。另外 1407 名边工作边学习。对无技术，身患宿疾，或脱离空军已久技术生疏者，或假造阶级、冒充空军者共 399 名予以遣散。③

接管留用旧人员，一方面是他们对城市管理业务熟悉，只要愿意为新

---

① 《上海人民政府志》，上海社会科学院出版社 2004 年版，第 188 页。
② 《解放日报》1949 年 6 月 26 日。
③ 《解放日报》1949 年 7 月 6 日。

政权服务，可以继续使用。但是对这些人接管之后，还有思想改造工作，不能让他们延续国民党时期的作风。上海有 2 万多旧警察。上海解放后，维持城市的秩序和治安非常重要，许多盗匪、隐藏的犯罪分子、敌对分子都需要旧警察的协助才能破案。但是需要他们实现一个"从警察人民到人民警察"的转变：

一是过去是警察人民，处处地方是警先察后的看管着人民自由，替少数官僚服务。人民警察则是为广大人民服务，替人民警察着不良分子，保护人民利益。

二是领导上作风的不同，国民党的领导是独裁，自私自利，滥施职权。今天人民政府领导，是民主集中，艰苦朴实，开诚布公，一切以人民利益为前提。

三是纪律上的不同；过去当警察的敲竹杠，欺诈人民，送几个钱给局长，就万事大吉。今日人民警察是根据解放军的三大纪律，八项注意，必须严格遵守，决不许可打人、骂人，贪污敲诈。要秉公处理一切事务，以身作则，使人民和警察密切结合起来。

众所周知，上海是一百多年来帝国主义在中国最大的堡垒，而警察制度又曾是帝国主义、官僚奴役人民的直接工具之一。公安局里还有不少员警历经公共租界巡捕房、日伪警察局、国民党统治三个阶段而到解放后。从警察人民到人民警察，这中间必须经过一个思想斗争的过程。

接管公安局后，接管干部创办了《人民警察》杂志，饶漱石政委在第一期上题词："严守政府法令，保护人民利益，遵守群众纪律，不得假公济私。"作为警察改造的指导方针。杨树浦分局员警在梁韬同志的指导下，50多位工作积极的旧员警组织了学习队，连续 10 天学习《约法八章》和毛主席的《论人民民主专政》，集体讨论："在目前形势下，怎样做一个新的人民警察？"每人都自我检查反省了一次，写一篇心得。赵裕民写道："过去处理偷窃案件来贪污，我们过去的贪污就是这些血腥的钱，做的就是这些罪恶的事，走了相当长的黑暗的歧路。人民政府给了我们赎罪的机会，指示了光明大道。我们还有理智，还有天良。必须毫不犹豫转向光明之路。目前放在我们面前的有二条路：一条是继续追随国民党反动派一起进坟墓，另一条路就是为人民大众服务的光明大道。我们必须选择后一条，全心全意走去。"

从 1931 年就在工部局当巡捕的袁启泰，叙述了洋人和反动派的压迫之后说："愿在新民主主义光明道路上，拿出自己的良心，改造自己的坏思想、坏习惯，廉洁自守，除暴安良，为人民服务为目的。"1102 号警员李旭民检讨了过去目的、作风、态度三方面的错误以后，大声喊着："警察同志们，我们是要变了。虚心、忠诚地变，总有一天会变成功的。"①

公安局两万多名旧警员，逐步改变旧作风，建立起为人民服务的精神和纪律来了。《解放日报》刊登了两件事：公安总局交通大队 1999 号警员徐维家，在南京路江西路口值交通岗时，有市民张鹏冲扭窃犯彭良君交该警处理，在送交黄浦分局途中，彭犯将手表摘下，意图贿赂，遭该警拒绝，立即将人犯及手表一并送交分局，听候处理。

某晚江宁分局员警在辖区内检查戏院旅馆，至康定路新都大戏院时，有警察 1831、1834 号两人不买票看戏，接管干部赵继文当场指出："人民警察是给人民谋利益的，不买票看白戏，这是过去的旧恶习。"在耐心说服教育后，两警员当众承认错误，保证以后不再有类似事情发生。该戏院傅老板说："现在的警察真是讲道理了，在国民党反动统治时候，我这戏院里有三分之一是警察，甚至于他们的眷属、朋友都带来看戏，那时候真是没有办法，你看现在是多么好了。"一个表扬，一个批评，表明公安局内部管理的纪律严明。②

打铁必须自身硬。上海解放后，陈毅一直对所有的干部严格要求，决不允许腐化现象发生。1949 年 8 月 14 日，上海公安局榆林分局接管干部

① 《解放日报》1949 年 7 月 12 日。
② 《解放日报》1949 年 7 月 23 日。

欧震（原国民党旧军人）玷污我军名誉，破坏纪律，被淞沪警备司令部军法处公开判处死刑。布告如下："欧震，25岁，江苏萧县人，历任国民党青年军203师上等兵等职，淮海战役被俘获后释放。山东省人民政府济南警官学校招生，该犯考入学习，伪装悔悟，随军南下。上海解放后，分配至榆林区协助接收工作。6月8日，公安部派员至榆林区某地办理国民党空军人员毕某藏匿武器案件，该犯亦奉令参加。当时查出武器，予以没收。毕某于事前南逃，家中仅有妻妾二人，公安部念其无知，故对毕某家属宽大处理。事后欧震竟敢利用军管会接收人员身份，去毕某家属处敲诈勒索，调戏诱迫后，将毕某之妻勾引外出。又利用接收人员之身份，逼令榆林分局某警代找居室，即与毕某之妻私行同居。经公安部接收榆林分局之专员发觉，查明属实后，经公安部批准予以逮捕法办。查欧震原系蒋匪军警人员，人民政府予以改造培养，并给以随军南下协助接收之机会。该犯旧习复发，竟敢利用军管会公安接收人员身份，敲诈勒索，诱拐逃亡人员家属。既已知法犯法，又图文过饰非，违反政策，玷污军誉，破坏纪律，触犯刑章，实属罪在不赦。兹经上海市军事管制委员会批准，处以死刑。"

《解放日报》为此发表评论《革命纪律不容破坏》：

　　昨天，淞沪警备司令部枪毙一个违反政策、破坏纪律的接收工作人员欧震，这件事，说明了两个问题：第一，在共产党领导下的人民解放军与人民政府有高度的纪律性。这个纪律性并不因革命在全国范围内已基本上取得胜利而松弛；相反地，更加严肃自己的纪律，以保持革命队伍的纯洁。国民党反动派接收上海时，"五子登科"，公然无耻。我们则不允许革命队伍中有任何一个人腐化堕落，破坏纪律。欧震的行为，就是"五子登科"的行为。一方面损害了解放军在人民群众中的威信，同时，也在革命队伍中起着一定的毒菌的作用，为了保持革命队伍的健康，对于这种腐化堕落违反政策破坏纪律的分子，加以纪律制裁，是完全必要的。

　　其次，这对于以为宽大政策可欺的人，是一个很好的教训。欧震过去在敌人阵营中，虽是胁从，但也犯过些罪的。解放军和人民政府宽容了他，予他以改过自新的机会，并且允许他参加上海的接收工作。有很多与欧震有同样历史的人，深切改悔，力求进步，成为人民所欢迎的人。然而，欧震竟不知改悔，以宽大为可欺，到上海后，放肆地破坏政策与纪律，并对上级采取阳奉阴违的态度，这是他自绝于人民，当然在宽大之外。①

改造旧警察队伍，加强了上海的社会治安和执法工作。对于司法工作，解放后也进行了重大的改造。

律师行业是旧上海司法体制的重要组成部分。打官司请律师是西方司法体制传到中国的。当年的律师与政界都有密切关系，在政府、法院、租界警方没有可靠的关系，就谈不上接案子和替人辩护。共产党从江西瑞金时期就已经逐步建立了自己的司法体制，有了自己的审判系统，完全不同于旧社会的司法和律师制度。1949年9月2日，中共中央发布《关于改革律师制度的指示》，改革的重点是上海。

上海市委并告华东局，各中央局及分局：

关于处理旧律师问题电收到。我们对律师问题有下列意见：

（一）旧律师不能继续执行业务的原因是：

（甲）他们所学所用的反动的《六法全书》已经明令废除；

（乙）随着整个国民党国家制度及司法制度的腐化堕落，中国旧律师制度已形成为欧美资本主义的敲诈习气加上中国封建时代的讼棍作风之混合体，因而旧律师中贪污腐化者多，廉洁奉公者少。

（丙）人民法院实行为人民服务的诉讼程序及审判方法，使绝大多数当事人感觉到无出资雇用私律师的必要。

（二）资本主义国家及国民党统治时代均采用私律师为主公设辩护人为

---

① 《解放日报》1949年8月15日。

辅的制度，私律师主要地是为帝国主义、地主阶级及其他有产阶级服务的工具；他们的所谓公设辩护人名义上是为请不起私律师的穷苦当事人或找不到私律师的政治犯、刑事犯而设，实际上他们不仅是骗人的幌子，而且很多时候是害人的媒介。在人民民主专政的新中国，我们拟采取公律师为主私律师为辅的律师制度；即在司法行政关的领导和组织下，在各级人民法院首先是大中城市的人民法院及高级的人民法院中设置适当数量的公律师，为广大人民的诉讼与非讼事件服务；同时，允许某些经过司法行政机关审查合格发给营业执照的律师去执行私律师的业务，以供某些愿意和能够出资的人雇用。但这些律师的业务活动及收费数目等均须遵守司法行政机关之规定。①

中央一声令下，旧律师制度被废除了。但是上海人民法院的干部发现，在法院附近还有一些包揽词讼的讼棍在活动。替人写状子、出主意，骗取当事人的钱财；钻法律的空子。为此，法院组织了对讼棍的批判。《解放日报》1949年11月3日报道：

人民法院昨日上午在该院街头召开群众大会，使前所逮捕的讼棍李鸿福、赵幼青、杨振寰三人，在群众面前坦白他们欺诈人民的罪行。会上法院秘书科长洪流同志首先站在凳子上，向群众说明："我们法院本来有问事代书处，人民不论是问事，或者不识字的请求写状子，都不要钱。这些坏人却用种种借口，破坏人民法院名誉，敲诈人民金钱。"接着由讼棍们一个个坦白欺骗敲诈人民的经过："我们代人写状，五百也要，一千两千也要，一天可以弄个万儿八千。"群众听得不满意，就喊他们："还要坦白一点！"末了，他们都向群众请罪说："我们以前所做都是非法的，请人民原谅，以

---

① 中央档案馆、中国人民解放军档案馆编：《城市解放》，中国文史出版社2017年版，第633页。

后再不做对不起人民的事了。"在他们坦白之后，洪科长宣布将李、赵二人交保释放，杨振寰因另案关系仍予还押，弄清楚后再定。围观群众都拍掌拥护人民法院的贤明措施。会后，法院并传讯棍们从事活动的法院附近的两个茶馆老板，告诫他们：以后看到再有包揽词讼欺诈人民的"黄牛"活动，要负责随时向法院报告。

陈毅看到这个消息后，勃然大怒。我们已经实行了新的法院审判制度，有罪就审，依法判决，怎么还能使用过去那一套斗地主戴高帽子游街的方式呢？他立即责令法院院长汤镛调查此事，并在报纸上公开检讨。

11月18日，上海市人民法院院长汤镛就处理三讼棍案件的经过，在《解放日报》上作公开检讨：

本院根据密报，于10月26、27日，先后在本院对面茶馆内，查得赵幼青、李鸿福、杨振寰等三人，经常在法院附近向诉讼当事人兜写诉状，从中渔利，认为确有包揽词讼行为，显与人民政府法令不合，故将其扣押。本应依法拘禁训诫，而本院个别公务人员在处理本案时，决定召开群众大会，命赵幼青等三人在大会上坦白悔过，负责执行人洪流，又令赵等在坦白悔过时"头戴高帽，手敲铜锣"，我们认为这种处理办法，与人民政府的法治精神是不相符合的。

在已经解放并已经建立了正常秩序的上海，对赵幼青等案件，单凭个别司法人员的愿望与兴趣，不采取一定的司法程序，影响所及，容易模糊社会人士对人民司法工作的正确认识。

特别是负责处理本案的洪流，身为人民法院的公务人员，事先既未向领导请示，事后亦未作任何报告，不仅暴露了司法机关中无政府无纪律状态的存在，也会影响司法机关在人民群众中的威信，这在人民法院是完全不能容许的。

除责成办理本案有关人员彻底检讨并请求上级予以处分外，我们也应担负疏于教育检查的责任，一并请求上级处分。

为避免此事件的重演，我们全体人民法院人员，决定进一步加强政策学习，提高业务水平，严格纪律教育，贯彻请示报告制度，坚决克服无政府无纪律状态，务使人民法院能够更好的镇压敌人和保护人民的合法权益，以回答上海人民及人民政府对本院的委托。

接到汤院长的检讨，陈毅、粟裕以上海市军管会名义发布训令：

据上海人民法院院长汤镛，呈送关于处理三讼棍案件的自我检讨一件，并请求处分一节，经本会决定：

一、受命处理本案之该院秘书科长洪流，未经请示，擅令赵幼青等讼棍在坦白悔过时，头戴纸帽，手敲铜锣，有违人民政府法令，决给予警告之处分。

二、该院长汤镛，事先未参加与处理该案，事后又经诚恳检讨，已深刻了解其中错误，决定免予处分。

此令

主任　陈毅

副主任　粟裕

1949 年 11 月 17 日

同日，上海《解放日报》就此事发表短评：

从上海市人民法院关于处理三讼棍案件的自我检讨中，应当得到必要的教训：

人民政府的法院，是严肃的依据法令保卫人民利益的机关，对于赵幼青等讼棍，应当采取法律程序，依法处以拘禁训诫，而不应当搬用农村某些原始自发斗争的方式，在司法工作上，采用这种超出政府法律程序以外的方式，如不及时加以纠正，让它自流下去，就会模糊社会人士对人民司法工作的正确认识，而不会收到真正法治教育的效果。

此次上海市人民法院院长汤镛对于处理三讼棍案件的自我检讨，勇敢的诚恳的揭发自己工作中的缺点，这种态度是正确的，只有真正为人民服务的并对人民真正负责的人民政府机关才能这样做。这就是人民政府的法院与过去国民党反动派根本不同的标志。这样做法，不仅足以警惕法院干部努力改善自己的工作，足以使广大人民群众对人民政府更加信任、拥护和爱戴，也是人民政府在人民群众中能够获得高度威信的原因。①

共产党自己的干部要比留用人员要求得更加严格，人民法院掌管着新中国的执法权力，特别要注意政策，一切行动有法可依。绝不允许自搞一套，更不能把落后的斗争方式用到执法工作中。

上海解放后，共接收了20万公教人员。这些旧人员多已职业化，接收后没有其他出路，只能依靠中共以求生存。上海市委采取北平经验，对旧人员实施了更为宽大的政策，以便稳定社会，使上海行政和管理工作恢复正常。

1949年7月，上海开始反封锁斗争，以应对困难局面。邓小平到北京向毛泽东汇报上海的情况。21日，毛泽东为中共中央起草复华东局电："邓小平已到，中央已开会讨论了他的报告，并委托陈云向你们面达。上海问题，须从农村、精简、疏散三方面着手才能解决。用大力进行苏、浙、皖三省农村工作，获得农民群众的拥护，这是首先重要的，否则上海及任何城市的困难问题都不能彻底解决。其次是精兵简政，节省国家开支，这也是很重要的，你们现在即可以开始做。又其次是疏散，这需要有可行的计划，请你们与陈云商量后提出一具体方案交中央讨论。"根据中央指示，华东局随后作出疏散工作和机关部队精简工作的具体部署和规定。

① 《解放日报》1949年11月18日。

按照中央指示，上海迅速进入对旧人员的处理和改造阶段。上海市委认为国民党遗留在上海的机关人事组织非常不合理，发动了整编节约运动，精简机构，处理旧人员。旧人员总数高达 20 多万，上海市委认为仅需留用三分之一，其他均需处理。市政府各单位开始以新代旧，旧人员除个别留用外，其余集中受训。其他各局处也都用集训方法改造旧人员，拟于训练后分别分配至其他地区工作，不能用者予以遣散。对于工务局等技术管理的专业部门，令旧人员照常工作，以免市政管理中断，造成混乱。虽然上海市委要求各单位妥善处理，但各单位多着眼从单纯的精简出发，大量遣散旧职人员。虽然上级一直强调要留用技术人员，不少高级技术人员也被陆续遣散，甚至发动检举运动清算旧人员。

很快，陈毅就听到了反映。市政府办公室女秘书朱青是上海人，她哥哥在公用局当技术人员，一天她见小侄子唱"共产党我们永远跟着你走"，却被哥哥一巴掌打去骂道："饭碗都要打脱哉，还唱啥'跟你走'!"朱青觉得哥哥思想太落后，不料陈毅听罢此事说："他讲得不错呀，没有饭吃了还怎么叫人家跟你走？"原来机构精简，她哥哥怕丢饭碗。陈毅对朱青说："人家讲怪话，说明我们工作上有缺点和漏洞。"几天后在会议上，陈毅强调了保留有专长的旧人员问题。①

1949 年 8 月，陈云主持上海财经会议后回到北京，向毛泽东汇报了在上海调研的情况。特别反映上海宣传工厂内迁，大量裁减旧人员并疏散他们下乡，在上海引起社会动荡和人心不安，引起毛泽东的高度重视。9 月 3 日毛致电饶漱石：

"陈云同志已回，九月二日在中央会议上作了报告。中央同意此次上海会议决定的总方针及许多具体办法。我们必须维持上海，统筹全局。不轻议迁移，不轻议裁员。着重整理税收，以增加收入。三个人的饭五个人匀吃。多余人员，设法安插到需要人的岗位上去。自愿和可能迁移的工

---

① 《陈毅传》，当代中国出版社 1989 年版，第 469—470 页。

厂、学校，必须精密筹划，到新地后能够维持下去，并有前途，否则不要迁移。对难民的迁移，亦须如此。着重节约那些本来可以减少的开支，但不要减少那些必不可少的开支。着重反对浪费，从这里可以得到一笔很大的钱。""已裁的二万七千人，是一件大事，已引起很多人不满，应加以处理。其办法是立即加以调查，分别自己有办法生活和自己无法生活的两类。对于后一类人，应予收回，给以饭吃。现在无事做，也应给以饭吃，维持他们，使他们活下去，否则政治上对我们极为不利。就全局来说，全国养九百万至一千万人是完全有办法的。"①

上海市委立即刹车，1949 年 9 月 9 日，就妥善安置被裁减旧人员问题，上海市委负责人发表谈话：

自 8 月 17 日《解放日报》发表中共中央华东局关于机关部队的整编节约方案以来，沪市各机关部队均在切实执行。近日若干读者投函《解放日报》，反映某些机关裁遣旧人员未完全根据方案所提原则执行，致使少数被裁遣旧员工生活无着。为此，记者特走访中共上海市委负责人，承其答复如次：

沪市各机关各公营企业根据整编节约方案原则实行精简，是完全必要的。因为我们所接收的过去国民党的官僚机关，往往机构臃肿，人浮于事，如不适当调整，是会妨碍生产建设和工作效率的。但我们对旧人员的态度，除个别劣迹昭著群众反对者外，是一律采取团结和改造的方针，我们对被精简的旧人员的处理，是采取郑重负责，妥为安置的办法，务使他们都能得到工作，学习和生活出路，决不能一脚踢开，使他们流离失所。毛主席历次指示以及市委在历次会议中，都曾反复说明这个方针。但近查个别接管部门在处理旧人员的问题上，确有与上述精神不相符合之处，甚为不妥。此点已引起我们严重注意，现在军管会已令所属机关本着下述两个原则分别处理：

---

① 《毛泽东年谱》(1893—1949)下卷，中央文献出版社 2013 年版，第 633 页。

第一，对被裁减而生活确实无法维持的旧员工，原接管机关应即查明召回，给以适当工作，如一时无适当工作可分配，亦当给以学习机会及最低限度生活之供给。

第二，某些尚未进行整编的机关，对其中多余之旧人员，应本三个人饭五个人吃的精神，提出适当解决，共同渡过难关，以免部分人员裁减后流离失所。希被裁减而生活确实无着之旧人员自动向原接管机关报到，各接管机关负责人应切实依据市委及军管会所宣布的基本精神和上述原则妥为处理。①

随后，上海市政府又下达了全面纠偏的注意事项：

第一，凡裁减后确系陷于困窘，无法求得生活出路者，原机关应主动召回，予以妥善处理。如有相当工作能力，且诚意愿为人民服务，则本三个人饭五个人吃的精神，原机关应妥善安置，予以适当工作或学习机会，以免流离失所。

第二，一般的被遣散人员，已经另行获得职业者，不论目前地位大小，或性质是否完全适合，均望继续安心工作，体谅政府当前困难，不必另求调动，将来建设事业逐渐开展，国家需要人才时，可根据各人专长分别优先录用。

第三，因老迈体弱，不堪任事而被裁减，如素无积蓄亦无相当亲属负责赡养，无法生活者，政府自更寄以同情。办理登记后，应即设法妥为安置。如尚可充任其他轻便事务者，亦应给予工作或帮助其转业。

第四，各机关办理登记，调查，或主动召回时，应适当接待，予以安慰与解释，使他们认识政府审慎处理之方针。不能草率应付，不能以其要求不合而粗暴对待。应充分了解实际情形，分清类型，求得更适当之处理。②

---

① 《解放日报》1949 年 9 月 10 日。
② 《解放日报》1949 年 9 月 21 日。

这些政策和措施，稳定了旧公教人员队伍，同时也稳定了上海行政机关和学校等单位的人心，在困难时期渡过之后，这些人员的技术专业特长，在上海的建设中也发挥了应有的作用。

上海解放初期，社会上游荡着几万游民。这是一个非常复杂的社会问题。政府收容安置这批人，不仅是稳定社会的需要，更是铲除黑恶势力的斗争。上海民政局干部经过一番详细调查，初步查清了游民活动的情况和黑社会组织：

所谓游民，是指社会上的流氓、扒手、小偷、惯窃、推桥头、拾荒等分子。这些游民不是不能劳动，也不是生来就自愿乞讨偷扒。产生游民的原因是多种的：工厂关闭失业，被迫乞讨为生；战祸天灾，农村经济破产，背井离乡进入城市，沿门乞食；儿童或因父母双亡，或因家破流散，浪迹街头以偷窃为生；也有些纨绔子弟，挥霍成性，家产荡尽，沦为流氓。上海社会的封建帮会势力，广收门徒，各立门户。游民为求生活保障，投奔门下，为非作恶。上海解放以后，要解决游民，首先就必须清除这种恶霸势力。

上海的流氓和北方地区所称的二流子以及内地城市的乞丐小偷，情形不完全相同。上海的流氓在下层社会中是有组织的，是和封建帮会分不开的。流氓在帮会中独占着一个地段，扒手、乞丐、推桥头、拾荒这四种人完全归其管制，俨若封建领主。

扒手活动的中心在水陆码头、热闹市区以及娱乐场所。每个区域中有一个首领，该区的扒手都是他的弟子。陌生的扒手侵入领域时倘被发觉，必遭拳打脚踢，打得死去活来。扒手在行窃的过程中，大多是采用两三人合作的方式；"龙头"（主扒）行动熟练，能在神不知鬼不觉中将"客人"（被窃者）的物品偷到手。在旁的助手叫做"推黄包车"，任务在阻碍客人的视线和行动，帮助"龙头"脱身逃走。工作时间不分昼夜，清早，他们往往在小菜场"硬扒"（抢主妇的蔬菜）或者"卡头子"（在卡车上割开麻袋偷米），白天则在街坊间"抛顶宫"（抢帽子）、"抓活神"（抢女人的皮包）。

偷窃的行为难保不"触霉头"（被人发觉），"阵上失风"（被捕获），经常被送进警察局。可是他们坐牢不怕日子长，早做了准备。老头子有职业掩护，一旦有谁捉进警察局，就托"三光模子"去讲情。"三光模子"是流氓和警察之间的一种掮客，靠了他们的"牌头"，就可"流过门"（保释）。小偷、扒手、惯窃的收入相当富裕，穿得好，吃得讲究，逛娱乐场所，住旅馆"摇荡"（玩女人），"吹横箫"（吸鸦片），打"高射炮"（吃白粉），寻找刺激。

乞丐有丐头，叫化子都称他为"爷叔"。行乞也有一定的区域，不能任意侵越。有时为了争夺一个地区，可以引起激烈的斗争。纵有死伤，也不诉诸法律。一个丐头通常统率了二三十名乞丐，分工合作，解决生活上各项的需要。有些乞丐专跑小菜场，"顺手牵羊"偷些小菜。有些把饭馆伙计挑的剩饭残羹挑回去，相传下来，剩饭已成为乞丐的专利品了。乞丐也要向乞丐头子孝敬费用，约占他们的收入的二分之一。

"挨门求乞"是最平常的一种。"跑龙宫"是跟踪讨钱，"告地状"算是文丐，也是一种骗局，在地状周围放着褓褓中的婴儿、白发苍苍的老人，看起来活像是一家，多么可怜，其实他们是饰演乞讨戏的一套班子。乞丐和江湖是分不开的，为求得人家的怜悯，装腔作势。

推桥头就是帮助人力车或三轮车推上桥坡，求得乘客施舍几文。桥头有"爷叔"，谁要想取得推车的资格，叫过爷叔之后才能营业。桥头爷叔坐地分赃，推桥头的苦力30%以上的收入就被爷叔攫取了。

"拾荒"更可怜了，在深更夜半里惨淡的灯光下，在从公馆、住宅倒出的垃圾中"淘金"，煤屑、铅管、碎布，在他们心目中看起来如同宝石一样珍贵。

游民在上海分为东、西、南、北、中五个区：东区是提篮桥、平凉路一带，约有300人；又以虹口、杨树浦一带以虹口镇为中心，约有500人。南区是城隍庙、高昌庙一带，以城隍庙为中心，约有300人；又以褚家桥至太平桥、南洋桥一带，约有300人。西区是静安寺区江苏路，约有300

人；以山海关路、麦根路为中心，约有100人；又以曹家渡为中心，约有300人。北区是苏州河北到火车站一线，以河南路为中心，约有400人。中区是南京路至五马路一带，以大世界为中心，约有1000人。

以上扒手、小偷、职业乞丐共3500人，他们的组织活动，比解放前已经隐蔽。小偷、扒手是分组活动，每组少至三四人，多至七八人，分区活动仍然是存在的。有一部分人以小买卖的职业掩护，有身份证和职业证，衣服也比较穿得漂亮。他们隐蔽的地区大多是小旅社、小茶馆。他们没有真姓名，叫老虎、小宁波、小山东之类的代名词。根据小偷、扒手的反映，解放后这些大头子都隐蔽了，有的不敢问事，有的开了码头，尤其是下面的小偷扒手被公安局或法院逮捕时，他们没有办法营救他们，因此小偷、扒手也不信任他们的头子了，所以组织比较涣散。乞丐的头子仍然存在，仍然还有半公开的活动。

经过深入细致的调查，民政局和公安局的干部们把游民的情况和活动规模基本掌握。上海市第一届第二次各界人民代表会议通过《疏散难民回乡生产和冬令救济》的决议案，其中有关于收容改造乞丐和扒手这一部分。经过周密安排，1949年12月12日深夜，公安局会同警备部队、各区接管委员会及群众团体，冒着雨以迅雷不及掩耳的突击行动，收容了寄生社会不务正业、危害治安的游民约5000余人。

收容后处理的办法：

第一，对逮捕的流氓、乞丐，首先要甄别清楚、分别处理。一般的乞丐、小偷、扒手和推桥头的，由各公安分局予以逮捕，会同各区接管会、工作站，卫生所审查登记，具表三份：一份送民政局，一份送教养机关，一份留存。然后送通州路游民生产教养所进行复查，根据年龄、性别、身体情况，分送教养机关。

第二，对于乞丐的头子、累犯的扒手和推桥头的爷叔，因为他们都是主犯和教唆犯，逮捕后送法院审判处理。

第三，由灾区来的，逃荒的讨饭的难民，一时不能回家的难民，由公安分局、警备部、区接管会、工作站说服劝导，送到各区准备的庇寒所居住。

第四，各庇寒所内难民的管理教育、施粥、施衣由各区工作站为主，会同各区接管会、各公安分局办理。①

初步处理之后，12 月 16 日黎明，公安局开动收容车将游民送往通州路收容总站，不料游民家属机警异常，很快地知道了去处。通州路收容总站门口聚集了男女老幼 100 余人，妻子哭喊要丈夫，孩子们嚷着要爸爸，壮年人企图冲进收容总站，呼喊哭骂闹成一团。游民家属堵在门口，使收容车开不进去。公安干警对游民家属做说服工作时，他们竟要夺枪，站在后面的家属们大骂"人民政府不讲理""共产党乱抓好人"。通州路上出现了混乱现象。

收容总站内的游民更是蛮横之极。他们玩弄流氓故伎，钻政府不打不骂政策的空子，总站负责同志对他们讲话时，他们在下面乱扔石子。叫他们在室内休息，他们便借口大小便，到室外探望围墙的高低，做逃亡的准备。午餐时，领导因照顾到室内人多拥挤，叫他们到室外操场上的阳光底下进餐，不料四五百人一声呼喊站起身来，奔向矮墙那边。跳的跳，爬的爬，一下子就冲出四五十人。后经公安干警鸣枪示警，方才制止。

游民收容进教养所后，许多游民家属企图用旧社会的一套办法，行贿买放，遭到了管教干部的坚决抵制。在游民会见前来探望的家属时，有些家属在送衣物食品中夹带白粉、鸦片等毒品，甚至在面包中夹藏小钢锯，提供伺机逃跑的工具。游民收容人员逃亡，有的"单翻"（即一个人逃亡），有的"双档"（两三个人逃亡），有的集体逃亡。逃亡的方式有越墙、挖洞、钻阴沟等多种。据 1950 年统计，共逃亡 91 人。

突击收容影响大，难免有错收现象发生。从 1950 年 5 月中旬开始，市民政局根据政务院确定的游民含义，初步拟定了游民收容改造的标准，重

---

① 上海市人民政府民政局福利处编：《上海游民情况的初步研究》，1950 年 5 月。

点针对"有违法犯罪但不够判刑的分子"。为了更好地做好收容工作，各方面密切配合，由民政局、公安局、生产救灾委员会三个单位合组三人"游民入所审查小组"，自7月下旬起专门负责被收容游民的审查工作。并对已收容人员进行审查清理。根据违法行为的大小、轻重，流浪时间的长短，确定游民与非游民的界限，不符合条件的不予收容。对1949年大收容留存在所的800多游民也展开审查，将错收容的非游民392人具保出所。

1950年11月16日，市民政局、公安局组织了全市第二次游民大收容。各区政府和公安分局积极行动，至17日深夜，全市收容游民3000余人，遣送灾民600余人回乡。这次收容的游民，流浪街头强讨勒索的占34%，盗窃欺诈占30%，散兵游勇占19%，吸毒贩毒流浪的破落户占7%，淫业恶霸占4%。但也把一些摊贩、失业工人、码头小工等也收容进来。经登记审查后，对具有各区人民政府及有关机关的证明或具保者189人予以释放。

《解放日报》记者来到通州路教养所采访，看到这些游民的新生活：

去年12月12日起，全市各区同时进行收容之长期以乞食偷盗为生的游民5000余人，经陆续送往通州路劳动生产教养所集中，其中除按老幼性别有无残废等情况，分别送往儿童、妇女、残废等生产教养所外，一般具有劳动生产能力之成年游民约3700余人，至今已初步编队组织，建立秩序，开始逐步进行教育改造。在劳动生产教养所之成年游民2800余人，编为四个大队，每大队分七至十一个小队，每小队有60—80人，每十人左右为一班，其中大队长和小队长为工作干部，班长由游民进行民主选举。另暂收容在儿童生产教养所的成年游民800余人，又编为一个大队，共分九个分队，每分队有80—140人，每十人左右为一班。大队长分队长为所内工作人员，分队附和班长，由游民民主选举。生活方面每日规定按时起睡，每日吃饭两顿，每人每日规定22两米（16两为1斤），可以尽量吃饱。准许读报，定时接见家属，与亲友通信，并已成立文工队，进行文娱活动，新年期间分别集会庆祝，并有表演。初时，被收容者情绪不安，以为"要拿我们去打台湾"，"要拿我们到东北去开荒"。经过工作人员耐心说服："解放军非常壮大，不要游民去打台湾。""东北需要的是专家和技术人才，也不要游民。"现在一般的被收容者情绪已趋安定，建立了秩序，教育改造工作现正逐步开始。①

改造游民的根本出路，是让他们逐步成为劳动者。为了遣散和安置上海的难民和游民，1949 年 7 月 27 日，华东财政委员会农林水利部决定派技术人员去苏北查勘开辟垦殖区的工作。查勘的范围和路线是：自东台县出发至川东闸，向北经竹港闸、五港闸，沿前各盐垦公司海堤至下明闸。再沿子午河向南至潘家墩，再向南至角斜镇，向南经三余镇至南通，全长约 400 公里。分组向北勘察到废黄河，再由串场河南行，回到南通。即，今江苏启东、如东、东台三地的范围。② 这是开辟苏北垦区，安置上海迁出人口之始。1950 年 2 月 6 日国民党飞机轰炸上海以后，为了疏散人口，市民政局开始组织教养所的游民与监犯，从上海到苏北垦区开荒垦殖，移地教养。1950 年 3 月至 1951 年先后分批遣送游民 12043 人至苏北垦区，边劳动边接受改造。

1950 年开始，政府在游民教养所先后组织起缝纫、制鞋、装订、麻袋加工、理发、摇绳、织袜、弹棉花、泥水工、竹工、木工、打铁、制豆腐、发豆芽以及牧羊、养猪、种菜等 30 多个项目的生产，解决了部分游民的劳动生产。

在开始阶段，组织游民参加生产劳动，条件是极为艰难的。当时上海一般劳动力过剩，教养所又没有经营生产的经验，主要出路是将游民移送

---

① 《解放日报》1950 年 1 月 5 日。
② 《华东财委会农林水利部苏北垦殖区查勘工作方案》，《华东区财政经济法令汇编》之《农林水利：水利》，华东区财政经济委员会计划部编印，1949 年 12 月出版，第 34 页。

苏北垦区，从事农业生产。随着收容游民数量的不断增多，教养所现有的工场不能达到普遍参加劳动的要求。在此情况下，只有面向社会找工作机会。1950 年秋，第一劳教所试行"不要报酬白做工"的义务劳动制。他们让游民替附近居民疏通淤塞多年的河道，群众反映良好。社会舆论逐渐改变了对教养所与游民的看法。第一劳教所与工务局联系，先后组织游民修建漕宝路的桥梁、中山西路的路面及路旁明沟。在工务局技术人员指导下，游民掌握了筑路和建筑技术。

1951 年 6 月，第一劳教所在工务局的协助下，开始承包修建公路和挖土工程，并由早出晚归改为在工地上住宿。因为游民劳动积极，遵守纪律，技术进步很快，逐渐建立了信誉。8 月间，第一个劳动工程队成立，参加了曹杨新村工人住宅区的建筑工程，承担筑路、填浜、搬运、埋管等工作，工程队由 400 人扩大到 1100 人。随着上海建筑工程的需要，劳教所组织游民成立了三个工程队，以后转化为正式的建筑工程队伍。①

游民，这个旧上海无法根除的毒瘤，被共产党和人民政府以强大的组织手段彻底拔掉，给上海人民带来了安宁。

旧上海的色情业非常兴盛。十里洋场，到处是灯红酒绿的妓院、舞厅。解放后共产党对妓院和舞厅采取了软处理，并未立即宣布封杀。其中部分原因是鉴于 1948 年初国民党上海市政府强硬宣布禁舞令，导致了舞女请愿捣毁社会局的事件。

蒋介石在 1947 年双十节训话时说："我们必须先要做到勤劳和节俭。奢侈是亡国的祸根，浪费是建国的敌人，像目前上海那样浪费奢侈，有亡国的危险。"行政院副院长王云五提出在上海"禁舞"的建议。他认为上海有众多舞厅，每日跳舞的多为各级官员，既奢侈浪费又败坏社会风气。王的建议很合蒋介石的心意，于是行政院 1948 年 1 月通知上海市社会局，要

---

① 王霭康：《上海解放初期对游民的教育改造》，中共上海市委党史研究室、上海市档案馆编：《上海解放初期的社会改造》，中共党史出版社 1999 年版，第 251—252 页。

他们实施禁舞令。

　　当时上海有登记的营业舞厅 28 家，从业的舞女有 800 多人，加上舞厅的乐师、侍者、工作人员，依靠舞女生活的不下两万人。消息传来之后，舞女们万分忧愁。她们不知道今后的日子将怎样度过。经过舞业界多次请求，社会局动开了脑筋，制订了分批淘汰的抽签法。局长吴开先暗地里与各舞厅老板打招呼，谁交上 5 亿到 10 亿法币的赎金，可以继续营业 3 个月。舞厅老板们都认为敲诈太甚，逼得资方和舞女员工们联合起来，为了生存而斗争。

　　1948 年 1 月 31 日抽签，百乐门等 14 个大舞厅没抽上，面临停业关门。中午，全市的舞业员工和家属共 2000 多人在江宁路新仙林舞厅集会。老板说："这是什么政府，贪污不到铜钿，就这样蛮横地胁迫我们吗？要停一起停，大家请愿去！"会场上群情激愤，大标语醒目地写着："逼良为娼

○　1948 年 1 月 31 日，被舞女冲击后的社会局一片狼藉

谁的罪过！""跳舞不成跳火坑！"各舞厅的代表们相继上台发言，会场的气氛越来越激动。舞女陈雪莉以惨痛颤抖的声音说："一家老小八口都靠我伴舞过活，这是政府在逼我们出卖灵魂，逼我们去做娼妓。"她说着就痛哭起来，台下的舞女也都流着眼泪。大家高呼："我们不愿意做妓女！""到社会局去！"大家走出会场，下午15时半到达社会局广场前集合。

这时，社会局长吴开先正和议长潘公展等人正在楼上开会。群众推举了10位代表进楼请求接见，在楼下房间里等了半小时，一个人也不来。外面广场上几千群众在寒风中等待，不见回音。舞女们愤怒了，如潮水一般冲进社会局大楼。到了二楼局长办公室，将室内的门窗桌椅全部捣毁，碎玻璃从二楼纷纷落下。吴开先见势不妙，从后门逃到地政局躲避。愤怒的群众进一间，砸一间，将桌椅用具抛出窗外。附近警察分局的数十名警察赶到，与群众对打起来。棍棒来回乱飞，舞女们的哭叫声连成一片。不少舞女被警察打伤，摔倒在地。群众与警察搏斗。下午五时，警察局长俞平叔带领刑警和装甲车赶到，他命令警察与群众脱离，然后架起机枪挨个搜查。当场逮捕400余人。第二天警察出动囚车抓人，共逮捕群众779人，各看守所一时人满为患。[①]

上海警备司令宣铁吾大发雷霆，发誓要严办。上海舞女的行动，震惊了全国。2月6日出版的《时与文》杂志刊登碧遥的文章说："娉娉袅袅、被人搂腰的舞娘，前天竟然暴动了！西洋有句俗语，女人是弱的，母亲是强的。这次舞女的暴动，我们可以说，女人是弱的，踏在死线时是强的，可不是么！"

舞女砸社会局的案子，交到了上海特别刑事法庭。社会各界都十分关注舞女们的命运，纷纷发表同情的言论。3月4日，上海参议会开会期间，一些议员提出："戡乱期间，安定第一。上海舞厅历史悠久，从业人员众多，请暂缓执行禁舞令。"吴开先也觉得众怒难犯，政府终于缩回去了。法

---

① 《大公报》、《申报》1948年2月1日。

官6月3日宣布：此案本庭不受理。将皮球踢给了地方法院，当一般案子处理了。①

国民党当局禁舞的初衷，是想制止奢靡之风，改变社会的腐败现象。但是当局采取强硬措施，没有解决舞业人员的生计问题，致使矛盾激化，酿成一场前所未有的舞女暴动。

上海解放后，舞厅业属于公安局特种经营科管理。他们采取了限制经营、逐步收缩的方式，让舞厅业逐步消亡。首先，舞女和从业人员必须在公安局登记，获得许可证后才能上班。对舞厅的营业时间和经营范围严格规定，不许从事色情或其他不法行为。1949年7月8日，公安总局特营科邀本市各舞厅负责人谈话，宣布舞厅暂行管理办法四点：

第一，舞厅除星期日、例假日自下午2时开始营业外，其他营业时间为每日下午5时起至晚11时止。

第二，伴舞舞女，解放后各舞厅曾向特营科登记者为限，并将在舞女衣上缀用显明标志以便管理。凡未登记者，暂不准伴舞。

第三，改舞女大班的制度，列用为舞场管理员。领导舞女，帮助教育舞女，使舞女走上生产教育前途。

第四，酒吧间、音乐厅不得经营舞厅。

当日夜间，米高梅舞厅总管理员吴福根在舞厅打烊后误传："明日没有派司（证件）的舞女不要上舞场"，此造成少数舞女的生活恐慌，当时即有少数不良分子乘机造谣煽动，而该场舞女洪小萍不知受人利用，当场个别通知其他舞女于第二天上午在大东舞厅开会，准备请愿，煽动者乘机鼓动她们先向总工会，公安局请愿，甚至要她们冲在前阵。

9日上午，大东舞厅到的舞女仅有60余人，大半是米高梅与维也纳舞厅的。因为传错话的只有米高梅一家，洪小萍上台讲述开会目的，当即为大东舞厅舞女张某站起来反驳，说洪小萍完全误解8日的通知。大华舞厅

---

① 《申报》1948年6月4日。

的负责人亦向到场的舞女解释误传的地方，并劝大家不要为人利用。这时候妇联、公安局舞厅业的负责人都赶到了，受煽动的舞女们也散场了。

公安局有关负责人有查明这一造谣生事的必要。于当日下午传讯舞女洪小萍、米高梅舞场总管理员吴福根到局侦讯。两人均承认错误，请求原谅。洪小萍的悔过书："立悔过书人洪小萍，兹因轻信别人谣言，无许可证舞女不能入场的消息，擅自自召集会，并准备向总工会请愿，现经人民政府公安局传讯后，深知错误，并愿痛改前非，且保证以后决无类似上述事件发生，特立此书存照。"①

一场差点被煽动起来的闹事，就这样被化解了。公安局为了避免1948年舞女风潮的重演，对舞厅加强管理。7月12日，公安局行政处抽查大东、米高梅等舞厅，发现大东有舞女3名，米高梅有舞女两名是交给公安局的花名册上没有的，显然是违犯了公安局与舞厅负责人协商《关于舞厅治安问题的四项决定》中之第二项，因此在大东舞厅召集了各舞厅负责人、舞女和职工会议。除老闸区的大东、扬子、远东等九家的负责人、舞女、职工大部参加外，其他区的百乐门、米高梅、丽都、新仙林、大都会等十七家大舞厅也各派四个代表，总共500多人。大东舞厅经理刘协勋，米高梅舞厅经理孙洪元当众认错，说是违犯政府法令，保证以后不再犯。公安局同志在会上反复说明临时决定四项的精神：

第一，规定经营时间自17时至23时半（星期日可从14时开始），是因为一般营业都在23时左右打烊，舞厅很迟打烊对治安是有影响的。

第二，规定名册，做显明标志，并不是取缔，是避免乱七八糟的坏蛋插进来，便于管理。

第三，取缔大班制度，并不是取缔大班个人，而是取缔那种从中剥削的坏制度，希望他成为名副其实的管理员，帮助舞女学习生产技术以便将来能够转业。

---

① 《解放日报》1949年7月10日。

第四，酒吧间音乐厅不能变为变相的舞厅。

对舞厅问题，公安局同志说：这是旧社会留下来的消费场所，在相当时期中，还不能一下子取缔。但毫无疑问，它会随着社会发展而逐渐淘汰。他希望舞女、职工和政府合作，不要相信坏蛋们的谣言，大家来检举还潜伏在舞厅里的捣乱分子，使他们无法活动。老闸分局苗副局长也着重指出旧社会和新社会的不同，拿旧的眼光来看新社会是不对的，大家应该信任人民政府和公安局。舞厅里还有很多坏分子，为了大家的安全，一定要严格检查，绝不放松。[①]

除了严格管理之外，1949年11月，上海市财政局公布了《征收舞厅娱乐税管理要点》，说明上海市的娱乐、筵席、旅栈三项税捐，始于1937年，初以地方临时性的消费特税。1945年抗战胜利后继续征收。1949年上海解放，对于以上消费税，一般的照旧征收，仅在税率上有所调整。所谓调整，是大大提高舞厅业的娱乐税。当时规定的税率是"由营业人从价代征50%"，而电影、戏剧、说书等的税率为25%，相差一倍。为了杜绝舞客与伴舞人之间私行收授现钞，逃漏娱乐税款，财政局特别规定：舞客起舞，必须买舞票。伴舞人必须有坐台券，台券写明本人身份，伴舞人必须坐在舞池周围，流动伴舞人必须有舞票。舞票出售必须每天分类记账，以备财政局查核。凡私相收受现钞逃税者，一经查获，除惩罚主逃税人外，其余违章者也要酌情处分。[②]

经过这些限制，舞厅只能在严格规定的范围内经营。高额的营业税使舞厅老板无利可图，舞女也收不到小费了。更重要的是，新中国建立后，社会风气变化一新。大家都在用新思想改造旧社会，提倡勤俭和艰苦奋斗。舞厅越来越少有人光顾，经营日益艰难。舞女生意清淡，不得不另寻出路。

[①] 《解放日报》1949年7月23日。
[②] 《上海市财政局征收舞厅娱乐税管理要点》，《华东区财政经济法令汇编》之《财政·地方税》，华东区财政经济委员会计划部编印，1949年12月出版，第224—225页。

不用禁舞的手段打击，没过多久，上海舞厅就自然消亡了。

上海妓院的处理比舞厅更加复杂。1939 年，公共租界工部局警务处发给执照的妓院有 4617 家。1940 年，工部局发给执照的妓女有 5301 人，征收花捐 7.7 万元。抗日战争胜利后，上海娼妓业进一步发展。老妓院未停止，新妓院纷纷开业。在大街小巷拉客的"野鸡"随处可见，性病泛滥，严重毒害社会风气。国民党上海市政府也曾想限制娼妓业，责成上海市警察局制定《整顿上海市娼妓计划及管理娼妓暂行办法》。警察局长宣铁吾向上海市参议会报告中提出禁娼步骤：（1）"化私为公"。即全面实行公娼制，私娼经过登记领证，即可成为合法的公娼；（2）"化零为整"，即在虹口和提篮桥建立娼妓集中的"风化区"；（3）"化繁为简"，即将全市卖淫场所统一到固定的区域，对变相卖淫的响导社、按摩院、按摩浴室关门停业。这就使一些私娼成为合法的公娼，使分散的卖淫活动集中为"红灯区"。1949 年 1 月，在上海市警察局正俗股登记领照的妓院有 800 多家，妓女 4000 多人，还有在马路上拉客的暗娼 3 万多人。①

解放后，北京率先采取行政命令关闭妓院。1949 年 12 月，北京市各界人民代表会议通过封妓院决议后，在 12 小时内封闭妓院。北京市军管会、公安局动员了两千余干部和员警，分为二十七个行动小组，集中老板和领班共 424 名，完成了封闭妓院 224 家，收容妓女 1288 名，妓女均集中于妇女生产教养院，老板与领班均由公安总局集中审查。执行封闭妓院任务时，由公安部队负责警卫、看守、押送工作。由市妇委、民政局、卫生局抽调的干部负责收容妓女、教育改造、医治性病的工作。

在行动时，妓女因不明真相，表现张皇失措。动荡情绪一直继续了五六天，开始时恐惧"配给""慰劳红军""送西北开荒"。为了安定妓女的情绪，首先尽量照顾她们的生活，允许她们取回自己的全部财物，打破她们的恐惧心理。其次，经过多次耐心说服教育，并对特别嚣张的进行了严

---

① 《上海公安志》，上海社会科学院出版社 1997 年版，第 159 页。

肃的批评，对个别企图逃跑，个别流氓成性无理取闹的妓女给予处罚，才开始建立了纪律。但许多人还对自己的出路发愁，宁愿给人当姨太太、唱戏、当舞女，对人民政权只许一夫一妻制，感到失望。

北京的行动是雷厉风行，但是不可能一次性解决问题。第一，北京的娼妓业毕竟规模不大，比上海要小很多。第二，这样处理妓女留下很多后遗症，需要投入很多干部和时间、财力来解决后续问题。

上海解放后，政府对娼妓问题比较慎重。刚解放接管任务重，干部缺乏，许多问题比娼妓更急需解决。所以不能指望用行政手段和军警去处理妓女。还是缓一些，有计划有步骤地通过治安行政管理，为全面禁娼创造条件。

第一步，通过严格管理和限制，促使一批妓院自行停业。上海市公安局治安行政处和各公安分局分别设置管理妓院等特种经营行业的职能机构。1949年6月，市公安局责令妓院进行登记，审核发证后才能营业。规

◦ 上海改造妓女

定：（1）凡狎客涉足妓院必须登记姓名、职业、住址，每天送公安机关备查；（2）不得容留公务人员和身份不明者；（3）患有性病妓女，不得接客；（4）不准妓女到马路上沿街拉客；（5）凡违反规定者，实行累犯加罚的严厉措施，即第一次违反规定，对妓院主和妓女分别进行警告和教育，第二次查获处以罚金，对妓院罚金高于妓女3倍，以后再累计加罚。

1949年7月28日，市公安局制定《管理妓女妓院暂行规则》规定：（1）不得引诱接待军政及一切公务人员；（2）不得接待年龄未满20岁或身心不健全之狎客；（3）不得贩卖、留存、吸食鸦片及一切毒品；（4）不得接待来历不明或持有伪身份证者；（5）不得有赌博或类似赌博行为；（6）不得深夜高声谈唱、无故喧嚷、妨害公共安宁；（7）不得留存违禁物品，及窝藏盗匪之赃物等；（8）不得摆花酒大请客，以妓院为交际场所；（9）禁止妓女在外狎宿；（10）禁止妓女患病接客；（11）严禁勾拐买卖人口，严禁未满18岁之妓女接客；（12）妓女不得站街拉客；（13）院主不得虐待及强迫妓女接客；（14）废除妓女与院主之间的一切契约；如有妓女申请脱离，院主应无条件允许其自由。对违反上述禁令者，进行罚款、拘役及封闭妓院等处分。①

如此严格细致的规定，妓院基本上没法做了。公安机关经常派干警去妓院检查遵守规定情况。各妓院不敢接客，狎客也惧怕留下姓名、地址后公安机关通知其工作单位，引出麻烦。随着狎客减少，营业清淡，一批妓院自行停业。1949年10月，公安机关重新办理妓院妓女登记，妓院已由解放初的525家减少至264家，妓女从2227人减少至1243人。1950年底，妓院妓女换证时，全市申领营业证的妓院156家，妓女559人。1951年，结合镇压反革命运动，逮捕虐待妓女的一批妓院恶霸，又关闭一批妓院。同年11月，全市妓院剩下72家，妓女181人。

---

① 中共上海市委党史研究室编：《上海解放初期的社会改造》，中共党史出版社1999年版，第570页。

第二步，收容改造私娼。上海解放初期，未经登记领证而从事卖淫的私娼超过公娼数倍。每到夜晚，她们便游荡在闹市马路上沿街拉客。一次，陈毅市长在延安东路共舞台看戏，警卫战士穿着便服在市长坐的汽车附近警戒。突然一个十几岁的小姑娘上前拉他的衣袖，轻声说："困一夜，两块钱，阿要？"警卫战士大声斥责："你干什么？！"把姑娘吓得往漆黑的弄堂跑去。陈毅知道了，对警卫战士说："今天她吓跑了，明天她照样又到街上拉客，可悲啊！"

私娼人数在一段时间内居高不下，单纯派干警上街逮捕，也难奏效。针对上述情况，公安机关从重点打击幕后操纵、胁迫私娼卖淫的私娼主和台基主（提供卖淫场所的人）着手，对私娼主要是采取驱赶和警告的办法。1949年11月，经市人民政府批准，民政局在泰兴路601号设立了妇女生产教养所，但规模不大，容纳不了众多的私娼。公安机关会同民政局收容了一批无家可归、流落街头的私娼。至1951年11月中旬，收容送往教养所的私娼400余名。

1950年9月，市公安局制定了打击私娼主、台基主的《目前处理私娼办法》，经市政府批准，对查获的私娼主、台基主、私娼和狎客，分别情况，采取教育、具结悔过、罚款、拘留、收容教养等处分。至1950年底，全市共查处私娼主、台基主627人，处理私娼和狎客7667人，私娼人数明显减少。

对已停业和希望转业的妓女，必须解决她们的生活出路。政府通过组织她们参加学习，接受生产技能训练，引导她们走上新路。

1949年7月，"百乐门""维也纳"舞厅的40多名舞女最先要求参加学习。紧接着，陶公馆、美星等妓院的妓女也一起参加学习。市民主妇联派来教员，通过学习使这些妓女逐渐认识了自身的价值和造成自身堕落的社会原因。1951年6月，老闸区"夜都会"妓院的12个姐妹组织了一个劳动小组，凑了一些钱，买来了织袜机，学织袜技术。大部分妓女不识字，毫无生产技能，也无乡可归、无亲依靠。她们只有通过读书和学习生产技能，真正成为新社会的劳动者，开始新的生活。①

第三步，封闭妓院，收容妓女。到 1951 年底，全市妓院已所剩不多，禁娼的条件和时机已经成熟。根据中共上海市委《关于本市处置娼妓计划》，11 月 13 日市公安局召集 72 家残存的妓院主训话，宣布妓院为非法，收回执照，命令立即停止营业。停业后必须为妓女治愈性病，帮助妓女转业，保证不转为私娼。11 月 22 日，市公安局召集 180 余名妓女开会，重申政府取缔妓院和娼妓的决心和办法，妓女们表示拥护政府决定，并控诉妓院主剥削虐待她们的罪行。

11 月 23 日，上海市各界人民代表会议协商委员会第七次全体会议一致通过取缔妓院、收容妓女的决议。25 日市中心区 9 个公安分局在各游乐场、马路上收容私娼 320 人。查封妓院 72 家，收容妓院主、老鸨、龟奴334 人。经审查后，移送人民法院判刑的 74 名，移送苏北农场劳动生产的260 人。收容妓女 181 人，全部送往民政局设在通州路 418 号的上海妇女教养所。至此，上海的妓院全部关闭。②

打击和处理旧上海的帮会势力是一项非常复杂、政策性很强、涉及面颇广的工作。解放前的上海，帮会拥有数十万徒众，上至国民党达官显贵，下至贩夫走卒。帮会势力除了从事烟、赌、娼和其他非法活动（如扒窃组织、码头把头、粪霸等），还打入上海商界、金融界、娱乐业，乃至工会组织，几乎渗透、控制了所有社会领域。活跃在街道里弄的恶霸、流氓，依靠帮会势力在地方上称王称霸。解放后，这些人仍不思悔改，照样收"年费""月费""保护费"，商贩、居民对他们必须恭敬避让，否则遭到谩骂殴打。当时清道工、清粪工、三轮车行业中都有把头。他们收徒结党，欺诈工友，勒索钱财，包揽生意，成为旧上海势力最大、根基最深的黑社会

---

① 邱译：《上海解放初期的禁娼运动》，中共上海市委党史研究室、上海市档案馆编：《上海解放初期的社会改造》，中共党史出版社 1999 年版，第 173—174 页。
② 《上海公安志》，上海社会科学院出版社 1997 年版，第 160 页。

组织。

解放前上海帮会势力最大的山头是黄金荣和杜月笙。中共中央对上海的帮会势力也极为关注。上海解放前，杜月笙避居香港。周恩来为了做好杜月笙的工作，转告秘密党员金山："对杜月笙的方针，就是要他努力使上海不乱。保护上海所有船只、民航飞机、工厂、银行、公司、商店不受损失，不使南迁，等待人民解放军前往接收。杜月笙如果能这样做，不仅中共可以与他合作，上海人民也将宽恕他的既往。"杜月笙到香港后，在金山的安排下与夏衍见面。他保证，一定安分守己，并让上海的徒子徒孙不捣乱。杜月笙的承诺，对上海解放后的社会安定起了一定作用。①

黄金荣已是80多岁的老翁，留在上海没逃走。夏衍回忆："南下之前，我和潘汉年一起，向主管白区工作的中共中央副主席刘少奇请示。我记得他（刘少奇）问潘汉年，青洪帮会不会像1927年那样捣乱。潘回答，据他了解，黄金荣那帮人不会闹事。潘汉年分析了黄金荣的情况，认为黄金荣和他的门徒在上海干了许多坏事。但是他没有逃走，没有破坏，说明至少对我党不抱敌意。他现在不问外事，我们就不必把他当作专政对象，只要他表示态度就行。少奇同志要潘汉年告诉陈毅、饶漱石：先不动他们，观察一个时期再说。"

上海解放后，军管会干部杜宣奉命带着解放军战士前往黄金荣寓所，向他宣布共产党的政策。并警告黄金荣：必须老老实实待在家中。如果发现他的门生在上海滋事，唯他是问。黄金荣知道军管会没有逮捕他的意思，连声答应，并交出了他在上海帮会的400余名门徒的名单。他感动地说："我贩过人口，贩过鸦片，绑过票，杀过人，各种坏事都干过，贵军对我竟是如此宽大，不关不杀。"他感谢政府对他网开一面，不予逮捕，并保证不在上海闹事。

---

① 中共上海市委党史研究室编：《浴火新生：上海解放图录》，上海辞书出版社2009年版，第84页。

杜月笙、黄金荣的态度，使上海最大的帮会组织在解放后没有兴风作浪，对社会稳定起了一定作用。但是还有一些行业的帮会，如码头帮会，并不甘心接受共产党的改造，与这些帮会的斗争经过相当复杂。

解放前夕，上海港码头工人约有 2 万人，大体分为杠棒、肩运、堆装、轮船装卸等几个工种，码头工人劳动强度大，作业条件差，收入微薄。洋商、老板操纵垄断码头的业务，横行霸道。他们下面雇有买办（商务代理人），买办在码头上设立华人账房，有的还有二买办、三买办，并雇用一些办事人员。多数的买办兼充码头大包工头，在码头上组织各种帮会团体，达到独霸一方业务的目的。包工头利用乡土观念，按不同籍贯与地区组成苏北帮、湖北帮、宁波帮等，各占一方。码头工人如果不入帮会，就没有职业保障和立足之地。

为了职业和收入，码头工人必须依靠包工头。他们终日辛勤劳动，得到的工钱却很微薄，最多只有两三成。以 1937 年黄浦码头装卸一批烟叶筒为例：两个工人合运一筒，每筒装卸费 3 元 7 角，日商老板扣除 3 元 3 角2 分，买办扣除 2 角 3 分，包工头再扣 7 分，到两个工人手里只有 8 分钱，仅占全部人工费的 2.8%。工人们愤怒地说："把头，把头，真是吃人不吐骨头。"

解放后，1949 年 5 月 28 日，军管会成立码头工会筹备委员会。由于封建把头势力从中破坏，工作难以开展。接管干部对虹口区几个基层单位 1311 名码头工人的调查情况来看，工人出身的占 62%，成分不纯的占 38%，其中有大包工头 19 人，二包头 60 人，三包头 38 人，小领班等 56人，散兵游勇 160 人，流亡地主 15 人，护工队 88 人，由于队伍不纯，在筹建基层工会时，让一些巧言令色者，利用帮会关系混入工会组织，并窃取了领导权。

解放后的上海港由于国民党海军在长江口的封锁，外轮来港减少，影响到码头工人的收入。一些包工头煽动工人游行请愿，挑起工人间的殴斗。码头工人领取工会发的救济米，包工头就造谣说："谁要是领了救济米，就要被送到东北去开荒。"太古码头包工头威胁工人说："谁要是参加工会，当心国民党回来杀你的头。"太古码头轮船装卸的包工头煽动工人殴打工会干部，并以罢工要挟，不准公司接管业务。据统计，1949年底至1951年6月止，发生大小殴斗事件4000多件，威胁、侮辱打骂公司、工会干部的有80多件。

码头帮会中，有普通劳动群众为主组成的帮会底层，以及介于帮会首领和普通群众之间的包工头阶层，他们对共产党各持不同的态度。因此，仅靠制定一项政策，采取一次行动是难以奏效的。公安机关遵照政府的方针，对帮会中三个阶层的不同情况，分阶段逐步解决。

首先，从解放之日起，贯彻"先打现行特务，后清历史反革命"的步骤，重点开展反特和反盗匪斗争。帮会中敌对分子受到沉重打击，罪大恶极的首领大部分被处决，各类特务盗匪集团也受到惩办。对帮会大多数人采取教育宽大和惩办相结合的方针，立足于教育挽救。

帮会貌似人数众多，除少数靠"吃帮会饭"的人之外，绝大多数都是被迫参加的。他们在党的政策的感召下，同帮会流氓划清了界限。脱离帮会组织，积极揭发和检举反动帮会头子，由此也孤立了少数反动的帮会头子和恶霸。

为打击恶霸、帮会头子的嚣张气焰，彻底改变码头面貌，人民政府着手反霸运动的准备。1950年4月5日，中央人民政府颁布政务院第二十五次会议通过的《关于废除各地码头搬运事业中封建把持制度的暂行处理办法》。全国总工会于8月24日成立了搬运公司。上海撤销原来的搬运工会筹备委员会，正式成立搬运工会和中共搬运党组。搬运公司与搬运工会在有关各区设立办事处、管理机构与区工会组织。从此，新中国有了共产党领导下的码头企业，码头工人完全摆脱了帮会的控制。

随着全国镇压反革命运动的开展，上海港开展了反霸运动。对那些罪大恶极、民愤极大的包工头，在报请上海市群众运动指导委员会批准后，相继在沪南体育场、公和祥码头、黄浦码头、浦东其昌栈码头召开声势浩大的公审大会。由政法部门宣布罪状，当场予以逮捕。

通过镇压那些罪大恶极、不杀不足以平民愤的恶霸，打击了反动残余势力的嚣张气焰，摧毁了封建把持的堡垒。根深蒂固的封建制度土崩瓦解。反霸斗争的胜利，使广大码头工人扬眉吐气，激发了无比的政治热情和生产积极性。反霸斗争也极大提高了广大码头工人的政治觉悟，解放前码头上那些敲诈勒索、偷窃成风等陋规恶习被一扫而光。码头工人以主人翁态度和极端负责的精神对待工作。他们爱护公物，轻装轻卸，搬运米包时，自动放弃使用手钩，还随身带着针线包，缝补破袋，运输效率也大为提高，上海码头的面貌发生了翻天覆地的变化。①

---

① 　黄臻睿:《解放初期如何与上海滩黑帮斗争》,《东方早报》2015 年 12 月 15 日。

第 12 章 | 在反封锁的日子里

- 国民党海军封锁长江口
- 上海台风灾害
- 开展反封锁斗争六条方针
- 节衣缩食，减少能耗
- 将燃油设备改造为燃煤
- 改用国产棉花纺织
- 疏散城市人口，动员难民回乡
- 工厂搬迁内地
- 由外向型经济转为内向型经济
- 进口原料的国产化

国民党军虽然从上海逃走了，但是仍保存了完整的海军和空军。根据蒋介石在台湾部署的"反攻大陆"计划，国民党军以舟山为基地，对大陆实施海上封锁和空袭。采取的措施是：（1）在渤海、长江口、华东及华南沿海布放水雷，以其封锁中共经由海上对外的联络；（2）查缉前往大陆的各国商轮，先后没收了3艘运送汽油的苏联及波兰籍商用油轮；（3）运输补给各外岛：大陈、南麂山、马祖、金门、澎湖及东南沙群岛，并巡逻台湾海峡。

从1949年6月23日起，国民党当局宣布对长江口及其以北直至山东半岛的沿海实行封锁。执行封锁长江口任务的是国民党海军第1舰队。舰队司令刘广凯指挥"太和""太康""太昭""太平"4艘驱逐舰及"永丰""永泰"等炮舰，从舟山出动百余次，拦截过往的美、英籍货轮41艘，捕获汽船25艘、机帆船200余艘。11月27日，英国驱逐舰4艘掩护多艘英国商船进至长江口，遭到国民党海军4艘驱逐舰的拦截。英军指挥官与刘广凯谈判，表示他们所载物品全是商品和工业用品，并非军用品，可以上船检查。他们是按合同到上海经商，对国民党海军违反国际法的行为表示抗议。双方在海上僵持了三天，这期间有一艘美籍商船"富兰克林"号强行闯关，国民党海军开炮射击。该轮中弹多处，仍勉力驶进上海港。英国船队见国民党海军如此野蛮，被迫驶向外海。为了遏制外轮进入上海港，国民党海军奉蒋介石电令，于 12 月 24 日在长江口布雷。水雷深度为低潮水面下 1 米，雷区设计为两排，错综敷设。25 日完成。

当时上海主要工业生产原料大部分依赖进口，上海的产品也需要国外的市场，国民党海军封锁长江口使上海经济陷入巨大困境，以"卡脖子"来形容毫不过分。国民党空军的飞机也时常从舟山起飞，对上海进行袭击和轰炸。6 月 20 日，两架"蚊"式战斗机下午飞至龙华扫射三次。解放军防空部队以高射机枪射击，迫其不敢低飞。又在董家渡码头投弹一枚，炸毁木船三只，四人被炸身死，三人被炸伤。[1]

6 月 29 日，国民党飞机数架疯狂轰炸闸北等地区，人民生命财产蒙受严重损失。闸北投弹十余枚，毁屋百余间，伤亡在两百人以上。中华新路、沪太路段毁草房四十间，死十二人，伤四十人。北站宝源路、启东路口炸毁楼房九幢，平房三间，草房四十六间，死三十五人，重伤六十六人，轻伤八十人。虹口四川路一带落弹三四枚，毁屋二三十间。[2] 由于上海没有防空能力，不能事先发现敌机进行预警，也没有高射炮火打击敌机，所以每次国民党飞机都如入无人之境，肆意对市区建筑和平民进行轰炸，对百

---

[1] 《解放日报》1949 年 6 月 21 日。
[2] 《解放日报》1949 年 6 月 30 日。

姓的心理打击极大。

祸不单行，1949年7月24日夜里，强台风挟着暴雨袭击上海，又恰逢月底涨潮，吴淞口外海水倒灌入黄浦江、苏州河，酿成自1915年以来最大的台风灾害。上海周围二三十里地区内，除个别较高地区外，全市大小街道水深1—6尺，南京路上永安公司附近水深及腰，灾情最严重的是苏州河北闸北、虹口、杨树浦一带，一般水深均达3尺左右。二分之一以上的棚户屋顶均被台风揭翻，江水沿马路滚滚涌进，三分之一的棚户屋内水深1—2尺，郊区约有20万难民纷纷逃入市区。老闸区三层楼吹倒者就有鸿运酒楼、三泰旅馆等处。闸北区被压致死者14人。①

7月25日，上海市政府夜里召开紧急会议，部署救灾抢险。陈毅一脸懊恼，在会上主动作检查："我们的气象预报制度未认真建立起来，没有及时掌握台风动向，造成如此重大的损失，主要是领导上的责任。我自己也疏忽，竺可桢先生曾几次向我说，大风快来，要注意。还说，气象台拨交文管会，但接管后因无专业知识，没有管起来。想起老先生的话有道理，说明自己不懂，又不听人家的，教训很大。上海这样大，光靠我们管不行，要大家管。"②

上海市政府紧急会议决定各区迅速组织难民救济委员会，设立难民收容所，并动员工会、青联、学联、妇联、工商界及慈善机构协助进行紧急救济工作。面派大批得力干部前往灾区紧急抢救遭难人民，首先动员学校、电影院、剧院、会馆等公共场所先行安置难民，按实际情况发放救济粮，解决难民食宿问题。在大世界设立难民收容所，警备部队与公安局亦派大批员警前往灾区加强警戒，对于国民党特务或地痞流氓企图趁火抢劫者，坚决予以惩办。公安局消防队派抽水机，首先把电话公司等重要公用机关屋内积水抽干。红十字会及医学院的学生，组织难民医疗队，公私立

---

① 《解放日报》1949年7月26日。
② 刘树发主编：《陈毅年谱》，人民出版社1995年版，第577页。

○　漫画《救灾》，刊于 1949 年 7 月 26 日《解放日报》头版

医院尽量收容及医治受伤或得病的难民。

全市职工奋力抢救，与台风灾害作斗争。中纺第一针织厂厂内没水 6 寸左右，针织部马达在底层先浸到水，军管会同志立刻动员工友 10 余人进行抢救，把浸水及尚未浸水的十几台马达都抬到高地或用板搁起来。上海电力公司全体电线工人自台风过后，日夜轮值冒暴风雨出动至所辖地区出事地点抢修。据该公司康定路紧急修理处统计：自 25 日零时起到 21 时止，共接获出事报告近 300 起，包括电线爆断、电杆被吹倒、变压器烧坏、工厂住户断电或走电等情况，他们对掉落在马路上的电线和工厂厂房走电，迅速抢修，防止蔓延。有的地区道路积水过腰，致使抢修车不能行驶前往，但工人均设法克服了困难。

军事封锁、轰炸加上台风灾害，使上海的局面困难到了极点。中共中央华东局、上海市政府决定向全市人民公开这些困难，号召开展全面的反封锁斗争。1949 年 7 月 27 日《解放日报》发表社论《粉碎敌人封锁，为

○ 1949年8月，陈毅视察浦东海塘抢修工程

建设新上海而斗争》：

　　远在上海解放之前，我们就指出：欲使上海和平建设获得确切的保障，就必须把帝国主义侵略势力完全肃清；就必须把国民党残余势力全部歼灭。同样，欲使今日畸形发展的上海，改造成为一个真正繁荣的新上海，就必须用一切努力使上海首先摆脱对帝国主义经济的依赖。要把一个病态臃肿的旧上海，改造成为一个健全繁荣的新上海，就须要有一个暂时的"后退"与"紧缩"过程。而这种"后退"与"紧缩"，正是将来新上海长期稳步前进与繁荣发展的必要条件。

　　国民党残余势力向我上海和平居民不断进行轰炸、扫射，及对上海和我沿海各港口实行武装封锁。他们企图阻塞我内外交通，断绝我煤粮及工业原料的供给，来破坏我上海生产建设。

　　全上海全华东的党政军民同志们，我们号召你们，为了粉碎敌人的封锁而一致团结起来，坚决实行下列的任务：

一、积极支援人民解放军南下作战，迅速解放福建、台湾，并配合全国各地解放其他一切尚未解放的地区。这是回答敌机轰炸扫射及粉碎国民党残余势力对上海和我沿海各港口武装封锁的最有效的办法。

二、有计划地有步骤地实行疏散人员和实行将部分学校工厂内迁。首先应劝导一切逃亡来沪的农民和青年，立即各返原乡参加生产。动员大批难民与失业群众到皖北黄泛地区与苏北垦区垦荒生产。此外，应鼓励某些学校工厂内迁，以便就粮、就煤、就原料，以改变目前上海拥挤现象，减少城市负担。

三、改变今后上海生产方针与发展方向。无论公营或私营企业都应设法摆脱对帝国主义经济的依赖，并应把为国内市场生产作为今后上海一切企业生产的方针与发展的方向。（如大量生产国内各城市、各矿山所需要的机器，及农村所需要的农具、肥料、布匹等。）因为只有国内各城市经济发展与农业生产力提高，则上海工业生产基础才有保证，才可以自力更生和摆脱对帝国主义的依赖。

四、动员大批工人学生与党员干部到农村工作，动员广大农民群众肃清土匪、改造政权、发展生产、有步骤地进行土地改革。这是目前具有头等重要意义的任务。因为只有使广大农民生活改善及农业生产提高，才能一面扩大工业品所必需的市场，供给城市更多粮食和工业原料；只有依靠广大国内市场及广大农村供给足够的粮食和原料，才能使上海走上健全与繁荣发展的轨道。

五、发展内地交通，鼓励城乡物资交流。国民党残余势力以封锁办法来阻止和割断我内外交流的关系，为了粉碎敌人封锁，我们必须迅速发展内地交通，加强城乡互助，以发展和繁荣国内经济。

六、实行节衣缩食，克服目前困难。一切党政军民组织，必须厉行精简机关、紧缩编制、清理资财、建立制度、节省开支、反对浪费、提倡艰苦朴素作风、克服奢侈浮华的习气，来克服当前的困难。

全上海的工人、学生、一切劳动群众与一切进步的产业界人士和一切爱国的民主人士们：紧急动员起来，为粉碎敌人的封锁而斗争！为克服目前的困难及建设新上海而斗争！

社论发表之前，华东局给中央发了请示电：

"敌人对上海封锁与不断轰炸快一个月了，各方面的困难正在日益增长着。为了动员组织群众并依靠广大群众力量有效克服困难起见，我们拟发动并展开广大群众反封建运动。我们草拟了一篇《粉碎敌人封锁，为建设新上海而斗争》的论文，拟用解放日报社论形式发表。……为了集中反帝、反国民党，故全文仅集中对外，帝国主义、国民党不断轰炸与武装封锁，而未提出天灾与财政困难等，但在党内干部动员时，则同时提出农村工作未开展，天灾、支援战争任务仍严重，与财政困难等，在任务方面增加和强调克服资产阶级思想的影响一条。因为自进入大城市后，干部享乐腐化思想正在发展，且甚严重。如果不集中反对和加以克服，则无法团结全党，并有力领导人民进行克服困难的斗争。"①

按照六条指示，各行各业都积极行动起来。党政军机关带头勤俭节约，节水节电，杜绝奢侈浪费。上海警备司令部各科过去电灯都是通宵不熄，自实行节约后，由供给部门每晚派人督促检查，直至各科养成自动熄灯的习惯为止，每晚除值班室及必要路灯外所有电灯在吹熄灯号后即皆熄灭。公文纸用过去留下的空白公文。供给股同志自制信封5000个。华东区海军司令部政治部负责同志取消了原有小灶，改吃大灶。该部并规定：交通汽车非因工作不得开行，通讯员送信如有急信或工作繁忙时，才能乘坐电车或公共汽车。公安局水上分局规定了节约办法：办公室电灯晚上7时开放9时熄灯，理发室电吹风一律禁用；天气酷热时电风扇每天限用5次，每次不得超过10分钟；自来水除煮饭喝水洗面洗澡外，洗衣洗脚一律用江水。卢家湾分局规定80度（华氏）以下不使用电扇，洗菜、淘米、洗衣等

---

① 中央档案馆、中国人民解放军档案馆编：《城市解放》，中国文史出版社2017年版，第70页。

尽量使用井水。

铁路职工和工厂企业也厉行节约，提高效率、改进生产、减少浪费。上海铁路局召开动员大会后，各部纷纷制订生产节约计划。电力厂电力股工人组织调查组，查出许多偷电与装用电炉的情形，电厂自节约电力后，用电立刻由4000度减少到3700多度，节省电力8%。减少电梯使用后，每日可节电200度。内部交通汽车亦自动停驶，以节省汽油。

公共交通公司员工发起减少公务车，节约油料（原有公务车20辆，月耗汽油1200余加仑）。夏季服装改用粗布，向解放军看齐。

油轮公司把所有7辆汽车停驶，仅留一吉普车公用，估计每天可节省汽油17加仑。以当天价格每加仑1836元计算，每天即可省人民币3万余元，每月可省公司开支93万余元。

中纺总公司在管理工作上力求节约：简化手续，精密调查调配，绝对不使发生浪费脱节现象。人力方面裁减机构及冗员，物质上尽量减少浪费。过去驳运队在沪东，经常运送原棉等到沪西各厂后，总是空车跑回，浪费汽油很多。现在决定在沪西设立调配站停放车辆，将各厂成品分批运送至各栈房，节省汽油开支。中纺一厂职员自愿每月吃四斗八升米，节省一斗六升，准备捐献。印染三厂100支灯泡改用60支，废除电力烧水，较前节省40%。纤纱间尽量利用纤脚，每月可省纤纱五六百磅。浆纱不用小粉，改用自己的烂浆，月省面粉900包。绢纺一厂人工方面进行调整，把排线间过剩的三个女工调到加工场，这样加工场每人修整3匹绢，三人即可修整八九匹绢纺。一机厂职员伙食改每餐五菜一汤为二菜一汤，并自愿放弃汽车接送，节约汽油。①

私营企业职工设法维持生产，协助资方克服种种困难。由于海口被封、产品滞销，资方资金周转比较困难，私营企业职工自动降低工资和待遇，以维持工厂继续生产。过去向来织造高级内衣的新光内衣厂的千余职工，

① 《解放日报》1949年7月29日。

自动把原来一元底薪折合白米 4 升的计薪办法减为一元底薪折合两个折实储蓄单位。他们并答应工资可按照厂中经济情况机动地分期发放，以便资方在运用资金时有周转回旋的余地。

除了在薪金待遇方面作出让步，上海私营企业中的工人、职员以增产节约、改进经营管理等办法来协助资方克服各种困难。兴亚钢业厂在得到重工业处委托制造 12 万只道钉之后，大家日夜赶工突击，比原定计划提前 3 天交货。振兴毛织厂的工人在职工会领导之下厉行节约，每天可节省羊毛和毛纱 10%，而产品的质量仍和从前相等。该厂资方为了酬谢工人，特拨出一部分款项，设立小型图书室，便利职工学习。鸿章纱厂资方因原料缺乏，成品滞销，计划停工 3 个月。鸿章工会经研讨后，认为停工不是办法，向资方表示愿意协助克服困难。同时向资方建议调回解放前隐藏的资金来维持生产。原来伙食吃得比较好的职员们亦同意减低伙食标准，节省厂方的开支。在职工这种热诚帮助下，鸿章资方打消了关厂停工的想法，继续开工生产。

商业方面，著名的上海永安、新新、大新、先施等各大百货公司，解放以来，由于高价货品的销路减少，加上业务经营不善，以致生意清淡入不敷出。职工们为改进公司业务，协助资方改变业务方针和经营方法，新新公司的职工向资方建议迅速脱售高贵货品，调换绝大多数市民需要的日用百货。永安公司的职工则向资方建议裁撤冗员，节省不必要的开支。由于职工们积极生产、想办法克服困难，因此各大公司的业务情况已逐步好转，新新公司每天营业数字均在人民币 1000 万元左右。

上海的奢侈品商店如银楼、珠宝、古玩等行业，纷纷改变营业方向。如同孚路、福煦路口的鸿祥珠宝首饰店，已经改变成为鸿祥车行，经售脚踏车。南京路山西路口的新宝成银楼，也已改卖无线电。南京路近西藏路方九霞银楼，改成三友实业社的分销处，这是方九霞银楼 39 位职工提出来的办法。国际、品珍等首饰公司，业已改营百货。珊瑚林古玩流通处，改为缝纫厂。福源斋古玩店，也早就在经营对客寄售百货业务。中国国货公司，劳资双方新近组成的业务会议上，提出专售日用必需品，预备从根本上彻底改变业务经营的方向。①

上海私营企业职工，在解放之初，一部分工人要求资方改善待遇和准许复工方面，不免曾有些过激的行动。但是在上海总工会筹备会的领导下，经过政治学习之后，工人的觉悟大为提高。尽管某些工人中间的"左"倾的情绪尚未完全消除，但绝大多数的工人都已深刻地体验到只有执行"劳资两利"的正确方针，才符合工人阶级的长远利益。资本家也认识了工人阶级在生产事业中所处的地位和所起的作用，愿意听取职工的意见，共同努力来战胜暂时的困难。②

在反封锁的日子里，上海最困难的是能源问题，首先是燃油。中国当时石油资源极为缺乏，上海的燃油全部依赖进口。燃油来源被切断，储存的燃油是烧一升少一升。因此上海石油管理处对石油的配给控制非常严格。7 月 28 日国外贸易管理局石油管理处通报：各业用户得到配油后，如发现所报不实，或有转售图利情事时，经严格查明后，按情节之轻重，分别予以短期或永远停配的处分。同时对蒙骗犯罪行为情节严重的，移送人民法院处理。③

9 月 2 日，华东区国外贸易管理局公布《汽柴油管理暂行办法》。宣布对汽油、柴油实行统购统销，凡拥有油料的货主，包括中外油公司、经销商，都要向石油管理处申报登记拥有的油料种类、数量、储藏地点。如确有需要的，呈报主管部门审核，配给定额。如货主没有急需，应由石油管理处统一分配，或作价由中国石油运销公司收购。所有油料未处理之前，应予冻结，不得私自转让、销售。④

---

① 《人民日报》1949 年 8 月 17 日。
② 《解放日报》1949 年 9 月 13 日。
③ 《解放日报》1949 年 7 月 28 日。
④ 《华东区国外贸易管理局汽柴油管理暂行办法》，《华东区财政经济法令汇编》之《贸易：国外贸易》，华东区财政经济委员会计划部编印，1949 年 12 月出版，第 38—39 页。

节约燃油资源最重要，石油管理处积极推动各用油大户将燃油设备改装成燃煤设备。

上海公交公司汽车用的燃料是汽油，上海用的汽油一向是依靠国外输入，在反封锁斗争中，公交面临着最大的困难就是汽油。而公交亏损的主要原因是燃料价格的高涨和来源的枯竭，以 1949 年 11 月为例，燃料费支出占全部收入的 90%。公交公司要减轻负担和政府的贴补，从节约燃料和寻找适当的燃料代用品上下功夫。8 月开始试用混合燃料，由汽油改进到 30% 的汽油和 70% 的酒精。10 月份又掺入火油，100 加仑混合油，酒精占 85%，火油占 5%，汽油 10%，使汽油的消耗减少，行驶效率未受到很大的影响。

在自力更生的前提下，公交公司又获得一项重大的成就：改装了 20 辆木炭汽车和 40 辆白煤车。经过工人和工程师的共同努力，经多次的改装试验，克服了最主要的煤气发生炉的储气量困难，将炉子改为夹层式。木炭车从 10 月 22 日开始行驶，到 11 月共行驶 71065 公里，消耗木炭 7 万公斤，成本方面较汽油可减低 62%。由于木炭的体积庞大，使用前必须敲碎，大量的采购不及白煤的产量丰富，于是决定改烧白煤。但木炭炉子烧白煤，会使煤渣结成硬块，堵塞空气，影响煤气的发生。工程师在炉子的上层加装了一个水箱，通一根管子，把水蒸气和空气混合，炉底层高热减低，水分松散煤渣，这样就能够排除煤渣。但这样设计的炉子是一个庞大的圆柱体，装在车子后面。于是重新设计一种长方形的炉子，装在驾驶室的左侧，把炉底的炉栅改成活动的。自木炭车改装成功后，首先在十路公交线路上运行。改装后行驶速度与汽油车相差不大，汽油车每小时最高速度 65 公里，炭煤两用车每小时 40 公里，在市区内行驶已满足需要。燃料成本木炭较汽油可减低 62%。以每辆公交车每天行驶 160 公里计算：汽油需用 23 加仑，按当时市价是人民币 138000 元（旧币）；改烧木炭需用 340 市斤，合人民币 51400 元。不过改用煤气发生炉后，车辆保养和修理等费用较前增加。因公共汽车在市区内行驶短程，时停时行，煤气使用量变化很大，起步时容易因煤气接不上而抛锚。烧白煤时发生煤渣和煤灰的堆积，须时常出灰，在使用上较麻烦。[①]这种拖着锅炉的公交车，成为当年上海一景，大约运行了一年左右。

上海用油的最大户，是杨树浦发电厂的燃油锅炉，此时属于美商上海电力公司。封锁使发电厂也同样面临燃油短缺的困难，过去所用的燃料有78%是依赖进口的柴油和燃料油，煤用量仅占20%，其中部分还是由国外运来的。美商上海电力公司的锅炉过去96%是用燃料油，燃煤仅占4%，平均每月耗油3万吨，全年消耗外汇美元600万元左右。解放后虽然极度缺油，但是煤有了充分供应。上电工人与工程师经19天的抢修，终于胜利完成锅炉改造任务，解决了上海供电缺乏的难题。把燃油锅炉陆续改装成燃煤设备后，初步战胜了封锁的困难。1949年12月份用煤已占99%，用燃料油仅占1%，发电量最高曾达14万千瓦。[②]

上海最大的工业是棉纺织业，解放前主要是依赖外国原料和外国市场。公私营棉纺织厂共有纱锭240余万枚，所需棉花大部依赖美国和印度棉花的输入；生产出来的纱布亦有相当部分依赖南洋等地的国外市场。由于国民党军的海上封锁，棉纺织业遭受着原棉缺乏、产品滞销、成本高昂的严重困难，最集中地表现为棉纺织业在解放后的减产。封锁并不能长久地窒息上海棉纺织业的生存和发展，相反地而是促使上海棉纺织业走上独立自主发展的转型。

拥有纱锭90万枚、织机18000台的中国纺织建设公司所属各厂，3个月来在原料销路等困难下尽力维持生产。机器没有停止转动，工人避免了失业。中纺各棉纺厂6月份每周开工五日五夜，全月开班平均运转纱锭52万枚，占纱锭总数的56%以上；产纱22000余件。7月中旬起，为了照顾原棉供应情况不使生产中断，各厂改为每周开工四日四夜，8月22日起由

---

① 《解放日报》1949年9月11日。
② 《解放日报》1950年1月22日。

于电力供应关系，改为每周开工三日五夜，运转纱锭已增至 59 万余枚，生产情况逐步好转。

上海军管会轻工业处为有计划、有步骤地改造企业，首先是适应国内原料供应情况，把原来纺细纱 38 万枚纱锭逐步减为 10 万枚，其余改纺粗纱。中纺过去有半数锭子纺细纱，因此不得不大量购用外棉。另一方面，国民党统治时期采取低汇率政策，使美棉能以低于国棉的价格大批输入，严重地损害了中国棉花的生产，造成上海棉纺业的原料供应严重依赖外棉的畸形现象。过去上海棉纺业的外棉用量都在用棉总数的 60% 以上。改纺粗纱，大量收购国棉，就可以摆脱封锁和控制。各棉纺厂所余废棉和下脚棉每月约在 3500 担左右，从此利用这批废棉和下脚棉来纺织军毯，供应军队需要。减少外销布、花色布的产量，多织 12 磅细匹布和粗哔叽等老百姓所需要的货品。

私营棉纺厂过去也是依赖外棉的。上海解放后，市贸易总公司为执行公私兼顾、发展生产的正确方针，扶助私营棉纺织业维持生产，3 个月来曾经两次紧急配棉。7 月 8 日首次配出原棉 2 万担，按照以棉易纱（即代纺）的原则，和私营鸿章、永安、申新等 21 家纱厂签订合约。8 月 29 日又和大丰、恒昌、永安、申新等 50 家私营纱厂签订合约，紧急配棉 3 万担。此外，上海公私营棉纱织业为求彻底摆脱对于进口的依赖，克服原棉困难，筹组了上海公私营棉纺织业联合购棉处，吸收各厂自动参加。估计全年需棉 360 万担，平均每月 30 万担，在今年新棉登场以前，拟收购 15 万担，约需款 200 亿元。在 200 亿资金总额内，政府贸易机构入股 20%，余额由参加的各厂按纱锭数比例认缴。联合购棉机构的组成，对于之后上海棉纺织业的生产和原棉供应保障起到很大作用。[①]

减少上海的城市人口，也是反封锁斗争的重要任务之一。上海解放后，军管会即开始清理人口。大量的国民党军散兵游勇，由上海警备区负责登

[①] 《解放日报》1949 年 9 月 8 日。

记遣返。大量在战争期间涌进上海的难民、逃亡地主，由民政部门负责遣返。1949 年 6 月 23 日，上海接管工作初步就绪后，军管会政务接管委员会召开上海私立公益、慈善、福利等团体座谈会，说明政府对于遣散难民回乡的政策与方针。政务接管委员会副主任曹漫之讲话指出："上海是中国第一大城市，也是中国最著名的消费城市。大量非生产人口拥挤在上海，使上海社会表现着极不正常的状态。贫困、失业，影响上海治安，这是目前安定上海要立即处理的问题。政府目前的措施，一方面恢复上海生产，一方面动员难民回乡。即是要把城市中过剩人口，改变为农村中的生产力量，使他们不再寄生城市。上海难民中有些是逃亡地主，他们可以放心回去。只要他们不再作恶，他们是能获得生产资料与生活资料的。政府对还乡难民普遍发给通行证，实在无力回去的，经调查属实者，政府并可在公营车船费等方面予以减费或免费。"①

各区政府认真收容和遣返难民，江湾区于 6 月下旬作了全面部署。首先是深入群众，了解难民的思想，例如顾虑无路费，回家生活问题等；地主还乡团怕回家后遭斗争；流氓怕回家参加劳动，认为在上海不劳动也可混饭吃。干部们进行对症下药的宣传，打破他们的顾虑。对无职业、生活贫困、有还乡愿望的难民，加以培养教育，使其成为还乡生产的积极分子。通过这些积极分子去联络动员，能起很大作用。如第十保培养了三个积极分子，通过他们去动员了十几户难民自愿还乡，并由此推动 30 户难民自愿还乡。对难民所提出的困难，求得适当解决。杨家宅有五户难民想回乡，开始都要求公家帮助解决车票，并有两户要求公家帮助解决路上的生活问题。干部了解了真实情况，教育群众不要依赖公家。积极分子刘高花向大家说明："政府还要大量经济物资支援前线，解放华南的广大苦难人民，我们自己就是苦一点，困难还可以设法解决。在路上如果哪个有困难无法解决，我们大家可以互助。"在他的带头作用的影响下，大家都愿克服困难，

① 《解放日报》1949 年 6 月 24 日。

自力更生，不依赖政府。①

反封锁斗争开始后，1949 年 8 月 5 日中共中央华东局发布《关于上海市疏散难民回乡生产的指示》，严厉地、大规模地疏散城市人口。这次不仅是外来的难民和流民，上海市无业的市民也在疏散之列。指示说：

"为了克服国民党残余势力封锁上海及沿海各港口所加于我们的困难起见，必须下最大决心改变上海半殖民地经济的畸形状态。必须采取最有效的方法，疏散大批失业及无业的市民回乡生产，以减轻城市的负担，以增加农村的生产。对一切失业及无业的市民，不能采取暂时救济与就地维持的消极办法，而应采取疏散回乡生产的积极方针。为此，华东局对疏散难民回乡生产特作下列的指示：

"第一，必须普遍进行宣传教育，以消除难民回乡生产的顾虑。首先要明确宣传我党的政策，对逃亡离乡的地主富农，除个别罪大恶极，犯过杀人罪行的，必须分别轻重予以法办外，对个别欺压过农民的地主富农，只要其回乡后能改过自新进行生产，政府和人民定当宽大处理，不加追究。对一般逃亡地主返乡生产，各地政府与农会应分予应得的一份土地房屋，使他们有生产劳动和改造的机会。对受反动宣传欺骗蒙蔽或被国民党反动势力强迫离乡的农民和青年，应欢迎他们回乡参加生产建设。

"第二，为了贯彻疏散难民回乡生产的方针，城乡工作必须密切协同配合，上海市应着重于难民疏散的动员及组织输送工作，山东、苏北、皖北及其他各地应负责接收与组织安家生产工作。至于运输线之规定，沿途食宿站之设置，回乡后收容之方法及每一地区所能容纳之数量等问题，均应事先双方统一具体商定，力求避免脱节现象。应指派专门干部率领回乡，对全部疏散回乡生产的过程，应采取完全负责态度，不能采取遣散了事的不负责任态度。

"第三，疏散难民回乡生产，要与社会救济工作结合。应动员一切慈善

---

① 《解放日报》1949 年 7 月 12 日。

救济机关为疏散工作服务，应将救济工作重点放在帮助疏散回乡生产方面。对自愿回乡生产而有实际困难者，应给以各种方便与必要的救济；对不愿回乡生产者应少予救济或不予救济，以打破依赖救济的偷安思想。

"第四，除动员一般难民各返原乡分别安插就地生产外，还应有计划的动员和组织一批难民前往皖北黄泛区及苏北垦区从事垦殖，生产棉花粮食。因此华东局决定分别于东台及阜阳两地设立专门的垦殖机构，主持此项工作。

"第五，充分组织使用各种交通工具，除轮船、火车外，一切帆船、小车等，也应尽量发挥其作用。各地应投资城乡运输合作事业，促进城乡物资的交流。

"第六，疏散经费的来源，主要依靠发动社会互济，再由政府加以必要的协助。要动员一切慈善救济机关为疏散工作出钱出力；其次，由人民政府在慰劳费中拨出一部分充作疏散费用。

"第七，为完成这一艰巨的疏散工作，决定在上海市委之下设立专门委员会，研究具体进行计划，并联络上海各群众团体、各社会慈善救济团体共同建立上海市疏散难民回乡生产救济委员会，作为组织执行疏散难民回乡生产的机关。

"第八，疏散城市过多的消费人口与难民回乡生产工作是一件极繁重复杂而艰巨的工作，必须依靠全党全军与各阶层人民通力合作，必须成为广大群众运动。对一切疏散回乡生产计划和办法，必须发动人民代表讨论通过。对疏散经费的募集和账目的开支，必须绝对公开。"①

8月28日，上海疏散难民委员会成立。民政局局长曹漫之向会议提交了《疏散难民回乡生产救济方案》，对该方案进行了详尽的解释。各机关代表、民政局、各区接管委员会、联合救济委员会各区工作站的疏散难民工作人员近一百人列席会议。会议组织常务委员会，下设四个分组委员会：

---

① 《解放日报》1949年7月25日。

（1）经济筹划，（2）生产计划，（3）疏散遣送，（4）宣传教育。又在常务委员会下分设秘书处、组教处、调查处、交通处四个具体执行工作机构，开始执行疏散计划。上海解放后两个月，已经有40万难民还乡。据市政府政务接管委员会统计，自动还乡者约20万人，政府与救济机关遣送回乡者约20万人。估计上海600万人口中，约有贫民65万人，无业游民17万人，逃亡地主约10万人。①

8月开始的疏散遣返，首先是清理在上海没有固定户口的外地人，动员他们返回原籍。通讯《送行》描述了杨浦区遣返难民的情形。

经过说服动员以后，杨树浦区难民121人，走的日期决定好了。16日走京沪线和沪杭线，17日走平沪线，集合地点是明志小学。一清早就有难民挑的挑，扛的扛，捎了行李，带了小孩到来了。十时左右，区公所同志来点名，把难民按地区编成小组，每组选出组长一人，共分镇江、南京、杭州、济南、天津等组。然后发生产证明书和免费乘车证。

中午，救济会的工作人员与北站军事代表接洽难民进站。一时半，大队的黄鱼车（三轮送货车）载了行李和难民来了。区公所同志们和救济会同志们担任了临时纠察，把身上佩有难民证的放进去。

北站出口外的一条走廊，难民们点一下名，看是否有难民尚未进站。区公所同志去买车票，救济会同志则挨户发路粮代金。火车一到站，区公所和救济会同志即去占车厢，难民们的行李既多且重，一下子搬不完，平均每人要来回两三次，当所有行李都上车厢的时候，衣服都给汗湿透了。

所有难民和行李都上了车，工作人员又上车去替他们安置行李。一切舒齐，召集小组长，叮嘱他们沿途如何照顾难民，如何接洽转道。更叮嘱他们到家后写信来。叮嘱完毕，工作同志下车，向难民挥手说："再会

---

① 《解放日报》1949年8月6日。

了！""谢谢您，同志。再会了！"多亲热的声音。大家在月台上走着。虽然汗还在淌着，可是脸上都挂着一丝笑容。①

各单位的疏散工作，陆续扩展到暂时失业的上海人。原来从事进出口外贸、豪华酒店的员工，因为封锁造成经营困难，也被动员回乡生产。原国外贸易总公司的职工响应回乡生产，克服暂时的困难，自动报名者极为踊跃。3天内就有170余名（包括机关及仓库）办理了回乡手续。公司为了照顾他们家庭实际困难，发给补助费，路途很远的还酌情发给路费。

南京路外滩豪华的汇中饭店（今和平饭店南楼），解放以后失去了国外客源，也没顾客来高消费，生意趋于冷落。店方以"亏本"为理由要裁减职工五分之二。职工会向资方建议，说服店方取消了裁员减薪的原意，决定由职工会动员职工自动离职，回乡参加生产。离职的照旧维持职工的待遇。经过耐心教育，请求转岗有54人，其中31人返回浙江原籍参加生产，其余21人亦已相继转业。

在反封锁斗争中，上海市政府还有一个重要决策：迁移部分工厂到内地，解决原料和生产的困难。第一个迁移的是中国标准铅笔厂。标准铅笔厂拥有月产两万箩铅笔的机器设备，以后为了扩充生产，又添购了产两万箩的机器，但是在国民党时期局势动荡，生意冷清，添购的机器只好搁在一旁。封锁后由于该厂原料木板、石墨都依靠外国进口，70%的市场又远在华北，产量由月产两万箩降到月产6000箩，只有正常时的30%。1949年5月，该厂总经理吴羹梅参加了民主人士东北参观团，他发现哈尔滨是铅笔业的理想地区，制造铅笔的主要原料如椴木、笔铅、黏土都可就地取材；北方气候干燥，宜于制造铅笔，大可减低成本。且该区解放已久，币值稳定，更是建设新厂的有利条件。至于销路方面，据吴羹梅估计：东北年需铅笔15万箩，哈尔滨58家手工式的铅笔厂，一个月的总产量仅1.2

---

① 《解放日报》1949年8月22日。

万箩，尚不足供应东北。全国面临解放，推算每年铅笔消费应达 230 多万箩，但是目前全国总产量仅 100 万箩，所以铅笔工业前途光明。经过与哈尔滨企业公司总经理杨祝民商洽，拟由哈尔滨企业公司与中国标准铅笔厂合作，在哈市建立一个机器铅笔工厂。吴羹梅 6 月底回沪后，短短半月商定了资金和生产计划等重要问题，双方完全同意在哈市创立哈尔滨中国标准铅笔公司。资金方面哈尔滨企业公司出 60%，中国标准铅笔厂出 40%。前者提供厂房，谋划业务；后者供给机器，负责技术。①

中国标准铅笔厂资金上得到了合作后，在两星期内完成机器的拆卸和装箱工作，于 1949 年 8 月 18 日分装卡车七辆交上海铁路局待运。中国标准铅笔厂部分机器的内迁，正好符合上海市委和政府的号召，于是获得铁路局局长黄逸峰的协助，拨 30 吨棚车一节，专载该厂机器由上海直达哈尔滨。工厂人员的调派，也是比较困难的。职工本人都愿意随厂到东北去，只是家庭方面有或多或少的牵制。厂方和职工会在考虑人员的调动时，一面考虑设厂需要，技术上是否熟练，同时在待遇上保持原薪，并且保留职工沪厂年资，必要时再回沪工作。

铅笔厂的北迁，被《解放日报》作为一个样板宣传："这给上海某些困难性质相同的工厂证明了这样一条生路，现在又再由标准铅笔厂迁厂的事例生动地证明了。这条路不仅是应该走的，而且是完全可以走得通的。"②

在铅笔厂北迁的感召下，私营景福衫袜织造厂和环球内衣厂决定部分北迁天津。景福衫袜厂所出飞马牌卫生衫和汗衫，以华北和东北的农村为主要市场，目前因运输上的困难，北销成品多打包邮寄。每打 3 万多元的卫生衫，邮费就需 9000 元，占货价的三分之一。由沪至津邮递需时约三个星期，不但增高成本，也迟缓了资金的周转。所以决定将部分机器北迁天

---

① 《解放日报》1949 年 8 月 21 日。
② 《解放日报》1949 年 8 月 29 日。

津，厂址正在选择中，预备在两个月内完成迁厂工作。根据当地的需要，计划月产卫生衫3000打。环球内衣厂所出的府绸衬衫，过去亦以平津等地为主要市场，当地设有分厂。为了克服沪厂成品北销的困难，决定将一半机器北迁，充实天津厂的生产设备。按目前平津一带的需要，销路不成问题。①

但是这些迁移的工厂，都是轻工业企业，船小掉头快。上海的重型大企业，如钢铁厂、机械厂和大型棉纺厂，内迁谈何容易。所以尽管上级一再号召，但实际上行不通，还是要靠企业转型，由外贸出口转为依靠国内的原料和市场来解决生产和销售的困难。

在反封锁的日子里，如何养活几十万旧公教人员，也是一个沉重的负担。邓小平在离开上海之前的一次讲话中谈起上海的困难局面："上海，尽管它有六百万的中国人口，但严格地说来，它还不是一个完全意义上的中国城市。无论在原料供给、产品推销，甚至粮食供应上都要依靠帝国主义。这样一个畸形发展的城市，即使帝国主义不封锁，它也不能维持下去。同时，它又在国防第一线上，整天处在敌人轰炸、骚扰的目标范围之内。再从生产状况和各项问题来看，上海最主要的工业是纺织工业，有二百几十万纱锭，对于这样的生产能力，供应棉花就成问题。即使棉花有了，外国人不收购我们的纱布，产品推销又是问题。又如在旧人员的问题上，京沪杭地区的二十四五万旧人员将来从事建设固然是好，可是目前维持他们一个月生活的开支，即等于二野、三野的全部预算，养活一个旧人员等于四个多解放军官兵的开支。目前经济虽然困难些，但是这笔钱还是需要花的，过去有过'八条二十四款'，开了'支票'，现在就必须兑现，这样才有大利益，否则，就要犯错误。通货膨胀的主要原因，第一是由于军费开支；第二是旧人员薪俸的支出；第三是发工资。开支浩大，票子多，物资少，钞票又很少回笼，势必造成物价上涨。以上就是我们的困难情况和

① 《解放日报》1949年9月9日。

原因。"①

当时给上海的旧公教人员发薪金，用的是人民币。但是物价不断上涨，人民币必然贬值，影响公教人员的信心。为了保证公教人员的生活，一方面以折实单位发放薪金，另一方面，政府在中小学教师中试行"实物券"，即用人民币折合成若干米、煤、布的实物券，以保证生活质量不会因物价浮动而下降。1949 年 9 月 7 日全市中小学开学，市政府召集中小学教师 1.3 万余人在逸园举行"反封锁"动员大会。会场上大字书写着"运用教薪、稳定经济；保障生活、克服目前困难""促成城乡交流、加入教合、买实物券、粉碎敌人封锁"巨幅口号，要求中小教师首先动员起来用实物券、合作社等有效办法，保证生活供应，消灭浪费，同时以自己的努力，教育与团结学生，共同为反经济封锁而斗争。

潘汉年副市长在大会上讲话。对于上海所遭受经济困难，潘副市长指出有三个原因：第一，帝国主义与国民党反动派封锁海口，使过去畸形发展的上海经济与依赖于帝国主义原料的若干生产事业发生困难；第二，目前我们尚处于军事状态，我军在华中、西北、华南正全面展开攻势，因此全国商品运输受到阻滞，物资不能圆滑交流；第三，三年解放战争主要依靠广大解放区农村的支援，农民负担很重，购买力相当萎缩。基于这三个原因，尤其是第一个原因，使上海经济情况受到很大影响。

潘副市长指出：这是解放后暂时的困难，前进中的困难。秋季开学，全上海教职员所得薪金总数是一笔很大数目，如使用不得法，于人于己都不利。他号召大家节约，反对过去旧社会中不必要的交际应酬，以及奢侈浪费。在战争没有完全结束之前，物价的波动是难免的，最好的办法是消费者自己组织起来，加入合作运动，使消费合理化，既足以反对投机垄断商人的中间剥削，又可避免个人无计划的争购物资，影响日常必需品一时

---

① 邓小平 1949 年 8 月 17 日的讲话，引自中央档案馆、中国人民解放军档案馆编：《城市解放》，中国文史出版社 2017 年版，第 76 页。

○ 各地煤炭运抵上海（上海市档案馆藏）

涨价。最后潘副市长指出：全市教育界同人应巩固团结一致，克服困难，反对敌人经济封锁。

最后由中小学教职员合作社经理陆忠诠就实物券的举办理由和配售办法详加说明，会议结束。①

经过半年的艰苦奋斗，上海反封锁斗争取得了显著成果。最主要的是实现两大转型：一是由外向型经济转到内向型经济，二是从依赖国际市场转向依靠国内市场。上海刚解放时，社会尚未稳定，加上国民党军的海上封锁、国际贸易断绝，造成上海资源紧缺，百业凋敝，物价上涨。共产党领导迅速修复铁路和内河运输，向上海供应粮食和工业原料，使上海的工业逐渐复苏。共产党员以身作则，艰苦朴素，带动全社会的勤俭之风，改变上海的奢华糜费旧习。通过动员难民回乡，减轻城市负担。半年过来，

① 《解放日报》1949年9月8日。

上海不但没有被封锁压垮、崩溃，反而走出了一条自力更生的新路。1950年1月22日《解放日报》以《上海工人阶级半年奋斗，反封锁斗争获重大成果》为题，总结了这个过程：

首先是修复运输。上海刚解放时，在公家手中的存煤仅有5000吨，存粮4000万市斤，仅够半个月用。绝大多数船舶被敌人抢走或凿沉，铁路的桥梁机车亦遭严重破坏。在这样孤立无援的境况下，海员兄弟在五天内恢复了沪汉航运，并积极打捞和修理破坏的船只，先后捞起沉船68艘，大修小修的船只224艘。

铁路工人抢修遭破坏的钢轨、桥梁、桥孔，使沪宁线在两天内迅速恢复通车。机务段老车房工人，自7月21日十多天中，在盛暑和电热的空气中整天匍匐着工作，迅速修复了机车13台，在铁路运输初步恢复后，员工分别在机务、工务、车务、材料等方面推行各种负责制，消灭了无人负责的紊乱现象。铁路机车运转率日车公里7月份118公里，12月份客货机车平均可以达到224公里。码头工人在解放后工作效率普遍提高，如招商局第三码头工人，过去每"档"至多做40个肩头，现在最多已到74个肩头。由于各地的支援和工人阶级的大力运输，使上海煤粮摆脱了对国外的倚赖，据去年年底统计：在公家手中的存煤已经常有30多万吨，粮也经常有一个月以上的积存了。

第二是改装机器采用国产原料。公私营企业职工和技术人员发挥了高度的创造性，纷纷研究改装机器，采用国产原料，增产节约。如耗用汽油最多的公交公司，已先后改装完成木炭车、白煤车，第一批改装的木炭车有15辆参加七路和十一路行驶，第二批白煤车有8辆参加十二路行驶。远东工程公司发明了节油器，装上汽车后，行驶时可节省汽油16%，现各大运输交通公司车辆已有部分采用。中华铁工厂原来的柴油引擎加了一套木炭炉后，改为煤气柴油两用引擎，效率和柴油一样，节省柴油87%。

有中国货一定要用中国货，有代用品用代用品，没有代用品就设法改装机器。亚细亚钢铁厂的退火炉和熔锌炉，原先都用柴油作燃料，改用煤后，以去年9月份的币值折算，每天约节省45万元。为了减少人力的浪费，又设制了加煤机，并大量仿制，鼓励各厂采用。过去各厂所用的轧钢、轧铁皮、轧铜、轧铅等机器上所装的硬面滚筒及面粉厂磨粉机的滚子，都依赖国外输入。经亚细亚钢铁厂工程师和工人协力试制成功，所造硬面滚筒装置轧钢机上，质量与舶来品无异。上海钢铁公司的炼钢炉改装煤气炉后，去年9月份起全部使用煤。中央化工厂经几个月的积极研究，创制了多种机电工业上急需而封锁后缺乏的绝缘材料，包括多种的云母片、绝缘油漆等，现已被上海电机业大量采用。高速运转机械中所用的钢轴承，过去也一向仰赖国外，经私营新中工程公司职工研究试验后，也可自制，且品质与外货相近，耐用力为外货四分之三。上海电信局及国际电台收发电报用的纸条，过去也都是舶来品。油纸条经华东电信管理局职员华世鉴悉心研究，首先从白蜡松香、桐油、大麻子油、核桃油等干性植物油试制无效，最后用硬脂酸融制才获成功，这样估计每年可节省美元三万余元。

经过艰苦奋斗和技术改造，上海的工业生产全面恢复。公私营炼钢工业已超过解放前产量，公私营轧钢工业恢复了80%，机器工业恢复了88%，电机工业和造船业生产量都超过了解放以前。上海电机厂现每月最高产量，都较前增加三倍多。马达上的线圈以前用人工拉制，自制拉制线圈机后，可以节省一半的人力和时间。部分机器业转变了生产方向，接受农业机械和农村小工业机械的订货。如中国农业机械公司，过去不生产农具，只替美国推销机器，现在已生产引擎、抽水机、道钉等产品了。通用机器厂过去以制造工矿应用的柴油机和作业机为专门业务，现改造抽水机、卷扬机、通风机等切合实际需要的各种矿用机器。

纺织业改造注重精简节约，过去臃肿庞大的官僚机构得到精简，节省原棉及水电等能源的消耗，加强国棉的利用，积极进行利用废棉纺纱，减少次布及一切浪费，将逐渐达到保本自给。申九工人改装60部纺纱新机后，工作效率增加 10%。部分私营工厂在封锁后确有实际困难，无法维持时，工人阶级为了克服暂时的困难，为长远利益打算，曾主动照顾资方，如兴业工程公司工人，自动将部分工资存借资方。

大家乐观地认为，反封锁斗争已经取得阶段性胜利，上海的经济已经逐渐恢复，走上正轨。而一场突如其来的大轰炸，又把上海推到了崩溃的边缘。

第 13 章 ｜ **大轰炸**

就在上海各界人民在反封锁斗争中艰苦奋斗时，一个意外事件使东南沿海军事形势发生了很大的转变。

　　1949 年 10 月 25 日，中国人民解放军第 28 军奉命进攻金门岛，因为渡海作战准备不足，登陆后遇见退潮，船只搁浅，后续增援部队上不去，导致登陆的三个团在优势国民党军的反攻下失利。

　　在台湾的蒋介石获悉金门激战，26 日派蒋经国自台北飞往金门视察。蒋经国在日记中写道："十一时半到达金门上空，俯瞰两岛，触目凄凉。降落后，乘吉普车径赴汤恩伯总司令部，沿途都是伤兵、俘虏和搬运东西的士兵。复至最前线，在炮火中慰问官兵，遍地尸休，血肉模糊。看他们在极艰苦的环境中英勇作战，极受感动。……金门登陆共军之歼灭，为年来之第一次大胜利，此真转败为胜，反攻复国之转折点也。"[1] 他向蒋介石报告："金门古宁头大捷了，这一次我们全胜了！"蒋介石激动地说："这是我们革命转败为胜的开始。"

　　几天后，在舟山登步岛，解放军登陆作战再次失利。这一次是解放军主动撤退，避免了重大损失。蒋经国在日记中兴奋地写道："登步岛登陆之共军已于上午 9 时全部肃清。此为我军继金门大捷后之又一胜利，不仅有

---

[1]《蒋经国自述》，湖南人民出版社 1988 年版，第 298—299 页。

利定海防务，且对全军士气将更为振作矣。"

金门、登步战斗虽然只是师级规模的作战，但对一再败退的国民党军却犹如注射了强心针，稳定了军心，振作了士气。登步岛战斗后，粟裕指示华东野战军暂时停止了进攻，总结经验，调整部署。国民党军则转守为攻，依靠海军和空军优势，向大陆发动了反扑。11月19日，国民党东南军政长官公署制定了以反攻大陆为目标的《台湾保卫实施方案》。主要内容有："基本精神与目标：巩固台湾为复兴基地，预期半年整训，一年反攻，三年成功。"战略上，采取持久消耗，广领沿海地区，如遭遇强有力进攻，不得已时，则确保各卫星岛屿，为尔后反攻之前进据点。战术上以攻为守，积极开展敌后游击，并对沿海实施登陆奇袭，以争取主动。指导要领方面：（1）应确保舟山、马祖、金门各岛，使成为坚强之卫星岛屿，不使台湾陷于孤立。（2）充分运用谍报组织，绵密注视大陆动态，并利用陆海空军之协同，先期摧毁运输工具，以破坏渡海攻击之准备。（3）"部队之训练，除一般战斗技能外，应熟练陆海空军协同海岸攻防作战，及陆军登陆作战。为此，陆军应充实十二至十五个军之战力，海军应维持三个舰队之充分活动力，空军应维持八个大队之充分活动力。"

依据这个"反攻大陆"的计划，国民党军以舟山为基地，对大陆实施海上封锁和空袭。金门、登步之战后，蒋介石认为解放军无海空军，一个时期内不可能对台湾和沿海国民党军构成威胁。于是开始转守为攻。在他亲自督促下，国民党空军扩建舟山机场，调集大批飞机，对上海、杭州等城市进行空袭和轰炸。

在此之前，舟山国民党海军封锁长江口的同时，空军就不断对长三角地区进行空袭和轰炸。

1949年8月3日上午11时40分，国民党空军B-24型飞机6架空袭上海。在江南造船厂投弹30余枚，命中20余枚。伤9人，造船厂各船坞、内燃机、翻砂厂、机器厂、木工厂、电焊厂、电气厂均被炸毁，损失甚大，据记者探悉，该厂已很难复工。①

1949年9月19日凌晨，国民党海军海防第1舰队旗舰"长治"号驱逐舰在长江口外起义，于拂晓5时驶抵上海外滩码头，受到华东军区领导的慰问和热烈欢迎。为了防止国民党飞机轰炸，当天下午"长治"舰就离开上海，溯江而上开往南京。到达南京后，华东军区派干部和起义海军人员上舰协助起义人员。舟山国民党军闻讯后，即出动飞机搜索，并于22、23日连续轰炸停泊在燕子矶江面的"长治"舰。舰上发动机、锅炉遭轰炸损坏，舰上人员日夜防空，精神疲惫，情绪波动。在危急情况下，上级决定"弃舰保人"，命令将舰上器材和弹药卸下，人员离开，于24日晨将"长治"舰自沉于长江江底。②

上海大场机场，国民党空军在撤离时，对笨重不易搬走之物都进行了破坏，能拆卸的各种设备都已运走，只遗留下破旧的棚厂、房屋，以及几架残破的飞机和少数破旧的机器设备。当时江湾机场还遗留有破旧的C-46型运输机、蚊式机、教练机，上海军管会派出17名技术人员和工人到江湾机场，修复1架C-46型运输机，命名为"上海解放号"。③9月中旬，在大

---

① 《解放日报》1949年8月4日。
② 中国人民解放军历史资料丛书编审委员会编：《解放战争时期国民党军起义投诚·海军》，解放军出版社1995年版，第728页。
③ 《上海航空工业志》，上海社会科学院出版社1996年版，第39页。

场机场成立中国人民解放军空军第 21 厂，从事飞机、发动机修理。10 月 10 日，国民党空军 B-24 型轰炸机两架飞临机场上空，投下炸弹 16 枚，炸毁棚厂两座，炸塌办公楼，水电设备被毁，幸无人员伤亡。为了安全起见，上级决定将一些工种疏散至机场四周，办公也改在晚上进行。将发动机、螺旋桨、金工、电器等重要工种搬迁至上海市区霍山路 300 号仓库，继续坚持工作。

1949 年 10 月 31 日，国民党空军飞机 11 架，自上午 9 时至 13 时 35 分，连续轰炸吴淞一带，投弹 50 余枚，杨家宅附近居民 11 人惨遭炸死，重伤 11 人，轻伤 43 人，另有民船 14 只亦被炸毁。①

1950 年初，台湾国民党当局军事会议决定，要继续对上海及其他城市的发电厂、码头、仓库、船只、车站、铁路、桥梁等进行广泛轰炸。意图是全面破坏上海的重要设施，造成上海经济和生活的瘫痪。国民党飞机对上海的空袭更为频繁，轰炸规模不断升级。

1950 年 1 月 8 日 11 时至 14 时，国民党空军 P-51 型、B-24 型飞机 8 架，先后分批侵入上海市区，经我高射炮火猛烈迎击，飞机不敢低飞，在浦东及沿江一带滥炸居民。浦东贾家宅、曹家宅、杨家宅一带，飞机连续投弹十几枚，民房棚户被毁百余间，又西渡陶家宅、新三井、洋泾镇东首杨家门有民房 90 间被毁。黄浦江上民船数艘被炸沉，公平路码头附近民船一艘被炸起火，经消防队及附近居民抢救扑灭。据初步统计，死者 62 人，受伤者 40 人。②

1950 年 1 月 11 日 12 时，国民党空军重型轰炸机 16 架，由南汇方向分两批空袭浦东、吴淞、杨树浦一带，高空盘旋投弹历 1 小时之久，杨树浦英商经营之怡和纱厂中弹 2 枚起火，炸毁厂房 34 间，染缸部全部炸毁，死伤 21 人。浦东西渡沿江一带，陶家宅、卢家宅等处中弹 18 枚，震塌民

---

① 《解放日报》1949 年 11 月 1 日。

② 《解放日报》1950 年 1 月 9 日。

房十余间，伤居民 1 人。并在吴淞口投弹 6 枚，死伤居民十余人。①

1 月 25 日中午，国民党空军从舟山出动美制 B-24 型轰炸机 12 架，以江南造船厂为主要目标，同时沿黄浦江对十六铺、高昌庙、杨树浦、杨家渡等处投掷重磅炸弹 52 枚。数处引起大火，浓烟蔽空，市民房屋被毁达400 余间，被炸惨死和重伤后不治者有 70 余人，轻重伤 300 余人。被炸地区中，以邑庙区的十六铺方浜支路一带及浦东老闸渡、高邮街、南街等地居民区损失最重。方浜东路、阳朔街一带水果行、鱼行、糖行等房屋几乎全毁，罹难居民最多，被消防队及救护队挖出抢救的受伤居民 76 人，死者有 28 人。浦东杨家渡、草泥塘、老闸渡、高邮街、南街等居民区中弹 9枚，被毁房屋 160 间，死伤居民 100 余人。英商颐中烟草公司中弹 3 枚，焚毁房屋 40 间，机器等物亦被毁，亚细亚火油公司堆栈均被炸。②

被袭击的主要目标江南造船厂中弹 21 枚，厂房和机器设备遭受重大损失。华东海军停泊修理的"万寿花""常州"等 26 艘舰船被炸毁，码头被毁 1000 米。江南造船厂一度被迫停产，为了避免再遭轰炸，2 月初将能开动的 13 艘舰艇调离上海和南京，溯长江而上疏散到武汉。③

1950 年 2 月 6 日，上海遭受了国民党飞机最猛烈的袭击，史书称为"二六大轰炸"。官方记载的情况是：1950 年 2 月 6 日从中午 12 时 25 分到下午 1 时 53 分，国民党飞机出动 4 批 17 架（机种为 B-24 型 12 架、B-25型 2 架、P-38 型 1 架、P-51 型 2 架），投弹约 48 枚，对上海市区进行狂轰滥炸。杨树浦美商上海电力公司（今杨树浦发电厂）及其附近落弹 12 枚，炸伤该电力公司职工 30 人，死亡 26 人。炸伤解放军战士 21 人，死亡 2人，炸毁房屋 40 余间，发电厂锅炉大部分损坏。南市华商电力公司（今南市发电厂）及其附近落弹 12 枚，损坏电厂变压器一部分。炸伤该公司职工

① 《解放日报》1950 年 1 月 12 日。
② 《解放日报》1950 年 1 月 26 日。
③ 南京军区《当代中国》编辑室编：《中国人民解放军南京军区军事工作大事记》，1987 年印刷，第 40 页。

4 人，死亡 2 人，损坏民房 120 间，炸伤警卫战士 3 人，伤连长 1 人。炸伤市民 77 人，死 70 人。失踪战士 1 人、市民 4 人。重庆南路法商电力公司（原是柴油机发电厂，后并入南市发电厂）及其附近落弹 13 枚，炸伤市民 700 人，死亡 470 人，毁坏房屋 1000 多间。闸北英商电力公司（今闸北发电厂）及其附近落弹 8 枚，1 号锅炉全部炸毁。吴淞镇落弹 3 枚，炸伤市民 24 人，死亡 13 人，毁坏房屋 20 多间。以上总计：5 处发电厂及其附近被轰炸，供电量从 25 万千瓦下降到 4 千千瓦；伤亡、失踪市民、职工、解放军干部、战士共 1448 人（其中伤 860 人，亡 583 人，失踪 5 人），毁坏房屋共 1180 多间。财产损失未统计数字。[①]

这次轰炸的重点是上海杨树浦发电厂。杨树浦发电厂当时属于美国商人经营的上海电力公司，早期为上海公共租界工部局电气处。民国初年，工部局在杨树浦路黄浦江边建造新电厂。占地 300 余亩，安装了汽轮发电机及锅炉设备。1925 年杨树浦电厂装机容量达到 12 万千瓦，成为当时远东最大的火力发电厂。1929 年工部局电气处将其全部资产及经营权以 8100 万银两的价格转让给美商，更名为上海电力公司。到 30 年代，杨树浦电厂已拥有锅炉 30 台、汽轮发电机 15 部，发电量约 19 万千瓦，占上海总发电量的 80%。上海解放后，由于经济封锁，燃油的进口断绝，造成发电困难。上海市人民政府命令当时仍属美商的上海电力公司将燃油锅炉进行改造，恢复烧煤发电，以维持上海工业和民用所需用电。[②]

2 月 6 日的轰炸使杨树浦发电厂遭受了毁灭性的破坏。据英国籍管理人员行政副总裁亨脱（William Hunter）、厂长顾问帕礼司（Clifford Please）和行政助理退脱（George Tate）3 月向上海市政府提交的陈述《上海电力公司一九五〇年二月六日国民党飞机轰炸杨树浦发电厂之报告书》，我们看到轰炸造成的具体结果。

① 《上海民防志》，上海社会科学院出版社 2001 年版，第 160 页。
② 熊月之主编：《上海通史》第 8 卷，上海人民出版社 1999 年版，第 213 页。

《报告书》称:"下列事项可说明,此次杨树浦发电厂之被炸确系蓄意及有预谋之行为:(1)空袭时气候及视线极佳,来攻击之飞机由地上可用人目清楚见到。(2)至少有飞机两架参加发电厂之轰炸。(3)杨树浦发电厂有 15 具高烟囱,集中在一较小地区上,其中一具高达 350 英尺,此外电厂之西贴邻有 3 座能容 11 万桶燃油之油箱,可以作为无可错误之轰炸目标。……(6)在共约 14 枚炸弹中,有 10 枚系投掷在上海电力公司之资产上,其余亦投于发电厂南北之 50 码距离内。"根据事后的调查和《报告书》中附录的英国籍技术人员贝克、孟顿、麦克兰及中国管理人员冯国祥等人的证词,杨树浦发电厂的损失如下。被炸房屋建筑:1、2、3、5 号锅炉间,涡轮机间及给水泵间,办公室,循环排水渠,铁匠间和围墙。被炸机器设备:8、9、11、14、15 号涡轮发电机,12、14、17、18、19、20 号锅炉,6600 伏辅助配电板,运煤及运灰驳船,燃油加热器,照明及示热线路,运煤皮带。电厂开列的罹难职工名单:死亡 24 人,为首的是机械金工领班张来发,57 岁,工龄 32 年,家属 7 人依靠其生活。失踪的有电器漆工舒富才、电器金工孙根堂等 4 人。受伤的有锅炉间服务员胡骏之等 31 人,其中10 人伤重住院。

《报告书》说:"杨树浦发电厂被炸之损失,根据目前所能确知之情形,按恢复被炸前之原状及死伤职工赔偿费用计算,估计约需四百十五万元美金。"①

令人愤怒的是,国民党空袭是在光天化日之下,明目张胆地进行的。此前一天,国民党飞机在上海市区上空撒下了中英文对照的传单:"各同胞注意:凡居于上海、南京、杭州、青岛、天津、北平、汉口、福州、厦门、广州各地之造船厂、发电厂、码头、车站、工厂、仓库、兵营及其他一切军事目标附近之居民,请即刻离开,以免遭受轰炸之损害。"国民党空军之所以敢这样做,就是欺负解放军没有空军和防空体系,他们可以为所欲为。

---

① 上海档案馆藏 B1-2-390 号。

○ 1950 年 2 月 6 日，上海遭
受了国民党飞机最猛烈的袭
击，史称二六轰炸，这是接
管上海后遭受的最严重灾难

① 被炸毁的上海居民住宅
（上海市档案馆藏）

② 被炸的发电厂厂房（上海
市档案馆藏）

③ 停靠在码头的船舶被炸起
火，浓烟滚滚

①
②
③

二六轰炸是中共接管上海后遭遇的最严重的灾难，使新生的上海遭受全面的打击和重创。如陈毅后来所说："各种矛盾和问题一齐爆发出来，正如大病初愈的人，又染上了新的病痛。"此次轰炸，共炸死市民542人，致伤836人，毁坏厂房、民房2500多间，受灾市民达5万多人。大轰炸造成上海的电力设施损坏高达80%，给上海市区的工商业和人民生活造成了空前的灾难。市区工厂几乎全部停工停产，绝大多数街区没有电力供应，高层建筑的电梯因停电而悬在空中，许多商店关门停业，市场萧条，物价波动。由于自来水供应困难，市民的马桶、厕所都无水冲洗。

寓居上海的宋庆龄在致友人信中说："目前我们在上海所面临的主要问题之一是最近国民党轰炸所带来的后果，造成大面积破坏，并给人民带来不可言状的苦难。人们看见自己的朋友和亲戚被卑劣的空袭夺去了生命。人们不断地从虹口及苏州河一带涌过来。长长的三轮车队载着那些离开家园的人们，不知奔向何方。见此情景，不禁使人感到心酸。"从宋庆龄的信中，可以深切感受上海民众所遭受的苦难。

轰炸后第二天中午，陈毅市长和潘汉年副市长、公用局局长叶进明心情沉重地来到杨树浦发电厂，视察被炸情况，慰问受难群众，勉励工友迅速完成抢修任务。在了解了轰炸和损毁情况后，陈毅紧急进行部署，组织抢修电厂，动员全市力量支援上电。争取在48小时内部分恢复发电。中共中央华东局和上海市军管会连夜开会，向中央汇报情况，研究防空和善后措施。大家痛苦地感到，我们没有防空能力，目前无法遏制国民党飞机的空袭，只能采取被动的防御措施，尽量减少空袭造成的损害。2月11日，《解放日报》社论《上海人民紧急动员起来，反对美蒋轰炸》传达了华东局和市军管会的七条指示：

1. 加强电力管制和分配，保证主要的生产和公用事业用电。

2. 各家各户准备贮水的水缸水桶，以防自来水设施被破坏。修复或挖掘水井以备需要。

3. 加强防空。电力设施、车站、仓库等重点应予以伪装，居民挖掘防

◎ 1950 年二六轰炸后的第二天中午，陈毅赶往杨树浦发电厂视察空袭损失情况，慰问工人和死难职工家属

空壕和地下室。

4. 加强防火工作，组织消防队伍，准备灭火工具和用水。

5. 加强救护工作，医院不得以任何借口拒绝救助伤员，街道和单位组织救护队。

6. 加强治安工作，组织纠察队，严厉惩处乘空袭之机抢劫破坏的罪犯。

7. 加强疏散工作，组织居民迁移到乡下或外地，减少民众不必要的损失。

市军管会于 2 月 8 日发布节省电力和限制用电的紧急通告。规定：

1. 现有电力供应维持公用事业（路灯、交通、邮电、下水道、医院等）与必要之照明及唧水设备为限。

2. 凡广告灯、橱窗灯及装饰灯一律禁止用电。

3. 电热设备一律严禁使用。

4. 凡电力可以达到的电灯用户，应减低用电量，以一户一灯或一楼一灯为原则。①

在遭受国民党飞机轰炸的那段日子里，上海变成了一座黑暗的城市。十里洋场五光十色的霓虹灯和明亮的商店橱窗广告风光不再，灯火管制下的居民区一片漆黑，每家只允许开一盏电灯，照明半小时。街上也少有行人，萧条的气氛使人更感觉到冬天的寒冷。

陈毅视察之后，当天下午杨树浦发电厂就制订了抢修目标。在市工会组织下，英商电车公司、法商电车电灯公司、公共交通公司、电话公司和纺织、五金等各业职工，以及各机关、学校等60多个单位共2000余人，连夜冒雨赶赴上电，协助清理被炸成一片废墟的现场。英商电车公司、法商电车电灯公司的技术工人专修电线、电器等，英联船厂、上海电机厂技师修理马达、皮带，纺机一厂的工程师帮助检验零件。解放军战士也急行军赶到，加快清理进度。经过42小时的奋战，2月8日清晨7时，第一台机组恢复了发电。比向陈毅市长承诺的时间提前了6小时，发电量最初为2000千瓦。其后几台发电机陆续修复，至9日晨发电量增至13000千瓦，下午又增至18000千瓦，使大半上海恢复光明。到2月15日，已恢复到原有发电量的65%，暂时能够应付一些急需用电。但从全市范围来看，由于21日闸北水电公司再遭轰炸，经过一个多月的努力坚持后，恢复发电量达11万千瓦，约为被炸前发电量三分之二。

上海市供电量在2月6日轰炸以前是日均15万千瓦，其中杨树浦电厂的发电量占到全市的80%以上。被破坏后，当日上海电力公司及华商电气公司不能发电，闸北水电公司只能部分发电约2000千瓦。仅法商电车电灯公司及浦东电气公司未遭破坏，合力供给约2万千瓦之数。这点电力连本电厂应付正常生产都困难，更不要说满足市区居民的日常生活用电。根据各厂损毁具体情况，尚能工作的电厂决定灵活应对："当此紧急时期，处理发电之原则为：将电厂发电机及锅炉分为三段运用。一段为供给厂内用电，

---

① 《解放日报》1950年2月9日。

一段为供给厂外重要用电,其他一段则供给非重要用户。"并强调,"遇有空袭及其他紧急事故时,该项非重要用户之供电,得随时停止"。据宋庆龄信中说,那时一个月每家只允许用 15 度电,她只能在煤油灯下看书和工作。

除了尽快修复电厂设备,上海市政府还利用其他工厂自备的发电设备,首先维持电灯照明,维持自来水供应,维持电台、车站、治安机关及重要市政机关与重要救伤医院等用电,继而一面抢修,次第供应重要生产工业及一般用电。各单位都能认真执行,上海市棉布织染工业同业公会对下属各厂的自备动力设施进行了统计:共有发电机 17 台,可发电 1402.5度。总计全市各厂自备发电可有 1 万千瓦,家庭用电、电热、电车可节省3 万千瓦,这样就只少 3 万千瓦(缺额)了。3 月底,陈毅在反轰炸大会上发言,希望"把发电量在现有基础上增加和提高",以尽快恢复到原有水平。由于全市人民的齐心协力,在不到两个月时间内,上海即恢复原有电力供应量。在 1950 年前四个月的工作总结中,陈毅认为"恢复电力是迅速的",对全市军民的辛苦努力给予了充分肯定。[①]

在上海最困难的日子里,稳定民心、维护社会治安非常重要。国民党潜伏的特务乘机大肆散布谣言,蛊惑人心,郊区也发现少数武装特务搞暗杀抢劫。为了打击国民党特务破坏,稳定社会治安,上海市军管会于 2 月12 日在《解放日报》上公布七条禁令:

1. 不准以各种信号指示匪机轰炸目标;

2. 不准以各种通讯方法向匪方供给情报;

3. 不准聚众骚动,扰乱治安;

4. 不准散布谣言,淆惑人心;

5. 不准纵火爆破劫盗或损毁国家财物;

---

① 徐锋华:《1950 年上海"二六轰炸"及应对》,《历史研究》2014 年第 4 期。

6. 不准乘机伤害人民生命或抢劫人民财产；

7. 不准破坏交通及通讯设备。

违反上述任何一条，均按情节轻重，处以徒刑或死刑。

在潘汉年副市长主持下，上海公安干部日夜奋战，破坏了一批国民党特务案，狠狠打击潜伏特务的破坏活动。在此之前，上海公安人员曾破获潜伏在上海市的十几部特务电台，但是还是有几部极为隐蔽的电台未能查获。据可靠情报，上海市内还隐藏着一个叫"吴思源"的特务。

1950年1月公安局侦查得知，台湾保密局汇给一个叫吴思源的775万元人民币（旧币）。这笔经费是以汪洋名义由金城银行汇上海林森中路（现淮海中路）施家瑞收。公安人员很快查到了施家瑞，他是一家"振记"瓷器店的老板。瓷器店位于光复路56号，这里没有高大建筑，北靠苏州河，店门前是马路。从店内往外看，外面的一举一动都能看清楚，要固定监视"振记"非常困难。公安人员装扮成小贩和三轮车夫，通过监视发现了许多疑点：第一，这笔775万元经费是1949年11月份领取，"振记"店是在12月份开张，应该是使用了这笔经费。第二，这个瓷器店生意清淡，里面的帮工却有5个，更像是一个特务联络点。第三，该店登记共6人，一个名叫罗炳乾的从不露面，他究竟是个什么角色呢？

侦查员钱明有个想法：对可疑地点进行电台测向。侦破人员请来了起义人士黎明，他原来担任过国民党保密局电台台长，非常熟悉系统中电讯人员的情况。黎明听取了公安人员的案情介绍后，马上肯定地说：保密局有个报务员也叫罗炳乾。黎明表示愿意协助公安局查获潜伏特务，电台测向是他的擅长。他随同公安人员一起对"振记"瓷器店周边进行全方位测向监听，1950年1月27日晚8时，黎明手中的测向机就接收到附近发出的清晰讯号。公安人员跟着黎明一步一步把目标锁定在50米、30米、20米，最后锁定在"振记"店的房子内。

钱明带领大家破门而入，正在发报的罗炳乾束手就擒。公安人员当场缴获了一台发报机、一本发报密码、一份发报底稿、19份发报记录单、一张描绘着江南造船厂的方位图纸。所有这些都是他联络国民党飞机轰炸的铁证。①

罗炳乾，湖南华容县人，31岁。1949年8月伪装商人由台湾潜来上海，住在林森中路567弄14号施有莲家中。9月与施有莲之女结婚，迁居福佑路362号，在该处密架电台，开始与台湾保密局总台通报联络。罗自台湾出发时，领有工作费银洋1500元。又领到由香港汇来人民币775万元，在光复路56号由其妻舅施家瑞出面，开设"振记"瓷器店。罗挂名为该店职员，以取得公开身份，长期潜伏。罗就擒后，因人证物证俱全，无从狡赖，乃供认自9月底起，陆续向台湾发送上海军政、财经、文教各项情报。1950年1月初，毛人凤嘱其将华东区内公私营重工业工厂名称、地点、生产情况及轰炸目标等确切查明速报。罗将江南造船厂、招商局机器厂等情况几次密报台湾。国民党飞机几次轰炸，多与罗的情报有关。②

为了严厉打击国民党特务的破坏活动，2月7日，罗炳乾被上海市军事管制委员会依法判处死刑，下午在江湾机场执行枪决。第二天上海所有的报纸都报道了"密报匪机轰炸目标匪特罗炳乾昨枪决"的消息。

2月9日，公安局又公布了破获保密局系统李增潜伏电台的消息。李增，女，27岁，常州人，原为保密局重庆总台准尉报务员。1948年10月，调上海经济总台报务员，同年11月间，由保密局第四处授以潜伏任务。李推举其丈夫叶英任潜伏组组长，因叶任职教育界，便于潜伏，李、叶接受任务后，由保密局长毛人凤亲自召见。随后领到电台一部，密码一套，及经费金圆券500万元。回上海后顶了华山路房屋一幢，在阁楼上布置潜伏电台。上海解放前几天，保密局科长任鸿传曾去李家检查，并令李补领整流器一只，经费黄金十余两，嘱李等于上海解放后，负责进行潜伏情报

① 王春华：《1950年上海如何抓获二六轰炸案内鬼》，《文史天地》杂志总第212期。
② 《解放日报》1950年2月8日。

活动。

公安局对李增潜伏地点侦查明确，于1950年1月10日在华山路1101弄21号将主犯李增逮捕。当场在其住所夹墙内及阴沟等处，搜出已被拆毁的收发报机零件。当日在宝兴路中兴路口华东区粮政学校宿舍内，将组长叶英一并逮捕。李、叶两犯经审讯后，即坦白供认潜伏任务不讳。唯在解放后不久，由于形势所迫，即不敢继续活动，但未坦白自首，仅于1949年6月24日自动将发报机毁掉，希望人民宽大，并愿立功赎罪。

公安局的公告说："上海解放以来，治安当局对于残余匪特分子，一贯执行首恶必办，胁从不问，立功者受奖的既定方针。凡属执迷不悟，危害人民作恶到底者，决予严惩不贷，昨经军管会批准执行枪决之罗炳乾，即为显明例证。本案主犯李增等，过去接受匪帮任务，从事阴谋潜伏活动，解放后又未能毅然自首，实属罪所应得、唯念其被捕前尚能及时自检，中止活动，被捕后又已坦白悔过，治安当局决予宽大处理，给以自新之路。"①

上海遭受的轰炸在全国影响极大，2月21日，中央军委向各大军区下达了防空问题的指示："中国大陆解放后，残匪负隅东南诸岛，仍图苟延残喘。近月以来曾连续对上海、南京及广东滨海地区施行轰炸、破坏。窥其目的，一在破坏我之经济建设，二为破坏我渡海作战各项准备，以推延我攻台时间。这是蒋匪穷途末路中对我进行斗争的唯一手段。""我各区在进军胜利发展下，对防空组织极不重视。据山东防空处长最近汇报，华东防空哨站过去多由驻军临时担任，部队移防即行废弛。少数设有防空情报台者，或则人手不齐，或则缺少机件，亦不能执行任务。似此情况，如不及早加强整理，一旦遭受突袭必将蒙受大的损失。为此军委决定：（1）华东、中南、东北、华北应尽先建立防空监视哨网，利用有线电话网及专设之无线电台传递空袭情报。各邻接区自行沟通情报通报统一办法，责成华

---

① 《解放日报》1950年2月9日。

北负责统一编定防空情报地图及代语、讯号，电台由军委三局统一编号。（2）各主要城市及工业区应设立防空司令部，负责警报、灯火管制及积极防空之指挥，执行情形报军委备案。"①

根据军委指示，北京、南京和沿海城市都成立了防空委员会，组织民众防备轰炸。故宫博物院院长马衡在3月6日的日记中记载："下午召集各单位商讨防空委员会任务以外各单位应筹备事项：（1）撤特展物品，（2）陈列室特殊物收藏入库；（3）库房以延禧宫下层为较安全地库，特殊品应收入此库；（4）各宫殿大玻璃即糊纸帛。"②故宫也进入了战备状态，可见当时形势之严峻。

上海的防空工作是第一重点。上海市军事管制委员会2月11日公布命令，成立防空治安委员会。任命郭化若、扬帆、曹漫之、周林、吴仲超、王范、骆耕漠等为防空治安委员会委员，以郭化若为主任委员，扬帆、曹漫之为副主任委员。

2月12日，市军管会在《解放日报》发布公告，号召全市人民立即动员起来，迅速采取下列措施，对付敌机的轰炸破坏：

第一，加强电力管制和分配。首先是迅速抢救和修复被破坏的部分，其次是有计划地分配和管理现有电量，动员全市人民节省用电，不许浪费，尽量保持对主要的生产事业和公用事业的电力供应；同时迅速设立分散的电站，使美蒋轰炸无法全部断绝我电力的供应，使我们在任何困难条件下能保持必要的生产。

第二，关于贮水方面。保护电力即可基本上保持用水的供给，但对自来水厂的设备，仍然要加意保护和加强防空设备。同时，各家各户应准备贮水设备，加强对自流井的管理及普遍进行挖掘土井，以备自来水厂万一被炸毁后饮水不致断绝。

① 中国人民解放军历史资料丛书编审委员会编：《防空军·回忆史料、大事记》，解放军出版社1993年版，第543页。
② 《马衡日记》，紫禁城出版社2006年版，第118页。

第三，加强防空设备。一切工厂、机关、宿舍、住宅在可能范围内应将各主要目标予以伪装。电力公司、自来水厂、造船厂、火车站、轮船码头是敌机轰炸目标，附近居民应注意防空。全市市民亦应进行防空准备，如挖防空壕沟，修理地下室等。

第四，加强消防救火工作。公安局消防处必须充分准备应付今后由于空袭而越来越凶的火灾的扑灭工作；同时所有工厂、机关、宿舍、居民住宅、商店应按单位大小分别建立人民消防队、消防小组，预先进行防火灭火的演习。尽可能自行积水及准备防火和灭火用具。学习消防知识与训练消防技术。检查灭火器，及检查与迁移一切易燃物品（如弹药、硫黄、油类等）。

第五，加强救护工作与善后救济工作。一切公私卫生机关、医院，对于因空袭受伤的人员，均应负责急救医治，不得有任何借口拖延及敷衍塞责的行为。应将所有公私医院、卫生人员，按区划分，分别收容救护伤员。各里弄人民应普遍组织救护队，发挥互助友爱精神，协助救护事项。受灾后无衣、无食、无住宅的人民，应由民政部门结合社会慈善团体予以适当的安置和必要的救济。

第六，加强治安工作。由警备司令部、公安局、民政局统一制订和执行空袭时紧急维持治安的规则。凡乘空袭、火灾之际，进行扰乱治安或劫取民财或破坏国家财产者，均应予以必要的处罚和镇压。应加强人民自卫队、纠察队的组织和工作。凡一切工厂、商店、街道、里弄之职工、学生、妇女与居民，均应有计划地、有步骤地建立纠察队与自卫队的组织，协助军警担任维持社会秩序之任务。

第七，加强疏散工作。对于空袭主要目标附近的居民，应帮助其迁移疏散，避免遭受损害。凡因电力断绝而无法复工的工厂，应根据实际情况，由劳资双方协议，设法资助职工疏散还乡。对一切失业与无职业的居民，应迅速设法疏散还乡生产，使其不致停留。

一场全民防空的工作在全市迅速铺开，各行各业都认真执行上级的指

○ 上海铁路工人解放后修竣的第一辆自动加煤蒸汽机车，拖着十二节车厢，驶离上海火车站

示，做好自己的工作。

铁路管理局经过分别动员，对各处、站、厂、段进行具体部署，并由政治部和工会共同发出指示，除指出须用各种方法保护各重要生产场所外，同时要求警卫武装同志加强防特防空训练，各处、段、站应严格实行值班制度。财委会、工务局也都成立防空机构。

市政府大厦各单位的防空工作，自成立机构积极准备后，内部组织业已确定。以财政局为例：全局由三个同志组成一指挥组，直属于市政府防空委员会，在指挥组之下，分设行政、任务两组，行政组系按全体工作人员编成若干中队，便于空袭时领导遣散、隐蔽；任务组下分纠察、消防、救护三小组，由大家主动报名，再按照任务需要编入各组，为便于敌机轰炸时的联络指挥，已规定各组工作人员缠带有颜色的布条，以资识别。

防空救护的工作，由卫生局及医务工会进行动员部署。在动员会上，领导指出了6日的防空救护工作中，个别医院由于墨守成规，不立即收容受伤者。希望各公私医院工作人员应一致发挥为人民服务精神，克服困难，完成救护工作。各个医院已由卫生局下令成立防空救护指挥组，并规定赴灾区的救护车必须配备救护队一队至三队，每队均须配备医生一人、护士两人、担架2副到4副，随带急救包，争取在灾区初步急救包扎，以减少死亡率。

为预防轰炸造成自来水断绝，引起饮水困难，市民亟须未雨绸缪，有组织地在各里弄及空地普遍开掘土井，可使饮水无惧匮乏，并可作消防之用。工务局为此设计土井图样及开掘方法，供作市民参考。[1]

各个里弄居民都开始挖井、备灯烛、组织救护队。黄浦区元芳里、济阳里、恒业里居民先后召开了居民代表大会，决定实行全里消防登记，劝住户备制灯烛，修掘两口旧井。居民又自动组织了救护队。济阳里准备添置五只汽油灯，以备断电时挂在里弄门口，并开掘土井。其他如恒业里、吉祥里、宝兴里、宝善里、永安坊等也已经把从前填塞的旧井重新恢复，从前没有的则预备挖掘。吉祥里的救护队并制订臂章，规定号码，联系各机关团体进行救护。[2]

2月10日的晚上，靠近黄浦江东南的董家渡的广场上，黑压压的人群正在紧张地工作着，掘沙的掘沙，扛包的扛包，不停留也不放松！天是那样的黑，灯是那样的暗，路是那样的滑，大来棉织厂、华美烟厂、鲁信烟厂、大中工业社等单位的男女工人，就在这样环境下加紧工作着，为法商电力公司的厂房机器堆沙包。

11日早晨，大东南烟草公司、振丰棉织厂、黎明工人夜校、勤工染织厂等数百工人，也到董家渡的广场里展开了堆沙工作，记者在人群中看到一个老工人来回地搬着沙包，不肯休息，想找他谈谈，他连喊："同志！对不起！没有空！"他做的活比别人都重，一百多斤的沙包，人家两个人都扛

---

① 《解放日报》1950年2月12日。

② 《解放日报》1950年2月13日。

不动，他背起来就走。

这时迎面驰来了一辆大卡车，又来了一批生力军！法电工会的同志向大家介绍："这是中华铁工厂的工人兄弟们！厂里资本来只准许他们来两个人，否则就要扣除每人两天的工资，他们四十多人宁可牺牲了两天工资前来参加义务劳动。"广场上响起暴风雨般的掌声。天黑了，是吃晚饭的时候了。法电工会送来了许多面包，所有的兄弟工友们都叫了起来："我们不能吃！我们不能增加你们的负担！"法电工会的同志再三劝说，大家才勉强收下，但一致声明："我们来做不是为别人，是为了自己，为了上海六百万人民！"人群中一个女同志叶新宝大声地说："保卫法电，是一个伟大的任务，对于人民自己财产的爱护，是我们工人阶级应尽的责任！"一昼夜下来，法电厂房里堆满了沙包。三天的任务一天就完成了。①

2月21日中午12时，美式B-24型机5架，B-25型机2架，P-51型机2架，分批侵入市区，轮番轰炸闸北水电公司，共投弹12枚，发电设备受到相当大的损失。据估计，短期内难以恢复。据初步统计死伤约10余人。警报解除后，全体工友立即清理被炸机器及扫除瓦砾，法电救护队、英电纠察队、中国电气公司、上海电话公司、工务局、上海电信局等抢修队，各自从廿里路外赶去协助，上海电信局市中心分局工程分队工人在四小时内修复了毁坏的电线，使该厂与外面迅速恢复电信联络。②

2月23日，国民党P-51型及B-25型机各2架，于上午9时40分及10时15分由浦东、沪杭线袭击上海市区，在爱多亚路（今延安东路）外滩至十六铺、蓬莱区及浦东等处江面共投弹15枚，附近船户及行人被炸伤5人，由广东路至金陵路沿外滩一带各大楼玻璃门窗被气浪冲击而破碎的很多，被碎片击伤的也有10人左右。黄浦分局员警救护队、警备车、担架及中央消防区队救护车均立即出动抢救，永安坊里弄救护队员亦赶至灾区

---

① 《解放日报》1950年2月14日。
② 《解放日报》1950年2月21日。

帮助包扎救护。金融业、衣着业、石油业职工纠察队则赶至灾区帮助军警维持交通秩序，打扫玻璃碎片。据黄浦分局调查统计，当敌机轰炸时，打开窗的，或贴上纸条的玻璃损失较少，未打开窗户，未按规定贴上纸条的，或未用厚牛皮纸及布条贴牢的玻璃窗户损失较重。①

这两次轰炸虽然也造成破坏和伤亡，但上海市民经过防空组织，已经有了生存的能力和迅速抢险的本领。做到处变不惊，行动迅速，组织有序，争取把损失降到最低限度。

二六轰炸对工业生产的影响非常明显，以电力为主要动力的相关各业都受到很大影响。如五金行业不少厂家处于停产状态，到 5 月 19 日，五金工会所属各业"半停工 299 厂，职工 4791 人；困难 53 厂，职工 1093 人；停工 227 厂，职工 3155 人；疏散 208 厂，职工 4130 人。其中停工和疏散的共计 435 家厂，12885 人"。造纸业也非常萧条，如天章纸厂停产，后又因缺少流动资金，无力恢复生产。

时任中央人民政府政务院副总理兼轻工业部部长黄炎培于 2 月 15 日致函陈毅，了解上海受损和恢复生产情况。25 日，陈毅在复函中坦陈："工业生产，几大部停顿，除动员全力整修被炸电厂外，并号召全市各机关部门尽量节电，以尽可能地维持工业生产，使不致全部停工。唯损失较重，目前至多能修复百分之四十五，致影响了全市的工业生产。"

为防止恐慌情绪的蔓延，陈毅于 2 月 9 日召集工商界头面人物开会，安慰大家"不要被美帝国主义、国民党的几架飞机吓破了胆，应当赶快与厂里的工人商量恢复生产"。他希望大家响应政府号召，行动起来，迅速恢复生产，安定人民生活。如果有困难，党和政府一定根据实际情况，逐步地尽力解决，并要开诚布公地和大家民主协商，人民政府不会亏待人。荣毅仁回到"申新"厂就对各位经理、厂长说，即日做好准备，迅速复工。荣氏企业率先响应号召，第二天就开工生产。4 月 15 日至 23 日，针对当

---

① 《解放日报》1950 年 2 月 24 日。

◎　上海市民举行反轰炸大游行（上海市档案馆藏）

时形势，上海市举行了第一届第三次各界人民代表会议，讨论如何进一步动员全市人民克服封锁和轰炸所造成的各种困难，维持与恢复生产，完成上海负担的公债与税收任务。这次会议鼓舞了工商界对前途的信心，使他们对克服暂时困难的认识"有了很大进步"。

　　轰炸造成的困难对上海市场也有很大影响。从 1949 年 6 月到 1950 年 2 月，上海的物价经历了四次大的涨价风潮。在轰炸造成的电力短缺灾难下，照明供应一度发生困难，所以"五洋"商品（洋烛、洋皂、洋油、洋火、洋烟）的价格首先开始上涨，粮食、纱布等其他日用品价格随之上升，与春节消费有关的商品价格也跟着大涨，猪肉价格在轰炸后的 5 天内上涨 70%，卷烟上涨 55%，食油上涨 21%。主持中央财经委员会工作的陈云认为，国民党对上海轰炸，使我们面临着严重的斗争。"这个斗争不仅表现在军事上，而且越来越表现在经济上"，因为"老百姓不仅在军事上、政治上看我们，他们还透过经济看我们，看物价能不能稳定，还饿死不饿死人"。

二六轰炸发生后，中央指示："敌机袭上海发电厂造成的经济影响是严重的，为稳定上海金融，维持布粮合理比价，一定要把物价稳住。"经中央统一调度，在全国各地的粮食支援下，上海的国营粮食公司集中力量，并在短短两天之内，就在市内各区，特别是劳动人民聚居的地区，开设50多家国营零售粮食店，仅在2月6日至11日的一周内，就抛售大米12万石，占市场成交总量的74.7%，粮价波动得到控制。由于国家敞开供应大米，紧张的排队现象随即消失，市场和人心也都稳定下来。2月21日春节休假后开市，投机私商仍企图利用"红盘"掀动物价上涨，但由于国营公司在市场上的抛售比重占到95%以上，价格维持在稳定的水平。

在轰炸造成的困难面前，上海人民变得坚强了。他们痛恨国民党的惨无人道，反而激发了战胜困难的斗志。上海商业普遍进行劳资协商，共同经营，渡过难关。

上海的商业原来过度依赖进出口，又由于封锁及轰炸破坏等原因，导致普遍的经营困难。百货、衣着、五金、钟表眼镜、照相、中西药、烟皂烛箔、山海土产、饭馆等行业，在党和政府领导下，劳资双方通过协议，创造各式各样克服困难的办法，改变及维持了商业，战胜困难信心大大提高。

在转变过程中，首先是营业方针不能适合新社会需要。大三元酒菜馆资方坚持旧有的奢侈豪华的经营方法，职工劝他改变方针，他还说："就是有人吃得起，薄利不如多利。"仍想"三年不发市，发市吃三年"。后来因亏损太大逃走，店中仅存米三斗，面粉数包，流动资金毫无，还欠职工薪金、水电费、房租等。后经职工改卖客饭点心，面向大众，自3月以来，营业额提高了50%，半个月除还清一切债务外，还做到不欠薪。荣华酒家未改变业务方针前，曾经一天只做了1万元生意，终于关店。后由职工每人集资万元，资方也出资万元，以改售客饭为主。3月1日起，营业额从每天90万元到达480万元，每日平均卖出600客饭，房捐、营业税、公债等均付清。王大吉香烟店职工说服资方改营食粮油类，营业额增加1—

2 倍，全店职工 4 人已能维持。鼎香斋香烛号将原料品出售后，改进南货食品，1949 年 11 月正式成立南货部，营业额增加二三倍，目前虽较清淡，但比未改前仍增一倍。恒心南货店素来出售高贵物品，现在改售大众化物品，职工轮流还乡，生意即日渐转好，可以维持下去。泰康食品公司改用本国原料制造饼干后，营业即有起色。

百货公司普遍紧缩家具、化妆品等部分，经售土产。大新公司在短期内营业即增加一倍。金融业组织联合放款，贷给工业生产，先后共达 300 多万元。二六轰炸后为工厂装置电力设备，贷款起了直接克服困难作用。最近两次联合农贷，发展农业生产，资金有了正当出路。故充实资金是克服困难的前提。

由于国民党时期通货膨胀，限价政策的掠夺，使商业资金普遍短缺。如大陆公记运输行在连月亏蚀情况下，资金干涸，资方提出遣散停业。职工认为不是办法，全体职工一面自动减薪，一面积极工作，对不必要开支尽量节省，资方信心开始恢复。职工再度说服争取，打消资方顾虑后，不仅打消遣散意见，并愿增资 2000 万元，同时准备必要时愿意脱手私存货物，以增强周转能力。一个多月来已获显著成效，使支出接近了收入，并预料 4 月起可以做到收支平衡。资方为加强营业计，现已将原存白布 20 匹售出充作流动资金。

国华银行职工见到资方对克服困难已确具信心，遂考虑将工资恢复 1949 年 9 月份所施行的折扣办法，即以 100 个折实单位为基础，打八八折，100 个单位以上者一律八折。3 月 10 日劳资初步协议。11 日资方即在香港争取到 25 万元港币拨回，3 月份中前后三次共计总数 75 万元港币，除将已认公债全部缴清外，准备将全部呆欠补平。

由于资方囤积投机，导致巨额亏损，流动资金减少。在营业清淡时更显窘态，资方因而丧失信心，消极悲观。立兴祥绸布庄在 11 月初物价高涨时，借高利贷购货，欠款竟达 1 亿元左右，每日付息 600 万元，而营业额只三四百万，如不改弦易辙，全部存货即只够付息。经职工向资方提供意见后，以货抵债，将债务处理完毕。职工为照顾困难，薪金暂取五成，改吃大锅饭，业务上薄利多销。华新百货公司11月初也是借高利进货，后负债多于资产，薪金不能发出。职工即一面允许延宕发薪，一面取消星期例假，并发起借金还债运动。而资方仍乏信心，相继溜逃。工会除派人寻觅外，号召职工维护资产，确立各部门负责制度，把奢侈品抑价脱售，改售大众日用品，营业额由百万元增至1000余万，还清欠薪、年奖及债务1亿元。

兆芳照相馆资方史邦俊私人负债二三千万，店中几乎没有流动资金，房捐、房租、薪金、公债税款水电费等均未缴付。职工集议共同设法维持，并在营业额内抽出4%维持史邦俊之妻子儿女五个人的伙食。经过职工努力，至第二个月已偿还店中所欠债务。职工把每天营业所得，除购买每天必需品外，余均还债。同时厉行节约，用电由每月200多度省至68度。以前拍一张照要14天才能取，现只需一周。之后营业日好，薪水不会拖欠。

当然，上述商号的困难，只是初步克服，商品滞销等困难仍然存在。但它说明了：资方只要积极地整顿业务，充实资金，营业是可以维持的。职工必须主动提高劳动积极性，并可以减薪、存薪、节约等几方面来努力减轻企业的开支，甚至在必要的时候，也可采用轮流回乡或留职停薪的办法，然而这些办法必须是建立在劳资两利及真诚协商的基础上的。

上海毛纺业在困难时期，改变生产方向，减轻了滞销困难。

毛纺织工业包括单织、单纺、粗纺、精纺、绒线、骆驼绒、长毛绒和制帽等八个行业，共计139家工厂，职工13000余人。拥有主要设备精纺锭6万多枚，织机1754台，均占全国70%以上。过去产品多为高贵细呢，行销国内及南洋一带，所需原料羊毛及毛条几乎完全依赖国外，尤以澳洲羊毛为主。解放后，由于敌人的封锁及社会风气渐转向朴素，毛纺织业首先遭受了原料供应与销路上的问题。由于二六轰炸及该业的季节性等原因，困难更加加重。据最近的统计：仍能维持正常生产者仅中国毛绒、安乐等20家，部分开工的有中纺五个毛纺厂及私营华丰等共计29家。合计正常和部分生产的工厂 49 家，职工 9300 人。其余厂子有定期或不定期疏散的、季节性停工的，多属骆驼绒、长毛绒及制帽厂。

毛纺织业为克服原料供应及销路呆滞等暂时的严重困难，曾面向内地，组织公私合营的国产羊毛联购委员会，在西北兰州和包头两地首次着手采购国产羊毛一万担，走向自力更生的道路。另一方面各毛纺织厂少织花呢等细货，多织制服呢等粗货，以应社会大众需要。这些在克服生产困难上起着一定的作用，同时也减轻了产品销路呆滞的困难。

但是，毛纺业的销路与原料等问题仍严重存在，该业工会为克服这些困难，互推代表首先协商"停电期间的工资问题"，获得了集体性的协议。由此，进一步组成劳资协商委员会，每星期五举行常会一次。在协商的过程中，双方都能在平等、民主、自愿、两利的原则下，尽量维持可能的生产。这说明通过劳资协商，是克服目前困难的最好办法。[1]

1950 年 2 月到 5 月初，是上海解放后最困难的时期。华东局、上海市委虽然一再号召全市人民团结奋战，克服轰炸和封锁造成的困难，但如果没有强大的防空力量，就无法保证上海人民的生命安全。

---

[1] 《解放日报》1950 年 4 月 16 日。

第 14 章 | 中苏联合上海防空保卫战

上海解放后，面临国民党海空军的封锁和空袭，中共中央一直非常关注上海的防卫和安全。1949年7月，刘少奇、高岗、王稼祥率中国共产党代表团秘密访问苏联，一方面是寻求苏联对新中国成立后的外交承认和经济援助，还有一个重要任务，就是帮助中国建立空军，尽快解放台湾。

7月26日，中共中央书记处致电刘少奇："为准备在一年左右时间建成中国空军战斗部队，拟向苏联定购飞机、聘请专家，希望代表团同斯大林作初步商谈，如苏方原则同意，再派刘亚楼率小型代表团赴苏具体商谈。"①

8月3日，上海江南造船厂遭到轰炸后，华东局向中央求援。8月6日，周恩来以中共中央名义电告刘少奇、王稼祥："近来国民党飞机在长江下游沿岸几个大城市各码头及铁路矿山上空轰炸扫射频繁，造成很大侵扰和损失，甚望苏联三百六十门高射炮能提前订货并早日运来，请与柯瓦廖夫一商。"苏联很快同意了中方要求，并迅速发货。8月11日周恩来电告中共中央东北局书记高岗："近期友方将送来高射炮三百六十门，均在东北交货，由你和伍修权负责接收。"②

---

① 中共中央文献研究室编：《刘少奇年谱》(1898—1969)，中央文献出版社1996年版，第219页。

② 《周恩来年谱》(1898—1949)，中央文献出版社2007年版，第857—858页。

空军司令员刘亚楼8月中旬到达莫斯科后，中苏双方在苏联空军司令部举行了三次会谈。刘亚楼谈了中方组建空军的设想："无论从解放台湾的现实需要出发，还是巩固国防的长期考虑，中国都需要建立一支有战斗力的空军。希望苏联援助我们，在一年之内帮助中国建立一支由300—350架飞机组成的空军战斗部队。"苏方的援助方案不仅满足了中方的全部要求，而且提供了更多的飞机，派遣了更多的专家。甚至连中方没有想到的，如飞行训练的人员配置、课程设置、物资储备等方面的问题，苏方都基于自己开办航校、培养飞行员的经验，主动为中方解决，并提出了详尽的援助计划，苏方的援助是全面而充分的。这对于人民空军从当时几乎是一无所有、一张白纸的状态，迅速发展为具有完备组织系统、严密指挥机构、正规培训体系和实战能力的空中武装力量，奠定了坚实的基础，起到了巨大的促进作用。[①]

建立中国人民解放军空军毕竟需要时间，不是短期能形成战斗力的。上海解放后，第三野战军司令部也曾努力建立上海防空体系。当时在上海担任城市警备任务的是三野9兵团的33军，前身是渤海纵队。33军要承担市区500多个地点的警戒，力量明显不足。1949年7月，淞沪警备司令

---

① 杨万青、齐春元著：《刘亚楼将军传》，中共党史出版社1995年版，第272页。

部成立了防空处，负责筹划上海的城市防空，并与上海市公安局等部门联合成立了上海市防空治安委员会。

防空首先要有雷达，为了侦察和掌握国民党飞机的动向，防空部队从接收国民党遗留的十几部破旧雷达中，挑选了两部较好的，稍加整修后，架设在提篮桥附近安国路的一幢6层楼上，成立了一个雷达队负责对空警戒。在浦东和市区建立了七八个目力观察哨，观察国民党飞机动向。警备部队当时没有一门高射炮，只有3个高射机枪连，配置在市区中心的高楼上，负责上海党政机关驻地的对空警戒。江南造船厂和杨树浦发电厂、自来水厂等重点企业，由连队集中轻、重机枪，白天到高楼和厂房顶上值班，对空警戒。解放军基本上是陆军，没有防空作战的经验。当国民党飞机到来时，战士们用眼睛寻找目标，然后对空中射击。机枪的射程仅为1000多米，对高空的飞机基本没有威胁。高射机枪由于缺乏组织指挥，也发挥不了多大作用。

1949年10月，苏联援助的高射炮运到了沈阳，军委命令华东军区组建五个高射炮团，赴沈阳接收苏联援助的高射炮并进行突击训练。每个团配备苏制85毫米高射炮12门、37毫米高射炮24门。其中11、14团负责保卫上海，11月底到达。在二六轰炸时，国民党飞机仗着暂时的空中优势，连续轰炸。B-24型轰炸机作水平投弹，其余飞机均环绕目标进行俯冲投弹。这次空袭，由于雷达发现不了飞机，目力观察哨观测距离过近，轰炸机飞临市区上空，我方才施放空袭警报，市民都来不及疏散隐蔽。另外高炮部队组建不久，数量少，且缺乏雷达预警，无法提前发现目标。技术生疏，指挥不熟练，射击混乱，高炮射手不会环绕目标射击。虽然进行集中火力射击，但射击时机过晚，所以一架飞机也没有击落。当天，淞沪警备司令部调整高射炮部署，集中两个团保卫发电厂。

中共上海市委和市政府在1950年1月下旬至2月上旬连续4次专电中央军委，请求加强上海的防空力量，中央军委于2月8日急调在沈阳接收装备并训练的华北军区高射炮第17、18团加强上海地区防空，部队于2月

18 日到达上海。4 个高射炮团重点保卫发电厂、火车站、码头、油库、机场，但由于雷达探测技术的问题，高射炮部队无法组织有效的防空体系。

上海防空最大的问题是雷达发现不了飞机。主要原因是接收的人员技术水平低，修不好雷达的故障。二六轰炸后，防空处经陈毅司令员批准，2 月 16 日从上海交通大学将要毕业的学生中借来 21 人帮助工作。这些学生来自电机系，虽然学了不少无线电方面的理论，但都没接触过雷达。开始工作并不顺利，国民党飞机来袭击，地面观察哨用眼睛都看到了，但雷达仍未发现飞机。上级领导和学生们都很着急。团支部书记林学昌提议请专家来会诊。先请来交大的蒋大宗老师，他虽然在抗战期间接触过雷达，但也没有解决问题。他建议把上海市无线电技术水平最高的国际电台总工程师钱尚平请来帮助调试，钱总准确判断出问题出在发射机与接收机的工作频率不一致。经过调试，使雷达在 3 月 20 日 9 时第一次发现了飞机。原来商定交通大学同学帮助工作 3 个月，5 月底到期。但如果这些同学一走，就没有人能担负起技术工作了，防空司令部决定动员他们参军。本来这些同学要回去完成毕业设计，写毕业论文。经过华东局、上海市委有关部门与交大联系，让学校动员这批学生直接毕业参军，并解决学生参军后存在的一些问题。经过各方努力，交通大学的 21 名学生除 1 人外都参军了。这批学生后来成为解放军防空部队雷达技术的骨干，在以后的日子里作出了巨大的贡献。①

1950 年 2 月 6 日的大轰炸，使得上海处境极为艰难。上海的工厂约有 1.2 万家，1 至 5 月期间停工的达 1454 家，占 10% 以上。上海的商店约有 10 万余家，在这期间歇业的达 6000 多家，占 6% 左右。因为停电，上海的多数纺织厂无法开工，市场物价又出现波动。当时在上海主持经济工作的陈云 2 月 10 日写信给聂荣臻并转朱德、刘少奇，汇报了上海被炸的严重

---

① 佐光：《建立上海地区雷达情报系统》，中国人民解放军历史资料丛书编审委员会编：《防空军·回忆史料、大事记》，解放军出版社 1993 年版，第 57 页。

后果。信中说："上海纱布生产量占全国纱布生产量的一半。这次轰炸，上海纱厂停工，从电力恢复到纱厂恢复生产需一个半月时间。这一个半月停工停产纱布的结果，纱布必成囤积投机的对象，这三天上海情况已经明显。因此，我们提议：军队只发两套单衣（取消一套衬衣，且第二套单衣要求延迟些发，使我们能赶产纱布），地方则只发一套单衣，时间也推迟。"朱德总司令批准了陈云的请求，全军当年每人减少一套单衣。

严峻的形势使华东局书记、华东军政委员会主席饶漱石和上海市长陈毅感到压力极大，心情沉重。那些天华东局连续召集会议，商量市民疏散和工厂迁移的问题。2月23日，《解放日报》头条新闻是"面向内地前途无限光明，内迁各厂先后开工，原料便利产品畅销"，介绍1949年底迁到天津的卷烟、针织内衣工厂先后开工生产的情况，为进一步内迁工厂造舆论。但是这些内迁的工厂都是不足百人的私营小企业，如果要将造船、电力、钢铁等大企业迁往内地，谈何容易。饶漱石将情况报告主持中央工作的刘少奇，刘少奇又转报给正在苏联访问的毛泽东。

得知上海连续遭到轰炸的消息，正在苏联访问的毛泽东也十分焦急。中苏谈判到了关键时刻，2月14日，中苏友好同盟互助条约在莫斯科签字。第一条规定："一旦缔约国任何一方受到日本或与日本同盟的国家之侵袭因处于战争状态时，缔约国另一方即尽其全力给予军事及其他援助。"这一条是中国方面提出的建议。当时毛泽东的指导思想是希望在解放台湾时，得到苏联海空军的支持，这就确立了中苏两国军事联盟的基础。条约签订前，毛泽东收到刘少奇转来饶漱石的电报。中国领导人紧急约见苏联领导人，请求苏联出动空军协助上海防空。

斯大林同意给予中国空军支援，但提出苏中要签订一个秘密协定，规定在苏联的远东边疆区和中亚地区、中国的东北和新疆，"将不向外国人提供租让权，不许第三国或其公民以直接或间接形式参与投资的工业、金融、商业和其他企业、机关、公司和组织从事活动"。毛泽东心里不肯签订这个协定，但考虑到当时美、英都是敌视中国的西方国家，为照顾中苏团结这一大局，作了让步，同意把它作为条约的《补充协定》。这以后，斯大林表示要把在东北的敌伪财产和北京的苏联财产由中国接收，苏联向中国提供空中保护。①

2 月 15 日毛泽东致电刘少奇：苏方"已决定派空军保卫上海，并且不久可到，其数为一个空军旅。此事须作许多准备工作，例如修理机场，保卫机场，在机场附近肃清特务等，但又要保守秘密，以便飞机用火车秘密运沪，待敌机空袭时一举歼灭之，请你考虑叫粟裕来京面告此事，由他回去秘密准备一切"。②

2 月 17 日，苏联正式通知中方，将派出一支强大的防空混合集团军援助上海防空。毛泽东非常高兴，致电刘少奇："少奇同志即转饶漱石同志：丑文电悉。积极防空，保卫上海，已筹有妥善可靠办法，不日即可实施。上海工厂不要勉强疏散，尽可能维持下去。但对上述防空办法，务须保持秘密，以期一举歼敌。我们今夜动身回国。"③

毛泽东所说的"妥善可靠办法"，是应中国政府的邀请，苏联派出一支防空混合集团军，由巴基斯基中将指挥，来上海协助防空。2 月 12 日傍晚，莫斯科防空军区司令莫斯卡连科上将紧急召来军区参谋长巴基斯基中将交代任务。赴上海的苏军防空集群由最精锐的莫斯科防空部队组成，巴基斯基任司令，斯柳萨列夫将军任副司令，亚库申上校任歼击机部队指挥官，米罗诺夫上校为后勤部长，斯皮里多诺夫上校为第 52 高炮师师长。

巴维尔·费多洛维奇·巴基斯基，1924 年参加苏联红军，在卫国战争期间先后在乌克兰和白俄罗斯方面军中任步兵第 73 军、50 军和 128 军军长，参与了解放波兰、歼灭东普鲁士德军重兵集团、攻克柏林和解放布拉格的战役，建立了卓越功绩。1948—1950 年任莫斯科防空军区参谋长，1950—1953 年任空军副总司令兼参谋长，1954—1965 年任莫斯科防空区司

---

① ②　《毛泽东年谱》（1949—1976）第一卷，中央文献出版社 2013 年版，第 92—93 页。
③　《毛泽东军事文集》第六卷，军事科学出版社、中央文献出版社 1993 年版，第 76 页。

令，1966 年任国防部副部长兼国土防空军总司令。1968 年被授予苏联元帅军衔。①

受领任务后，巴基斯基与各部队指挥员在莫斯科中央机场登上飞机，沿莫斯科—喀山—斯维尔德洛夫斯克—赤塔—哈尔滨—北京的路线飞往中国。他们降落在北京机场，受到了中国同志热烈的欢迎，抵达北京的当天，苏军将领拜会了朱德、周恩来和中国人民解放军代总参谋长聂荣臻。中国领导人向他们介绍了上海的防空形势和任务，他们也向中国领导人汇报了苏军来华防空部队的基本情况。

得知苏联防空部队即将来上海的消息，上海党政军负责人极其振奋。他们立即部署准备工作。上海警备司令部命令 97 师、99 师、100 师官兵，并动员上万民工，连夜突击扩建江湾、大场、龙华三个飞机场，迎接苏联空军的到来。

当时上海市工务局由赵祖康留任局长，路政专家徐以枋任副局长。1949 年 10 月，市公安局交通处田处长到工务局来联系修筑龙华飞机场的事，赵祖康委托徐予以协助。当时上海水泥等建筑材料缺乏，徐以枋大胆设想加大跑道基层厚度，相应地减薄水泥面层。他的建议被采纳了，徐以枋在局里组织技术力量，指导施工，顺利完成了任务。1950 年二六轰炸后，空军要求扩建跑道，有一段跑道被炸后下沉。徐以枋考虑到时间紧迫，提出在已下沉的跑道上加厚水泥路面，采取切实有效的技术措施，以保证新老水泥层的封固结合，这个意见得到空军同意，仍由工务局派技术力量指导施工，迅速完成了任务。接下来空军要新修虹桥机场，改建江湾和大场机场，工务局仍去协助。对于这样重要的国防工程，解放军首长不但信任工务局的技术人员，让大家放手干，在工程问题上都坦诚交谈，对驻工地技术大队的生活也很关心，使大家感到温暖。②徐以枋主持了上

① 《苏联军事百科全书》，第 7 卷《人物志》，解放军出版社 1986 年版，第 54 页。
② 徐以枋：《在探索新生活的道路上前进》，《上海解放三十五周年文史资料纪念专辑》，上海人民出版社 1984 年版，第 98 页。

海四个机场修复和扩建的任务，但是他不知道这是为了迎接苏联空军的到来。

3月1日，华东军区决定组建上海防空司令部，统一领导上海市防空的各项工作。包括健全各级组织、调整兵力部署、建立空中情况警报系统、沟通指挥通讯，并配合苏军为其提供一切保障。由郭化若任司令员兼政委。上海军民昼夜在机场施工，国民党方面似乎感觉到了什么。3月14日，国民党舟山基地轰炸机18架、战斗机8架分批对修复的龙华机场进行轰炸，投弹194枚，将机场跑道炸了许多大坑，造成军民17人伤亡。江南造船厂也再次遭到空袭，驻守该厂的高炮11团猛烈对空射击，击伤B-24型轰炸机和P-51型歼击机各一架，迫使国民党飞机升至5000米高空，匆忙投弹后返回。这是国民党空军最后的疯狂了，上海军民共同努力，终于在苏联防空集团军到达之前，将三个机场全部抢修完毕。

在北京，朱德总司令和聂荣臻总参谋长任命留学苏联的王智涛负责接待苏军的任务。王智涛先到上海向陈毅、饶漱石通报情况，然后布置迎接苏军的准备工作。为了给来上海的苏军部队创造良好的作战、生活条件，上海防空治安委员会、华东军区航空处、上海警备司令部等部门组织了好几个工作班子进行准备工作。接待办事处设在虹桥，负责苏军的物资供应、住房设备、生活用品和保卫工作。市电讯局还调拨了大量的市、县线路，架通了所需要的电话线路。当时任上海警备司令部第4警备区通信科长的佐光回忆：1950年2月中旬的一天，他奉命到淮海中路上海防空治安委员会受领任务。来自总参谋部的王智涛传达了军委的指示，交给佐光的任务是：组织一部分干部，在省、市、县政府的帮助下，2月底以前在苏南的南汇县、苏北的启东县、苏州市、浙江的海盐县建设雷达阵地，安排前来工作的苏军人员的住宿、生活保障、阵地警戒等问题。在虹桥机场、江湾机场建设引导雷达阵地的任务由航空处的同志负责。安国路雷达队由防空处情报科负责。这是为苏联空军的到来预先做好对空侦察、警戒和引导飞机作战所需要的准备。领受任务后大家分头到各地，在当地政府和群众的配合下，经过近 20 天的紧张工作，到 3 月初，几个雷达阵地都建起来了。通往阵地的公路修通了，桥梁架起来了，电源接通了，人员住房、中西餐厅也都修理好了。在雷达站周围部署一个步兵连，担任雷达站的地面警卫。①

王智涛回忆："由巴基斯基中将率领的苏联混成集团军于 1950 年 2 月底抵达满洲里，我奉命从满洲里把他们接到北京。军委和总部首长与苏军领导会晤商谈后，通过总参军事交通部和空军的协调，地面装备经铁路运输，飞机则通过转场，于 3 月初完成调防，抵达上海。"②

3 月初，苏军混合集团军的部队陆续到达上海，最先来的是雷达部队。苏军独立雷达营带来 10 部 П-3А 型警戒兼引导雷达，20 余部 500 瓦发报机，数十部收报机，20 余部汽油发电车，还有一套雷达营情报站收集处理、报知雷达情报的设备。营长是斯林卡克中校，营部、营情报站设在虹桥路接待站内。独立雷达营到达上海后，用 3 天时间了解上海周围情况。由于各种准备工作做得比较充分，苏军雷达技术人员到达阵地后，当天就架起雷达、电台，开始担负战备值班任务。到 3 月 10 日前后，以上海为中心，由 5 个雷达站组成的地区性雷达情报系统已经形成。距上海 250 公里的高空飞机、150 公里的中空飞机都可以及时发现、连续跟踪了。安国路的防空处雷达队经过加强技术力量，请国际电台总工程师钱尚平先生帮助调试后，也可在 300 公里有效范围内发现飞机。江湾、虹桥两个机场的雷达站也开始执行引导苏军飞机的任务。

3 月 7 日，巴基斯基等将领到达南京，受到华东军区粟裕副司令员的迎接。粟裕向苏军将领详细剖析了蒋介石军队的现状，人员编制及战斗力，以及美国的军事援助，并介绍了华东野战军部队的战斗力和训练情况，解放沿海岛屿的战果，以及准备渡海攻打台湾的设想。

3 月 9 日 15 时，苏军指挥班子抵达上海，与华东军区陈毅司令员会

---

① 佐光：《建立上海地区雷达情报系统》，中国人民解放军历史资料丛书编审委员会编：《防空军·回忆史料、大事记》，解放军出版社 1993 年版，第 58 页。
② 《从共产国际归来的军事教官——王智涛回忆录》，军事科学出版社 2015 年版，第 356 页。

晤。陈毅着重介绍华东军区保卫上海的兵力和装备，上海这座城市有哪些特点，最需要保护的重要工业区和运输枢纽的分布情况，使苏军指挥员尽快熟悉和掌握情况。

随后，苏联防空部队混合集团军各个梯队 3500 余人，自 2 月底至 3 月 27 日陆续到达上海。2 月 25 日，第一趟运载空军地勤营的专列驶入上海。陈毅司令员亲自到车站迎接。马卡罗夫上校的歼击机团有 45 架拉 -11 歼击机，他们从大连机场起飞，飞越渤海湾，经青岛抵达徐州，在短暂停留后到达上海。谢苗诺夫上校指挥一个有 30 架图 -2 和 30 架伊尔 -10 的混成轰炸机团，也沿上述飞行路线到达上海。与此同时，帕什科夫上校的米格 -15 飞行团也从莫斯科经铁路抵达徐州。当时苏联空军刚刚开始配备喷气机，帕什科夫团是苏联首个投入实战的部队。①

为了配合苏军作战，根据军委 1950 年 3 月 1 日命令成立上海防空司令部，由华东军区航空处和上海防空治安委员会合并成立。由淞沪警备司令员兼政委郭化若兼任上海防空司令部司令员兼政委，蒋天然为参谋长，王集成为政治部主任。上海防空司令部为巴基斯基混成集团军调防作了充分准备，修缮了机场，准备了营房，构建了作战训练和生活的配套设施，配备了一定数量的俄文翻译，并组建了一批高射炮兵、雷达、探照灯、通信、气象、情报部队和分队，为协同作战奠定了基础。

巴基斯基的指挥所设在上海虹桥机场，与上海防空司令部建立了协同作战关系。根据中苏双方政府的协议，巴基斯基部队负责担任长江南岸到杭州湾北岸，以上海虹桥机场为中心、150 公里半径（但向东不得超出海岸线）以内地区的防空任务。苏军部队有两个歼击机团，一个米格 -15 团，一个拉 -11 团，一个混合轰炸冲击机团共 99 架飞机，先后分别进驻虹桥、江湾、大场机场。一个探照灯团以排为单位，分别部署在上海市区、市郊和浦东。一个雷达营以连（站）为单位，分别部署在上海市及其外围，如

---

① 斯皮里多诺夫著、彭华编译：《苏军保卫上海的天空》。

南汇、苏州、海盐、启东、镇海各点。为了严格保密和维护苏军的安全，营区由上海防司负责，机场、雷达站、探照灯和各排作战阵地、电台、通信站、高炮阵地等由淞沪警备司令部负责。虹桥、江湾、大场机场由上海警备司令部分别派 97 师 290 团、99 师 297 团和 100 师 300 团担任警戒，分散各地的探照灯、雷达部队驻地也都派出部队警戒。

王智涛作为军委高级参议和军委代表，为沟通中苏两军的合作忙碌了个把月，苏军调防、交接基本完成。他完成了任务，向陈老总辞行。陈老总说："总司令对我讲，要你到上海后，一切听我安排。苏联人刚到上海，人生地不熟，两军之间，需要协调配合的事情很多，我看这个工作非你莫属，把你调到上海防司，给郭化若当副手，愿意不愿意啊？"王智涛爽快地答应了。很快军委即下达了任命王智涛为上海防空司令部副司令员的命令。

苏联空军的米格 -15（миг-15）歼击机是当时世界上最先进的亚音速飞机。最大速度 1070 公里 / 小时，最大飞行高度 15200 米，航程 1782 公里。机上装有一门 37 毫米、两门 23 毫米机关炮，备有 200 发炮弹。1948 年底才交付苏联空军使用。巴基斯基部队来上海的一个飞行团拥有米格 -15 歼击机 38 架，飞行员多数有参加第二次世界大战的作战经验，是一支战斗力极强的飞行部队。而国民党空军当时使用的最好的战斗机是美制 P-51 型歼击机，为二次大战期间研制的活塞式螺旋桨飞机。最大飞行速度 704 公里 / 小时，最大飞行高度 12800 米，航程 3700 公里，配备 12 毫米机枪 6 挺，炸弹 450 公斤。执行轰炸任务的 B-25 型轰炸机最大飞行速度 467 公里 / 小时，最大飞行高度 8540 米，航程 5960 公里，配备 12 毫米机枪 10 挺，炸弹 4000 公斤。对比这些参数可以看出，苏联喷气式战斗机在高空、高速性能方面比国民党空军的飞机都要优越得多。

了解到中国东南沿海地区的严峻形势，巴基斯基部队这次调动采取了临战非常措施，空中梯队在转场过程中随时做好战斗准备，地面梯队则要求随到随展开随参战。3 月 13 日，米格 -15 飞行团第一梯队到达徐州机场时，突然遭遇国民党 P-51 型战斗机空袭，苏军米格战机起飞迎战，当即将其击落。次日国民党空军又派一架 B-25 型轰炸机临空侦察情况，苏军飞机又起飞迎击，将其击伤后迫使其降落在徐州东大湖车站附近。一名射击员在空中被击毙，国民党空军分队长孙希文上尉等六名机组人员全被俘获。

3月20日，巴基斯基部队歼击机团先遣队刚到上海，立即领受了随时起飞作战的任务。23日国民党飞机入侵上海，苏军战机迅即起飞，将正在轰炸扫射的一架 P-51 型飞机击落，首战告捷。

4月1日，上海防空司令部于淮海中路1189号建立起了人民解放军第一个要地防空合成指挥所。至此，上海完成了有诸军兵种参加的现代化要地防空配系——空中设防。上海空中设防后，苏军巴基斯基防空集团与解放军地面高炮部队密切配合，在保卫上海的防空作战任务中连续取得重大战绩。

4月2日，国民党空军派出 P-51 型战斗攻击机两架袭扰上海市区，轰炸扫射。苏军歼击机立即起飞迎战，在追击过程中精确攻击，将其中一架击落于杭州湾海中，又将另一架击成重伤，坠毁于浙东四明山区。4月18日国民党 P-38 型飞机两架从海上进入上海地区，长机未及投弹即被击落于横沙，飞行员王宝翔毙命。僚机亦被击伤，机身发动机起火，最后坠落于国民党空军岱山机场海边，飞行员李长泰跳伞落于岱山岛以西海面。两次空战连续击落国民党飞机 4 架后，引起了国民党军将领的震惊。他们难以想象：共军怎么一下具备了先进的空军和防空装备？因此，国民党空军一改以白天轰炸为主的空袭方式，转为夜间偷袭。

5月11日夜21时，国民党空军 B-24 型轰炸机四架，分三批携带重磅炸弹企图乘黑夜轰炸上海。被地面雷达发现之后，防空部队全部进入一等战斗准备，严阵以待。第一批飞机遭到防空部队高射炮射击掉头逃跑，第二批的一架飞机刚进入上海市区，就被苏军探照灯照中和不间断的跟踪。苏军拉-11 战机起飞迎战，地面高射炮紧密协同，交替轮番射击，一架轰炸机被击中，坠落于浦东塘桥，机组人员全部丧命。另一架 B-24 型飞机未进入上海境内即仓促投弹，然后调头逃窜。①

上海市民目睹了这场夜间空战，陈毅命令公布战绩。第二天的《解放日报》以"血债必须血还，一架匪机被击落"的大标题，报道了国民党轰炸机被击落的消息和飞机残骸的照片。消息轰动上海，百姓们坐着轮渡络绎不绝去浦东现场参观，记者胡笛写了报道《参观匪机残骸记》：

自从五月十一日夜间，我人民解放军防空部队击落敌一架B-24式轰炸机后，当夜消息就传遍了全上海。人们有声有色地描述着我严密的炮火扫射匪机，以及匪机像火球一样沿着弧形线坠地时的情景。当夜报馆的电话应接不暇，一个接着一个的读者兴奋地证实这一消息，在浦东警戒匪机残骸的警备部队接到鸿丰纱厂工人们的要求，希望能够集体去参观，附近的几个中学更是迫不及待。码头工会、华东煤总分会的纠察队出动了一个分队，帮助警备部队维持秩序。附近居民和公安局派出所的同志们一夜都没有睡觉，清理敌机的残骸，一直工作到天亮，从各方面过江来浦东参观的人，更是络绎于途，就像是赶庙会一般，非要看一看匪机的残骸不成。

机内的匪徒只烧剩了一撮头发与两个指头，还有烧焦了的英文书刊，后来在残骸中发现了一块最大的爆破机轮外胎胶皮里面，盖着一个方形钢印，在微暗的字迹中看到了California等字样。大家异口同声的说："这是他们应有的下场。"一位从静安寺来的工人说："我伲兴奋极了，这下可给我伲报仇了，打下台湾是不成问题的了。"一批接着一批参观的人连续不断，看完的人又和附近的居民打听当夜打下来的情景，你一言我一语，有的说："这下子匪机可不敢随便再来了。"有的说："嗯！来，来一架打一架，夜里打的那样准，白天更没有问题了，一架可以打下来，十架八架更好打。"英电、法电、公交等单位的工人先后赶来参观，都向战士们张开了

---

① 《上海军事志》，上海社会科学院出版社1994年版，第487—488页。

笑脸说:"这下可给我们报仇了。"①

战斗结束后,陈老总来电话问王智涛:"你们报告是你们的高炮击中的,巴基斯基报告是他的歼击机击中的。你马上去搞清楚到底是谁击落的,我要上报军委。"王带着几个参谋到苏军指挥所去见巴基斯基。双方介绍了作战情况,均有证据证明是自己击中的。讨论了一个多小时,毫无结果。王主动说:"算了,不讨论了。按苏军意见报。"巴说:"不,按中方意见报。"又相互推让一会,最后达成共识,按"双方同时击中"上报。②

但为了保密,不能暴露苏军的行动。报纸只笼统地说国民党飞机"被我防空部队击落"。在陈毅市长举行的记者招待会上,外国记者问是用什么

○ 1950 年 5 月 11 日,3 架国民党飞机来犯,其中一架被击落在浦东塘桥,图为市民在围观飞机残骸(上海市档案馆藏)

① 《解放日报》1950 年 5 月 15 日。
② 《从共产国际归来的军事教官——王智涛回忆录》,军事科学出版社 2015 年版,第 366 页。

武器击落飞机的，陈毅说是用高射炮打下来的。有的记者问："高射炮能打这么高吗？"陈毅风趣地说："它能飞多高，我们就能打多高！"①

在联合防空作战中，中苏双方密切合作。王智涛回忆："苏联混成集团军到上海后，陈老总把郭化若和我找去，专门研究了对空作战问题。他指示说：第一阶段以友军为主，以我们为辅。我们要主动协同配合，通过战斗向友军学习。学会指挥、学会用兵、学会武器装备的使用和维修、学会对空作战的战略战术。第二阶段双方联合作战，互相协同配合，互相支援，互相帮助。第三阶段以我为主，以友军为辅。三个阶段逐步过渡，过渡得越快越好。他还提出要组建新部队，说：抓紧组建基本配套的高炮、雷达、探照灯部队，你们做个计划报来，缺什么就要什么。我这儿没有就向军委要。关于部队训练，去请教巴基斯基，看看人家怎么搞，先照猫画虎，不懂就学。"

遵照陈毅的指示，上海防空部队的指战员认真学习苏军的先进技术。因为绝大多数由陆军转行而来，缺乏专业知识，不重技术和战术。所以，从司令员到战士，最紧迫的任务就是学习。陈老总对此多有指示，郭化若司令员也高度重视。他说："巴基斯基的部队在上海，我们有现成的老师，请他们来教，从基础课教起。每周至少上三次课，包括我在内，每个人都要当小学生，认真学、努力学、尽快成为能上战场的指战员。"王智涛和巴基斯基商议：他们派出了一批校级军官担任教官，我们把上海防司干部编成高级班、中级班和参训班。高级班是师以上指挥员，主要课程是指挥、协同和战术。中级班是团、营指挥员，课程与高级班雷同，只是侧重面、内容范围和深浅程度有所差异。参训班主要是各级司令部处、科长和参谋，主要课程是司令部工作和参谋业务。分班上课之前，全体学员先集中上大课，讲授防空概论、武器装备简介、外军概况和第二次世界大战时典型战例。

---

① 郭化若：《警备大上海》，引自李晓黎主编：《从渤海到大上海——渤海纵队、三十三军征战纪实》，军事科学出版社1995年版，第213页。

在两军关系上，中方对苏军也是友好相处，互相关心互相尊重。苏军进驻上海后，中苏双方都制定了严格的纪律。苏军规定：全体人员未经批准不得离开营区。中方规定：苏军营区由中方警卫，任何人未经批准不得入内。物资供应由中方负责，苏军衣食住行均按专家待遇。几千苏军官兵整天困在军营，业余生活贫乏，确有寂寞之感。巴基斯基要求给苏军每个排建俱乐部，配一台收音机，一套文体器材，每个营配一台电影放映机。上海防司经费不足，无法满足，便报告了华东军区。陈老总对郭化若和王智涛说："人家千里迢迢到异国他乡，帮助我们保卫上海，这是国际主义！他们的要求并不过分，但从我们的实际出发，全部解决不可能，一点不解决也不好。这样吧，华东军区拨一笔钱给你们，解决一半；你们也要想办法丰富苏军的文体生活。"我们给苏军配备了文体器材，还经常组织中苏两军联欢、球赛和舞会。陈老总对苏军很关心，经常看望他们，有时也来看球赛，参加舞会。巴基斯基对王智涛说："陈司令员平易近人，和蔼可亲。每次见到他，都像是老朋友见面。在苏联，大军区首长，一般军官根本见不到，连我们这些将军也很难接近。"

苏军驻防上海后曾出现过一些小问题。1950年4月2日，苏军在金山卫上空击落两架国民党P-51型飞机。当晚会餐庆功，苏军一名上尉和两名士兵喝多了酒，晚上他们三人想出军营，到市区转转。中方哨兵上前阻拦，苏军人员不仅不服从劝阻，还借着酒劲动手打人，中方哨兵情急之下对天鸣了一枪。后来，在双方值班首长协调下，事态很快平息了。中方哨兵被关了一天禁闭，苏方人员没有受到任何处分，第二天还跑到哨所挥拳示威。警卫连意见很大，说了些不该说的气话。郭司令员要王智涛找巴基斯基谈一谈，王找巴谈后，苏方把滋事的三人关了一个星期禁闭，然后遣送回国，陈老总知道后严厉批评说："苏混成集团军与你们上海防司是友军关系，不是上下级，你们管好自己的部队就行了。巴基斯基怎么处理他的人，那是他的事。他处理不妥，你们可以找我，怎么可以去指挥巴基斯基？苏方人员闯营打人，有错在先，你们的士兵鸣枪错则更大。你的人只关了一天，他们的人关了七天，还被打发回老家，苏军官兵会怎么想？这不利于两军团结么！你们要从大局出发，严格律己。"陈老总的批评让郭化若、王智涛心服口服，按陈毅的指示，主动上门做了自我批评，化解了矛盾。[①]

上海空中设防短短两个月的时间，苏军巴基斯基部队在中国人民解放军上海防空部队配合下，四战四捷，先后击落国民党空军各型飞机6架，制止了国民党空军对上海的轰炸破坏。台湾当局不得不采取"避免深入"的方针，明确国民党空军的任务从空袭转为防守。

国民党将领百思不得其解，解放军怎么会在如此短的时间内具备防空和空中打击力量？驻舟山的空军将领劳声寰回忆："我们的空军确实掌握了空中和海上的情况。不仅经常攻击对岸结集的船只，还深入内陆，远至上海杭州一带侦察共军的活动状况。我特别建议注意共军的空军情报。当时很多人都以为短时期内共军还不会有空军参战、因为他们没有飞行员和飞机。我则认为苏联极有可能以飞机和飞行员直接介入。最初我们的侦察机经常执行空中照相，各机场上都未发现飞机。不料没有多久，就有一架P-51在杭州附近被敌机击落。接着是飞往上海准备轰炸共军的一架B-24被击落。空军负责掩护的八架P-51曾与敌机发生空战。这就说明共军已有空军了。但究竟是何种飞机还不清楚。于是空军派了一架P-38照相侦察机前往侦察，落地后将照片冲印出来，无不惊吓。原来共军的飞机竟是当时苏联最新的喷射战斗机米格-15，仅虹桥机场上就停了数十架。这种飞机的性能比我们的P-51好得太多。我不幸而言中，苏联果然直接介入了。这一张空中照相决定了舟山群岛的命运：没有制空权，不能防守。"[②]

中苏联合上海防空保卫战，使上海反封锁反轰炸的斗争终于取得了最后胜利，上海的天空平静了，人民的生活恢复了正常。而国民党盘踞舟山的日子也屈指可数，被迫转入防御直至撤退。

---

① 《从共产国际归来的军事教官——王智涛回忆录》，军事科学出版社2015年版，第365—366页。
② 劳声寰：《古宁头战役前后的军事生涯回顾》，摘自析世鉴网站。

第 15 章 ｜ **胜利**

1950 年 2 月上海遭受大轰炸后，中央军委命令三野集中力量，充分准备，彻底解决舟山的国民党军队。但是鉴于金门、登步岛登陆失败的教训，一定要集中优势兵力，做好充分的准备。如果条件不具备，宁可推迟。

为了夺取舟山，三野加强了宁波前线的兵力。1949 年 10 月，21 军主力由温州转到浙东。10 月底又抽调 23 军全部到浙东参战，并以 9 兵团司令员宋时轮统一指挥 7 兵团和 9 兵团部队。原定 11 月发起战斗，但因船只仅够运载五个团，与计划的第一梯队运载十二个团的差距太大，同时水手缺乏。为充分准备，三野决定推迟一段时间再发起作战。

金门、登步作战的教训，使三野指挥员认识到渡海两栖作战的复杂性。三野参谋长张震向粟裕建议：召开一次参谋长会议，或叫军事教育会议，研究两栖作战问题。1949 年 12 月 18 日，军事教育会议在南京召开。与会同志听取了参战各部队领导介绍了金塘、厦门、登步岛和金门战斗的详细情况，认真总结了渡海作战的经验教训。华东海军副司令员林遵报告了海、陆军协同作战的问题，介绍了舰船性能、战术原则和敌我舰船对比情况。大家认识到：两栖作战是一种海陆空联合作战。敌人凭岛据守，兵力相对集中；而我军则因数百里的航渡，部队机动、隐蔽及火力支援均十分困难。因此，不能把守海岛的敌人与他们在大陆上溃败的情况同样看待，必须有应付意外情况的物质（船只）、兵员及思想准备，要把数个岛屿的情况联系起来看，必须解决分散起渡与同时攻击的矛盾、宽正面的多处登陆与登陆后集中作战的矛盾、高速度航行与航行管制的矛盾、涨潮起渡与退潮攻击的矛盾。总之，要学会新的一套作战方法，掌握渡海作战的技术。①

进攻舟山，最重要条件的是船只。鉴于国民党军兵力强大，原来逐岛攻击时每次运载两个团的船只不能满足作战需要。三野首长估计，一次需要投入 10 个团的兵力登陆，需要 2000 条船。在国民党空军不断袭扰破坏下，宁波沿海的船只损失很大，附近已经找不到大型海船，三野首长要求山东支援一部分船只。但是山东的船只如何运到宁波前线，又是一个大问题。走海路容易遭到国民党海军的拦截，走内河需要两个月时间。粟裕、张震向军委请求用火车将山东船只运往宁波。

山东老解放区的人民为了支援解放军打舟山，提供了大力的援助。三野布置山东征调船只任务为 500 只。从 1949 年 12 月至 1950 年 4 月，山东征调上送船只 628 只，各区都超额完成了任务。据山东军区 1950 年 5 月 4 日的通报，宁波前线部队已收到 462 只，其余尚在途中。军区表扬说："在完成此任务中，以青岛为最好，不但超额完成任务数（二十一只），而且主要领导干部和参加船管处的全体工作同志对此任务重视与认真，以及党政

---

① 《张震回忆录》，解放军出版社 2003 年版，第 389 页。

军民的协助下所致。如：车运工作的成功。当接收任务后，在很短的时间即试装成功，直至结束，船只丝毫无损。装车的工程师、工人不分日夜，不避风雨的进行着工作，表现了极高的工作热情和支前观念。"①

为了避开国民党海、空军的破坏，从山东运来的海船没有走海路。用火车运到杭州后，三野抽调部队和民工，在地方工程技术人员的指导下，把运河开凿到浙江海宁、乍浦等地的海堤地域，再把船只从铁路和运河输送到浙江海边。然后在海堤上修建船只由内河翻坝入海的设施，把船运入杭州湾隐蔽。参战部队称这种输送方法为"陆地飞舟"。华东局动员了浙江的群众26万人，修通公路，开挖运河，征集粮食、物资，到5月初，三野宁波前线征集的船已达2060只，基本可以满足舟山作战的需要。

打舟山的战略方针确定，三野部队加紧备战练兵。各部队首长多次到前沿观察地形和国民党军岛屿防御情况，战士积极练习渡海、划船、海上射击技术。4月上旬，中国人民解放军代总参谋长聂荣臻召集粟裕及海军司令员萧劲光、空军司令员刘亚楼等，进一步研究舟山作战海空军配合的可能性。4月25日，粟裕在杭州主持召开华东军区陆海空三军联合作战会议，具体部署舟山战役作战。决定以第7兵团、第9兵团6个军、20万人，华东军区海军第4舰队登陆艇19艘，华东军区空军第4混成旅战斗机、轰炸机50余架，可供一次运载10万人的木船2000余只，进行舟山战役。② 决定组成南北两个登陆突击集团：以第21军、22军、23军、24军，并附特纵水陆两用战车一个营为南集团，由第7兵团司令员王建安指挥，首先夺取登步、大猫山、册子山等舟山外围岛屿，尔后直向舟山本岛攻击；以第20、26军并附特纵水陆两用战车一个营为北集团，由第9兵团司令员宋时轮指挥，先取岱山、长涂两岛，尔后由北向南会攻舟山本岛。海、空

---

① 《山东军区关于各地支援定海作战船只情况的通报》，中国人民解放军历史资料丛书编审委员会编：《解放战争战略追击·华东地区》，解放军出版社1998年版，第450页。
② 《粟裕年谱》，当代中国出版社2006年版，第496页。

军积极配合作战。浙江支前委员会组织了 26 万民工修建机场、公路，嘉兴、栎社、虹桥军用机场已经可以使用，木船一部分已改装成机帆船。在杭州成立野战军指挥所，作战时间确定为 5 月中旬准备完毕，6 月中旬或 7 月发起攻击。

5 月 10 日，毛泽东询问粟裕计划何时举行舟山群岛作战，准备工作如何。同日粟裕回电：陆军各部队已经准备就绪，"整个作战时间，尚须依海空军准备而定。海空军所需炮火、扫雷设备及飞机等何时可从苏方运来，尚未得海空军电告。敬请军委能电催早日运来。如目前海空材料不能运到，则六月底亦难发动战斗。因海军炮火及扫雷工具等装备，尚须半个月时间，为此，攻击时间恐推延至七月。特此报告并请示"。

可以说，三野攻击舟山的作战，已是箭在弦上，即将展开了。与此同时，5 月 1 日，四野 15 兵团解放海南岛。面对急转直下的形势，蒋介石不得不重新考虑舟山国民党军的命运。

当时舟山国民党军的实力有 19 军、52 军、67 军、75 军、87 军五个军和 45 师、71 师、92 师三个师，共计 15 个师。加上海军陆战队、装甲兵、炮兵、工兵，陆军总兵力 12 万余人。海军有第二舰队 3 艘驱逐舰、2 艘扫雷艇、2 艘炮舰、15 艘炮艇、5 艘巡防炮艇。空军有 B-25 型轰炸机 8 架、B-26 型 2 架、F-51 型战斗机 32 架，还有部分运输机、侦察机。国民党舟山防卫司令石觉自恃海空优势，本来想打"总体战"，使舟山成为反攻大陆的前进基地。但是 1950 年 3 月苏联空军进驻上海机场后，国民党空军的飞机在苏联喷气式战斗机的打击下，连连受损。当舟山派出的侦察机拍到上海机场停放的战斗机照片后，国民党将领大惊失色。海南岛解放的消息传来后，石觉感到大势已去。他分析道："当时国军占有舟山目的，原为封锁长江，抑制共军行动。故必须兼有制空、制海之两项优势，方能达成任务。但自 4 月以来，共军在俄支持下，华东沿海已有各式飞机 200 余架，其中一部为喷射机。因此我在舟山方面之制空兵力，显已陷于劣势。如我之制空权一旦丧失，则我之制海权亦相继不保。如此，则封锁长江口之任务，已无法执行。""舟山在国军整个防御部署中，乃为一远离基地之突出部，距离台湾甚远，距敌则极近。如金塘、大榭、桃花等岛，敌我之海面距离仅千余公尺，敌如挟全力大举来犯，我虽能一再挫敌，但敌近我远，我战力补充不易，而敌则增援迅速。且敌如对舟山、台湾同时进犯，我又将有不能兼顾之虞。""舟山与台湾距离遥远，运输补给线路过长，如大规模战斗连续展开，对此70万军民之补给，在制空制海落于敌手之后，实不易持久。"基于"空中优势不能确保""敌近我远，支援不易"和"补给线长，运输困难"三大原因，国民党开始考虑撤军。

5月9日，石觉奉命秘密飞往台北，参加蒋介石召开的军事会议。会上，蒋介石作出舟山撤军的决策。当时蒋经国和一批国民党将领都表示反对。蒋经国回忆："到了五月，国军自舟山撤退。事前很多人都生怕放弃舟山，会引起台湾的人心不安，并使大陆同胞失望，所以纷纷向父亲表示反对的意见。我当时也不赞成舟山撤退计划。后来，父亲向大家说：'你们恐怕因为舟山撤退，就会使得台湾人心不安。但是如果这支兵力在舟山被共军消灭了，台湾的人心又会不安到什么程度呢？你们又恐怕因为舟山撤退而使大陆同胞失望，但是如果为了舟山而台湾不保，大陆同胞又将失望到什么程度呢？'第二天，父亲就毅然下达了撤退舟山的部队。我们想起来，如果不是父亲力排众议，当机立断，当时驻守舟山的部队，恐怕早已不存在了。"

为保密起见，舟山撤军计划以"美援及日本赔偿物资运输计划"为代名。石觉于10日飞回舟山，召集各部队将领部署。11日，国民党空军副司令王叔铭、海军代副总司令马纪壮和蒋介石的美国顾问、前第7舰队司令柯克上将飞抵舟山，指挥台湾来的大批商船、运输舰和飞机实施撤军计划。他们带来了蒋介石给石觉的亲笔信："此时防备匪机突然来定海轰炸我运输船舰，比防范其陆军渡海来攻本岛更为重要。故应从速准备，以防万一。关于运舰遇有各种情况发生，须有一海军高级将领，具有充分权力，在当地得以立即处置紧急事故，以免重大损失。故中意凡到定海之军舰商船，必须指定马代副总司令统一指挥，而马代副总司令则须受石觉司令官之指挥。必须建立如此之指挥系统，方不致临时仓皇，以免纷乱，务望想定各种不测之情况，以期减少损失至最少限度，是为至要！中意舰只停泊，不可太挤，总以疏散为宜。故部队开始登舰，亦以络续行之为妥，不可太迟。明（12）日晚间，即应开始登舰，并期于本月15日至迟16日上午，必须完成全部工作，是为至要。"蒋介石为了保证舟山国民党军全师而退，为台湾保留这12万人的军事实力，可谓殚精竭虑，用心良苦。

石觉根据蒋介石的指令，下达紧急命令："（1）关闭通讯：各军用、国营、民营电台，自即时起，一律保持静止，普通电话及邮件亦停止收发。（2）封锁交通：本区各岛屿至苏浙沿海之任何船只，自即日起，一律停驶，泊港待命。（3）控制码头：各部队就辖区内之码头，确实警戒，非指定之部队与船只不得接近。（4）掌握船舶：加强船只、领航及船员之管理，严防破坏活动。（5）全面戒严：全区戒严，非事前通知及持有通行证，任何人员车辆船舶不得通行。"随后，石觉将所属部队分别编为机动兵团、守备兵团和两栖作战兵团，在岛上和海上划定区域，在战备状态下分批登船，再转到远海的大型货轮上。家属和物资先行转运。行动步骤是：（1）将定海本岛战车及重炮，与各机动兵团，于第一日夜撤收登轮。（2）定海本岛守备部队，于第二日夜撤收登轮。（3）将册子山、大猫山、登步、朱家尖等岛屿及岱山、普陀山等地区部队，于第三日夜撤收登轮。

5月13日黄昏，第一批部队52军开始登船。那几天舟山持续大雾，给国民党军的撤退提供了掩护。晚上又雾散天晴，为国民党军集结登船输送提供了方便。到17日晨，最后一批国民党军登船到外海集结后，石觉下令海空军掩护，船队以疏散队形向台湾航行。5月20日部队全部到达台湾各港口登陆。共计撤出人员12万5千人，战车121辆，卡车180辆，及大批武器弹药。国民党军舟山撤退完成。在撤退过程中，国民党海军和空军提供了有效的掩护。为掩盖其撤退，迷惑扰乱解放军，5月13日，担任掩护任务的国民党海军第2舰队司令黎玉玺接到蒋介石手令："此次我军行动，能否完满达成任务，全视海空军出击之努力程度如何。务希同志积极行动，每一舰艇皆能发挥大功效，是为至要。"按照蒋和石觉的命令，第2舰队"太昭""太湖"等8艘战舰连续出海，在舟山靠近大陆的海域巡游，并向我大榭、桃花、六横岛阵地进行炮击，显示进攻模样。其余海军舰艇编成几个分遣机动小舰队，日夜封锁大陆和海上的交通，连渔船也不准接近舟山。在陆军完成撤退后，海军也开始撤离舟山。到17日，除护航舰队外，撤出大小舰艇56艘，人员1500余人。

国民党空军在撤退之前，用炸药将岱山机场跑道炸毁。岱山岛分南北二山，中间淤积为平地，星罗棋布些小山头。国民党空军工程队使用机械和人力平山填海，花了4000万银元，修了将近半年，完成了2000米长的跑道，本来是供B-29型重型轰炸机起降攻击大陆的。没想到才使用了仅仅4天，就在一瞬间被彻底破坏了。当时执行任务的国民党空军非常伤心。

舟山国民党军撤退期间，由于大雾和国民党海军的袭扰，三野7兵团没有察觉敌军的动向。15日，三野技术侦察部门发现舟山国民党军电台出现不正常的静默。情报部门通报：国民党空军往来于舟山的运输机多达36架，台湾方面租用了15艘民用轮船，调动9艘军舰去舟山。三野首长分析情况，判断舟山国民党军似有撤退企图。15日23时，三野政治部主任唐亮、参谋长周骏鸣致电7兵团："根据以上情况，定、岱之敌似有撤退企图，近日变化甚大。希七兵团即加强当面敌情侦察，并用各种有效手段，迅速查明敌之动态，上报本部。并应严密侦察警戒，防空、护船与抓紧战斗准备，不可丝毫放松。"随后，三野截获国民党海军第2舰队司令黎玉玺报海军总司令桂永清的电报，声称"舟山本岛及前卫岛屿撤退极顺利，本晚约可全部完毕"之语。粟裕判断舟山敌军已全部撤退。

16日晨6时，粟裕、唐亮、周骏鸣紧急命令7兵团司令员王建安及各军军长："（一）如敌已全部撤退，应即派队进占，控制舟山、岱山、长涂、衢山各岛，肃清残留匪特，组织接管工作。（二）如敌尚未全部撤走，应即令二一军、二二军、二三军首先夺取登步岛、册子山、大猫山，查明情况，并续攻本岛，求截歼后尾之敌一部。（三）如敌刚在开始撤退，应即按预定作战方案，以你兵团现所指挥各部，全力部署攻击。为迅速查明情况与截歼后尾残留之敌，你们应即首先部署对登步岛、册子山之敌攻击。尔后，续作夺取本岛作战准备。如敌确已撤退，敌内部势极动摇混乱，我即应以果敢、迅速行动，发起对本岛攻击，以收截歼溃敌之效。请据此原则即行部署，并将部署进行情形随时电告。"①

接到三野首长命令后，7兵团21军、22军、23军紧急出动，进军舟山本岛。据三野作战总结记载："我虽于十四日谍息敌撤退征候已形明朗，但终因我备战不充分，监视不严密，情况突变，仓促之下，加以海障，不能及时发启投入岛上歼敌后尾。十六日中午，廿一军一八一团一部登占登步岛，下午廿三军六八师加强营进驻大猫山，当夜一时（即十七日一时）廿二军占领册子山。十七日四时七兵团前指到达宁波指挥进军，当日拂晓廿三军六八师刘副师长率加强营首先由大猫山登陆定海本岛，继于八时二〇三团进入定海城，一部去三江口搜索，六九师主力十时续在本岛登陆向十字路搜进；廿一军一八二团同日七时登陆沈家门，一八三团跟进，中午到达；廿二军六六师主力亦于当午由岑港登陆，向十字路等地推进。斯日我军已布满本岛。十八日四时，廿一军一八三团一个营由沈家门往占普陀山，一八一团加强营亦于拂晓由登步岛进占朱家尖，同日廿二军一九六团进驻岱山。十九日六四师师部率一九一团抵达岱山，当日下午该团一部占领长涂岛西半部，至廿日下午占据全部长涂岛。十九日止，本岛计有廿一军两个团（欠营）、廿二军两个师五个团、廿三军前指率两个师四个团。廿日，廿二军军部去定海城担任军管警备，七兵团前指亦于廿二日午后去定。衢山及以北各小岛刻为散匪盘踞，正待我卅五军两个团前往剿灭并驻

---

① 中国人民解放军历史资料丛书编审委员会编：《解放战争战略追击·华东地区》，解放军出版社1998年版，第464—465页。

守设防。"① 因国民党军全部撤退，并将物资基本运光，码头、仓库、机场等全部破坏，我军在岛上只俘获少数散兵游勇，岛上青壮男子也被国民党军掠去台湾。

舟山解放的消息，使上海人民感到欢欣鼓舞。《解放日报》5 月 21 日在头版以套红标题报道："舟山群岛全部解放，上海封锁宣告解除！"

舟山群岛已于十八日全部解放。人民解放军第三野战军舟山前线部队，继十六日下午登陆舟山本岛后，复于十七、十八两日先后占领岱山、长涂山、普陀山、朱家尖等岛屿，至十八日晚，东南沿海国防战略要地的舟山群岛已告全部解放。国民党残匪以舟山为基地的对我上海"封锁"，已被完全粉碎。

同日，中央军委发来贺电：

中国人民解放军华东军区陈毅、粟裕、饶漱石、谭震林诸同志并转浙江前线的全体军民同志们：

我浙江前线人民解放军在人民努力支援下，已于本月十七日登陆舟山本岛，十八日完成舟山群岛的解放。这个胜利，打破了台湾残匪利用舟山群岛为根据地对华东实行封锁轰炸骚扰的计划，进一步造成了解放台湾的条件。特向你们致以热烈地祝贺，并望全华东和全国军民继续积极努力，为解放台湾，彻底消灭全部残匪而奋斗。②

几天后，来自舟山的渔船陆续到达上海十六铺码头，满载新鲜的大黄

---

① 《第三野战军司令部作战处关于渡江战役后华东战场追击作战总结》，中国人民解放军历史资料丛书编审委员会编：《解放战争战略追击·华东地区》，解放军出版社 1998 年版，第 491 页。
② 《中国人民革命军事委员会贺舟山群岛解放电》，中国人民解放军历史资料丛书编审委员会编：《解放战争战略追击·华东地区》，解放军出版社 1998 年版，第 481 页。

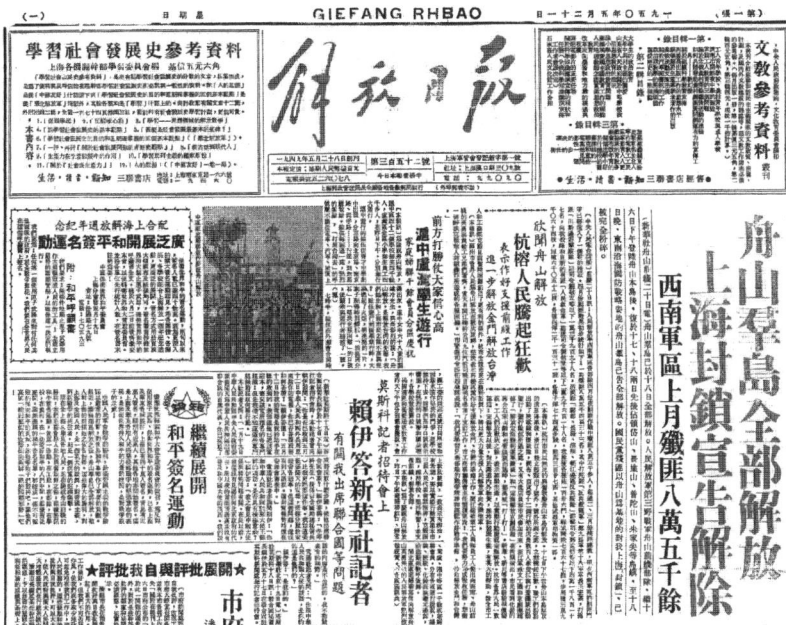

1950年5月21日,《解放日报》头版报道舟山解放消息

鱼、带鱼,上海百姓的饭桌又摆上了久违的舟山海鲜。战争和空袭的阴霾一扫而光,人民真正开始了和平安宁的生活。

为彻底铲除国民党军封锁上海的残余影响,1950年7月中旬,第三野战军副司令员粟裕传达中央军委周恩来副主席的指示,要求华东海军组织力量,打通长江口航道,在短期内完成扫除长江口水雷的任务。

为执行扫雷任务,华东军区海军于1950年4月组建了扫雷舰大队。当时没有一艘正规的扫雷艇。扫雷编队的指挥舰是征用招商局的"中字111号"坦克登陆舰,10艘25吨登陆艇改装成扫雷艇,仅有4条扫雷索能使用。从6月19日起,在长江口九段沙灯标、福庆灯标以南,江亚轮沉船以北航道开始第一次扫雷。由于扫雷索太细,4条断了3条。扫雷的25吨马力太小,在急流中不能胜任。经过两周清扫,没有成效,于7月2日暂停。但经过此次尝试,侦察了雷区,熟悉了长江口水流和潮汐情况。6月

19 日，"伏虎"号商轮触雷沉没，24 名船员被扫雷部队救起。此后，6 月 20 日"香山"号轮、7 月 20 日"新宁海"号轮、8 月 16 日"济南"号轮、8 月 21 日"捷喜"号轮又先后触雷，除"济南"号被拖救外，余皆沉没。

商船连续触雷，引起国内外各界的严重关注。周恩来总理亲自询问扫雷情况。为便利上海物资交流，活跃市场，繁荣经济，长江口又不宜封锁。及至三艘商船接连触雷后，华东海军于 8 月 28 日在上海邀集有关单位研究封港问题。最后，根据中共上海市委和华东财政经济委员会意见，决定采取部分封闭，已测定的雷区基本封闭，其余航道宁冒风险也要通航。

根据第一次扫雷的实践，华东海军对第二次扫雷作了周密部署。将"古田""周村""枣庄""张店"4 艘登陆舰改装成扫雷舰，舰尾装有起锚机，可用于收放扫雷索。9 月 14 日，4 艘登陆舰装修试车完毕，同时，苏联援助的扫雷具也运到上海。根据雷区的水文地质情况，重新制定了清扫计划，进行了技术训练。考虑到出航期间可能遇到的技术问题，决定抽调江南造船所和海道测量局的技术人员随舰工作。

9 月 11 日，华东军区海军下达了扫雷命令，确定自长江口南航道中沙浮筒至九段沙灯标之间为主要扫雷区。扫雷编队由"中字 111"号坦克登陆舰为指挥舰，"陈集"号步兵登陆舰为布标舰，"古田"等 4 艘扫雷舰担负扫雷任务，25 吨登陆艇 3 艘和炮艇 1 艘担任通信联络和爆破救护，成立水雷技术组、爆破组、救护组和保管修理组，并部署了长江口南北航道的警戒。

9 月 21 日，扫雷编队进入长江口雷区，开始了第二次扫雷。这次扫雷，原划分为甲、乙、丙三个雷区，由于在清扫过程中发现了新情况，又扩大了扫雷范围。4 艘扫雷舰以梯次队形在 4 个雷区往返清扫。先用密集队形清扫两次，后用疏开队形清扫一次。9 月 29 日至 10 月 11 日，先后在乙、丁两区各扫出水雷 2 枚。这 4 枚水雷与过去多次捞获的断索漂雷型号相同，是日本制造的"九三"式锚雷，已很陈旧。在扫出的第一枚水雷上还缠绕着钢索，显然是第一次扫雷时拉断的。4 枚水雷由爆破组拖到岸边，

◦　上海群众观看舟山解放消息

1 枚拆卸作研究用，另 3 枚予以引爆。整个扫雷任务于 10 月底胜利结束。[①]

　　1950 年 5 月 19 日，舟山群岛解放，盘踞在嵊泗列岛的匪首张阿六、黄八妹等逃台湾，残敌"东南反共救国军"第一纵队黄八妹残部 100 余人，由其夫谢友生代理司令，逃到大小洋山一带，独立中队汤小弟部踞滩浒岛，第三纵队张阿六残部百余人盘踞嵊山，匪自卫队 200 余人踞黄龙、马迹等岛屿，其他泗礁、花鸟、枸杞等岛都有匪特残部。

　　为肃清匪特残敌，恢复长江口外航线，保证海上运输，发展渔业生产，巩固东海国防前哨，1950 年 5 月华东军区命令：在华东海军协同下，由淞沪警备部队担负解放嵊泗列岛任务。5 月 17 日，98 师参谋长鲁突率 293 团一个加强营，在华东海军一个大队的配合下，进剿滩浒岛残匪汤小弟部，当日下午攻占该岛。歼匪 50 余人，缴获机枪 5 挺，长短枪 61 支，我无一伤亡。7 月 6 日，由 98 师参谋长鲁突、政治部副主任寿文魁、江苏松江军

[①] 《上海军事志》，上海社会科学院出版社 1994 年版，第 485—486 页。

分区副司令朱亚民等组成指挥部，以 98 师 293 团、294 团一个加强营、师战防炮、步炮各一个连，在华东海军五艘舰艇，以及上海 30 艘渔轮协同下，进剿嵊泗列岛匪特。7 月 7 日 10 时，294 团 3 营攻占了大小洋山岛；同日 14 时，293 团 3 营攻占泗礁岛，全歼匪自卫队 100 余人；同日 15 时，293 团 1 营、2 营向嵊泗、枸杞岛发起攻击，激战至 8 日 24 时，攻占两岛后，嵊泗列岛全部解放。歼灭匪"东南反共救国军"第一、三纵队大部，共俘敌 395 人，缴获小型登陆艇 8 艘，战斗舰 1 艘，各种火炮 15 门，机枪 20 挺，长短枪 1074 支，我牺牲 5 人伤 43 人。至此，继舟山解放之后，完全粉碎了国民党匪特对长江口一线的封锁破坏，巩固了我东海前哨。[①]

1950 年 3 月苏联巴基斯基部队来上海协助防空，给新中国空军的快速发展提供了一个机会。考虑到国际影响和保密的需要，中苏双方商定：苏联空军在上海期间只负责防御，不主动出击。苏军在中国领土上的军事行动只能是暂时的，苏军可以把飞机、器材全部留给中方，一旦新中国空军具备作战和技术保障能力，苏军就交接换防，然后回国。

中央军委立即决定，成立一支空军作战部队，到上海向苏军学习，完成换防交接。1950 年 4 月，空军司令员刘亚楼把空军第二航校政委李世安叫到北京，通知他：军委决定调他去华东地区组建第一支航空兵部队，担任政治委员。关于部队的番号，刘说："我考虑了很久，还是叫 4 旅好。叫'第一'容易产生老子天下第一的思想，骄傲自满。毛主席在井冈山创建第一支红军部队时，就叫红四军，没有叫红一军。我看应叫'空军第 4 旅'，这是继承和发扬红军光荣传统的问题。"接着，他又说："这个部队是由拉 -11 螺旋桨飞机、图 -2 轰炸机、米格 -15 喷气歼击机、伊尔 -10 强击机等四个机种混合组编而成的，苏军巴基斯基空军部队是叫混成集团军。我们这支部队也可叫做中国人民解放军空军第 4 混成旅。"

① 欧阳平：《上海解放初期的剿匪反特斗争》，中共上海市委党史研究室编：《上海解放初期的社会改造》，中共党史出版社 1999 年版，第 99 页。

李世安立刻南下，经过一番紧张的准备和干部人员配备，解放军中最早被培养出来的飞行员和地勤机械人员从各地赶来报到。6月19日，人民空军第一支航空兵部队——空军第4混成旅在南京成立。后转至上海龙华机场。华东军区空军司令员聂凤智兼任旅长，李世安任政治委员。下辖空军歼击第10团、11团，空军轰炸第12团和空军强击第13团。各团的情况是：

第10团：驻上海大场、虹桥机场，是空军第一个喷气式歼击机团。装备飞机45架，其中拉-9型3架，雅克-17型4架，米格-15型38架。

第11团：驻上海江湾机场。装备飞机43架，其中拉-9型4架，拉-11型39架。

第12团：与11团同时在南京成立，是空军的第一个轰炸机团。装备图-2型39架。

为了接收苏联巴基斯基部队在徐州的25架伊尔-10强击机，空军第13团在徐州成立。装备飞机28架，其中伊尔-10型25架，乌伊尔-19型3架。

第4混成旅成立之初，刘亚楼指示：一定要把部队建设好，带出好作风，要抓紧训练，争取在最短时间内成为一支有战斗力的部队。各团到达上海后，第10团随苏军米格-15团训练，第11团随苏军拉-11团训练。飞行员以大队为教学单位，先地面训练，主要学习飞机性能、构造和使用方法。8月15日至10月20日进行飞行训练。三个团共飞行了1400小时，平均每个飞行员多则13个小时，少则11个小时，基本掌握了各种型号飞机的性能和飞行技术。

如果按照常规，先理论后实践，在短时间内是无论如何学不完的。苏方也打破常规，以师傅带徒弟的方式，一个跟一个。苏联同志要求严格，教得认真。这些多数陆军出身，没有航空基础和高等文化的干部要在两三个月内把专业知识学到手，困难可想而知。白天学习训练完后，深夜还在背术语、记数据、练动作。他们凭着高度的军人责任感，以顽强精神战胜了学习和训练中的种种困难，取得了好成绩。经过几个月努力学习和刻苦训练，就基本掌握了米格-15和拉-11的驾驶和作战技能，甚至达到了双机作战的水平。其进步速度之快，让苏军教官为之赞叹。①

陈毅司令员把空军部队当成宝贝，爱护备至。不仅在生活上特别照顾，而且尽最大能力帮助飞行员解决飞行所需的物品。王海上将回忆：我们这些飞行员，可以说大都是"土包子"，出身贫寒。绝大多数人都没有戴过手表。在东北航校学习训练时，因飞行必需，我们曾把闹钟绑在腿上以供计时之用。陈毅市长知道了这个情况，记在心里，想方设法帮助我们解决困难，送给我们部队中队长以上的干部每人一块手表。我记得这个手表是瑞士生产的，英纳格牌，质量非常好，也很漂亮。第一次戴上手表，特别是戴上陈毅市长赠送的手表，心里那个高兴劲就别提了，真是爱不释手，训练和工作热情更加高涨。②

经过三个月的紧张训练，最后考核，109名飞行员有91名放了单飞，50名能在昼间简单气象条件下执行单机、双机编队和中队编队的作战任务。陈毅只要有空，就来部队看望大家。当时的米格-15喷气式歼击机相当先进，陈毅也没有见过，所以很感兴趣。有一次，陈毅对王海等几个人说："你们努力训练，有机会你们飞个编队给我看看。"大家也憋足了劲，要以最优异的成绩向陈毅市长汇报。

根据中苏两国协议，苏联防空混成集团军将于1950年10月回国，全部武器装备，包括飞机、雷达、探照灯、地面维修设备将全数移交上海防司。10月17日，陈毅主持的移交签字仪式在上海虹桥机场联合指挥所举行。空军副司令员常乾坤代表我方签字，斯留沙列夫中将代表苏方签字。签字后，交接了武器装备清单：计米格-15歼击机38架、拉-11飞机39架、图-2活塞轰炸机9架、伊尔-10活塞强击机25架、教练机3架、雷达72部以及探照灯、地面维修设备、通信设备等。仪式后，陈毅设宴欢送

① 李世安：《空军第一支航空兵部队——第四混成旅》，中国人民解放军历史资料丛书审委员会编：《空军·回忆史料》，解放军出版社1992年版，第205—210页。
② 王海：《王海上将：我的战斗生涯》，中央文献出版社2000年版，第52—53页。

巴基斯基混成集团军全体官兵，并赠送每人一枚镀金的中苏友谊纪念章。[①]

中苏空军交接完成后，王海等 10 团的飞行员驾驶米格 -15 喷气式歼击机，进行了编队飞行和特技表演。上海市的老百姓知道人民空军有了新式飞机，都有了安全感。他们说："这回好了，美蒋的飞机再不敢来破坏捣乱了！"从 1950 年 10 月 19 日零时起，由驻龙华、江湾机场的 10 团和驻虹桥机场的 11 团担任战斗值班，空军第 4 混成旅担负起保卫上海的防空任务。

中国人民解放军上海防空部队和空军航空兵具备了单独执行保卫上海的能力。同时，国民党飞机也改变为以近海侦察为主的形式。中苏双方一致认为，巴基斯基集团军已圆满地完成了上海防空的任务。此后，上海的防空由华东军区空军兼上海防空司令部负责，苏军防空集团军分批离沪归国。

从 1949 年 5 月 27 日解放上海，到 1950 年 5 月 19 日解放舟山，整整一年时间，上海走过了艰难曲折的路程。共产党和解放军刚进入这个中国最大城市的时候，国民党搬走了所有的钱财，留给共产党一个一穷二白的烂摊子。百姓缺粮缺煤，投机商兴风作浪，盗匪频繁出没，资本家逃跑的逃跑，观望的观望，他们都不相信这些来自农村的土八路能管理中国最现代化的大上海，有人甚至扬言让共产党红着进来，黑着出去。然而，共产党在短短一年中，稳定了上海的社会，保障了人民的生活，铲除了盗匪流氓，清除了社会污垢，消灭了投机倒把，打退了国民党军队的封锁和轰炸。一个全新的、充满蓬勃生命力的新上海在发展前进。共产党究竟用什么本事，取得了这些国民党过去多少年都办不到的成就呢？

第一，共产党的本质是为广大人民利益而奋斗的。投身革命的共产党员都抱定了这个宗旨，忠于这个信仰。他们能够流血牺牲打天下，为了上海的解放和新生，更加忘我地投入到新的工作中去。他们所做的一切，都是符合人民利益，受到人民拥护的。从军队进城露宿街头，到为人民站岗

---

① 《从共产国际归来的军事教官——王智涛回忆录》，军事科学出版社 2015 年版，第 361 页。

放哨；从打击银元贩子，到扫清土匪特务；共产党都不是孤军奋战，而是紧紧依靠人民群众的支持和参与。时刻和人民群众站在一起，才能具有威望和号召力，才能无往不胜，所向披靡。

第二，共产党具有杰出的组织能力和强大的凝聚力。为了贯彻党的路线，为了完成上级的任务，每个共产党员都能做到令行禁止，雷厉风行。有这样一个团结的、纪律严明的党，有大家的同心协力，就能战胜任何对手和敌人。上海的投机商可谓精明透顶，他们炒作银元的时候，共产党运用组织力量和军队，把他们连根拔起。他们炒作粮食和棉花的时候，共产党用举国之力，多方合作，运筹帷幄，让他们亏得血本无归。这时他们才认识到，以个体游资的有限力量，和强大的共产党组织对抗，是多么的脆弱和不堪一击。

第三，共产党和解放军以他们的廉洁和朴素征服了人心。上海是个十里洋场，意志薄弱的人容易在物质享受和利益面前迷失方向。国民党在抗战胜利后的接收，搞"五子登科"，在房子和金子面前，什么礼义廉耻、国家利益都不顾了。国民党的接收丑剧既失去了民心，也导致了自身的腐败和崩溃。共产党和解放军进上海，真正做到了拒腐蚀，永不沾。没有人去抢豪宅，没有人私吞接收的资产。共产党的干部穿着朴素的黄军装，没人进舞厅，没人逛风月场。这不仅是共产党纪律严明，更是每个党员自觉的操守和高尚的道德观、价值观。毛泽东"两个务必"的指示，每个人都在自觉地遵守。其身正，不令而行。有了这样的先锋队，广大群众才会紧紧跟随。

第四，共产党具有极强的适应能力和自我纠错能力。从打天下到管理大城市，是一个巨大的转折，问题和困难千头万绪。谁也不是天生的无所不能，都是在实践中一步步的探索前进。刚进上海的时候，一方面是吸取了之前接管城市的经验和教训，一方面是把上海各方面的资料学习研究，避免很多盲目和失误。在管理城市的时候，一方面留用旧人员，发挥他们的业务专长，另一方面运用机动灵活的斗争手段，肃清敌人，改造社会。

○　解放初，原法租界的赌博场所——逸园跑狗场改建为文化广场，成为当时上海最大的群众文化活动场所（上海市档案馆藏）

○　解放初的豫园九曲桥与湖心亭（上海市档案馆藏）

○　上海著名的博彩场所跑马场在解放后改建为人民广场和人民公园（上海市档案馆藏）

　　如果出现错误，立即纠正，绝不护短。法院干部斗争讼棍手段不合法，陈毅竟然让他们登报检讨，给予严厉处分。这些做法不但没有降低党的威信，反而让百姓佩服共产党的光明磊落。在处理旧人员和税收政策上出现了失误，一经发现，立即纠正。就是在不断地研究新情况、解决新问题的过程中，共产党越来越熟练地管理着城市，并且创造出新的方法和途径。国民党的封锁，反而促使共产党走自力更生之路，实现了上海从外向型经济到内向型经济模式的转化。在短短一年中，使上海从全国援助物资转化到全面恢复生产经营，成为新中国财政收入的重要支柱。上海从消费型城市转化为生产型城市，为新中国的经济建设和发展起到了重大作用。

　　"我们不但善于破坏一个旧世界，我们还将善于建设一个新世界。"毛泽东在七届二中全会上的预言，在上海解放的一年中变成了现实。

参考书目

一、文集

《毛泽东选集》，人民出版社 1991 年版。

《毛泽东文集》，人民出版社 1996 年版。

《毛泽东军事文集》，军事科学出版社、中央文献出版社 1993 年版。

《建国以来毛泽东文稿》，中央文献出版社 1987 年版。

《周恩来选集》，人民出版社 1980 年版。

《陈云文选》，人民出版社 1995 年版。

《陈毅军事文选》，解放军出版社 1996 年版。

《粟裕文选》，军事科学出版社 2008 年版。

《张震军事文选》，解放军出版社 2005 年版。

《张爱萍军事文选》，长征出版社 1994 年版。

二、回忆录、口述历史

《胡乔木回忆毛泽东》，人民出版社 2003 年版。

《陈毅元帅丰碑永存》，上海人民出版社 1986 年版。

《粟裕战争回忆录》，解放军出版社 1988 年版。

《张震回忆录》，解放军出版社 2003 年版。

《叶飞回忆录》，解放军出版社 1988 年版。

王海著：《王海上将：我的战斗生涯》，中央文献出版社 2000 年版。

王德著：《华东战场参谋笔记》，上海文艺出版社 1996 年版。

《从共产国际归来的军事教官——王智涛回忆录》，军事科学出版社 2015 年版。

《徐铸成回忆录》，生活·读书·新知三联书店 1998 年版。

《顾准自述》，中国青年出版社 2020 年版。

《蒋经国自述》，湖南人民出版社 1988 年版。

《李宗仁回忆录》，广西人民出版社 1988 年版。

三、综合资料

《中共中央文件选集》，中共中央党校出版社 1988 年版。

中国人民解放军历史资料丛书编审委员会编：《渡江战役》，解放军出版社 1994 年版。

中国人民解放军历史资料丛书编审委员会编：《解放战争战略追击·华东地区》，解放军出版社 1998 年版。

中国人民解放军历史资料丛书编审委员会编：《海军·回忆史料》，解放军出版社 1999 年版。

中国人民解放军历史资料丛书编审委员会编：《空军·回忆史料》，解放军出版社 1992 年版。

中国人民解放军历史资料丛书编审委员会编：《防空军·回忆史料、大事记》，解放军出版社 1993 年版。

中国人民解放军历史资料丛书编审委员会编：《解放战争时期国民党军起义投诚·海军》，解放军出版社 1995 年版。

中国人民解放军历史资料丛书编审委员会编：《解放战争时期国民党军起义投诚·空军》，解放军出版社 1995 年版。

南京军区政治部联络部编：《华东军区、第三野战军敌军工作史》，1994 年印刷。

《建国以来重要文献选编》，中央文献出版社 1991 年版。

中央档案馆、中国人民解放军档案馆编：《城市解放》，中国文史出版社 2017 年版。

南京军区《当代中国》编辑室编：《中国人民解放军南京军区军事工作大事记》，1987 年印刷。

南京军区《当代中国》军事国防卷编辑室：《中国人民解放军南京军区专题资料选编》，南京军区 1988 年内部版。

《文史资料选辑》上海解放三十周年专辑，上海人民出版社 1979 年版。

《上海解放三十五周年文史资料纪念专辑》，上海人民出版社 1984 年版。

《中共上海党史大事记》，知识出版社 1989 年版。

《华东区财政经济法令汇编》，华东区财政经济委员会计划部 1949 年 12 月版。

上海市档案馆编：《上海解放》，档案出版社 1989 年版。

中共上海市委党史研究室编：《上海解放初期的社会改造》，中共党史出版社 1999 年版。

《中国人民解放军历史资料图集》第 6 册，解放军出版社 2004 年版。

《中国共产党七十年图集》上册，上海人民出版社 1991 年版。

《上海人民革命斗争史画册》，上海人民出版社 1989 年版。

中共上海市委党史研究室编：《浴火新生：上海解放图录》，上海辞书出版社 2009 年版。

《中美关系资料汇编》第 1 辑，世界知识出版社 1957 年版。

《中美关系资料汇编》第 2 辑，世界知识出版社 1960 年版。

四、传记、年谱

中共中央文献研究室编：《毛泽东年谱》，人民出版社 1993 年版。

中共中央文献研究室编：《刘少奇年谱》，中央文献出版社 1996 年版。

中共中央文献研究室编：《周恩来年谱》，中央文献出版社 2007 年版。

《周恩来军事活动纪事》，中央文献出版社 2000 年版。

《陈云年谱》，中央文献出版社 2000 年版。

刘树发主编：《陈毅年谱》，人民出版社 1995 年版。

《粟裕年谱》，当代中国出版社 2006 年版。

《毛泽东传》，中央文献出版社 1996 年版。

《刘少奇传》，中央文献出版社 1998 年版。

《周恩来传》，中央文献出版社 1998 年版。

《陈云传》，中央文献出版社 2005 年版。

《陈毅传》，当代中国出版社 1991 年版。

《粟裕传》，当代中国出版社 2000 年版。

东方鹤著：《张爱萍传》，人民出版社 2000 年版。

杨万青、齐春元著：《刘亚楼将军传》，中共党史出版社 1995 年版。

陈重伊著：《荣氏家族》，团结出版社 2005 年版。

《马衡日记》，紫禁城出版社 2006 年版。

江南著：《蒋经国传》，中国友谊出版公司 1984 年版。

王成斌主编：《民国高级将领列传》，解放军出版社 1989 年版。

程思远著：《白崇禧传》，北方文艺出版社 2011 年版。

五、专著

中国人民解放军军事科学院军事历史研究部编著：《中国人民解放军战史》，军事科学出版社 1987 年版。

中国人民解放军军事科学院军事历史研究部编著：《中国人民解放军全国解放战争史》第 5 卷，军事科学出版社 1997 年版。

《中国人民解放军第三野战军战史》，解放军出版社 1996 年版。

《当代中国的军事工作》，中国社会科学出版社 1989 年版。

《当代中国海军》，中国社会科学出版社1987年版。

华东师范大学中国当代史研究中心编：《中国当代史研究》，九州出版社2011年版。

林虎主编：《空军史》，解放军出版社1998年版。

李晓黎主编：《从渤海到大上海——渤海纵队、三十三军征战纪实》，军事科学出版社1995年版。

熊月之主编：《上海通史》，上海人民出版社1999年版。

王鼎钧著：《关山夺路》，生活·读书·新知三联书店2013年版。

六、工具书

《中国军事百科全书》，军事科学出版社1997年版。

《苏联军事百科全书》，解放军出版社1986年版。

《空军大辞典》，上海辞书出版社1996年版。

《海军大辞典》，上海辞书出版社1993年版。

《中国共产党第七次全国代表大会代表名录》，中共党史出版社2004年版。

星火燎原编辑部编：《中国人民解放军将帅名录》，解放军出版社1987年版。

军事科学院图书馆编著：《中国人民解放军组织沿革和各级领导成员名录》，军事科学出版社1990年版。

七、报刊

《人民日报》

《文汇报》（上海）

《解放日报》（上海）

《申报》

《大公报》

《人民画报》

《解放军画报》

八、地方志

《上海人民政府志》，上海社会科学院出版社 2003 年版。

《上海民防志》，上海社会科学院出版社 2001 年版。

《上海军事志》，上海社会科学院出版社 1994 年版。

《上海金融志》，上海社会科学院出版社 2003 年版。

《上海审判志》，上海社会科学院出版社 2003 年版。

《上海外事志》，上海社会科学院出版社 1999 年版。

《上海公安志》，上海社会科学院出版社 1997 年版。

《上海航空工业志》，上海社会科学院出版社 1996 年版。

《上海船舶工业志》，上海社会科学院出版社 1999 年版。

《舟山市志》，浙江人民出版社 1993 年版。

后 记

2017 年是中国人民解放军建军七十周年，我与上海人民出版社合作，再版了我的解放战争系列。当时社会反响很好，于是王为松社长提议：2019 年是中华人民共和国成立七十周年大庆，也是上海解放七十周年，能不能写本关于上海解放的书？我当时没多想，就答应了。

我不是研究上海史的，为什么敢写上海解放史？因为我此前已经有两本书涉及此事。《华东解放战争》写了上海战役，《跨海之战》写了上海防空保卫战。一头一尾有了，中间插上些接管、改造上海的内容就够了。

当我阅读了 1949—1950 年的《解放日报》，查阅当年的历史档案，我才发现问题比预想的要复杂得多。上海解放初期的情况是何等的严峻。蒋介石搬空了国库的银行储备，卷走了上海人的大部分财富和物资，在长江口布雷掐断了对外贸易，企图把上海人民饿死困死。市面上盗匪出没，特务破坏，投机盛行，物价飞涨。大家都在看着进城的解放军，这些第一次走进大城市的土包子，能管理好大上海吗？

我们看到了一群意志坚定、斗志昂扬的共产党人，他们迅速地融入上海社会，接管、调查、决策、出击。用铁腕钢拳砸烂了金融投机地下网络；集中清理铲除了散兵游勇和盗匪，斗智斗勇捕获了间谍特务，软硬兼施改造了游民妓女；与工人兄弟一起修复铁路轮船，将粮食煤炭源源不断运到上海；稳定了物价，保证了人民的生活。

我们看到了一群智慧的共产党人，他们迅速地学会了管理银行、税收，运用经济手段与资产阶级进行斗争。对民族资产阶级有团结有斗争。一方面扶植他们恢复生产，解决他们的各种困难，调解劳资纠纷。另一方面对投机行为开展斗争，以举国之力将个体游资打得狼狈而逃。

在上海解放的第一年，在城市管理和经济运行方面，共产党没有现成的经验可以照办，更不能采用外国租界和国民党的管理方法，一切要在实践中摸索前行。刚进入上海时，面临的是怎么养活 500 万市民。他们迅速恢复铁路和航运，将解放区的粮食物资源源不断运进上海，保证人人有饭吃，工厂能够开工。为了控制物价波动，采取了解放区的供给制办法，搞折实单位工资。陈云到上海指导税收工作，发掘上海的财政潜力。针对市场的投机风潮，陈云以举国之力，调配物资，控制物价，进而实现全国财政统一。从这些斗争过程中，又发行公债，帮助新中国渡过财政困难。新中国的许多财经政策法规，都是从上海总结的经验。所以，这些创造性的探索不仅在上海取得了巨大的成绩，而且指导了新中国的经济建设。

在上海解放的第一年，斗争错综复杂，谁都不是先知先觉，谁都难保不犯错误。共产党人是光明磊落的，有错必纠。起初为了减轻城市负担，动员难民返乡。后来扩大范围，把一些多余的旧人员也裁减了，造成人心浮动。中央立即指出这样不符合党的城市政策，上海市委在报纸上公开发出纠正的指示，将裁减的旧人员恢复工作，不能复职的，也要保障生活。对于舞女和妓女，并没有采用军事和行政命令禁绝取缔，而是采取行政管制和税收手段，使其逐步消亡，并且采取给出路的办法，使其改为从事劳动，自食其力。这些旧社会没有办法解决的痼疾，都被新社会根除了，让人民真实感受到新生活新气象，换了人间。

在重温历史和写作过程中，我由衷地佩服这些共产党人。你说他们是土包子，怎么精明的投机商都败在他们手下？国民党的特务都难以藏身？海上的封锁和空中轰炸都以失败告终？因为他们有一种勇往直前的战斗精神，不被任何困难吓倒。更重要的是，他们以全心全意为人民服务的赤诚赢得了上海人民的拥护。几百万人团结一致，还有什么困难不能克服的呢？

今天上海已经成为繁荣的国际大都市，与七十年前的上海相比，真是翻天覆地的变化。抚今追昔，我们还记得前辈们经历的峥嵘岁月吗？我们还在继承他们的奋斗精神吗？我写这本书，就是为了如实展现七十年前的那些风风雨雨，从前辈们跌宕起伏的经历中寻求他们留下的遗产和精神财富。

这本书写作过程中，我最注重的是保留原始史料和记录。当年共产党的政策和指示都是开诚布公的，政府的公告、首长的讲话都在《解放日报》上，批评和处分的决定也都是公开的。当年没有官话套话，都是开门见山的大实话。所以我在一些重大问题的叙述上，都尽量引用原文。有时我想用自己的语言陈述，但是感觉还不如用当年的原话更直接。所以读者可能认为本书引用的材料较多，但是我认为这样做可能更体现历史的原貌。

我写的书都不是个人的成果，都与方方面面的帮助分不开。我一直这样认为：一部好的作品，其实都是作者和编辑共同的成果。本书从策划到出版，责任编辑楼岚岚为本书倾注了很多心血，认真核对史料，到上海市档案馆寻找配图，经常就一些具体问题与我商量沟通。《解放日报》社的王一女士为我提供了1949—1950年的老报纸，中共上海市委党史研究室的同志负责审读了全部文稿，并提出了很好的意见。上海交通大学人文学院的领导也非常支持我的工作，在此一并表示感谢。希望这本书能让读者满意，认为这是一部真实的历史。

刘统

2018 年 12 月 1 日于上海交通大学

图书在版编目(CIP)数据

战上海/刘统著. —上海:学林出版社,2018.12
ISBN 978 - 7 - 5486 - 1484 - 5

Ⅰ.①战…　Ⅱ.①刘…　Ⅲ.①上海-地方史-史料-
1949 - 1950　Ⅳ.①K295.1

中国版本图书馆 CIP 数据核字(2018)第 283583 号

责任编辑　楼岚岚　　胡雅君
装帧设计　今亮后声

战上海

刘统　著

出　　　版　**学林出版社**
　　　　　　　　(200235　上海钦州南路 81 号)
发　　　行　上海人民出版社发行中心
　　　　　　　　(200001　上海福建中路 193 号)
印　　　刷　上海盛通时代印刷有限公司
开　　　本　720×1000　1/16
印　　　张　27.25
字　　　数　386,000
版　　　次　2018 年 12 月第 1 版
印　　　次　2019 年 3 月第 2 次印刷
ISBN 978 - 7 - 5486 - 1484 - 5/K · 135
定　　　价　88.00 元